21世纪经济与管理规划教材·管理科学与工程系列

标准化管理

（第二版）

舒 辉 编著

北京大学出版社

PEKING UNIVERSITY PRESS

图书在版编目（CIP）数据

标准化管理 / 舒辉编著. -- 2 版. -- 北京：北京大学出版社，2024.8. -- （21 世纪经济与管理规划教材·管理科学与工程系列）. -- ISBN 978-7-301-35331-8

Ⅰ．C931.2

中国国家版本馆 CIP 数据核字第 2024CB1671 号

书　　　名	标准化管理（第二版） BIAOZHUNHUA GUANLI(DI-ER BAN)
著作责任者	舒　辉　编著
责 任 编 辑	刘冬寒　任京雪
标 准 书 号	ISBN 978-7-301-35331-8
出 版 发 行	北京大学出版社
地　　　址	北京市海淀区成府路 205 号　100871
网　　　址	http://www.pup.cn
微信公众号	北京大学经管书苑（pupembook）
电 子 邮 箱	编辑部 em@pup.cn　总编室 zpup@pup.cn
电　　　话	邮购部 010-62752015　发行部 010-62750672　编辑部 010-62752926
印 刷 者	河北文福旺印刷有限公司
经 销 者	新华书店
	787 毫米×1092 毫米　16 开本　22.25 印张　541 千字 2016 年 9 月第 1 版 2024 年 8 月第 2 版　2024 年 8 月第 1 次印刷
印　　　数	0001—2000 册
定　　　价	65.00 元

未经许可，不得以任何方式复制或抄袭本书之部分或全部内容。
版权所有，侵权必究
举报电话：010-62752024　电子邮箱：fd@pup.cn
图书如有印装质量问题，请与出版部联系，电话：010-62756370

丛书出版说明

　　教材作为人才培养重要的一环,一直都是高等院校与大学出版社工作的重中之重。"21世纪经济与管理规划教材"是我社组织在经济与管理各领域颇具影响力的专家学者编写而成的,面向在校学生或有自学需求的社会读者;不仅涵盖经济与管理领域传统课程,还涵盖学科发展衍生的新兴课程;在吸收国内外同类最新教材优点的基础上,注重思想性、科学性、系统性,以及学生综合素质的培养,以帮助学生打下扎实的专业基础和掌握最新的学科前沿知识,满足高等院校培养高质量人才的需要。自出版以来,本系列教材被众多高等院校选用,得到了授课教师的广泛好评。

　　随着信息技术的飞速进步,在线学习、翻转课堂等新的教学/学习模式不断涌现并日渐流行,终身学习的理念深入人心;而在教材以外,学生们还能从各种渠道获取纷繁复杂的信息。如何引导他们树立正确的世界观、人生观、价值观,是新时代给高等教育带来的一个重大挑战。为了适应这些变化,我们特对"21世纪经济与管理规划教材"进行了改版升级。

　　首先,为深入贯彻落实习近平总书记关于教育的重要论述、全国教育大会精神以及中共中央办公厅、国务院办公厅《关于深化新时代学校思想政治理论课改革创新的若干意见》,我们按照国家教材委员会《全国大中小学教材建设规划(2019—2022年)》《习近平新时代中国特色社会主义思想进课程教材指南》《关于做好党的二十大精神进教材工作的通知》和教育部《普通高等学校教材管理办法》《高等学校课程思政建设指导纲要》等文件精神,将课程思政内容尤其是党的二十大精神融入教材,以坚持正确导向,强化价值引领,落实立德树人根本任务,立足中国实践,形成具有中国特色的教材体系。

　　其次,响应国家积极组织构建信息技术与教育教学深度融合、多种介质综合运用、表现力丰富的高质量数字化教材体系的要求,本系列教材在形式上将不再局限于传统纸质教材,而是会根据学科特点,添加讲解重点难点的视频音频、检测学习效果的在线测评、扩展学习内容的延伸阅读、展示运算过程及结果的软件应用等数字资源,以增强教材的表现力和吸引力,有效服务线上教学、混合式教学等新型教学模式。

　　为了使本系列教材具有持续的生命力,我们将积极与作者沟通,争取按学制周期对教材进行修订。您在使用本系列教材的过程中,如果发现任何问题或者有任何意见或建议,欢迎随时与我们联系(请发邮件至em@pup.cn)。我们会将您的宝贵意见或建议及时反馈给作者，以便修订再版时进一步完善教材内容，更好地满足教师教学和学生学习的需要。

最后，感谢所有参与编写和为我们出谋划策提供帮助的专家学者，以及广大使用本系列教材的师生。希望本系列教材能够为我国高等院校经管专业教育贡献绵薄之力！

北京大学出版社

经济与管理图书事业部

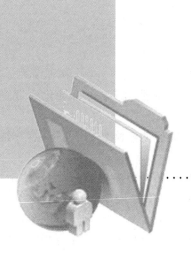

前　言

2021年10月,中共中央、国务院印发《国家标准化发展纲要》,文件明确提出:标准是经济活动和社会发展的技术支撑,是国家基础性制度的重要方面。标准化在推进国家治理体系和治理能力现代化中发挥着基础性、引领性作用。新时代推动高质量发展、全面建设社会主义现代化国家,迫切需要进一步加强标准化工作。在2024年7月18日中国共产党第二十届中央委员会第三次全体会议通过的《中共中央关于进一步全面深化改革推进中国式现代化的决定》中有22处涉及标准,11处涉及标准化工作,并且再次明确提出:"健全国家标准体系,深化地方标准管理制度改革""以国家标准提升引领传统产业优化升级,支持企业用数智技术、绿色技术改造提升传统产业""完善支持服务业发展政策体系,优化服务业核算,推进服务业标准化建设"等。

《标准化管理》(第二版)的修订工作,正是基于国家"优化标准化治理结构,增强标准化治理效能,提升标准国际化水平,加快构建推动高质量发展的标准体系"的背景,我们在教学过程中发现上一版有进一步完善的需要而展开的。"为学生和教师提供一本令其满意和有价值的、内容新颖的标准化管理教材"是本次修订工作的目标与准则。为实现这一目标,编者对第一版教材进行了认真的修改、更新、补充与完善。

本版依然遵循了上一版的框架结构和逻辑安排,即由理论、方法、管理和实务四篇共十二章组成。

本版根据2018年《中华人民共和国标准化法》(简称《中国标准化法》)以及众多相关标准最新修订的内容,对第一版教材进行了全面统一的梳理、校勘,纠正了第一版教材中存在的问题与错误,同时对逻辑结构、章节内容都进行了必要的调整与增删,以求表述更简洁、流畅、规范,内容更充实,编排更合理。本次修订所做的调整主要体现在以下几方面:

(1) 对"第二章　标准"中"标准的分类""标准的分级""标准体系"三节

内容与结构,依据2018年《中国标准化法》以及最新相关标准进行了重新撰写与调整。

(2) 对"第三章 标准化的原理"中"国外标准化原理"一节中的内容进行了全面的精练表述。

(3) 将第四章调整为"标准化的经济效益",同时对其结构进行了调整,对相关内容进行了修改、补充与删减。

(4) 对"第五章 参数选择和参数分级的数学方法"中"优先数和优先数系"一节的结构进行了调整。

(5) 对"第六章 标准化的形式与方法"中"简化"一节的结构进行了调整。

(6) 对"第七章 标准的编写规则与制定程序"中各节的结构进行了调整,涉及各节内容的修改、补充与删减。

(7) 在"第八章 标准化管理运行体系"中,根据2018年《中国标准化法》的内容,对"中国标准化法律法规"一节的内容进行了重新撰写;对"标准化管理体系及管理机构"一节的内容进行了修改删减;同时删除了原"标准化研究机构"一节。

(8) 在"第九章 标准的实施与监督"中,根据2018年《中国标准化法》的内容,对"标准实施监督"一节的内容进行了修改、补充与删减。

(9) 在"第十章 合格评定"中,对"合格评定概述"一节参照新标准内容进行了修改;对"合格评定制度的主要内容""认可制度""认证人员注册制度"三节,既调整了各节标题,同时也对各节结构、内容进行了调整与修改。

(10) 在"第十一章 管理体系标准"中,对"管理体系标准总览"一节重新进行了撰写;对"质量管理体系标准""环境管理体系标准""职业健康安全管理体系标准"三节的结构、内容进行了全面的调整与修改;新增"管理体系标准的高阶结构"一节,同时删除原"综合管理体系标准的研究概况"一节。

(11) 在"第十二章 企业标准体系的设计"中,新增"企业标准体系的设计——理念、结构与程序""功能模式企业标准体系的设计""属性模式企业标准体系的设计""服务业组织标准体系的结构与内容"四节,删除原"企业标准体系设计方法""企业标准体系设计"两节;同时对"企业标准化的框架""企业标准体系的评价与改进"两节内容进行了全面的调整与修改。

(12) 对各章中的引导案例、案例分析等栏目进行了调整或替换,以进一步提升它们的契合性、针对性和指导性。

经过以上调整,本版的结构与内容更加符合当前标准化学科发展的基本规律与现实需求。

在修订过程中,编者参阅、借鉴、引用或修改引用了大量书刊资料、业界研究成果和相关标准。本书的出版得到了北京大学出版社的大力支持,在此一并致谢。由于编者水平有限,书中难免存在疏漏与不足之处,恳请各位专家和读者批评指正。

舒 辉

2024年1月于江西财经大学

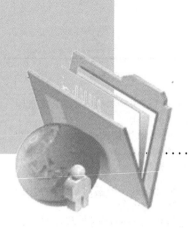

教学建议

本课程的教学目的在于通过本课程的学习,学生可以比较全面地了解标准化学科的基本概念、原理、方法和技巧,初步学会用标准化的理念、方法去分析与管理现实社会中的各项事务;进而培养学生自觉运用标准化知识,去解决人类社会生产活动中的经济管理问题,从而取得较好的社会经济效益的能力。

在学习本课程之前,学生需要掌握管理学原理、公司组织与管理、运营管理等课程的相关知识。

时间安排建议如表 0.1 所示。

表 0.1 时间安排建议

章节	阅读要点	课时安排（时）	阅读时间（时）
第一章 绪论	1. 了解标准化各发展阶段的主要特征 2. 理解标准化的作用 3. 熟悉标准化的产生和发展历程 4. 掌握标准化的基本内涵、层次、系统 5. 掌握标准化作为一门新学科的基本内涵 6. 学会分析我们身边的标准化现象	3	2
第二章 标准	1. 了解国际标准的类别与体系 2. 理解标准的要素和标准化空间 3. 熟悉标准体系和标准体系表 4. 掌握标准的定义、特性和本质 5. 掌握标准的分类与分级	2	1.5

（续表）

章节	阅读要点	课时安排（时）	阅读时间（时）
第三章 标准化的原理	1. 了解桑德斯的"七原理"和松浦四郎的"十九原理" 2. 理解标准两种价值的内涵 3. 熟悉简化、统一、协调、最优化原理，以及系统效应、结构优化、有序、反馈控制原理 4. 掌握标准化的基本原理	1	1.5
第四章 标准化的经济效益	1. 了解评价和计算标准化经济效益时要考虑的因素 2. 理解标准化产生效益的机理 3. 熟悉评价标准化经济效益的原则和程序，以及评价和计算标准化经济效益的时机 4. 掌握标准化经济效益的基本概念，以及评价标准化经济效益的指标体系 5. 掌握运用相关公式计算各类标准获得年节约的方法	2	1.5
第五章 参数选择和参数分级的数学方法	1. 了解 E 系列的构成规律及其应用领域 2. 理解参数选择和参数分级的依据 3. 熟悉等差数列的特点及其用途，以及等比数列与等差数列的区别 4. 熟悉模数制及建筑模数的构成 5. 掌握优先数系的构成规律，数值的种类及其应用原则	3	2
第六章 标准化的形式与方法	1. 了解各类标准化形式的应用领域，以用组合形式设计系统 2. 理解简化的客观基础、组合化的理论基础 3. 熟悉产品系列化的过程、通用化的方法和模块化的过程 4. 掌握各类标准化形式的基本概念、统一化的原则与方式 5. 掌握简化的经济效益评价方法和产品标准化程度评价方法	4	3
第七章 标准的编写规则与制定程序	1. 了解编写标准的原则、要求与方法 2. 理解标准化文件的类别以及文件中的要素、层次，以及我国采用国际标准的范围界定 3. 熟悉制定国家标准的常规程序、快速程序以及制定标准中的文件类型 4. 掌握以国际标准为基础制定的我国标准与国际标准的差别、一致性程度及差别的标示 5. 掌握标准的主要构成及其内容	3	4
第八章 标准化管理运行体系	1. 了解 ISO、IEC 和 ITU 的组织机构、标准化技术组织 2. 理解标准化技术工作体系、《中国标准化法》及《实施条例》的内容 3. 熟悉中国标准化行政管理机构层次结构与相应职能 4. 掌握中国标准体系和标准化管理体系，以及标准制定和标准实施的法律规定 5. 掌握标准化技术委员会的组织结构、工作职责与程序	2	1
第九章 标准的实施与监督	1. 了解标准化审查的对象、领域及其相关内容，不同类型标准的实施方法 2. 理解实施标准的意义、标准实施监督的价值、标准自我声明和监督制度 3. 熟悉标准实施的原则、标准实施的一般程序 4. 掌握标准实施的一般形式、标准实施的推广模式 5. 掌握标准实施监督、标准化审查的相关概念及术语	2	1.5

(续表)

章节	阅读要点	课时安排（时）	阅读时间（时）
第十章 合格评定	1. 了解认证认可国际机制和国际互认活动、认可制度、认证人员注册制度的相关内涵 2. 理解合格评定的内涵，产品认证的基本条件、依据与程序 3. 熟悉合格评定的主要内容、两类典型的产品认证、管理体系认证的程序 4. 掌握产品认证的基本要素和模式，管理体系认证与产品认证的区别 5. 掌握合格评定中的关键概念	4	3
第十一章 管理体系标准	1. 了解管理体系标准及质量管理体系、环境管理体系和职业健康安全管理体系标准的发展情况 2. 理解质量管理标准体系、环境管理标准体系和职业健康安全管理标准体系的构成 3. 熟悉管理体系标准高阶结构的基本构架 4. 掌握 ISO 9001、ISO 14001、ISO 45001 的核心内容	3	3
第十二章 企业标准体系的设计	1. 了解企业标准体系构建的基本理念、程序 2. 理解企业标准化的框架、企业标准体系的评价与改进 3. 熟悉企业标准体系的总体构成 4. 掌握功能模式企业标准体系、属性模式企业标准体系的设计，以及服务业组织标准体系的结构与内容	3	4
合计		32	28

(1) 在学习顺序上，建议教师遵循本书框架有序进行教学，这样有助于学生更好地把握整个标准化管理的体系结构。

(2) 在课时安排上，管理类专业本科生适合 32 课时或 48 课时的安排；工程类专业的本科生可安排为 32 课时。

(3) 在时间安排上，建议学生针对各章学习要点所提出的"掌握">"熟悉">"理解">"了解"的优选层级安排学习时间。由于各章节的内容不同，各章节具体需要花费的阅读时间因人而异。表 0.1 中所提供的时间安排建议仅供教师、学生参考。

(4) 在章节学习的内容安排上，建议学生最好能以每章的"学习要点及目标""关键概念"为导引，将每章引导案例的思考题作为学习本章内容的起点，重点放在各章节"学习要点及目标"中需要"掌握"和"熟悉"的相关内容上，这些内容将是学生正确学习和掌握章节核心知识要点的主体内容。如果需要对书中某些章节的内容进行更深入的了解与掌握，则可以选择相应的专题书籍来进行补充学习，如需要全面学习"企业标准体系的设计"方面的知识，可以选择"企业标准化"和"标准体系"方面的专题教材；又如想深入了解"合格评定"方面的知识，则需要参考学习"质量认证"方面的专题教材。

(5) 每章的引导案例可用于本章的课堂讨论，而案例分析则用于学生课后的复习巩固，以帮助学生进一步掌握所学内容。

(6) 各章的"复习与思考"栏目，按"名词解释、单选题、多选题、判断题、简答题、论述题"的模块结构提供了大量的复习题（部分章节最后还设有计算题），学生可以自主练习。

在练习过程中最好能够做到不翻阅书本，以更好地理解与巩固知识要点。为更好地帮助学生提升学习效果，本书提供相关复习题配套的参考答案。

（7）如果有条件，在学习过程中最好能以教材的基本脉络为线索，根据相关章节内容的需要，到企业参观、体验，甚至进行岗位综合模拟和顶岗实习，从中领会标准化学科的应用价值。

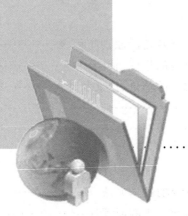

目 录

第一篇 理 论 篇

第一章 绪论 ………………………………………………………………… 3
第一节 我们身边的标准化 ………………………………………………… 4
第二节 标准化的产生和发展 ……………………………………………… 10
第三节 标准化是一门新兴学科 …………………………………………… 21
第四节 标准化的基本概念 ………………………………………………… 24
第五节 标准化的作用 ……………………………………………………… 27
本章小结 ……………………………………………………………………… 31
复习与思考 …………………………………………………………………… 31

第二章 标准 ………………………………………………………………… 34
第一节 标准的内涵 ………………………………………………………… 35
第二节 标准的要素和标准化空间 ………………………………………… 38
第三节 标准的分类 ………………………………………………………… 40
第四节 标准的分级 ………………………………………………………… 44
第五节 标准体系 …………………………………………………………… 47
第六节 国际标准的类别与体系 …………………………………………… 53
本章小结 ……………………………………………………………………… 55
复习与思考 …………………………………………………………………… 56

第三章 标准化的原理 ……………………………………………………… 59
第一节 标准的两种价值 …………………………………………………… 60
第二节 国外标准化原理 …………………………………………………… 62
第三节 国内标准化原理 …………………………………………………… 65
第四节 标准化的基本原理 ………………………………………………… 69
本章小结 ……………………………………………………………………… 72
复习与思考 …………………………………………………………………… 73

第四章 标准化的经济效益 ………………………………………………… 76
第一节 标准化产生效益的机理 …………………………………………… 77

第二节 评价标准化经济效益的原则与程序 ……………… 79
  第三节 标准化经济效益的指标与计算 …………………… 81
  第四节 标准化经济效益的评价、论证和计算 …………… 84
  本章小结 ……………………………………………………… 92
  复习与思考 …………………………………………………… 93

第二篇 方 法 篇

第五章 参数选择和参数分级的数学方法 …………………… 99
  第一节 参数选择和参数分级的原理 …………………… 100
  第二节 非标准数值系列 ……………………………… 103
  第三节 优先数和优先数系 …………………………… 106
  第四节 电阻器和电容器优先数系(E 系列) ………… 115
  第五节 模数制 …………………………………………… 116
  本章小结 …………………………………………………… 121
  复习与思考 ………………………………………………… 121

第六章 标准化的形式与方法 ………………………………… 125
  第一节 简化 ……………………………………………… 126
  第二节 统一化 …………………………………………… 130
  第三节 系列化 …………………………………………… 132
  第四节 通用化 …………………………………………… 136
  第五节 组合化 …………………………………………… 139
  第六节 模块化 …………………………………………… 143
  本章小结 …………………………………………………… 147
  复习与思考 ………………………………………………… 148

第七章 标准的编写规则与制定程序 ………………………… 151
  第一节 编写标准的原则、要求与方法 ………………… 153
  第二节 标准的结构 …………………………………… 157
  第三节 以国际标准为基础起草我国标准 …………… 163
  第四节 制定标准的程序 …………………………… 168
  本章小结 …………………………………………………… 174
  复习与思考 ………………………………………………… 175

第三篇 管 理 篇

第八章 标准化管理运行体系 ………………………………… 181
  第一节 中国标准化法律法规 …………………………… 182
  第二节 标准化管理体系及管理机构 …………………… 187
  第三节 标准制定组织——标准化技术委员会 ……… 190
  第四节 国际标准组织 …………………………………… 195

本章小结 …………………………………………………………………………… 204
　　复习与思考 ………………………………………………………………………… 204

第九章　标准的实施与监督 …………………………………………………………… 208
　　第一节　标准实施的意义与原则 ………………………………………………… 209
　　第二节　标准实施的一般程序 …………………………………………………… 211
　　第三节　标准实施的方法 ………………………………………………………… 214
　　第四节　标准实施监督 …………………………………………………………… 219
　　本章小结 …………………………………………………………………………… 226
　　复习与思考 ………………………………………………………………………… 226

第四篇　实　务　篇

第十章　合格评定 ………………………………………………………………………… 233
　　第一节　合格评定概述 …………………………………………………………… 234
　　第二节　合格评定制度的主要内容 ……………………………………………… 239
　　第三节　产品认证 ………………………………………………………………… 242
　　第四节　管理体系认证 …………………………………………………………… 256
　　第五节　认可制度 ………………………………………………………………… 259
　　第六节　认证人员注册制度 ……………………………………………………… 263
　　本章小结 …………………………………………………………………………… 265
　　复习与思考 ………………………………………………………………………… 266

第十一章　管理体系标准 ………………………………………………………………… 270
　　第一节　管理体系标准总览 ……………………………………………………… 271
　　第二节　管理体系标准的高阶结构 ……………………………………………… 276
　　第三节　质量管理体系标准 ……………………………………………………… 280
　　第四节　环境管理体系标准 ……………………………………………………… 285
　　第五节　职业健康安全管理体系标准 …………………………………………… 291
　　本章小结 …………………………………………………………………………… 295
　　复习与思考 ………………………………………………………………………… 296

第十二章　企业标准体系的设计 ………………………………………………………… 300
　　第一节　企业标准化的框架 ……………………………………………………… 303
　　第二节　企业标准体系的设计——理念、结构与程序 ………………………… 310
　　第三节　功能模式企业标准体系的设计 ………………………………………… 316
　　第四节　属性模式企业标准体系的设计 ………………………………………… 320
　　第五节　服务业组织标准体系的结构与内容 …………………………………… 326
　　第六节　企业标准体系的评价与改进 …………………………………………… 332
　　本章小结 …………………………………………………………………………… 336
　　复习与思考 ………………………………………………………………………… 336

附录　标准化管理主要网络资源一览 …………………………………………………… 340

参考文献 …………………………………………………………………………………… 341

第一篇

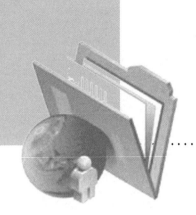

理 论 篇

离娄之明,公输子之巧,不以规矩,不能成方圆。

——邹·孟轲《孟子·离娄上》

人法地,地法天,天法道,道法自然。

——春秋·李耳《道德经》

有道之君,行治修制,先民服也。

——春秋·管仲《管子》

仁圣之本,在乎制度而已。

——唐·白居易《策林·立制度》

【学习章节】

    第一章　绪论
    第二章　标准
    第三章　标准化的原理
    第四章　标准化的经济效益

第一章 绪 论

【学习要点及目标】

1. 了解标准化各发展阶段的主要特征
2. 理解标准化的作用
3. 熟悉标准化的产生和发展历程
4. 掌握标准化的基本内涵、层次、系统
5. 掌握标准化作为一门新学科的基本内涵
6. 学会分析我们身边的标准化现象

【关键概念】

标准化、标准化层次、标准化系统、国际标准化、国家标准化、行业标准化

 引导案例

标准化：德国人的日常生活

豆角包装标出弯曲度，主妇做饭像做化学实验，聚会事先通知邻居，车站标明车辆抵站时间……在德国生活时间久了，你会发现自己对精确的生活指标十分依赖，因为世界上很少有其他国家像德国那样崇尚用数字衡量一切。

厨房工作像做化学实验

在德国超市买东西的时候，那些标准化的蔬菜、瓜果让记者怀疑它们是否来自同一模具：黄瓜、西红柿、茄子、菜花……几乎都是一样的长度、粗细、重量。连超市售货员也说，其中的误差绝不会超过5％。有的豆角包装上还标出弯曲度，从60度、75度到90度不等，以区别其产地、成熟度等特点。所以，德国人买东西从不挑三拣四，通常是拿起就走。

在德国人的厨房里，各种规格的锅、碗、瓢、盆成打成套，厨房工具更是花样繁多，光刀就分切肉刀、切火腿刀、削水果刀、切面包刀、切奶酪刀等十多种。最绝的要数各种厨房"小助手"，从称配料的秤、量杯，到定时器、带刻度和温度表的锅，一应俱全。德国主妇做饭的时候，一边看着菜谱，一边用秤称料，用量杯倒水，还要看看温度计，那副专心致志的劲头仿佛在做化学实验。

其实，德国家庭的"标准化"已经深入生活各处。倒垃圾时，他们会将垃圾按废纸、包装垃圾、生活垃圾、生物垃圾等进行分类。包装盒、塑料袋、铁罐要倒入包装垃圾桶，菜叶、剩饭、蛋壳等投入生活垃圾桶，自家花园中清理出来的枯草、树叶等投入生物垃圾桶。准备扔掉的玻璃瓶还要根据颜色分别投入不同的废玻璃垃圾桶。

德国法律对邻里关系也有专门规定：在自家花园里聚会，应该事先通知邻居，而且要

按时结束;早上7点前、晚上10点后得息声敛气,淋浴时绝对不能引吭高歌;每季度至少修剪自家草坪一次,每5年要粉刷外墙一次。如果违反规定,轻者会招致邻居抗议,严重者还得缴纳5 000欧元左右的罚款,并要登报公开道歉,甚至还会蹲牢房。

日常工作生活精确量化

  前不久,有位来自非洲的朋友对记者说起他在德国的"重大发现"——德国的公共汽车不仅清洁干净、准时进站离站,而且排队乘车的乘客也必定在汽车进站前一两分钟内陆续到达,仿佛事先都约好了似的。其实,这不过是因为乘客们遵守了公交时间表而已。在德国,无论是大城市还是小村镇,其公交车站的站牌上都会清楚地标明车辆的行车路线和途中到达各站的准确时间。这种公交时刻表可以在交通网站上查到,乘客们还可以根据实际需要,让交通网站自动设计出铁路、地铁、汽车等多种交通工具的最佳线路组合。

  记者曾抱怨自己住所前的马路铺设起来没完没了。后来才发现,德国工程师们在工作中总会用尺子去量,以保证每一层砖的厚度绝对符合规定,并在开始修建马路时就将排水系统、电路设施等都预留好。这样铺出来的马路,不用隔几年就翻修一次。

  除了建筑,德国人吃药也是有板有眼的。德国医生开的药方,会将用药量精确到毫克,并明确说明是在饭前或饭后的5分钟或10分钟内服用,而不会笼统说"饭前或饭后服用"。

  每个德国人在日常生活中都自觉遵守着国家制定的各种条例,即使某些规定有些苛刻,他们也很少投机取巧。也许,正是因为这种严格要求,才有了品质优良的"德国制造",并使之成为精确与高品质的代名词。难怪有人说,一个国家能够如此步调一致、和谐运转,就没有战胜不了的困难。

资料来源:作者根据相关资料整理而成。

思考

  1. 基于本案例中的标准化现象,试总结标准化在日常生活中发挥的作用。
  2. 从本案例中,你得到哪些方面的启示?

  客观世界的事物是纷繁复杂的,但都有一定的规律性。这种规律性为标准化的产生与发展提供了土壤。

  随着社会文明的进步和发展,标准化经历了一个从不自觉到自觉,从一种单纯的技术和管理优化方法到一门专业学科的漫长而光辉的发展历程。作为一门学科,标准化与具体的标准化工作有所不同,它是人类数千年来从事标准化实践活动的科学总结和理论提炼,来源于成千上万项标准化实践,但又高于实践,指导着人们当前和未来的标准化活动。

第一节 我们身边的标准化

  提起标准,你会觉得时有耳闻,但又会觉得不甚了解。其实,标准就在我们身边,我们天天在与之打交道:当你准备骑自行车出门,发现自行车不能正常运转时,可随便就近寻找一家自行车维修店进行维修;当你外出消费需要结账时,可以用手机在几乎任何消费点扫码结账;当你发现家里的水龙头漏水时,可以立刻到市场随便购买一个同型号的新水龙头予以替换;等等。事实上,很难想象如果没有标准化,我们的日常生活将会是什么样子。回望生活中的任何一幕,我们都会很惊奇地发现:有如此多的标准在支撑着我们日常生活的方方面面,从你醒来的那一刻起,标准就在以某种形式帮助你塑造一天的生活,使你的生活更容易、更舒适、更安全。想象一下,假如你的银行卡尺寸太大,不能插入自动取款机的滑槽取款;假如电池的尺寸与你的电气设备不匹配;假如商店没有采用条形码技术来计算库存货物的数量和价格;假如国际互联网地址没有标准化域名,你的生活将会是什么样呢?事实上,生活中没有标准是难以想象的,如今我们期待快速有效的通信,要求电子设备之间能够兼容和互联,希望社会生活中所使用的工具、消费品便宜、易于生产且质量好,要做到这些,标准绝对是必需的,虽然在绝大多数情况下,它们的作用是如此隐蔽以至于被人们当成理所当然的事情。当它们存在并发挥作用时,你虽然会很高兴,但是你可能没有意识到标准在"保护"着你。

一、日常生活中的标准化

衣、食、住、行是人类日常生活中的基本行为需求,然而在它们之中无不存在着标准化的身影。例如,我们在日常生活中,经常会碰到诸如规矩、准则、规范、守则、规制,甚至法律法规等方面的约束,从本质上说,它们均为标准在人类社会生活中的替代名称。正是因为有了这些形形色色标准的存在,我们才能穿得合身,吃得放心,住得舒适,行得有序……

> ◇ **标准知识窗**
>
> ### 细看标准明示指标,辨别产品质量与安全
>
> 不管你懂不懂标准与标准化,它们都按照一定的要求(即标准)经过一定的程序(即一系列的标准化活动)来到你身边,并且还在你使用的每一件产品中都留下了"蛛丝马迹",以便你能适时捕捉到这些信息并用于提高生活质量。
>
> 就拿日常购买食品来说吧,如何才能确保买到我们想要的食品?标准明示指标能帮你!根据 GB 7718-2011《食品安全国家标准 预包装食品标签通则》中4.1.3.1.2 的规定,各种配料应按制造或加工食品时加入量的递减顺序一一排列。排在第一位的,就是食品中所用到的最主要原料,含量最少的原料排在最后一位。所以,在买食品的时候,看一眼配料表中的前三位,我们就大致了解自己会吃下去什么了。例如购买果汁,如果是纯果汁,配料表标明的应该是 100% 果汁,而果汁饮料的配料表中排在第一位的则可能是水。

(一)"衣"的标准化

早在 45 000 多年前,辽宁海城小孤山人就用手中的骨针,正式宣告人类社会迈入了"穿衣时代"。从最初的兽皮的简单缠裹,到能够遮羞掩体的服装出现,再发展到如今在 T 型舞台上展示的"奇装异服",人类"穿衣史"的发展,无不显现着标准化的身影。"衣"的标准化主要体现在对"衣料"的选用标准化、加工标准化等方面。

服装和鞋的号型系列标准就是"衣"的标准化的典型。在我国,过去服装大多是手工缝制的,产品的型号五花八门,没有统一的标准和标志,这为消费者的选购带来了许多不便。为此,有关部门对国人的各种体型、脚型进行了大量的调查研究与测量分析,制定了全国统一的服装和鞋的号型系列标准。生产厂商按标准组织生产,消费者按标准规格选购,大大方便了生产与消费。服装号型表示的方法是"号"与"型"之间用斜线分开,后接体型分类代号(儿童服装没有体型分类代号)。例如,女上装类标志 165/88A,是指适合身高 165 厘米左右、胸围 88 厘米左右、体型 A(胸围和腰围相差 12~16 厘米)的人选购;女下装类标志 165/68A,是指适合身高 165 厘米左右、腰围 68 厘米左右、体型 A 的人选购。这样只要记住自己的身高、胸围、腰围,就能方便地买到合适的服装。

GB/T 18885-2020《生态纺织品技术要求》的颁布实施,就是对现代服装加工工艺中服装染色助剂的有效规范。该标准对服装甲醛含量做出了明确、具体的规定,如果一件服装的甲醛含量超过了相关规定就是不合格品,不得上柜销售。

(二)"食"的标准化

"民以食为天"反映出"食"在人们日常生活中的重要地位。"食"的标准化主要体现在对"食材"的选用标准化、加工标准化,以及饮食习惯标准化(实质上就是饮食标准化,只不过其基本上是以"约定俗成"形式产生的)等方面。

"我们还敢吃什么?"已成为媒体上及人们日常交谈中经常见到和提到的话题,这揭露了我国的食品质量安全问题。导致这些食品质量安全问题的原因,除了市场监管不力等因素,还有生产未能实现标准化的因素,没有统一的标准,怎么可能保证"食"的质量安全?食品生产许可编号(SC)是在日常生活中经常能够看到的标志,每当我们从市场上购买食品时都能在其包装上见到。它是食品市场准入标志,用以证明产品"质量安全"是符合标准的。只要我们在购买食品之前稍加注意一下,就能发现在其内、外包装的标签上都会有"SC……"和"产品标准/执行标准:GB……或 Q……"的字样。

不论在什么时间、什么地点购买诸如"肯德基"的西式快餐店的汉堡包,我们都会感觉到它们的外形、口味几乎是相同的,没有什么质的差异;但是当进入中餐店点一盘"鱼香肉丝",我们会发现在不同的时间、不同的中餐店,甚至在同一中餐店的不同时间所炒的"鱼香肉丝",其口感可能会有明显的差别。为什么会有这样的差距,这就是"食"的标准化问题。因为诸如"肯德基"的西式快餐店使用的都是统一的企业生产、经营和管理标准,所以它们能够非常自豪地高喊着"全世界都能吃到一样的肯德基!"反观中餐店,尽管在生产、经营和管理标准方面取得较大进展,但由于火候标准化难以突破,从而无法统一口感(质量无法保证)。

对每一个人来说,"一日三餐"是再普通不过的日常饮食规律,然而它本质上是人类进食活动标准化的结果。早在秦汉以前,由于农业不发达,人们每天最多只能进食两次,到了汉朝以后,随着农业的进步,逐渐发展为三餐,甚至四餐,但在古代很多穷人还是只能保证一日两餐,直到近代才逐渐变为约定俗成的一日三餐。

(三)"住"的标准化

在日常生活中,"住"的标准化主要反映在"建筑"的标准化、居住"环境"标准化等方面。由于"住"的标准化的专业性比较强,人们在日常生活中对此方面的感觉相对衣、食、行方面而言比较弱,体会也不够深刻。

为了抵御风寒和野兽的袭击,人类在筑居、栖身的过程中运用标准化原理和方法,成功地实现了标准砖坯的制作工序、结构以及尺寸的标准化。例如,古希腊巴特农神庙的柱基与柱高的比例是1∶6,与当时人类的脚板长度与身体高度比例一致,这也成为早期古代宫殿、寺庙、塔楼等建筑物的标准;宋朝李诫所著的《营造法式》就是建筑材料和建筑结构的标准汇编。"法式"即标准,至今存世的中国长城、故宫和埃及金字塔等伟大建筑,正是建筑标准化方面的杰作。

新房装修已经成为人们在日常生活中的一项必修课。当走进装修建材市场,面对琳琅满目、五花八门的装修材料时,绝大多数人所关注的可能都是品牌、价格,而很少会有人去考虑形状、规格、尺寸,以及买回来后是否可以安装。这就涉及建筑材料的标准化、系列化。中华人民共和国住房和城乡建设部制定发布了一系列关于"建筑"的标准,涵盖建设、供水供暖、家用电器等。绝大多数人对这些标准都不太了解,但对某些方面却有所感觉,比如房子的高度、门窗的大小等。

住得"环保"是现代居住的基本要求。为此,我国从2015年1月1日起,开始实施国家标准GB/T 50378《绿色建筑评价标准》。该标准从节能、节地、节水、节材、运营管理等方面,采用数十项指标对住宅项目进行综合评价,以评分高低的方式来评价是否住得"环保"。此外,许多相关标准的制定、贯彻实施都是为确保住得"环保"提供支持,如"住宅隔声标准""室内空气质量标准"等,只是由于这方面的专业性很强,基本上不为普通消费者所了解与掌握,但它们却实实在在地存在,并默默地为改善人们的居住环境贡献力量。

（四）"行"的标准化

在日常生活中,"行"的标准化主要反映在交通行为的标准化、交通工具的标准化、交通设施的标准化以及支付方式的标准化等方面。

红灯停、绿灯行,见了黄灯等一等;上行道、下行道,按照标志行其道;快车道、慢车道,跑快跑慢选准道——这是交通行为标准化的典型范例。它在世界范围内,规范着数以亿计的行人和车辆的交通行为,保障着社会交通的有序畅通,这不仅有效地提高了交通运输效率,也大大地减少了交通事故的发生。

在交通工具方面,汽车已经成为现代人类出行的主要代步工具,其安全性已经成为人们选购时,除价格、排量、外形及内饰外的一个特别关注点。而正面及侧面的碰撞标准,以及安全气囊、ABS刹车配置的强制标准的制定及实施,为汽车的安全驾驶提供了保障。

早在秦始皇统一六国之后所颁布的政令中,就明确提出"车同轨""统一驰道",这应是交通设施标准化的早期范例。等级公路、等级铁路的出现极大提升了人们的出行速度和方便程度,而这一切都与公路、铁路的标准化密不可分。

"公交IC卡"相关标准的制定及应用,使人们用一张非接触式智能卡就能实现在公共汽车、地铁、轻轨、轮渡、出租车等多项城市公共交通中的消费,方便了人们的支付。此外,各类交通标志的标准化也为人们的出行提供了帮助。

当然,由于受到不同的地域、历史、文化等因素的影响,对同一行为或事物制定的标准可能会存在着巨大的差异,例如在交通行为标准中,中国、美国、俄罗斯等国家是右侧通行,而英国、澳大利亚等国家是左侧通行。

（五）图形符号标准化

图形符号标准化在我们生活中随处可见，我们可以在各种家用电器上看到用图形符号表示的操作方法，在衣物上看到用图形符号表示的洗涤方法；在学校和工作单位，可接触到用图形符号表示的办公设备操作方法，标在地图、图纸和技术书籍中的符号，以及工作场所使用的安全标志等；在公共场所，可以经常看到提供导航信息的图形符号以及交通标志。

由此可见，我们的生活离不开图形符号，现代信息社会需要图形符号。图形符号是信息的重要载体之一。正是标准化的图形符号具有的特殊优越性，使得它在我们身边起到了文字无法代替的作用。图1.1列出了一些常见的标准化图形符号。

图1.1　常见的标准化图形符号

在现实生活中，关于人类衣、食、住、行方面的标准化例子不胜枚举。从本质上来归纳，在我们的日常生活中存在着两类标准：一类是看得见的标准，即用文字等形式明确记载的强制性或建议执行的标准，如交通行为规范、校规校纪等；另一类是看不见的标准，即约定俗成的，靠大家自觉遵守的标准，如道德要求。然而在人类社会中，由于标准化的潜在性与巨大的惯性，我们无法使其完全停止和改变，因而也就没有机会去感受标准化缺失的困境。只有通过系统、科学的学习，我们才能正确地领会标准化的重要作用。

二、生产中的标准化

同样，当我们随手拿起身边从市场购置的电器产品或食品时，都可以在内、外包装或标签上发现"GB……"或"Q……"的字样，这些则是生产标准化在我们日常生活中的反映。简单来说，标准化在生产中的体现可直接分为两类："物"的标准化和"非物"的标准化。"物"包括产品、材料、工具等；"非物"则包括工序、流程、方法等。

（一）"物"的标准化

"螺丝钉配螺帽"就是"物"的标准化的典型。机器大工业生产时期，少不了要用到大大小小的螺丝钉，然而人们发现，当一颗螺丝钉"单"出来的时候，难题也随之而来：很难找到与其相配的螺帽！那是因为当时生产工业零部件的工厂太多了，对零部件的规格却缺少一个统一的规定，生产出来的螺丝钉和螺帽便大小不一，很难配套。于是，制定出一套适用于整个行业的生产准则，即"物"的标准化就显得非常必要了。

随着社会生产的不断发展，一方面，人们对生活质量的要求越来越高，对"物"的品质要求也越来越多、越来越高；另一方面，由于社会生产专业化程度的不断提高，一个"物"的生产往往被人为地分解到由许多家厂商来进行，导致最终的产品几乎都需要通过组装或接口配合才能发挥功效，如车辆轮子的外胎、内胎与钢圈的分开生产与集中组装。在现实中，如果产品"不配套""不匹配"，就很难"卖得动"，解决此问题的思路有两个：一是生产商实施"大而全、小而全"的生产模式，自行匹配生产，这对一些简单型产品，比如笔，是可行的；但对于绝大多数产品，特别是大型、特大型产品而言，显然不可行，比如飞机。二是采用标准化的方式，对所有要生产的"产品"进行标准化，制定出统一的"产品标准"（即"物"的标准化），从而从根本上解决专业化生产所带来的产品"不配套""不匹配"的问题。

（二）"非物"的标准化

在大多数情况下，"非物"的标准化都是为配合"物"的标准化而展开的，即为确保"物"的标准能够得到有效的贯彻执行，在生产工艺、程序、流程、方法、管理体系等方面进行的标准化，比如检验方法标准、试验方法标准、抽样检查标准、管理体系标准，等等。当然，在现实中有许多情况、环境或领域是无法有效地进行"物"的标准化的，只能通过"非物"的标准化来保障当事人或消费者的权益，比如安全、质量、环境、职业健康等；又比如在旅游、娱乐、医疗服务、宾馆服务等领域，只有通过制定相应的服务质量标准、服务流程标准、作业时间标准，才能确保消费者享受到"物有所值"的服务。

在制造业广泛采用的生产流水线就是"非物"标准化在生产活动的一种应用。生产流水线的基本原理是把一个生产重复的过程分解为若干子过程，前一个子过程为下一个子过程创造执行条件，每一个过程可以与其他子过程同时进行。简而言之，就是将功能进行分解，在不同的空间中进行同时同步的重复生产，就像大家一起捏"泥人"一样，尽管有一个统一的"泥人"标准存在，但当将"泥人"制作分解为你捏头、我捏身、他捏脚等环节时，如果没有将生产工艺、操作方法、检验方法等标准化，就有可能会使最终成型的泥人"头重脚轻"，甚至成为"怪物"。

ISO 45001《职业健康安全管理体系 要求及使用指南》就是"非物"标准化的范例。其管理对象是企业的活动、产品生产和服务过程中产生的职业健康安全风险和危害，如工作场所的粉尘、有毒有害气体、工业辐射、危险化学品、危险作业、易燃易爆产品等；关注对象是生产场所的员工、外来人员等；旨在通过制定安全目标和管理方案、运行控制、应急控制、培训教育、监视和测量、为个体提供劳动防护用品等措施，以控制当事人的职业健康安全风险。

总而言之，不论是生活中的标准化还是生产中的标准化，其最根本的目的都是推动人类社会的不断进步与发展，只是同一事物在不同领域的表现有所不同而已。

第二节　标准化的产生和发展

人们在生产和社会实践的各个领域中，自觉地运用标准化来达到自己的目的是近两百年的事，距有组织的标准化活动的产生还不到一个世纪，但标准化作为人类赖以生存的重要手段，在人类历史的初期就已经产生了。在远古的混沌时期，人类由于对生产、生活工具产生了一致性的选择，对劳动成果的统计和记录形成了共同的需要，就产生了对标准和标准化的理念的最初向往。

一、远古时期人类标准化思想的萌芽

当人类还处在茹毛饮血的时期，他们的生活方式同周围其他动物相差无几，然而由于长期同大自然搏斗，头脑日益发达，逐渐学会了使用木棒、石块等作为狩猎和防御的工具。由于群居生活和共同劳动，人类的吼叫声也逐步发展为清晰易懂的声音，成为人类交流思想和传递信息的手段，标准化思想也随之产生。

1. 语言、文字和符号的标准化

语言的产生是人类早期标准化的重要成果。人们在共同劳动的过程中为了传递信息、交流思想，起初使用一些简单的、具有统一含义的呼唤声、喊叫声，这些发音逐渐发展成具有简单音节的词语，再扩充为句子。而所有的发展过程都需要有一个基本前提，即每一个发音或词语对于使用该种语言的人来说都必须具有统一性，否则就不能起到交流思想、传递信息的作用。换言之，语言的形成过程实际上就是声音符号的标准化过程。

为了能跨越一定的时间和空间传递信息，光有语言还是不够的，于是人们开始运用某些统一的符号、记号来记忆、保存和传播信息。如我国古代就有"结绳记事"的传说，它是利用在绳子上打各种不同大小、不同数目的结，将其作为一种统一的符号代码，来代表各种不同的事物。类似的方法也在世界其他地区得以应用，如古代南美洲的印第安人用绳子或植物纤维把不同的贝壳或珠子串联起来，来表示各种不同的意义；秘鲁土著将颜色、长度不一的绳子打成各种各样的结来记录不同事情。这些或许可以看作最早的信息编码标准化。

2. 石器的标准化

同人类的其他知识一样，标准化也是在生产劳动的实践中产生的。人们在长期的生产劳动实践中，逐渐发现各种石器工具（如石斧、石刀等）都有最佳的形状和尺寸，具有这种形状和尺寸的石器使用起来效率最高，也最省力气。于是，人们便把这种形状和尺寸固定下来，形成某种石器的标准式样。这就是最早的劳动工具的标准化。考古发现已经证实了人类早期劳动工具具有标准化特征，如在亚洲出土的石斧与在欧洲、非洲出土的石斧无论在形状还是在尺寸方面都有着惊人的相似点。与此同时，劳动工具也逐渐走向结构定型化和尺寸统一化。西安半坡遗址出土了大量新石器时代的生活器具，有炊具鼎和饮食器皿（钵、碗、盆、杯、罐）等，这些器具都有确定的形状和统一的尺寸，同类器具的形状和尺寸完全一样。

远古时期的人类在与恶劣的自然环境斗争的过程中不断成长，以生命为代价积累了宝贵的生存经验，并通过相互交流和学习，不断摸索、不断改进，最终总结出最适宜向后代

传递的语言、文字、符号,以及石器工具的结构形式等,这就是人类最初的、朴素的(无意识的)标准化。通过这种方式流传至今的习俗、器具不计其数。

二、手工生产条件下的标准化

当手工业从农业内部分离出来之后,手工技术得到了飞速的发展,手工业内部的分工也越来越细。这就促使产品标准化和生产方法标准化不断向前发展,手工技术的规范化就是这一时期的突出特点。冶金、车辆、兵器、建筑、药物、乐器、印刷、纺织、造纸等行业都出现了一定的生产技术规范。这从我国古代的一些著作中可以看出。春秋末期齐国人著的《周礼·考工记》就是一部手工业生产技术规范的总汇,它记载了西周至春秋时期的产品技术规格、制造方法、技术要求等。例如,对车的品种、等级、结构、零部件、尺寸、材质等都作出了统一的规定,还规定了车轮的技术要求和检验方法。到了秦朝,更以法律的形式确立了产品的标准化:"为器同物者,其大小、长短、广夹(狭)必等"(《秦律十八种·工律》),"布恶,其广袤不如式者,不行"(《秦律十八种·金布律》),明确规定了同种产品的尺寸规格要统一,不符合标准的布不能拿到市场上去卖。公元前221年,秦始皇统一六国后,在全国推行"书同文、车同轨、统一度量衡、统一货币、统一兵器"等重大政策,可谓我国历史上声势空前浩大、范围空前广阔、影响极其深远的一次标准化运动,它对结束多年的战乱和分裂局面,巩固秦朝的封建集权统治,加快封建经济的发展都起到了不可估量的作用。古代经典的手工业标准化有:

1. 度量衡器具的标准化

随着原始社会生产力的发展,剩余产品开始出现。为了进行产品交换,需要有计量器具,以及统一的度量衡制度。最早的度量衡制度比较粗糙,是将人的某一部位作为计量单位,从而产生了"伸掌为尺""手捧为升"和"迈步立亩"等一些简单的计量标准。尽管在不同的时期,我们的祖先曾经将麦粒、黍粒、竹筒、手指、脚、前腕、两臂等作为计量单位,但随着生产的发展,人们总是一次又一次地对计量单位进行改革和统一。

考古学家曾在印度河谷九处新石器时代的遗址中发掘出一些有确定数值的重量标本和一把十进制的刻度尺,令人惊讶的是,这把刻度尺与差不多同一时期在古巴比伦遗址出土的一把刻度尺长度十分接近(前者长268毫米,细分为40个刻度;后者长270毫米,细分为16个刻度),这说明当时的计量单位标准化已扩展到相当广阔的范围。统一的度量衡制度的建立,表明具有独立形态的标准已经产生。

古埃及、古希腊等地区同样首先将人的脚等部位的尺寸作为长度标准,如腕尺(cubit)、英尺(foot)等。公元701年,日本发布《大宝律令》,统一度量衡。13世纪,欧洲各国也在各领域内开始建立计量单位标准,并制作了各种金属标准样品,由政府保管。1791年3月25日,法国国民议会决定按十进制原理建立米制,为计量单位的国际标准化奠定了基础。

2. 青铜器工艺的标准化

最早的青铜器出现于5000—6000年前的西亚两河流域,也就是今天的伊拉克及其周围地区。苏美尔文明(发源于两河流域)时期雕有狮子形象的大型铜刀是早期青铜器时代的代表。由于青铜器在古代世界各地均有出现,因而成为世界性文明的象征,也被视为文明发展的标准之一。在中国历史上的春秋战国时期,人们生产、作战和生活的工具已由石器发展到青铜器。虽然中国青铜器出现的时间并不是最早的,但由于制作精美,在世界青铜器中堪称艺术价值最高。这不仅体现了古人丰富的想象力,也反映了古代成熟、标准、规范的青铜器工艺。

中国古代的青铜器主要有六种。《周礼·考工记》中记载:"金有六齐:六分其金,而锡居一,谓之钟、鼎之齐;五分其金,而锡居一,谓之斧斤之齐;四分其金,而锡居一,谓之戈、戟之齐;三分其金,而锡居一,谓之大刃之齐;五分其金,而锡居二,谓之削、杀矢之齐;金锡半,谓之鉴、燧之齐。"这里的金即铜,在化学上称铜锡合金为"齐"。其铜、锡成分有一定的比例,即有一定的配方标准,如表1.1所示。

表 1.1 《周礼·考工记》中青铜器含铜、锡比例表

青铜器名称	比例(铜∶锡)	产品质量特性
钟、鼎(礼器)	6∶1	质坚,有韧性,声音好听
斧斤(斧子)	5∶1	坚硬,可承受较大冲击力,适合砍伐
戈、戟(长兵器)	4∶1	韧性好,能承受拉扭压力
大刃(剑)	3∶1	锋利,不易折断
削、杀矢(匕首和箭镞)	5∶2	锐利,不易弯折
鉴、燧(铜镜)	1∶1	泛银白,易反光

近代考古学家将出土的青铜器实物进行化学分析,证实其铜、锡比例与上述记载基本相符。能够在化学水平不发达的古代将成分做到如此严格的匹配,这不仅反映了中国青铜器工艺的高超,还体现了当时生产的标准性和严格性。

3. 建筑工艺的标准化

为了抵御风寒和野兽的袭击,人类在筑居、栖身的过程中运用了标准化原理和方法,迈开了建筑工艺标准化的步伐。建筑工艺标准化是从标准砖坯的制作开始的,据查证,在古埃及、古印度,以及我国的华北一带及中东地区,人们都是使用一个木制的砖形框架,就地取土生产砖坯。

古代各种建筑物的长度、宽度和高度通常是先以人体尺寸为基准尺寸度量的。如古希腊巴特农神庙的柱基与柱高的比例是1∶6,同当时人类的脚板长度与身体高度比例一致;又如古罗马时期建筑物的长度最初是以人类手的尺寸为基准的,到后来才过渡到以标准量尺为丈量依据,但各种建筑如宫殿、寺庙、塔楼等,从结构到外部尺寸都是标准化的。

公元前1776年,世界上最早的完整保存下来的成文法典之一——古巴比伦《汉谟拉比法典》就记载有建筑方面的标准;宋朝李诫所著的《营造法式》就是建筑材料和建筑结构的标准汇编;印度学者R.纳贾拉简的《建筑标准化》等著作对古代城市和道路的标准化做了详细的描述。

4. 交通运输及其相关制造工艺的标准化

交通运输就如一个国家的血管,社会生产、资源调配、市场贸易乃至战争都离不开交通运输。伴随着各种马车、战车等交通工具的发明制造和各种"驰道"的开辟,长期生产和使用工具的实践经验使人们总结出一套严密而科学的制造技术规范和质量验收标准。例如,古代战车的轮径是6尺6寸,而田车(打猎用的车)的轮径则是6尺3寸;轮有固定数量的辐条,且可以通用互换。

《周礼·考工记》中"轮人""舆人""辀人"三篇约占全书近一半篇幅,记载着各种车辆的制造工艺要求、技术规范及质量验收标准。关于车轮这个部件,该书就记载着十条有关制造、检验的规定。

正由于交通车辆的制作标准严格,当时的交通工具和交通事业迅速发展起来。秦始皇下达的"统一驰道"政令,使古代交通运输标准化达到较高的水平。而秦始皇兵马俑坑中的战车则是流传百世的物证。

5. 活字印刷术——标准化发展史上的里程碑

自东汉蔡伦发明造纸术以来,书写材料比起过去用的甲骨、简牍、金石和缣帛要轻便和经济得多,但是抄写书卷仍然非常费时,远远不能适应社会的需要。一直到东汉熹平年间(172—178),摹印和拓印石碑的方法开始出现。大约在初唐时期,人们从刻印章中得到启示,发明了雕版印刷术。

雕版印刷实现了一版能印几百部甚至几千部书卷的成就,对文化的传播起到了很大的推动作用。但刻版费时费工,大部头的书往往要花费几年的时间;存放雕版又要占用很大的空间,而且雕版常会因虫蛀、腐蚀而损坏。印量少而不需要重印的书,雕版使用一次后就成了废品。此外,一旦发现错别字,改起来很困难,常常需要重新雕刻整块版。

北宋庆历年间(1041—1048),毕昇发明了活字印刷术,一举解决了雕版印刷术所存在的种种问题。活字印刷是成功地运用标准件、互换性、分解组合、重复利用等一系列标准化原则和方法的典范。它比欧洲类似的发明早了400多年,从而树立了一块标准化发展史上的里程碑。活字版恰好弥补了雕版的不足,只要事先准备好足够的单个活字,就可随时拼版,由此大大地缩短了制版时间。活字版印完后可以拆卸,活字可重复使用,且活字版比雕版占用的空间小,容易存储和保管。

这一时期的基本生产方式是手工操作,尽管人类社会经历了两次大分工(农业和畜牧业的分工、农业和手工业的分工),但受生产力发展水平的限制,除了一些重大的事物(如货币、度量衡等)有全国统一的标准,一般工农业产品的标准往往只存在于人们的头脑中,即使有文字记录,其形式、内容都较简单扼要,主要通过劳动者口口相传。标准的形成也主要依靠习俗惯例,自然演化。因此,标准化尚不具备发展为一门独立的学科的条件。

这一时期的标准化在形成与发展过程中呈现出以下几方面的特征:

(1) 标准的形成由主要靠摸索和模仿变为有意识地制定。

(2) 标准化活动涉及范围扩大。从早期的局限于手工工具和简单的计量器具,发展到农业、建筑、冶金、机械、医药卫生等人类社会生活的各个领域。

(3) 标准化活动中的政治和军事因素增加。秦始皇为巩固中央集权而采取的一系列具有标准化特征的强制性措施就是例证。

(4) 标准化还不是一项有组织的活动。

(5) 标准化活动没有理论指导。

(6) 标准化发展很不平衡。有关计量和建筑方面的标准化发展较快,尤其是计量标准,几乎所有国家都以法律的形式予以确立。而其他方面的标准化,大部分都产生于民间,并自发地在有限范围内以口头的形式进行传播。

三、近代机器大工业生产条件下的标准化

人类有意识地组织标准化活动是在 18 世纪 70 年代之后。18 世纪 60 年代,以珍妮纺织机和蒸汽机的发明与使用为标志的第一次工业革命首先在英国爆发,随后扩散至法国、美国、德国、日本。这次工业革命的爆发,从根本上改变了社会的产业结构和技术基础;社会生产力的发展推动了一系列新工业部门的建立和发展,很快形成了规模大、分工细、协作广泛的机器大工业生产方式。"需要为发明之母",机器大工业生产方式大大促进了标准化的发展,并使标准化逐步成为工业生产必不可少的技术基础。

由此可见,继承和发展了古代标准化的近代标准化源于工业革命带来的机器大工业生产,但与古代标准化又有着本质上的区别。古代标准化建立在手工业生产的物质基础之上,基本处于现象的描述和经验的总结阶段,主要是以手感和直觉的记录以及零散的技术总结为基础而缓慢发展。而近代标准化是在机器大工业生产的基础上发展起来的,生产力和科学技术的高度发展为标准化提供了大量生产实践经验和系统实验手段,从而使标准化活动进入了以严格的实验数据为根据的定量化阶段,并开始作为提高生产率的途径,通过协商的方式在广阔的领域推行工业标准化体系。近代标准化迅速发展的主要原因主要体现在以下几方面。

(一)提高生产率的需要

工业革命的成果给社会注入了一针兴奋剂,由此引发了激烈的市场竞争,不同的产业部门都在寻求提高生产率的方法。

1. 生产技术方面的标准化

1798 年,美国人 E. 惠特尼(E. Whitney)在制造来复枪的过程中,运用了互换性原理,成批制造具有互换性的零部件以大量组装步枪,满足了当时美国独立战争的需要,同时也开辟了一条批量生产的新途径。

1841 年,英国人 J. B. 惠特沃思(J. B. Whitworth)设计了被称为"惠氏螺纹"的统一制式螺纹(第一个螺纹牙型标准),因其具有明显的优越性,很快被英国和欧洲其他国家采用。其后,美国、英国和加拿大经过协商,将惠氏螺纹和美国螺纹合并成统一的英制螺纹(沿用至今)。接着,英国人提出统一螺丝钉和螺母的型式和尺寸,并在 1904 年以英国标准 BS 84 颁布,为进一步实现互换性创造了有利条件。要大量生产具有互换性的零部件,必须有相应的公差与配合标准,为此,英国纽瓦尔公司在 1902 年编制了公差和配合方面的纽瓦尔公司标准——"极限表",这是最早出现的公差制,这个标准后来演变为英国标准 BS 27。

2. 生产组织管理方面的标准化

为了适应日益激烈的企业竞争,技术标准化被逐步引入企业生产组织管理。

1911 年,"科学管理之父"弗雷德里克 • W. 泰勒(Frederick W. Taylor)出版了《科学管理原理》,把标准化的方法应用于制定"标准时间"和"作业标准",开创了科学管理的新时代,同时也是通过标准化管理提高生产率的一次成功实践。

1914—1920 年,美国企业家亨利 • 福特(Henry Ford)打破了按机群方式组织车间的传统做法,创造了制造 T 型汽车的连续生产流水线。这实际上就是采用了在标准化基础上的流水作业方法,把生产过程的时间和空间组织统一起来,促进了大规模批量生产和标

准化的发展。由于其经济效益显著,这种先进的生产组织形式很快被推广到其他部门,并扩散到全世界。

(二)扩大市场的需要

工业化初期,市场相对狭小固定,当时的工业标准仅是对当地用户和有关工厂生产能力的反映,适用范围有限。随着先进交通工具的发明以及运输业的发展,市场越来越大,而由于不同地区生产的同一用途的材料和零部件并不统一,买主不得不经过修整以后才能使用,于是对在更大范围内开展标准化活动的要求越来越迫切。

1895年,英国钢铁商人H.J.斯凯尔顿(H.J. Skelton)在《泰晤士报》上发表公开信,反映桥梁设计中钢梁和型材尺寸规格繁多,提高了制造成本,并呼吁实行标准化,以便于设计、生产和使用。这一举动代表了当时生产方的普遍意愿,从而第一个全国性的标准化机构——英国工程标准委员会(现为英国标准学会)于1901年成立,这标志着标准化进入了一个新的发展阶段。此后不久,包括荷兰(1916)、菲律宾(1916)、德国(1917)、美国(1918)、瑞士(1918)、法国(1918)、瑞典(1919)、比利时(1919)、奥地利(1920)、日本(1921)在内,到1932年为止,已有25个国家(地区)相继成立了国家标准化组织。

1906年,在各国电气工业迅速发展的基础上,世界上最早的国际标准化团体——国际电工委员会成立,该机构负责有关电气工程和电子工程领域中的国际标准化工作。1926年,国家标准化协会的国际联盟成立,1942年由于第二次世界大战爆发而解体。直到1947年2月,国际标准化组织(ISO)正式成立。至此,人类的标准化活动由一个部门扩展至一个行业,再扩大至国家规模,最终走向世界。国际标准化活动进入了全面发展的阶段。

(三)调整产品结构,实现生产合理化的需要

两次世界大战期间以及战后,政府和企业都对标准化提出了更高的要求。第一次世界大战期间,由于物资极其匮乏,美国军需管理部门通过严格的标准化,对产品品种规格加以限制,取得了显著成效。战后经济恢复时期又出现了厂商任意增加产品品种的现象,严重影响了生产率的提高。为此,1927年时任美国总统胡佛在对一个标准化调查委员会报告的批示中,明确指出"标准化对工业化有极端重要性"。对此美国商务部下属的简化应用局发动了一场以简化为主的全国性工业生产标准化运动,使产品品种简化24%—98%,取得了很大的经济效益,本次运动进一步使人们认识到标准化的重要作用。

第二次世界大战期间,枪炮子弹、武器装备等军需品的互换性很差,规格不统一,致使武器供给异常紧张,许多武器的零部件需要从美国本土运往欧洲战场,由此贻误了战机,造成很大的损失。为此,军队的后勤补给部门再度推动武器标准化,以提高枪炮子弹、武器装备零部件的互换性,并相应地发展了价值分析、线性规划和统计质量管理等科学技术。战后重建时期,产品品种规格的不一致再度泛滥,许多国家都把制定标准活动和压缩产品品种列为重要任务。英国、法国、日本和其他一些工业发达的国家,也都开始积极效仿美国的做法,重新开启标准化工作。

至此,伴随机器大工业生产的标准化,由保障互换性的手段发展为保障国家资源的合理利用和提高生产力的重要手段。国家标准化和国际标准化成为人类社会发展不可缺少的因素。当今世界已经有多个国家和地区成立了标准化组织。

近代的标准化具有下列显著的特点：

1. 专业标准化机构与队伍应运而生

19世纪末至20世纪30年代，各类标准化学会、协会等行业或国家标准化机构在世界各国（地区）先后成立，而后国际（区域）标准化组织也随之成立，一大批专业技术人员、管理专家和企业家投身标准化事业，专业化的标准化人才队伍开始形成。

2. 标准化领域和作用范围扩大

随着生产力的发展和科技进步，近代标准化从机器大工业生产领域迅速扩展到交通运输、工程建设、食品卫生和商贸经济等领域；标准化的内容也从产品标准化、制造工艺标准化、检测方法标准化发展到术语、符号、代号等基础标准和企业生产管理的标准化。为此，标准化成为近代工业组织生产经营的一大原则。

3. 标准化以简化、统一为主要形式，标准化理论成果涌现

简化、统一是近代标准化的主要工具和表现形式，并随之涌现出一批标准化理论成果，主要有法国雷诺的优先数系、法国卡柯特的卡柯特法则、波兰沃吉茨基的标准化三维空间、英国桑德斯的"七原理"、日本松浦四郎的"十九原理"，等等。

4. 标准化成果以其独特的文本格式呈现

在近代标准化活动中，各个标准化组织均按照其一定的程序和方式开展标准化活动，并设计了具有统一格式的标准文件格式，使标准化活动的成果——标准，终于从法规、书籍、资料等载体格式中分离出来，成为一种具有独特格式的文本。

5. 标准化工作日趋规范

各类标准化机构的建立为标准化工作的开展提供了组织保障。随之建立的一整套完整的工作体系和一系列互相配套的规章制度，使标准的制定、修订、审批和贯彻执行等环节都形成了一套严格的规范程序；对标准文本的出版、印刷、归档等各项管理工作也有了统一的要求。

6. 标准制定的孤立性和缺乏系统观念

在近代，由于产品的复杂性较低、生产的综合性还比较差，协作企业并不多，因而标准的制定大多数都是根据相应的需要，一个一个地单独制定出来，缺乏系统的观念。

四、以系统理论为指导的现代标准化

20世纪60年代，随着新技术革命的深入发展和电子计算机的普及应用，社会生产力飞速进步，为人类社会生产和生活带来了一系列的重大变革。产品多样化趋势与中间品、零部件、要素的标准化的辩证关系，组合化和接口标准化的辩证关系，管理标准化迅速发展的需求，标准化动态特性的显著体现，标准体系和标准化系统的系统性问题等，再加之国际交往的日益频繁，都有力地促使标准化工作发生转变。

在现代工业进程中，由于生产和管理高度现代化、专业化、综合化，现代产品或工程、服务具有明确的系统性和社会化特征。一项产品或工程、过程和服务，往往涉及多个行业、多个组织和多种科学技术，如美国的"阿波罗计划""曼哈顿计划"、中国的"嫦娥工程"等。国际贸易的蓬勃发展又为国际范围内实现资源优化配置提供了有利条件，从而使标准化活动更具有现代化的特征。

1. 系统理论是现代标准化的基础

在系统理论的指导下,一方面,人们开始把标准放在系统的有机联系中来考虑,再也不制订一个个孤立的标准,而是从系统的角度,制定一整套相关的标准,并在这个基础上建立了综合标准化的理论和方法;另一方面,人们用动态的观点考察和处理标准化系统,产生了动态标准化和超前标准化。随着优先数和优先数系先后被用于标准化,以及标准化对象参数最佳化、参数系列最佳化和可靠性理论研究的发展,标准化愈来愈广泛地使用数学工具。在对标准中的指标进行定性和定量分析时,不仅要有纵向分析,还要有横向比较,也就是通过权衡利弊进行系统的分析,这是它与传统标准化的实质性区别。因而,现代标准化是以系统理论为指导的,这是与现代科学技术高度融合所产生的必然结果。

2. 以国际标准化为主导

从标准化的领域和范围看,现代标准化是以国际标准化为主导的。20世纪60年代以来,有组织的国际标准化活动迅速发展,除国际和地区性的标准化组织外,许多国家的标准化工作也都呈现出明显的国际性,世界上绝大多数国家都积极参与国际标准化活动。标准的国际化已成为标准化活动中的重要内容,采用国际标准也已成为普遍的现象。世界贸易组织/贸易技术壁垒(WTO/TBT)协定的目的之一,就是确保技术规范和标准,以及根据技术法规和标准建立的合格评定制度,避免给国际贸易造成不必要的障碍。为此,WTO/TBT协定要求在一切需要技术法规或标准的场合,凡是已经有相应的国际标准或相应的国际标准即将制定完成时,参与方均应以这些国际标准为依据制定本国(地区)标准。

此外,世界经济全球化的大背景也决定了标准的国际化趋势,原因有二:一是跨国公司大量涌现、迅速发展,已成为国际经济活动最主要的力量,比如美国电报电话公司、思科公司、爱立信、摩托罗拉等9家跨国公司控制了世界电信设备的大部分生产份额;二是国际经济区域化、集团化。其中最引人注目的是欧洲经济共同体建成一个共同市场,其特点是在欧洲经济共同体内人员、资金、商品可以自由流动,逐步实现欧洲经济的一体化。在此进程中急需解决的重大问题之一就是标准的问题,而标准的国际化则是最为有效的途径之一。

3. 目标和手段的现代化

随着工农业生产的现代化和社会化、第三产业的蓬勃兴起,以及科学技术的发展,标准化目标的重点开始转向高科技领域,诸如空间技术、生物工程、智能计算机系统、计算机辅助设计与制造、智能机器人、新能源技术、环境科学技术、新材料和先进的反应堆技术,等等。因为高科技产业要在激烈的国际竞争中占据优势,就必须借助标准化实现技术产品通用性、兼容性、可靠性和系列化的提升。

在标准化活动的手段方面,计算机被广泛地用于资料管理、标准资料检索、标准信息反馈和信息处理;现代的试验设备和检测仪器、科学的检测方法、信息传递技术以及复印、传真、摄影、缩微、录像和扫描等多媒体与网络技术也被广泛地用于标准的研究、制定与实施过程中。

4. 超前性和动态性

信息技术的迅猛发展使标准化作用的空间拓展、时间缩短。传统标准化的对象界定、范围划分、方式方法已显得陈旧、不适应时代变化。就某一项目的具体产品而言,要求在新产品研制开发的同时,制定符合当时需要的标准,且在生产过程中结合实际情况不断修订标准。这种动态标准化不仅使产品标准的使用期限延长,而且适应了新技术迅速发展的需要。此外,在标准化工作中还需要用超前的思维进行预测,为标准化对象制定出高于实际已达到水平的量值和要求。既要反映最先进的科技水平,又要满足超前发展的需要,唯有这样才能在激烈的国际竞争中占据主导地位。

五、建立在国家战略高度的标准化

20世纪90年代后期,许多国家已经认识到控制国际标准的制定权是应对市场竞争的有力武器,一项标准若被国际标准组织采纳,往往可带来极大的经济利益,甚至能决定一个国家相关行业的兴衰,"Wintel"①事实标准决定了微软与英特尔在计算机软硬件行业中的霸主地位。为了维护本国的经济利益,各国纷纷进行国际经济竞争战略的转移——开展标准化发展战略研究,制定本国标准化发展战略和相关政策。这标志着人们对标准化的认识已经由职能层面上升到战略层面,标准化发展也进入了建立在国家战略高度的新时代。

(一)国际标准的地位发生了重大变化

1. 经济全球化使国际标准成为国际贸易规则的重要组成部分

20世纪末,经济全球化的快速发展向世界各国提出了新的难题,那就是如何使各国资源在全球范围内实现最优配置,如何保证全球大市场的健康、有序发展。WTO认识到标准在保证商品质量、提高市场信任度、维护公平竞争、加速商品流通以及推动全球大市场发展方面具有不可替代的作用,并作出重大决策。

1995年,WTO/TBT协定中提到:各国制定技术法规、标准和合格评定程序时,应以已有的国际标准为基础,各国的技术法规、标准和合格评定程序不得对国际贸易形成壁垒。2000年11月,WTO/TBT协定委员会作出规定:国际标准组织在制定国际标准过程中,要保证制定过程的透明度(文件公开)、开放性(参加自由)、公平性和协商一致(尊重多方意见);要确保国际标准在全球市场中的有效性和适应性。

2. 经济全球化使国际标准成为国际贸易仲裁的重要依据

随着经济全球化的发展,国际贸易体量不断增大,买卖双方的贸易纠纷也在不断增多。在国际贸易中,通常是按照买卖双方商定的标准或国际惯例,尤其是采用买卖双方都能接受的国际标准规定的试验方法、检验规则和抽样方法进行仲裁检验,国际标准已成为贸易仲裁的重要依据。

3. 经济全球化使国际标准逐渐成为国际贸易的必要条件

很多国家把企业是否通过了ISO 9001、ISO 14001认证以及其产品是否符合有关国际标准作为能否获得市场准入和买卖成交资格的条件。一些国家(特别是欧洲国家)规定,没有取得ISO 9001和ISO 14001认证的企业产品,不得进入本国市场。符合国际标准已成为国际贸易中的通行证。

由此可见,经济全球化把国际标准提到空前的高度,使其成为国际贸易规则的重要组成部分,成为世界经济有序发展的必备条件。当今世界已进入国际标准制约国际市场的

---

① "Wintel"是Microsoft Windows操作系统与Intel CPU的组合词。

新时代。这意味着,如果产品生产技术或标准被国际标准组织采用,该产品则可在世界市场广泛销售,获得国际竞争优势。反之,如果他国产品生产技术或标准被国际标准组织采用,本国在采用国际标准组织该产品生产时,则要调整生产设备费用或支付专利费(因为有的国际标准中含有专利),从而在国际竞争中处于劣势。

(二)对标准及标准化的认识发生了变化

当今世界,企业的经营无一例外地面向市场,这要求有更统一的国家标准、行业标准或企业标准。同时,标准化的出发点在变,如今国际标准也同国际贸易相关联,为国际市场竞争服务。

1. 标准的基础是市场

以前的标准制定工作,无论是企业标准、行业标准,还是国家标准、国际标准,大都是那些距离市场较远的技术专家的事。标准是在专家的圈子里产生的,专家只对技术本身负责,至于标准的时效性、是否为市场竞争所急需以及对市场竞争力的影响,他们并不太重视,而企业对这些标准也并不关心。但现在情况发生了变化,企业不仅关心标准,而且都在致力于成为制定标准的主体。2003年7月7日,由联想、TCL、康佳、海信、创维、长虹、长城、中和威发起成立的"信息设备资源共享协同服务标准"(简称闪联标准)就是企业力争制定"行业标准"的典型。

2. 标准的基本属性难以定义

标准原本是平等协商兼顾各方利益的产物。然而,现今的标准,甚至连国际标准也越来越表现为强者意志的产物,高科技领域首当其冲。由于法定标准制定程序复杂,所需时间较长,在高科技领域事实标准已经成为主流。而事实标准基本上取决于行业强者的话语权,其所体现出来的也是强者的意志与水平。

3. 政府的积极介入、主导

以前的标准化宣传普及基本上是民间标准化组织在进行,政府较少参与。而如今越来越多的政府开始重视标准化工作。更早的时候,有美国政府颁布的合作研究法令、WTO/TBT协定和欧洲经济共同体的新方法指令。稍近一些时间,有美国、欧盟、英国、日本、加拿大等国家和地区的政府几乎在同一时期大张旗鼓地研究制定国家标准化发展战略。这表明各国政府关注的经济竞争,在某种程度上演化为标准之争,越是在高科技领域发展的前沿和关系国计民生的事件上表现得越明显。

4. 传统的标准制定模式受到挑战

传统的标准制定模式是制定标准的机构必须得到上级主管部门的授权,其制定标准的人员必须具有一定的资格,制定标准时必须严格地按照规范的流程逐步进行。而如今,传统的标准制定模式不断地被打破,法定组织/机构制定的标准被普遍认为不能正确反映市场需求。在这种背景下,论坛标准、合作体标准、联盟标准以及形形色色的事实标准如雨后春笋般地涌现出来。特别是在高科技领域,论坛标准、合作体标准、联盟标准、事实标准已经成为主要的标准模式。

(三)各国经济竞争战略进行重大转移

20世纪80年代至90年代初,欧盟一直把技术标准作为国际经济竞争的重要战略,通过实施技术标准战略,成功地将本区域技术标准升级成国际标准并向全世界推行,从中获得了巨大的经济利益。而同时期的美国和日本由于忽视国际标准的作用,经济损失惨重。根据美国商务部的统计,由于一些国际标准没有反映美国技术,在每1 500亿美元的进出口贸易中,就有200亿—400亿美元的商品遭遇技术壁垒。日本进行的标准化经济效益评价结果表明,日本新技术如果没有形成国际标准,每一项技术将会平均损失300亿日元。为了维护本国的经济利益,各国纷纷进行国际经济竞争战略的转移。

1998年9月,美国发布了"控制、争夺"型国际标准战略。该战略的核心是,加强国际标准化活动,使国际标准反映美国技术;同时,美国还设置更多的ISO、IEC秘书处,大力发展和采用事实标准,开展国际经济竞争。

1998年10月,欧洲标准化委员会(CEN)和欧洲电工标准化委员会(CENELEC)相继发布了CEN 2010年战略和CENELEC 2010年战略。两项战略的核心是,充分利用《维也纳协定》和《德累斯顿协定》①制定国际标准,在国际标准化活动中形成欧洲统一地位。1999年10月,欧盟发布了"控制"型国际标准战略。该战略的核心是,建立强大的欧洲标准化体系,以求对国际标准产生更大的影响。

2001年9月,日本经济产业省工业标准调查会发布了"争夺"型国际标准战略。该战略的核心是,加强国际标准化活动,加强产业界参加国际标准化活动的力度;建立适应国际标准化活动的技术标准体系;争夺ISO的最高领导权,争夺制定国际标准的控制权。

一些新兴工业化国家——韩国、新加坡、巴西等,以及正在崛起的国家——印度、马来西亚、印度尼西亚、越南等,也分别在研究、制定适合本国国情的标准化战略。

建立在国家战略高度的标准化工作,具有强烈的时代感,充分展现出对21世纪经济全球化挑战的响应,体现了国家标准化工作由工业化时代向经济全球化时代转移的战略思想。其主要特点如下:

(1) 将国际标准化战略放在整个标准化发展战略中的突出位置,积极参与国际标准化工作,将争夺国际标准制定的主导权作为国家战略的选择目标。

(2) 将信息技术、人工智能、环保、制造等领域的标准化作为国际标准化战略的重点。

(3) 统一协调标准化政策和科技开发政策。把研究开发政策和标准化政策作为车之两轮(研究开发政策+标准化政策=技术创新+实用化政策),建立一体化"标准化政策和产业技术政策"及"支援标准化研究开发"的体系,以强化标准开发和科技开发的协调统一。

(4) 政府财政支持与标准经费市场化运作有机结合,确保标准化工作运营经费的充足。

(5) 与现行的或潜在的参与者建立合作伙伴和战略联盟的关系,以在国际标准的制定中获得更多的同盟军和话语权。

(6) 重视新型国际标准化人才的培养,为参与国际标准化活动提供充足的人才支持。

---

① 《维也纳协定》和《德累斯顿协定》是欧洲标准化委员会和欧洲电工标准化委员会与国际标准化组织、国际电工委员会所签订的有关欧洲国家成员在国际标准化组织和国际电工委员会国际标准制定、相关政策制修订等方面工作的框架协议。

> **延伸课堂**
>
> 中国标准化大事记

第三节 标准化是一门新兴学科

虽然标准化作为组织生产和管理的手段由来已久,但长期以来只是停留在实用和经验的阶段,并未形成科学的理论体系。直到 1934 年才有第一本关于标准化的著作问世,那就是美国学者约翰·盖拉德(John Gailard)的《工业标准化:原理和应用》。第二次世界大战后,有关标准化的著作逐渐多起来,但总体来说,这一时期的著作主要是总结标准化的实践经验,探讨标准化的基础理论和方法,在其理论中感性描述多于理性论述,而且研究和论述的范围仅局限于工业技术领域。这就给人造成一种错觉,好像标准化就是指工业技术领域的标准化。理论上的这一缺陷是与当时的实际应用情况相适应的。

20 世纪 60 年代以来,随着生产规模的不断扩大,国际贸易与技术协作日益广泛和密切,人们越来越清楚地认识到标准化是企业、行业乃至整个国民经济的一个有效管理手段,并开始探索标准化的技术经济规律。20 世纪 70 年代初期,出现了两本比较全面系统论述标准化理论体系的著作:一部是英国学者 T. R. B. 桑德斯的《标准化的目的与原理》(1972),在书中他首次提出了标准化的基本原理,阐述了标准化的目的,为后人研究标准化奠定了理论基石;另一部是印度学者 L. C. 魏尔曼的《标准化是一门新兴学科》(1972),该书更加全面深入地阐明了标准化的目的、作用、基本原理和方法,更加系统、广泛地论述了标准化的各个方面,其最突出贡献是第一次提出并论证了标准化是一门新兴学科,从而为建立标准化学科体系奠定了理论基础。

一、标准化的学科体系

标准化作为一门学科,它与具体的标准化工作有所不同,它的研究范围包括标准化的全过程及其规律,标准化的作用机理、原理、方法和应用问题。

标准化的学科体系主要由以下三大部分组成:

(1) 标准化原理。主要研究标准化的基本概念、规律、理论和经济效益。

(2) 标准化方法。主要研究在标准化原理指导下,如何应用标准化的方法达到标准化的目的,它包括标准的制定、修订和贯彻实施。

(3) 标准化管理。主要研究如何运用标准化手段来进行宏观经济和微观经济的科学管理,同时也研究标准化工作的自身管理问题,包括企业标准化、产品质量监督与认证、国际贸易与标准化、标准情报工作和标准化工作的组织等。

在这三大组成部分中,标准化原理是整个标准化学科体系的理论基石,标准化方法是建立在整个理论基石上的框架,而标准化管理则是原理和方法的实际应用,它们是相对独立的,每一部分都可以发展成一个独立的研究分支;但它们又是相互联系的,管理需要以方法为手段,方法又要以原理为基石;而方法和管理的实际应用又反过来推动原理的发展。所以,这相互独立又彼此联系的三部分共同组成了标准化学科的完整体系。

二、标准化学科的研究对象和内容

标准化学科的研究对象(即标准化对象)就是"需要标准化的课题"(ISO/IEC 导则2),可表述为"产品、过程或服务",如材料、器件、设备、接口、规则、方法等,也可以限定于标准化对象的某一具体方面,如高压锅的尺寸规格和使用寿命。

标准化学科涉及的领域越来越广泛,已将农业、工业、服务业和社会事业等人类社会生活与工作领域全覆盖。具体地说,标准化学科的主要研究内容包括以下几方面:

(1) 标准化的基本概念、发展历史及标准化活动过程的基本原理、原则和方法。

(2) 标准化活动的一般程序和活动环节内容,如标准化战略规划或计划的制订、标准的制定(修订)、贯彻执行、效果评价、信息反馈、监督检查、标准适用性的后续管理等,以及探索这些活动环节的一般特点、相互之间的联系和规律。

(3) 标准化活动的科学管理,包括管理体制、法律法规、方针政策、规章制度、科学研究、情报资料、监督检查、人才培训、知识普及、规划计划等一系列对标准化活动过程实行科学管理的内容。

(4) 标准化系统的构成要素及其活动规律,如标准化体系结构,各专业领域的标准化体系、结构、分类及其专业标准化领域之间的相互关系。

(5) 综合标准化及标准综合体。

(6) 标准化国际或区域间的协调。

(7) 标准化同经济建设、环境保护、技术进步、自主创新、国内外贸易的相互作用和联系。

(8) 标准化学科与其他学科的关系等。

三、标准化学科在学科体系中的位置及性质

(一) 标准化学科在学科体系中的位置

标准化学科在学科体系中的位置如图 1.2 所示。

国家标准 GB/T 13745-2009《学科分类与代码》按照科学性、实用性、简明性、兼容性、扩延性和唯一性原则,依据学科的研究对象、本质属性或特征、研究方法、派生来源和研究目的与目标五个方面,对各类学科设立了 62 个一级学科、676 个二级学科和 2 382 个三级学科。标准化科学技术即标准化学被定位在工程与技术科学基础学科(代码 410)中的二级学科(代码 410.50)。

现代标准化已经构成了有理论观点、特定对象、具体内容及表现形式的学科。

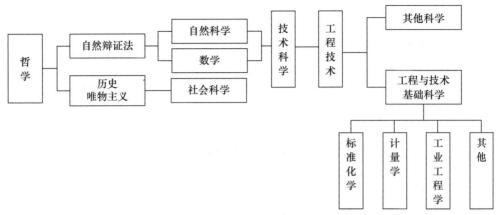

图 1.2 标准化学科在学科体系中的位置

（二）标准化学科的性质

标准化学科是一门综合性的边缘学科，具有非常鲜明的综合学科的特点。

1. 标准化学科具有自然科学的属性

标准化学科是研究标准化的全过程及其规律的，而大量的标准化工作是制定和贯彻实施各类技术标准。要制定好这些技术标准，就必须深入研究标准化对象，熟悉它们各方面的性能，把握其内在的技术规律，还要经过一定的科学实验。因此，一项技术标准就是若干与此相关的科学技术研究的成果。从这个意义上说，标准化学科具有很强的自然科学属性。

2. 标准化学科具有社会科学的属性

标准化是一门管理技术，是组织生产的重要手段。标准化学科在研究的过程中，不可能不涉及人的因素、人与人之间的关系，为此它要以管理科学中的其他学科理论为基础，而其本身又是管理科学的一个组成部分。因此，标准化学科又具有社会科学的属性。

3. 标准化学科同许多学科都存在着关联性

标准化作为一种现代管理科学方法，必然要与其他现代管理科学发生关系。而系统论、控制论、价值工程、运筹学等现代管理科学方法的应用，也都与标准化有密切的联系。如标准化对象都是处于一定的系统之中，因此必须以系统理论为指导来研究和处理标准化对象。又如标准化的一个主要目的就是要取得最佳的全面经济效益，因此在标准化学科中，标准化经济效益的研究占有举足轻重的地位；而要研究标准化经济效益，就必须掌握与运用经济科学的一般理论，以及会计学、统计学等方面的实用知识。此外，标准化活动往往发生在生产和社会实践过程中,因此在标准化活动中,必须掌握与运用生产组织学、技术经济学和企业管理学等方面的知识。

为了正确地认识标准化活动过程的规律,解决这个活动过程中出现的一系列问题,自然需要运用社会科学和自然科学中很多学科的知识和研究成果。但是,标准化学科的理论基础主要是技术科学和管理科学,它将两类科学的理论与方法有机地结合在一起,以系统理论为指导,形成了一门具有自己特色的新兴学科。

第四节 标准化的基本概念

每一门学科都有其一定的基本概念体系,标准化学科也不例外。在漫长而丰富的标准化实践活动中,经过标准化工作者不断地总结、提炼、补充、修改和完善,标准化的基本概念被制定为行业标准、国家标准甚至国际标准。标准化术语又是标准化学科的理论基础,弄清这些术语及其定义,对了解标准化学科的性质,学习标准化的内容,开展各类标准化活动都有现实的指导意义。

延伸课堂

历届世界标准日主题

一、标准化的基本内涵

近几十年来,国际标准化组织和国际电工委员会等权威机构曾经多次通过发布指南的形式对标准化基本术语进行规范。2014 年,我国根据 ISO/IEC 指南 2:2004《标准化和相关活动 通用词汇》,以修改采标方式发布了 GB/T 20000.1-2014《标准化工作指南 第 1 部分:标准化和相关活动的通用术语》。该标准对标准化定义作出了如下表述:标准化是为了在既定范围内获得最佳秩序,促进共同效益,对实际问题或潜在问题确立共同使用和重复使用的条款以及编制、发布和应用文件的活动。

对定义作进一步解读,需要注意的是:① 标准化活动确立的条款,可形成标准化文件,包括标准和其他标准化文件;② 标准化的主要效益在于为了产品、过程和服务的预期目标改进它们的适用性,促进贸易、交流以及技术合作。

从该定义中,我们可以了解到标准化具有以下几方面的内涵:

1. 标准化是一项活动

标准化不是一个孤立的事物,而是一个活动过程,主要是对实际问题或潜在问题确立共同使用和重复使用的条款以及编制、发布和应用文件的过程。这是一个不断循环、螺旋式上升的运动过程;每完成一个循环,标准的水平就提高一步,标准化对象也完成一次质的飞跃。同时,标准化还是一项有目的的活动,它可以有一个或更多特定的目的,以使产品、过程或服务具有适用性;这样的目的可能出于品种控制、可用性、兼容性、互换性、健康、安全、环境保护、产品保护、相互理解、经济效益、贸易等方面的考虑。此外,标准化还是一项建立规范的活动,即通过对实际问题或潜在问题制定共同使用和重复使用的条款来达到建立规范的目的。

2. 标准化对象是需要标准化的主题

在标准中采用了"产品、过程和服务"这一表述,旨在从广义上囊括标准化对象,宜等同地理解为材料、元件、设备、系统、接口、记录、程序、功能、方法或活动等;此外,标准化也可以限定在任何对象的特定方面,如可对鞋子的尺码和耐用性分别标准化。这表明对于在不同的时间和空间中共同存在和重复发生的事物或概念,有必要找出它们的最佳状态,将其制定成标准,加以统一,以使它们得到优化或达到节省重复劳动、提高工作效率的目的。

3. 标准化的领域是一组相关的标准化对象

由于标准化可以存在于人类社会的任何一个领域,所以标准化的活动领域不再局限于科学技术领域,而是扩展到经济管理、社会管理、行政管理、安全、卫生、环境保护等人类活动的全领域。例如工程、运输、农业、量和单位均可视为标准化领域。

4. 标准化的内容是使标准化对象达到标准化状态的活动

标准化的内容就是对标准化对象的现实问题或潜在问题,制定共同使用和重复使用的条款,并使其达到标准化状态的全部活动及其过程,其中包括制定、发布和实施标准。此外,运用简化、统一化、系列化、通用化、组合化等标准化形式和方法来改造标准化对象,也是标准化的内容。

5. 标准化的本质是统一

标准化就是要在混乱中建立秩序,即在既定范围内获得最佳秩序。有序就是统一,标准化就是用一个确定的标准将对象统一起来。因此,标准化也是一种状态,即统一的状态、一致的状态、均衡有序的状态。

6. 标准化的目的是获得最佳秩序

开展标准化活动的目的在于追求既定范围内事物的最佳秩序和概念的最佳表述,以期获得最佳社会和经济效益,即"最大的社会效益"。标准化的经济效益是社会效益的重要部分和显性部分,但并不是全部,它还应包括长期的、隐性的不可计算部分。甚至还存在局部经济效益是负数,但社会效益很大的情况,如在安全、卫生、环境保护等领域的标准化,其标准化活动也是有成效的。有序化和最大化社会效益是标准化的出发点,也是衡量标准化活动的根本依据。

二、标准化层次

标准化层次是指标准化所涉及的地理、政治或经济区域的范围。

GB/T 20000.1-2014还明确注明:标准化可以在全球或某个区域或某个国家层次上进行,也可以在某个国家的某个地区内,在一个行业或部门、行业协会或企业层次上以及在一个单位的车间或业务部门进行。

依据标准化层次的定义和注释,一般把标准化分为以下六个层次:

1. 国际标准化

国际标准化是指所有国家的有关机构均可参与的标准化。它始于 19 世纪后期的计量单位、材料性能与试验方法和电工领域的标准化活动。第二次世界大战结束后，伴随着国际标准化组织的成立，国际标准化也随着社会科技进步与经济发展起来，国际标准的范围从基础标准如术语标准、符号标准、试验方法标准逐步扩展到产品标准，从技术标准延展到管理标准(如 ISO 9000 族标准)。WTO/TBT 协定的达成使国际标准化的权威性得到空前提高，采用国际标准成为各国标准化的基本战略。

2. 区域标准化

区域标准化是指仅由世界某个地理、政治或经济区域内国家的有关机构可参与的标准化。由于世界各地区民族不同，习惯风俗各异，经济技术水平不一，为了维护与保障某一地理、政治或经济区域内的民族利益，促进区域内的经济发展，消除区域内的贸易技术壁垒，欧洲、亚洲、美洲、非洲区域先后成立了区域标准化机构，如欧洲标准化委员会、亚洲标准咨询委员会、泛美技术标准委员会、非洲地区标准化组织等。区域标准化机构主要负责协调本区域各国的标准化工作，开展区域标准化活动。有的还组织制定与实施区域标准，如欧洲标准化委员会和欧洲电工标准化委员会就是典型，它们也是最有成效的区域标准化机构。

3. 国家标准化

国家标准化是指在国家层次上进行的标准化。它的主要任务是依据本国技术、经济与政治管理需要制定标准化法律法规和方针政策，组织制定与实施国家标准，以建立最佳秩序，促进科学技术、经济、贸易的发展，维护国家和人民权益。由于各国政治、经济制度不同，各国标准化组织的性质与活动方式也各有不同。

4. 行业标准化

行业标准化是指在国家内某个行业标准化机构或行业协会开展的标准化活动。它既符合行业管理的客观需求，又是国家标准化的基础与补充，可以有效地指导本行业的企业标准化活动；必要时，还可参与某一领域的国际标准化或区域标准化活动，成为其重要组成部分。

5. 地方标准化

地方标准化是指在国家的某个地区层次上进行的标准化。一些地域辽阔的国家，如美国、俄罗斯、中国都有地方标准化，它既适应当地政治、经济与人民生活的客观需要，也是国家标准化的重要基础和补充，能指导和促进本地区企业标准化活动的有效开展。在农林业、旅游业以及其他具有地方特色的领域，地方标准化显得尤为重要。

6. 组织标准化

组织标准化是指在公司、集团(企业或产业联盟)、事业单位(学校、医院等)、研究机构、慈善机构、代理商、社团(协会、学会)层次上进行的标准化，它包括以上组织及其内部各子系统的标准化。

组织标准化是发生在组织层次的标准化，在整个标准化层次中是最基本的、最重要的。它既是组织进行科学管理的重要基础，也是国际标准化、区域标准化、国家标准化、行业标准化和地方标准化的基础和落脚点。

企业标准化与组织标准化属于同一层次的概念，不存在根本性的区别。组织标准化的对象更为广泛,而企业标准化是为了在企业的生产、经营、管理范围内获得最佳秩序,是对实际的或潜在的问题制定共同使用和重复使用的规则的活动。企业标准化包括各类企业及其内部各部门、各车间乃至各班组的标准化,既是企业科学管理的重要基础,也是组织标准化的主体。

三、标准化系统

系统是同类事物按一定关系组成的整体。标准化系统就是标准化事物按一定内在关系组成的整体。

从标准化的定义和标准化的实践工作可知,与标准化相关的事物主要有问题、活动、标准、机构、法规或制度、资源等。

(1) 问题,即标准化课题。它是依存主体的标准化对象,无论是实际问题,还是潜在问题,都可以成为标准化对象。

(2) 活动,即标准化活动过程。它是组织制定与实施标准、修订标准以及再实施标准并对标准的实施进行监督或检查的活动过程,是标准化的主线。

(3) 标准,即标准化活动的成果。它也是标准化活动过程的结果,构成标准化系统的标准应组合成标准体系。

(4) 机构,即标准化组织。它是开展标准化活动的组织保证。

(5) 法规或制度,即开展标准化活动的法定程序。

(6) 资源,即开展标准化活动所需的人力、财务、信息和物力等资源。人力资源就是标准化专业人员,它是开展标准化活动的关键要素;没有标准化专业人员,就不能开展标准化活动。物力资源则是指与开展标准化活动有关的各类物质条件,即各类设施、设备等。

至此,可以为标准化系统确定一个科学的定义:它是由开展标准化活动所需的问题、活动、标准、机构、法规或制度、资源所构成的有机整体。

有时,可以把标准化系统分为标准化课题(即依存主体对象)、标准化工作体系和标准体系三个部分。标准化课题是建立标准化系统的前提,标准化工作体系是标准化系统的运行主体,标准体系则是标准化系统的运行结果。

依据标准化层次,可以把标准化系统分成国家标准化系统、行业标准化系统、地方标准化系统、组织标准化系统等;依据标准化对象,又可以把标准化系统分为产品标准化系统、工程标准化系统、信息标准化系统、能源标准化系统等。

在一个组织标准化系统内,又可以分成基础标准化工作系统、技术标准化系统(如工艺设备标准化系统等)、管理标准化系统、工作标准化系统等。

第五节 标准化的作用[①]

标准化的作用不同于标准的作用,标准的作用是标准使用过程中所带来的影响和效果,而标准化的作用是统一化状态所带来的影响和效果。

---

① 整理自麦绿波.标准化的地位和作用(下),《标准科学》,2013(3):24—26。

一、标准化的规范作用

标准化使事物的时间和空间关系处于统一状态,这种统一状态使事物处于时间不变关系或(和)空间不变关系,由此形成了事物时间的规范化作用或(和)空间的规范化作用。标准化的规范对象可以是静态的,也可以是动态的。

静态对象可以是一维、二维、三维的几何形状,度量衡关系,物理、化学、生物性质和参数,以及文字、符号和概念、知识等。动态对象可以是声音语言、动作语言、设备操作、体育运动、交通(水、陆、空)等。

对静态对象和动态对象进行时间关系的统一,就构成了对象重复的规范化;对这些对象进行空间关系的统一,就构成了对象不同位置相互间的规范化。因为规范化中包含秩序化,所以标准化具有秩序化作用。秩序化有按空间大小排列的空间秩序和按时间先后排列的时间秩序。例如,对陆地交通统一为靠右行或靠左行,这就规范了路面流动关系;对航运规定不同飞行方向的空中高度,就规范了空中流动关系;对产品的材料、外观、性能等进行统一,就规范了产品的质量;对一个组织的行为活动进行统一,就规范了组织的管理;对市场竞争主体的经营行为、活动等进行统一,就规范了市场的秩序。

◇ 标准小故事

服 装 标 签

很多人在买衣服的时候如果觉得衣服的款式、颜色还不错,往往只看价格而忽略标签。服装标签对消费者具有指导意义,比如衣领、袖口部位会注有商标。它便于消费者确认规格、尺寸,从而选到合适的服装。多数服装在最明显的地方会挂有吊牌,它集合了有关服装的所有信息,对于服装的品牌、成分、规格以及是否检测合格做了一个全面介绍。

购买内衣时,应该先看级别标注:A类是能让2周岁以下婴幼儿穿的;B类是能接触皮肤的产品;C类是不能直接接触皮肤的产品。如果发现内衣上标着C类或者"合格品",就尽量不要购买。尽量避免买颜色过深的内衣,如藏青色、黑色、深红色、深紫色等颜色的内衣,颜色越深,意味着内衣在生产过程中接触含有有害物质染料的可能性也就越大。

关于尺寸号型标,如果用L、M、S等来表示大小是不符合标准的,正确的合规的标注是使用号型标,如"175/88A"中的两个数字分别表示身高和胸(腰)围,后面的英文字母表示体型。在中国,偏瘦体型用Y表示,A、B、C分别表示正常、偏胖和胖。

资料来源:十大最有用的质量习惯,《标准生活》,2014(9):24。

二、标准化的保障作用

标准化的统一状态可使某些事物的特定状态不发生变化,这种状态的保持对相应的特征起到了保护和防卫的作用,因此,标准化具有保障作用。例如,对产品的制造关系进行统一,使每个产品的制造都符合统一的规定,就能保障每个产品的质量;将有害作业场所的危害因素统一控制到不危害人体健康的水平之内,或者说对标准化的作业场所实施职业卫生控制,就能起到对作业人员身体健康和职业卫生的保障作用。标准化的保障作用通常应用于产品、服务、工作、环境等领域的质量、安全、卫生方面。

三、标准化的节省作用

标准化的节省作用是对事物进行统一所带来的节约效果。这种节约效果可分为经济节约效果和时间节约效果。其中,经济节约效果表现为节省成本,时间节约效果表现为缩短时间周期。标准化的节省作用主要体现在三个方面:

1. 研制和生产关系上的节省

标准化的节省作用主要发生在产品标准化、研制标准化、生产标准化、物流标准化等方面。当产品实现标准化后,它成为统一在某种特定关系下的产品,没有专门的产品隶属关系和企业隶属关系,是公共使用或在各类产品中广泛使用的通用型产品,由此增加了同种零部件的使用范围和数量,大大增加了零部件的需求量,导致零部件生产批量的增加,由此减少了每个产品分摊的设计成本和生产成本;同时还提高了劳动效率,最终降低了每个产品的生产成本。标准化的产品不仅节省了成本,而且节省了时间。同理,标准化的研制、标准化的生产、标准化的物流等也是节省成本和时间的。

2. 获得关系上的节省

实际上,标准化的节省还表现为获得关系上的节省。标准化的产品通常是货架产品,需要时能在商店直接购买到,无须通过研发、生产等过程获得,可大大节省时间。标准化的货架产品是通用型产品,同类型企业均可生产,企业间市场的竞争会使产品的成本不断下降,这样一来消费者可用较低的价格获得产品。

3. 增效作用

标准化节省作用还体现在增效上。效率依附时间关系,它是单位时间的工作量,或者说效率是工作量与时间之比。由于标准化产品的生产劳动是大量的重复性劳动,生产者的熟练程度会不断提高,这符合卡斯特模型,即每一次重复劳动将使劳动时间缩短15%左右,同样工作量的劳动时间减少,劳动效率提高。

人们通常所说的标准化节省时间、降低成本、提高效率等作用,其实就是标准化的节省作用。这几个作用是可以互相转换的:时间可以转为成本,也可以转为效率;同样成本也可转换为时间。

四、标准化的互换作用

对于任何事物,当同种事物间的特性偏差关系弱到一定程度时,对事物的这种特性偏差关系进行统一控制,就能实现事物间的互换。事物间的互换包括配合关系互换、功能互换和效果互换等。

对于具有配合关系的事物,将事物配合的偏差关系统一到当任意更换时,无须调整就能正常配合,这种标准化关系下的配合就使事物具有了互换性。能进行互换的事物可以是具有产品系统组成关系的零部件、组件等,可以是软件模块,也可以是声音、表演、行为等。特性偏差可以是尺寸、形状、功能、性能、效果等偏差,其偏差范围由可互换偏差来衡量。而可互换偏差的大小则由事物间可接受的差异大小或事物差异分辨力的界限决定。无论任何事物,只要其某些特性的偏差大小被统一到可接受的范围内而不能分辨差异时,就能实现事物在这些特性上的互换。标准化的偏差统一状态可赋予事物一种新的性质,这种性质就是互换性。互换性对标准化是有依赖性的,具有互换性的事物一定是标准化的。

五、标准化的辨识作用

表达事物的特征关系一经统一或标准化后,事物就具有了可辨识的特征。自然界动植物之所以可辨识,是因为自然界对其自身特征关系进行了统一固定或使其形成标准化状态。事物特征关系的统一化形成了一种性质,这种性质就是可辨识性。感觉的特征关系在空间和时间关系上统一时,感觉也具有了辨识性。标准化可使表达事物某些特定含义的特征关系或形式在任何地方统一、在必要的时间统一,这种统一能使人们马上明白其所要表达的含义。这些感觉包括视觉、听觉、嗅觉、触觉等,标准化可固定表达事物的光辐射、声音、味道、形状、表面性等特征关系,使事物具有视觉、听觉、嗅觉、触觉的辨识性。标准化对事物的辨识作用不仅表现在感觉关系上,还体现在任何可检测的关系上,如物质的组成与含量、酸碱度、折射率、电导率等。

标准化的辨识作用在企业标志、产品商标、道路标志、职业服装、语言文字等方面都有广泛应用。对军队各军种服装的颜色、款式等进行统一,很容易就能识别出着装的军人所属的军种。对声音、文字、动作、概念的标准化,使人们的思想表达具有了可识别性,使语言、文字、电子等形式的信息传输畅通,由此便利了人们的日常交流。

六、标准化的美化作用

标准化可对图案、颜色、线条、形状进行相同的重复性表达,使这些关系看起来显得整齐、有序,给人带来美的感觉,如将一条直线或一个圆圈重复性地隔特定距离间隔平行摆放,将会带来图案整齐有序的美感。统一关系的重复可以是单一性重复,也可以是变化关系的周期性重复,单一性重复和周期性重复都能产生美感,这是一种整齐性美感和规律性美感。床单、窗帘、装饰材料等就是依据标准化的美化作用来制作的,制作的人不一定接受过标准化的理论指导,但他们能从实践中感觉到这种美的关系的存在。

标准化对一个事物可能会产生多个主导作用,例如:使交通行驶方向标准化,统一规定为靠右或靠左行驶,这将产生规范(秩序)的作用,也产生保障(安全)的作用,还产生节省(时间)的作用。这反映了标准化的各作用间具有共生性,即标准化会同时产生两个及以上的作用。

本章小结

标准化就在我们的身边，无论是在日常生活的衣、食、住、行中，还是在生产活动和工作场所中，无不存在着标准化的身影。图形符号的标准化是我们经常碰到的典型案例。

今天的标准化是人类社会长期发展的结晶，它经历了远古时期人类标准化思想的萌芽、手工生产条件下的标准化、近代机器大工业生产条件下的标准化、以系统理论为指导的现代标准化、建立在国家战略高度的标准化五个发展阶段。

虽然标准化被用作组织生产和管理的手段由来已久，但作为一门学科，它还很"年轻"，不过已形成一个相对完整的科学理论体系。标准化的学科体系主要由标准化原理、标准化方法和标准化管理三大板块及其相应的内容所组成。凡需要标准化的课题都是标准化学科的研究对象。作为一门综合性的边缘学科，标准化既具有社会科学的属性，又具有自然科学的属性，同时还与许多学科发生联系。

标准化是为了在既定范围内获得最佳秩序，促进共同效益，对实际问题或潜在问题确立共同使用和重复使用的条款以及编制、发布和应用文件的活动。依据标准化层次的定义和注释，一般把标准化分为国际标准化、区域标准化、国家标准化、行业标准化、地方标准化和组织标准化六个层次。标准化系统是由开展标准化活动所需的问题（课题）、活动、标准、机构、法规或制度、资源所构成的有机整体。

标准化的作用不同于标准的作用，标准化突出的是统一化状态的影响和效果。标准化的作用主要包括规范作用、保障作用、节省作用、互换作用、辨识作用和美化作用六个方面。

复习与思考

一、名词解释

标准化、标准化层次、标准化系统、国际标准化、国家标准化、行业标准化、地方标准化

二、单选题

1. 标准化领域是（ ）。

   A. 一组相关的标准化对象　　　B. 人类社会生活

   C. 生产制造领域　　　　　　　D. 需要标准化的课题

2. 在整个标准化层次中，（ ）是最基本的、最重要的标准化层次。它既是进行科学管理的重要基础，也是其他标准化的基础和落脚点。

   A. 国家标准化　　B. 行业标准化　　C. 组织标准化　　D. 国际标准化

3. 标准化的本质是（ ）。

   A. 简化　　　　　B. 互换　　　　　C. 均衡　　　　　D. 统一

4. 标准化的作用是（ ）状态所带来的影响和效果，它突出的是（ ）状态的影响和效果。

   A. 统一化、有序化　　　　　　B. 统一化、统一化

   C. 均衡化、有序化　　　　　　D. 均衡化、统一化

5. 标准化的对象是（ ）。

   A. 产品　　　　　　　　　　　B. 一组相关的标准化对象

   C. 需要标准化的主题　　　　　D. 服务

三、多选题

1. 作为标准化发展史上的里程碑的活字印刷术是成功运用（　　）等一系列标准化原则和方法的典范。

  A. 标准件　　　　B. 互换性　　　　C. 分解组合　　　　D. 重复利用

2. 20世纪70年代初期，出现了两本比较全面系统论述标准化理论体系的著作，它们是（　　）。

  A. 盖拉德的《工业标准化：原理和应用》

  B. 桑德斯的《标准化的目的与原理》

  C. 魏尔曼的《标准化是一门新兴学科》

  D. 李春田的《标准化概论》

3. 标准化作为一门学科，其学科体系主要由（　　）部分组成。

  A. 标准化原理　　B. 标准化方法　　C. 标准化战略　　D. 标准化管理

4. 作为标准化的对象必须具有（　　）特征。

  A. 重复性　　　　B. 可逆性　　　　C. 创造性　　　　D. 共同性

四、判断题

1. 语言、数字、文字和符号的标准化是在手工生产条件下出现的。（　　）

2. 手工生产条件下的标准由主要靠摸索和模仿的形式变为有意识地制定。（　　）

3. 以简化、统一为主要代表的标准化理论体系的初步形成是近代机器大工业生产条件下的标准化的主要特征之一。（　　）

4. 为了在既定范围内获得最佳秩序，促进共同效益，标准化仅对实际问题确立共同使用和重复使用的条款以及编制、发布和应用文件的活动。（　　）

五、简答题

1. 简述导致人们对标准化的认识发生变化的原因。

2. 简述标准化的主要作用。

3. 简述标准化学科的性质。

4. 简述标准化的基本内涵。

六、论述题

1. 举出在人类社会活动（衣、食、住、行）中有关标准化的事例。

2. 试论述标准化产生和发展的社会原因。

案例分析

四季青敬老院"银发产业"标准化的尝试

标准化养老如何实现？效果如何？能否推广？我国首个国家级养老标准化示范院——北京四季青敬老院给出了探索的经验。

养老服务有何标准？

来自山东的李奶奶住在四季青敬老院1121房，今年84岁，来这里已经4年了。"这儿比家都好！"李奶奶笑着说，每天早上5点左右起床，护理员会在饭前提醒吃药，8点的早餐、11点半的中餐、17点的晚餐都会送到房间，打扫室内卫生、打开水等服务也很周到。

敬老院共有床位756张，现有640余位老人。护理项目细化为一级至八级，共19项服务内容。其中一级为全自理型，服务内容为每日打扫室内卫生，每月清理床上用品、窗帘等；八级服务范围则最全面。

敬老院共有103个护理员，设置48类岗位，每类岗位都有详细的岗位手册。护理员两班倒，分别是7:30—17:30,17:30—7:30。以白班护理员为例，岗位手册明确规定共有14项具体工作内容，包括每天打扫房间两次，每天给老人喂饭、喂水、喂药，每两个小时为卧床老人翻一次身，等等。

依照通用基础标准、服务保障标准和服务提供标准3个分体系，共制定标准145项，其中制定企业标准106项。同时，还制定涉及院领导、护理部、膳食部等8个方面49项标准的岗位手册。

各项标准既严格又详细，例如"给老人擦桌子"，标准严格规定：一块抹布只能擦一张桌子。擦完一张桌子后，抹布要在消毒液中浸泡半个小时，然后再曝晒、晾干，之后才能再次使用。

怎样保证标准实施到位？

四季青敬老院设立了专门的标准化办公室，院里每月检查，园区组长、部门主任每天检查，发现违反标准的现象，即时对责任人进行处罚。

在硬件设施上，从统一布局的院内环境，到统一色调的安全提示牌、房间设备等，都实施了标准化。

在软件方面，四季青敬老院要求所有护理员进行培训，100%持证上岗。上岗之前还要进行一个月"以老带新"的实习培训。敬老院现有2名技师，13个高级护理员，20个中级护理员，其他是初级护理员，护理比例约为1：5，即1个护理员照看5个老人。

为妥善应对突发情况，护理部为老人安全上4道"锁"：首先设有应急预案，对护理员进行应急培训和考试，每季度实操演练；其次，在实践中，护理员24小时照护老人，了解老人的病情，随时观察；再次，当病情恶化时，护理员可以给配备4名医生、8名护士的医务室打电话，医生给出诊断；最后，如果问题严重，护理员拨打120后，经由专门为老人开辟绿色通道最多10分钟就可以把老人送到附近的医院。

此外，四季青敬老院引入了智能化仪器"呼叫器"，老人人手一台，可随时呼叫护理员，同时监控系统会确认3分钟内护理员是否到位。

资料来源：作者根据相关资料整理而成。

思考讨论题

1. 从四季青养老院"银发产业"标准化的实践中，你得到哪些方面的启示？
2. 根据本案例，你认为服务业组织实施标准体化有什么作用？

第二章　标　　准

【学习要点及目标】

1. 了解国际标准的类别与体系
2. 理解标准的要素和标准化空间
3. 熟悉标准体系和标准体系表
4. 掌握标准的定义、特性和本质
5. 掌握标准的分类与分级

【关键概念】

标准、规范性文件、技术标准、管理标准、工作标准、标准体系、标准体系表、标准体系模型

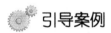 引导案例

美　丑　标　准

阳朱到宋国，投宿在一家客栈里。店主热情地接待阳朱，并向他介绍自己的家人。阳朱发现主人有两位小妾，一位长得亭亭玉立，楚楚动人，而另一位却相貌丑陋。令人不理解的是，店主偏偏宠爱相貌丑陋的小妾。

阳朱怀着好奇心，想打听个究竟，便询问缘由。

"那个漂亮的小妾自恃美貌却轻视他人，傲气得不得了，我越看她，越觉得丑；这位看似丑陋的小妾心地善良，待人谦和，知情达理，我越看越觉得漂亮。"店主说到这里，正好那位漂亮的小妾昂首挺胸地走过来。店主连看都不看她一眼，对阳朱说："瞧这德性，这模样，实在叫人生厌，她哪里知道什么叫美，什么为丑！"

阳朱在店主的一番启发下，很受教育。他认为，外形固然很重要，品行却是更重要的标准。一个人若貌美再加上品格高尚，那就一定会受到人们的喜爱；若貌不惊人但心灵美，也会获得尊重。

对美与丑的评判一直有两条标准：追求外在美，是表面的、肤浅的；崇尚内在美，是本质的、富有内涵的。外在美是暂时的，内在美是永恒的。

资料来源：快传号. 美丑标准寓言故事［EB/OL］.（2021-12-01）［2023-10-19］. https://www.360kuai.com/pc/91cb05dcab79fcc5b？cota＝3＆kuai_so＝1＆tj_url＝so_rec＆sign＝360_57c3bbd1＆refer_scene＝so_1.

思考

1. 根据此案例，你认为应该如何界定"标准"的内涵？

2. 根据此案例,你认为"标准"的本质、特性是什么?为什么?

三星堆遗址位于四川省广汉市西北的鸭子河南岸,距今已有 3000—5000 年的历史,是迄今在西南地区发现的范围最大、延续时间最长、文化内涵最丰富的古城、古国、古蜀文化遗址。无论是其出土的青铜面具、人像,还是玉璋、玉环、玉珠,以及大量的海贝、铜贝,从选材、加工、制造等各环节来分析,不仅具有重复性,而且已具备技术上相当的一致性。可见,古代的器具生产过程中就蕴含着标准的思维。

第一节 标准的内涵

一、标准的定义

近几十年来,国际标准化组织和国际电工委员会等权威机构曾多次通过发布指南的形式对标准化基本术语进行规范,我国及时跟踪并采用其最新发布的成果。根据 ISO/IEC 指南 2:2004《标准化和相关活动:通用词汇》,我国在 2014 年以修改采用的方式,发布了 GB/T 20000.1-2014《标准化工作指南 第 1 部分:标准化和相关活动的通用术语》。该文件将标准定义为:通过标准化活动,按照规定的程序经协商一致制定,为各种活动或其结果提供规则、指南和特性,供共同使用和重复使用的文件。进一步来看:

(1) 标准宜以科学、技术和经验的综合成果为基础;

(2) 规定的程序指制定标准的机构颁布的标准制定程序;

(3) 对于国际标准、区域标准、国家标准等,由于它们可以公开获得以及必要时可通过修正或修订保持与最新技术水平同步,因此它们被视为构成了公认的技术规则。其他层次上的标准,诸如专业协(学)会标准、企业标准等,在地域上可影响几个国家。

因而,标准最基本的含义就是"规则、指南和特性",就是在特定的地域和年限里对标准化对象作出的"一致性"规定。具体来说,产品标准就是在特定的范围内对产品的质量特性和参数及其他要求作出的规定;术语标准是在特定的范围内对名词概念的含义作出的规定;管理标准和工作标准就是对管理和工作的职权、任务、时间和质量上的要求等作出的规定。简而言之,标准就是一种对规则、指南和特性的规定。但不能简单认为规定都是标准,即便在经济领域也是如此。在人类生活和社会实践中,除了标准这样的规定,还有其他各种各样的规定。作为标准的规定与其他规定的不同之处就在于标准的特殊性,具体表现在以下四方面:

1. 标准必须具备"共同使用和重复使用"的特点

制定标准的对象特征是重复性与共同性。只有具有重复性的事物和概念才有必要制定标准。重复性是指重复设计、重复生产、重复试验、重复工作,以及某种概念、方法、符号、图形的重复应用等。总之,它是指同一事物和概念反复出现的性质。如果是创作一件工艺品,当然就不需要制定相应的产品标准,因为这种情况不会反复出现。但如果需要生产一定批量的产品,必然相应地会有大量的技术和管理等方面的重复性工作。为了保证产品质量和零部件的互换性,并建立生产工作的正常秩序,就非常有必要制定一些标准。共同性是指它可用于规范或指导一类群体行为的事物和概念。如果仅能用于规范或指导某一个体行为的事物和概念,则不必制定标准。因此,只有具有重复性的事物和概念,且需要一类群体共同遵守时才需要统一。

2. 标准的制定和贯彻以科学技术和实践经验的综合成果为基础

标准的基础和依据是科学技术和实践经验,它所反映的内容是在一定时期内科学技术的发展水平和科学技术在实践中应用的经验总结。实际上,在制定标准的技术要求和安全、卫生方面的要求时,需要充分收集比较先进的科学技术内容。在制定管理标准时,需要充分收集、整理相关的管理程序、事项处理过程、操作步骤等资料。收集资料的范围不限于标准的适用范围,还包括国外同行业的先进技术和管理经验。最后在综合分析、试验验证的基础上形成标准的内容。因此,标准是以科学技术和实践经验的综合成果为基础的。

3. 标准是"协商一致"的结果

由于标准涉及方方面面的利益,有时甚至涉及对立双方的利益,因而在制定标准时,认识上的分歧是普遍存在的,而解决分歧、达成共识的途径便是协商,这是标准的一个重要特性。在推荐性标准化管理体制下,国家、地方的政府机关、企业和社会团体之所以能自愿采用标准,完全是因为这些标准是在充分协商的基础上制定的,能广泛代表各方的利益。在强制性标准化管理体制下,标准也是协商的产物。

4. 标准的制定和颁布有特定的过程

标准的制定、颁布有其特定的过程,从项目的确定、收集资料、试验验证到编写标准草案、征求意见并修改直至颁布等,在不少国家已经形成了一套完整、成熟的程序。并且,标准的封面、首页的内容和构成等编排格式都有具体的规定。这些程序和规定是根据几十年经验按照国际标准所要求的原则而确定的。我国国家标准 GB/T 1 系列、GB/T 20000 系列就是按这样一套程序颁布的系列标准。

> ◇ 标准小故事
>
> ### 最早的风力等级标准
>
> 唐代天文学家、历算学家李淳风所著的《乙巳占》是世界气象史上最早的专著。在这部著作中,李淳风首次提出了划分风力等级标准的问题。他根据树木受风影响而产生的变化和损坏程度,创制了八级风力标准,即叶动、鸣条、摇枝、堕叶、折小枝、折大枝、折木飞沙石、拔树及根。这成为后来制定科学风级的基础。
>
> 李淳风是世界上第一个给风力定级的人。一千多年后,英国人 F. 蒲福于 1805 年把风力定为 0—12 级共 13 个等级。以后又几经修改,风力等级已增加到 0—17 级共 18 个等级。
>
> 资料来源:标准小故事,《中国标准导报》,2014(04):84。

二、标准的相关概念

1. 规范性文件

规范性文件(normative document)是指为各种活动或其结果提供规则、指南或特性说明的文件。

规范性文件是对诸如标准、规范、规程和法规等文件的统称;文件可理解为记录信息的各种媒介。

2. 规范

规范(specification)是指规定产品、过程或服务应满足的技术要求的文件。

规范可以是标准,标准的一部分,也可以是标准以外的其他标准化文件。适宜时,规范宜指明可以判定其要求是否得到满足的程序。

3. 规程

规程(code of practice)是指为产品、过程或服务全生命周期的有关阶段推荐良好惯例或程序的文件。

规程可以是标准,标准的一部分,也可以是标准以外的其他标准化文件,如对操作、工艺、管理等技术要求作出统一规定的文件。

4. 法规

法规(regulation)是指由权力机关通过的有约束力的法律性文件。

在我国法律体系中,法规主要包括行政法规、地方性法规、民族自治法规及经济特区法规等。

5. 指南

指南(guide)的特点是文件的内容不作为某一领域共同遵守的准则,而是作为一种专业(行业)的指南、指导、倡导或参考,或作为企业(组织)内部的一种技术工具或管理工具。

6. 技术法规

技术法规(technical regulation)是指规定技术要求的法规,它或者直接规定技术要求,或者通过引用标准、规范或规程提供技术要求,或者将标准、规范或规程的内容纳入法规。

技术法规可附带技术指导,列出为了遵守法规要求可采取的某些途径,即视同符合条款。

三、标准的本质

标准是一种统一规定,是行为准则和依据。标准的本质就是"统一",这一本质赋予标准强制性、约束性和法规性的特点。标准一经审批发布,有关各方就必须严格执行,不得违反,也不得采取任何所谓的"变通"措施,更不得随意修改。因此,标准就其本质来说是带有强制性的。

目前,世界上既有实行强制性标准体系的国家,又有实行推荐性标准体系的国家,但这并不影响标准具有强制性的特征。实行推荐性标准体系的国家,并不强求生产者和消费者一定要采用它所制定的国家标准,生产者和消费者可以根据具体的情况采用某些标准化团体、协会或专业研究机构制定的标准,也可以采用本公司和其他公司制定的标准,还可以由交易双方协商另立标准。这样,在执行什么标准的问题上,生产者和消费者有一定的自由。但标准一经选定,它就成了有关各方必须严格遵守的法规,对有关各方都具有强制性和约束力。由此,推荐性标准体系并没有否定标准的强制性特点。

四、标准的特性

标准是根据当时科学技术所达到的实际水平来制定的,既不能滞后,也不能超前。滞后了,就不能满足使用要求;超前了,标准的规定则难以实现,等于没有标准。为了验证标准的规定能否满足使用要求以及在现有条件下能否达到,在制定标准的时候要进行一系列的试验。正是标准产生的这一基础,决定了标准具有以下特性:

1. 科学性

标准并不是由制定者随心所欲制定的,而是根据一定的科学技术理论并经过科学试验的验证制定出来的。它反映了某一时期科学技术发展水平的高低。

2. 时效性

标准产生以后,并不是永久有效的。既然标准是科学技术和实践经验的结晶,那么随着时间的推移,科学技术和实践经验不断进步和向前发展,同时消费者的要求也会提高,这样原来标准的规定就可能大大落后于标准化对象已经达到的实际水平,也落后于消费者的使用要求,这时标准就失效了,需要重新修订。因此,标准都有一定的有效期。根据我国的有关规定,一般的产品标准的有效期为 1—3 年,少数也有 10 年左右的,而基础标准的有效期要长些,一般为 10—20 年。

五、标准的载体

标准是供有关各方共同使用和重复使用的规则,某核心内容包括技术指标、技术要求、检验方法、规则以及实现形式等。但是仅有这些核心内容是不够的,因为制定标准是为了让更多的人知晓、让更多的人采用并服务于更多的人,因而需要特定的传递方式和载体。没有一定的载体作为标准的外在表现形式,标准的内在要求就无从谈起,也无法供更多的人使用和传播。

最初标准的载体表现为纸质文件,发展至今既有纸质文件,也有磁盘、光碟、电子文件,还有样品文件(即标准样品)。

第二节 标准的要素和标准化空间

一、标准的要素

任何一个标准都有自己特定的内容、所适应的级别范围以及有效期。根据标准所规定的内容,我们可以判定其所属的专业领域。内容、领域、级别和时间是构成标准的四个基本要素。

1. 标准的内容

标准的内容就是标准中规定的标准化对象的特征。对于不同的标准化对象,其标准所规定的内容也是不同的。对于抽象的概念,标准规定的是名词术语、符号、代码;对于具体的产品,标准规定的是品种系列、规格、质量参数、技术条件、试验方法、检验规则、标志、包装、运输、储存等有关事项;对于管理业务,标准则规定的是业务内容、管理程序和方法等。

2. 标准的领域

所谓标准的领域,就是标准所涉及的专业范围,也就是标准化对象所属的专业部门。国民经济研究中,将物质生产和非物质生产划分为若干部门,如工业、农业、商业、运输业、建筑业,以及科学、教育、卫生等。每个部门又可分为若干专业,如工业可分为机械、化工、纺织、电子、能源等,而每个专业又可进一步细分为若干行业,如机械可分为通用机械、工程机械、矿山机械等。标准化对象总是分属于一个特定部门中的一个特定的行业和专业。那么,这个特定部门中的特定的行业和专业也就成了对它所制定标准的领域。

3. 标准的级别

标准的级别是指标准适用的空间范围。它同批准发布标准的主管机关的行政级别是一致的。标准的级别同标准的内容无关,它并不代表标准所规定的指标水平的高低,而仅仅代表着该标准适用的空间范围。

任何一个标准都有其适用的空间范围,如 GB/T 15496-2017《企业标准体系 要求》属于中华人民共和国国家标准,它适用于在中华人民共和国政府管辖范围内的所有企业。

4. 标准的时间

标准的时间是指从标准的发布之日起到修订或废止的时间周期,也称为标龄。随着时间的推移,每一个标准原有的内容都可能陈旧落后,不再适应科学技术进步和人类社会发展的需要,甚至有可能阻碍科学技术和实践经验的发展。因此有必要在一段时期后,对原有标准的内容进行复审,以确定其或继续有效、或修订、或废止。标准的有效时间的长短主要依据科学技术(如新材料、新工艺等)和实践经验的发展而定,因此对于不同类型的标准,其有效时间也是不一样的。

任何一个标准都会明确地给出其发布的时间和实施的时间。从一个完整的标准号中,我们都可以看到标准的发布时间,如 GB/T 1.1-2020 说明其发布时间是 2020 年,而实施时间则可以从其封面中知晓。

二、标准化空间

内容、领域、级别是每一个标准必须具备的三个基本要素。我们可以把标准的这三个要素分别标注在一个三维直角坐标的三个轴上,如图 2.1 所示,X 轴代表领域维,Y 轴代表内容维,Z 轴代表级别维,我们称这样构成的空间为标准化空间。由于内容、领域、级别是标准化活动的三个重要属性,因此,标准化空间的概念能够反映标准化活动的广阔领域和丰富内容。

标准化空间的概念是由波兰学者约·沃吉茨基于 1960 年提出的。它十分形象地反映了标准的内容、领域和级别这三要素之间的有机联系。从图 2.1 中可以看出,这个空间的任意一点都对应一个具体的标准。反之,任何一个标准都可以在这个空间中找到一个与之相对应的点。标准化空间是对标准化问题的三个重要属性(内容、领域、级别)进行图示的一种简明的方法,同时也是系统规划标准体系的一种手段。

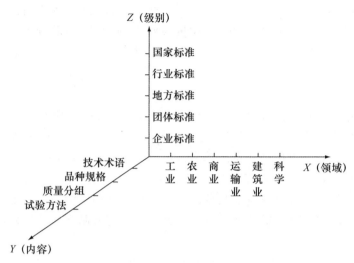

图 2.1　标准化空间

标准化空间是一个不断扩展和充实的空间。与 20 世纪初期以简化和限制品种为目的的技术标准化活动,如今的标准化已有了很大的发展,而且,这种发展仍将继续。从现代科学技术和经济贸易发展的速度来判断,标准化空间不仅会在广度方面继续扩展,而且会在其本质和结构方面得到进一步的升华。

第三节　标准的分类

分类就是根据研究的不同目的,从不同的角度观察对象,抓住其某一方面的属性,将研究对象划分为若干群体或集合。因研究的目的不同,考察对象的角度也就不同,据以划分对象的属性也就不同,因而,对同一对象常常有多种不同的分类方法。标准的分类也是如此。接下来,我们看看常见的几种标准的分类方法。

一、性质分类法

根据标准的性质,标准可以分为技术标准、管理标准和工作标准。

1. 技术标准

技术标准是对标准化领域中,需要协调统一的技术事项所制定的标准。它是根据生产技术活动的经验和总结,作为技术上共同遵守的法规而存在的各项标准,如为科研、设计、工艺、检验等技术工作,为产品或工程的技术质量,为各种技术设备和装备、工具等制定的标准。技术标准是一个大类,可进一步分为基础技术标准,产品标准,工艺标准,检测试验标准,设备标准,原材料、半成品、外购件标准,安全卫生环境保护标准等。

2. 管理标准

管理标准是对标准化领域中,需要协调统一的管理事项所制定的标准。它是为正确处理生产、交换、分配和消费中的相互关系,使管理机构更好地行使计划、组织、指挥、协调、控制等管理职能,有效地组织和发展生产而制定和贯彻的标准。管理标准把标准化原理应用于基础管理,是组织和管理生产经营活动的依据和手段。

管理标准主要是对管理目标、管理项目、管理程序、管理方法和管理组织所作的规定。按照管理的不同层次和标准的适用范围,管理标准又可划分为管理基础标准、技术管理标准、经济管理标准、行政管理标准和生产经营管理标准五大类。

3. 工作标准

工作标准是对标准化领域中,需要协调统一的工作事项所制定的标准。它是对工作范围、构成、程序、要求、效果和检查方法等所作的规定,通常包括工作的范围和目的、工作的组织和构成、工作的程序和措施、工作的监督和质量要求、工作的效果与评价、相关工作的协作关系等。工作标准约束的对象主要是人。

二、约束力分类法

标准的约束力是指对于实施标准的强制性程度。不同的国家和组织在标准的强制性程度方面也各有不同。

（一）中国的标准

按标准实施的约束力,中国标准分为强制性标准、推荐性标准和标准指导性技术文件。

1. 强制性标准

强制性标准是指国家运用行政和法律手段强制实施的标准。根据《中华人民共和国标准化法》(以下简称《中国标准化法》)的规定,对保障人身健康和生命财产安全、国家安全、生态环境安全以及满足经济社会管理基本需要的技术要求,应当制定强制性标准。

对于强制性标准,相关各方没有选择的余地,必须毫无保留地贯彻执行。不符合强制性标准的产品、服务,不得生产、销售、进口或者提供。对违反强制性标准而造成不良后果或重大事故者由法律、行政法规规定的行政主管部门依法根据情节轻重给予行政处罚,严重者由司法机关追究刑事责任。

强制性标准是国家技术法规的重要组成,它符合 WTO/TBT 协定关于"技术法规"的定义,即"强制执行的规定产品特性或相应加工方法的包括可适用的行政管理规定在内的文件。技术法规也可包括或专门规定用于产品、加工或生产方法的术语、符号、包装标志或标签要求"。为使我国强制性标准与 WTO/TBT 协定衔接,其范围要严格限制在维护国家安全、防止欺诈行为、保护人身健康与安全、保护动植物的生命和健康以及保护环境等方面。

2. 推荐性标准

推荐性标准是指国家、行业或地方制定的标准,并不强制厂商和用户采用,而是通过经济手段或市场调节促使他们自愿采用。它属于指导性标准,是自愿性文件,基本上与 WTO/TBT 协定对"标准"的定义接轨,即"由公认机构批准的、非强制性的、出于通用或重复使用的目的,为产品或相关工艺和生产方法提供规则、指南或特性的文件。标准还可包括或专门规定用于产品、工艺或生产方法的名词术语、符号、包装标志或标签要求"。

由于推荐性标准不受政府和社会团体的干预,能更科学地规定特性和指导生产,《中国标准化法》鼓励企业积极采用;而企业则可完全按自愿原则自主决定是否采用。但一经选定采用,则该标准便成为必须绝对执行的标准,"推荐性"便转化为"强制性"。企业采用推荐性标准的自愿性和积极性一方面来自市场需要和顾客需求,另一方面来自企业发展和竞争的需要。

对于同一产品而言,如果同时存在着强制性标准和推荐性标准,那么其规定的技术水平一般是后者高于前者。

3. 标准指导性技术文件

标准指导性技术文件是为仍处于技术发展过程中(变化快的技术领域)的标准化工作提供指南或信息,供科研、设计、生产、使用和管理等有关人员参考使用而制定的标准文件。

符合下列情况的可制定为标准指导性技术文件:

(1) 技术尚在发展中,需要有相应的标准文件引导其发展或具有标准价值,尚不能制定为标准的;

(2) 采用国际标准化组织、国际电工委员会及其他国际组织的技术报告。

国务院标准化行政主管部门统一负责标准指导性技术文件的管理工作,并负责编制计划、组织草拟、统一审批、编号和发布。

(二) WTO 的技术法规和标准

在 WTO/TBT 协定中,技术法规指强制性文件,标准仅指推荐性标准。技术法规体现了国家对贸易的干预,标准则反映了市场对贸易的要求。

1. 技术法规

技术法规是指规定技术要求的法规,它或者直接规定技术要求,或者通过引用标准、规范或规程来规定技术要求,或者将标准、规范或规程的内容纳入法规。它可附带技术指导,列出为了符合法规要求可采取的某些途径,即权益性条款。

WTO/TBT 协定对技术法规的定义是:强制执行的规定产品特性或相应加工方法的包括可适用的行政管理规定在内的文件。技术法规也可包括或专门规定用于产品、加工或生产方法的名词术语、符号、包装标志或标签要求。

技术法规具有强制性,即只有满足技术法规要求的产品方能销售或进出口。凡不符合这一标准的产品,不予进口。

2. 标准

WTO/TBT 协定对标准的定义是:由公认机构批准的、非强制性的,出于通用或重复使用的目的,为产品或相关工艺和生产方法提供规则、指南或特性的文件。标准还可包括或专门规定用于产品、工艺或生产方法的名词术语、符号、包装标志或标签要求。

(三) 欧盟的指令和标准

欧盟在建立和维持市场技术秩序方面采用了新方法指令和协调标准两种技术手段。

1. 新方法指令

欧盟对涉及产品安全、工业安全、人体健康、消费者保护和环境保护方面的技术要求制定了新方法指令。新方法指令的性质是技术法规,各成员国依法强制实施。新方法指令的特点是只针对少数关键的共性问题制定,内容限定为规定基本要求,不规定具体技术细节;技术细节由相关标准来规定。

2. 协调标准

协调标准是指不同标准化机构各自针对同一标准化对象批准的能作为依据建立产

品、过程或服务的互换性,或者能够提供试验结果或信息的相互理解的若干标准。

欧洲标准化委员会、欧洲电工标准化委员会、欧洲电信标准化学会作为协调标准的主管机构,负责批准与其专业范围相关的指令所涉及的标准。这些协调标准均属于欧洲标准。

欧洲协调标准与新方法指令相对应。欧洲协调标准的目录依据新方法指令的要求提出。协调标准围绕新方法指令展开,为了达到新方法指令规定的基本要求,规定具体技术细节,起到技术支持和保障的作用。

尽管欧洲协调标准与新方法指令相对应,但其性质仍然是推荐性标准,企业按自愿原则采用。协调标准的作用在于:凡按照这些标准生产的产品,可被推定为符合相应新方法指令规定的基本要求。企业自愿采用欧洲协调标准的驱动力主要是市场需求。企业也可以不采用协调标准,但必须用其他方法和可靠证据来证明其产品符合新方法指令规定的基本要求。

三、信息载体分类法

根据信息载体的不同,标准可以分为标准文件和标准样品。

1. 标准文件

标准文件是指为各种活动或其结果提供规则、指导原则或规定特性的文件。其作用主要是提出要求或作出规定,作为某一领域的共同准则。它可根据形式和介质分为不同种类。不同形式的文件包括标准、技术规范、规程、技术报告和指南等。不同介质的文件包括纸质文件和电子文件。

2. 标准样品

标准样品是具有足够全面的一种或多种化学、物理、生物学、工程技术或感官的性能特征,经过技术鉴定,并附有说明有关性能数据证书的一批样品。标准样品作为实物形式的标准,按其权威性和适用范围可分为内部标准样品和有证标准样品。

(1) 内部标准样品。它是在企事业单位或其他组织内部使用的标准样品,其本质是一种实物形式的企业内控标准。如油漆生产企业用于控制各批产品色差的油漆标样就是一种内部标准样品。内部标准样品可以由组织自行研制,也可以从外部购买。

(2) 有证标准样品。它是具有一种或多种性能特征,经过技术鉴定,并附有说明上述性能特征的证书,且经国家标准化管理机构批准的标准样品。其特点是已经经过国家标准化管理机构批准并被授予证书,由经过审核和准许的组织生产和销售。有证标准样品既广泛应用于企业内部质量控制和产品出厂检验,又大量使用于国际贸易中的质量检验、鉴定,测量设备检定、校准,以及环境监测等方面。

四、服务宗旨分类法

根据制定标准所服务的宗旨不同,标准可分为为社会公众服务的公共标准和为本组织服务的自有标准两大类。

1. 公共标准

公共标准是指通过动用公共资源而制定出来的标准,其宗旨是维护公共秩序,保护公共利益,为社会服务。国家标准、行业标准、地方标准均属于公共标准。其特点主要包括:① 通过动用公共资源而制定;② 为获得最佳公共利益而制定;③ 依据相关法律法规并由相关行政主管部门审批而制定;④ 程序公开透明,民众广泛参与,充分协调,接受监督,杜绝不公正;⑤ 与安全、环保、健康等相关的标准属于公共标准的重点。

2. 自有标准

自有标准是指通过消耗非公共资源而制定出来的标准,具有独占性。其宗旨是为本组织的利益服务,如提升组织的竞争力、获取最大利益等。我国的国有企业、合资企业、民营企业、独资企业、企业联盟的标准以及各类事实上的标准均属于自有标准。其特点主要包括:① 通过动用非公共资源而制定;② 主要为市场竞争服务;③ 与创新、专利、技术等相关;④ 具有独占性与不公开性;⑤ 组织在遵守法律法规的前提下拥有独立的支配权。

第四节 标准的分级

标准分级就是根据标准适用范围的不同,将其划分为若干不同的层次。对标准进行分级可以使标准更好地贯彻实施,也有利于加强对标准的管理和维护。

一、国内标准的分级(标准的代号和编号)

根据《中国标准化法》的规定,标准包括国家标准、行业标准、地方标准和团体标准、企业标准。

(一)国家标准

国家标准是在农业、工业、服务业以及社会事业等领域中需要在全国范围内统一的技术要求。具体包括下列内容:

(1)通用的技术术语、符号、分类、代号(含代码)、文件格式、制图方法等通用技术语言要求和互换配合要求;

(2)资源、能源、环境的通用技术要求;

(3)通用基础件,基础原材料、重要产品和系统的技术要求;

(4)通用的试验、检验方法;

(5)社会管理、服务,以及生产和流通的管理等通用技术要求;

(6)工程建设的勘察、规划、设计、施工及验收的通用技术要求;

(7)对各有关行业起引领作用的技术要求;

(8)国家需要规范的其他技术要求。

国家标准分为强制性标准、推荐性标准。强制性国家标准由国务院批准发布或者授权批准发布,推荐性国家标准由国务院标准化行政主管部门制定。对保障人身健康和生命财产安全、国家安全、生态环境安全以及满足经济社会管理基本需要的技术要求,应当制定强制性国家标准。强制性标准必须执行。国家鼓励采用推荐性标准。国家标准是我国标准体系中的主体。国家标准一经批准发布实施,与国家标准重复的行业标准、地方标准即行废止。

国家标准的代号由大写汉语拼音字母构成。强制性国家标准的代号为"GB",推荐性国家标准的代号为"GB/T",国家标准样品的代号为"GSB"。指导性技术文件的代号为"GB/Z"。

国家标准的编号由国家标准的代号、国家标准发布的顺序号和年份号构成,如 GB/T 19001-2016《质量管理体系 要求》。国家标准样品的编号由国家标准样品的代号、分类目录号、发布顺序号、复制批次号和年份号构成,如 GSB 11-2233-2008《田毒麦标准样品》。

（二）行业标准

对于需要在某个行业范围内全国统一的标准化对象所制定的标准被称为行业标准,即由行业机构通过并公开发布的标准。《中国标准化法》规定:"对没有推荐性国家标准、需要在全国某个行业范围内统一的技术要求,可以制定行业标准。"行业标准由国务院有关行政主管部门制定,报国务院标准化行政主管部门备案。行业标准是对国家标准的补充,行业标准在相应国家标准实施后,自行废止。行业标准的技术要求不得低于强制性国家标准的相关技术要求。

需要在行业范围内统一的下列技术要求,可以制定行业标准:

(1) 技术术语、符号、代号(含代码)、文件格式、制图方法等通用技术语言;

(2) 工业、农业产品的品种、规格、性能参数、质量指标、试验方法以及安全、卫生要求;

(3) 工业、农业产品的设计、生产、检验、包装、储存、运输、使用、维修方法以及生产、储存、运输过程中的安全、卫生要求;

(4) 通用零部件的技术要求;

(5) 产品结构要素和互换配合要求;

(6) 工程建设的勘察、规划、设计、施工及验收的技术要求和方法;

(7) 信息、能源、资源、交通运输的技术要求及其管理技术等要求。

行业标准是推荐性标准。其编号由行业标准代号加"/T"、标准顺序号和年份号组成。行业标准的代号由国务院标准化机构规定,不同行业的代号各不相同。如机械行业的标准代号为 JB,其相应的行业标准如 JB/T 13807-2020《安全带静载试验机 技术条件》。

延伸课堂

中华人民共和国行业标准代号

（三）地方标准

地方标准是在国家的某个地区通过并公开发布的标准,在我国即意味着是在某个省、自治区、直辖市范围内需要统一的标准。为满足地方自然条件、风俗习惯等特殊技术要求,可以在农业、工业、服务业以及社会事业等领域制定地方标准。地方标准的技术要求不得低于强制性国家标准的相关技术要求,并做到与有关标准之间的协调配套。

地方标准由省、自治区、直辖市人民政府标准化行政主管部门制定;设区的市级人民政府标准化行政主管部门根据本行政区域的特殊需要,经所在地省、自治区、直辖市人民政府标准化行政主管部门批准,可以制定本行政区域的地方标准。地方标准由省、自治区、直辖市人民政府标准化行政主管部门报国务院标准化行政主管部门备案,由国务院标准化行政主管部门通报国务院有关行政主管部门。

地方标准为推荐性标准。其编号由地方标准代号、顺序号和年份号三部分组成。省级地方标准代号,由汉语拼音字母"DB"加上其行政区划代码前两位数字、再加"/T"组成,如 DB 36/T 1485-2021《"赣出精品"品牌评价规范》;市级地方标准代号,由汉语拼音字母"DB"加上其行政区划代码前四位数字、再加"/T"组成,如江西抚州市地方标准 DB 3610/T 4-2022《生态资产权属交易管理规范》。

(四)团体标准

团体标准是依法成立的社会团体为满足市场和创新需要,协调相关市场主体共同制定的标准。团体标准的制定有三条原则:一是应当有利于科学合理利用资源,推广科学技术成果,增强产品的安全性、通用性、可替换性,提高经济效益、社会效益、生态效益,做到技术上先进、经济上合理;二是必须符合相关法律法规的要求,不得与国家有关产业政策相抵触;三是其技术要求不得低于强制性标准的相关技术要求。团体标准由本团体成员约定采用或者按照本团体的规定供社会自愿采用。团体标准的施行实行自我声明公开和监督制度。

团体标准的编号由团体标准代号"T/"、社会团体代号、团体标准顺序号和年份号组成。社会团体代号由社会团体自主拟定,可使用大写汉语拼音字母或大写汉语拼音字母与阿拉伯数字的组合。如江西绿色生态品牌建设促进会所颁布的 T/JGE 0031-2022《江西绿色生态 板鸭》。

(五)企业标准

企业标准是由企业通过、供该企业使用的标准,也是指由企业制定的产品标准和为企业内需要协调统一的技术要求和管理、工作要求所制定的标准。它由企业法人代表或法人代表授权的主管领导审批发布,由企业法人代表授权的部门统一管理,在本企业范围内适用。企业内所实施的标准一般都是强制性的。

企业生产的产品在没有相应的国家标准、行业标准和地方标准时,应当制定企业标准,作为组织生产的依据。在有相应的国家标准、行业标准和地方标准时,国家鼓励企业在不违反相应强制性标准的前提下,制定充分反映市场和消费者要求的,严于国家标准、行业标准和地方标准的企业标准,在企业内部适用。企业的产品标准,应在发布后 30 日内办理备案。一般按企业的隶属关系报当地标准化行政主管部门和有关行政主管部门备案。

企业标准的编号由企业标准代号、标准发布的顺序号和年份号组成。企业标准代号由"Q/"加上企业代号组成,如 Q/JXHY 001-2020《棉柔巾》。企业代号可表示为汉语拼音字母或阿拉伯数字或两者兼用,具体办法由当地行政主管部门规定。

二、国外标准的分级(标准的代号和编号)

这里的国外标准不是指某个国家的标准,而是指国际共同使用的标准。国外标准的级别有两个,即国际标准和国际区域性标准。

1. 国际标准

国际标准为世界各国所承认并在各国间通用。此外,由国际食品法典委员会、国际铁路联盟、国际计量局、世界卫生组织等专业组织制定的、经国际标准化组织认可的标准,也可视为国际标准。

国际标准的编号由国际标准代号、标准发布的序号和发布的年份号组成。如 ISO 所发布的标准 ISO 9001:2015《质量管理体系 要求》；IEC 所发布的标准 IEC 61082-1:2014《电气技术用文件的编制 第 1 部分:规则》。

2. 国际区域性标准

国际区域性标准是指由区域性的国家集团的标准化组织制定和发布的标准，在该集团各成员国之间通用。这些国家集团的标准化组织的形成，有的是由于地理上毗连，如泛美标准化委员会；有的是因为政治上和经济上有共同的利益，如欧洲标准化委员会。它的出现对国际标准化既可能产生有益的促进作用，也可能成为影响国际统一协调的消极因素。

第五节 标 准 体 系

一、标准体系的相关概念

1. 标准体系

与实现某一特定的标准化目的有关的标准按其内在联系形成一个科学的有机整体，即"一定范围内的标准按其内在联系形成的科学的有机整体"就称为标准体系（GB/T 13016-2018《标准体系构建原则和要求》）。

其中，"一定范围"是指标准所覆盖的范围，它可以指国际、区域、国家、行业、地区、企业范围，也可以指产品、项目、技术、事物范围。如国家标准体系的范围是整个国家，企业标准体系的范围则是整个企业。

"内在联系"包括三种联系形式：一是系统联系，也就是各分体系之间以及分体系与子体系之间存在着既相互依赖又相互制约的联系；二是上下层次联系，即共性与个性的联系；三是左右之间的联系，即相互统一协调、衔接配套的联系。

"科学的有机整体"是指为实现某一特定目标而形成的整体，它不是简单的叠加，而是根据标准的基本要素和内在联系所组成的、具有一定集合程度和水平的整体结构。

标准体系可以按照不同范围划分为国家、行业、专业、门类、企业等不同层次的标准体系，也可以按照不同的具体对象划分为不同产品的标准体系。

2. 标准体系模型

国家标准 GB/T 13016-2018《标准体系构建原则和要求》对标准体系模型的定义是：用于表达、描述标准体系的目标、边界、范围、环境、结构关系并反映标准化发展规划的模型。它是用于策划、实施、检查和改进标准体系的方法或工具。

3. 标准体系表

国家标准 GB/T 13016-2018《标准体系构建原则和要求》对标准体系表的定义是：一种标准体系模型，通常包括标准体系结构图、标准明细表，还可以包含标准统计表和编制说明。它是一定范围内包含现有、应有和预计制定标准的蓝图，是一种标准体系模型。

二、构建标准体系的基本原则

构建标准体系是运用系统论指导标准化工作的一种方法。构建标准体系主要体现为编制标准体系结构图和标准明细表，提供标准统计表、撰写标准体系编制说明，是开展标准体系建设的基础和前提工作，也是编制标准、修订规划和计划的依据。为此，在构建标准体系时必须遵循以下基本原则：

（1）目标明确。标准体系是为业务目标服务的，因此构建标准体系应首先明确标准化目标。

（2）全面成套。应围绕着标准体系的目标展开，体现在体系的整体性，即体系的分体系及子体系的全面完整和标准明细表所列标准的全面完整。

（3）层次适当。标准体系表应有恰当的层次，具体表现为：一是标准明细表中的每一项标准在体系结构图中应有相应的层次；二是从个性标准出发，提取共性技术要求作为上一层的共性标准；三是标准体系层次不宜太多；四是同一标准不应同时列入两个或两个以上子体系中。

（4）划分清楚。标准体系表内的子体系或类别的划分，各子体系的范围和边界的确定，主要应按行业、专业或门类等标准化活动性质的同一性划分，而不宜按行政机构的管辖范围来划分。

三、构建标准体系的一般方法

1. 确定标准化方针目标

在构建标准体系之前，应首先了解下列内容，以便于指导和统筹协调相关部门的标准体系构建工作：

（1）了解标准化所支撑的业务战略；

（2）明确标准体系建设的愿景、近期拟达到的目标；

（3）确定实现标准化目标的标准化方针或策略（实施策略）、指导思想、基本原则；

（4）确定标准体系的范围和边界。

2. 调查研究

开展标准体系的调查研究，通常应了解以下几方面的内容：

（1）标准体系建设的国内外情况；

（2）现有的标准化基础，包括已制定的标准和已开展的相关标准化研究项目和工作项目；

（3）存在的标准化相关问题；

（4）对标准体系的建设需求。

3. 分析整理

根据标准体系建设的方针、目标及具体的标准化需求，借鉴国内外现有的标准体系的结构框架，从标准的类别、专业领域、级别、功能、业务的生命周期等若干不同标准化对象的角度，对标准体系进行分析，从而确定标准体系的结构关系。

4. 编制标准体系表

标准体系表是一定范围内包含现有、应有和预计制定标准的蓝图，是一种标准体系模型。因此，编制标准体系表时，通常需要包含以下几方面的内容：

（1）确定标准体系结构图。根据不同维度的标准分析的结果，选择恰当的维度作为标准体系框架的主要维度，编制标准体系结构图，编写标准体系结构的各级子体系、标准体系模块的内容说明。

（2）编制标准明细表。收集整理拟采用的国际标准、国家标准等外部标准和本领域已有的内部标准，提出近期和将来规划拟制定的标准列表，编制标准明细表。

（3）编写标准体系表编制说明。标准体系表编制说明的内容一般有：标准体系建设的背景；标准体系的建设目标、构成依据及实施原则；国内外相关标准化情况综述；各级子体系划分原则和依据；各级子体系的说明，包括主要内容、适用范围等；与其他体系交叉情况和处理意见；需要其他体系协调配套的意见；结合统计表，分析现有标准与国际的差距和薄弱环节，明确今后的主攻方向；标准制定（修订）建议；其他。

5. 动态维护更新

标准体系是一个动态的系统，在使用过程中应不断优化完善，并随着业务需求、技术发展的变化而不断进行维护更新。

四、标准体系表的内容要求

标准体系表是以图表的方式反映标准体系的构成、各组成元素（标准）之间的相互关系，以及体系的结构全貌，从而使标准体系形象化、具体化。作为一种指导性技术文件，标准体系表可以指导标准的制定、修订计划的编制，以及对现有标准体系的健全和改造。通过标准体系表，可以使标准体系的组成由重复、混乱走向科学、简化，从而有利于加强对标准化工作的管理。标准体系表通常至少包括标准体系结构图、标准明细表、标准统计表和标准体系表编制说明等方面的内容。

（一）标准体系结构图

标准体系结构图用于表达标准体系的范围、边界、内部结构以及意图。而标准体系的结构关系一般包括上下层之间的"层次"关系，按一定逻辑顺序排列起来的"序列"关系，以及由上述几种结构相结合的组合关系。

1. 层次结构

它是表达标准化对象内部上级与下级、共性与个性等关系的良好表达形式。层次结构类似树结构，父节点层次所在的标准相较子节点层次的标准，更能够反映标准化对象的抽象性和共性；反之，子节点层次的标准能更多地反映事物的具体性和个性。层级深度如何，也体现了对标准化对象的管理精度。标准层次结构的完备性，标志着标准体系的灵活性与弹性，是标准体系适应现实多样性的一个重要方面，像档案著录标准子体系、交换格式子体系等都可以用层次结构来进行表达。标准体系的层次和级别关系如图2.2所示。

根据标准发布机构的权威性，国家标准、行业标准、地方标准、团体标准、企业标准代表着不同标准级别；根据标准适用的领域范围，全国通用、行业通用、专业通用、产品等标准代表标准体系的不同层次。

国家标准体系的范围涵盖跨行业全国通用综合标准、行业范围通用的标准、团体范围通用的标准，以及产品标准、服务标准、过程标准和管理标准。

行业标准体系是由行业主管部门规划、建设并维护的标准体系，涵盖本行业范围通用的标准、本行业的细分一级专业（二级专业……）标准，以及产品标准、服务标准、过程标准和管理标准。

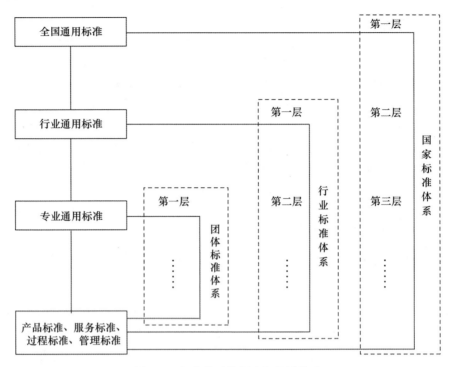

图 2.2 标准体系的层次和级别关系

团体标准体系是根据市场化机制由社会团体发布的标准,可能包括全国通用标准、行业通用标准、专业通用标准,以及产品标准、服务标准、过程标准和管理标准。

企业标准体系中是由企业根据自身发展需要所发布制定的标准,可能包括全国通用标准、行业通用标准、专业通用标准、团体标准,以及产品标准、服务标准、过程标准和管理标准。

2. 序列结构

序列结构指围绕着产品、服务、过程的生命周期各阶段的具体技术要求,或空间序列等编制出的标准体系结构图。它主要有系统生命周期序列、企业价值链序列、工业产品生产序列、信息服务序列、项目管理序列等。图 2.3 所展示的是系统生命周期序列,它是按系统的概念、开发、生产、使用、支持、退役等生命周期的各个阶段所展开的序列结构。

3. 其他结构

根据业务需求,按照 GB/T 13016-2018 标准的原则和要求,还可提出其他标准体系结构图,如功能归口型结构、矩阵型结构、三维结构等。

(二) 标准明细表

国家标准 GB/T 15496-2017《企业标准体系 要求》对标准明细表的定义是:标准按一定形式排列起来的表。一般而言,标准明细表的表头描述的是标准(或子体系)的不同属性。常见的标准明细表的表头,可以包含序号、标准体系编号、子体系名称、标准名称、引用标准编号、归口部门、宜定级别、实施日期等。表 2.1 所展示的是标准明细表的一般格式。

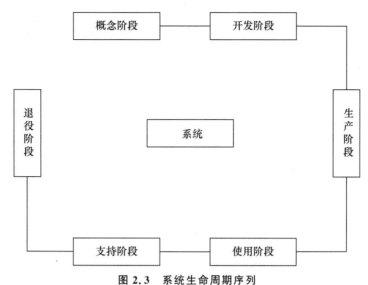

图 2.3 系统生命周期序列

表 2.1 ×××（层次或序列编号）标准明细表

序号	标准体系编号	子体系名称	标准名称	引用标准编号	归口部门	宜定级别	实施日期	备注

对于行业和专业标准体系表，其标准明细表一般均按层次或类别依次陈列，其格式如表 2.2 所示。

表 2.2 行业和专业标准体系表中的标准明细表

序号	标准类别	标准名称	采标程度	采标对应的标准号	实施日期	备注

（三）标准统计表

按照 GB/T 13016-2018 的规定，标准统计表的格式根据统计目的，可设置成不同的标准类别（国家标准、行业标准、地方标准、团体标准、企业标准）及统计项（如基础标准、方法标准等）。表 2.3 所展示的是标准统计表的一般格式。

表 2.3 标准统计表（一般格式）

统计项	应有数（个）	现有数（个）	应有数/现有数（%）
标准类别			
国家标准			
行业标准			
地方标准			
团体标准			
企业标准			
共计			

(续表)

统计项	应有数(个)	现有数(个)	应有数/现有数(%)
基础标准			
方法标准			
产品、过程、服务标准			
零部件、元器件标准			
原材料标准			
安全、卫生、环保标准			
其他			
共计			

在行业和专业标准体系表中,其标准统计表参照统计汇总目的设计,可按标准级别或类别、标准水平等设置栏目等,如表2.4所示。

表2.4 行业和专业标准统计表

标准类别	应有数(个)	截至20××年已有数		采标数		先进标准数		说明
		数量(个)	比率(%)	数量(个)	比率(%)	数量(个)	比率(%)	

(四)标准体系表编制说明

标准体系表编制说明一般有以下几方面的内容:① 标准体系建设的背景;② 标准体系的建设目标、构成依据及实施原则;③ 国内外相关标准化情况综述;④ 各级子体系划分原则和依据;⑤ 各级子体系的说明,包括主要内容、适用范围等;⑥ 与其他体系交叉情况和处理意见;⑦ 需要其他体系协调配套的意见;⑧ 结合统计表,分析现有标准与国际的差距和薄弱环节,明确今后的主攻方向;⑨ 标准制修订规划建议;⑩ 其他。

标准信息窗

中国标准体系的发展经历

中国标准体系的发展经历了三个阶段:

1979—1988年,全部都是政府标准,也就是强制性标准。

1989—2016年,标准开始分为强制性标准和推荐性标准。

2017年新的《中国标准化法》出台,正式确定了"政府+市场"两类标准的新格局,提出了五级标准:国家标准、行业标准、地方标准、团体标准和企业标准。

现在新的五级标准体系中,国家标准、行业标准强调了公益性和基础性,地方标准是基于地方风俗、地方特色需要制定的标准。国家标准、行业标准、地方标准三类都属于政府标准。团体标准和企业标准都属于市场标准,它们是满足市场快速需求、快速创新的标准,倡导竞争性和创新性,以满足市场竞争需要。

> 强制性标准变化比较大,以往的强制性国家标准和强制性行业标准都调整为强制性国家标准,且范围有一定的调整。强制性标准就是满足五项需要①;推荐性国家标准主要是公益型标准,满足强制性国家标准的需要和实施;推荐性行业标准更多的是针对行业内重要的产品、工程技术、服务管理等方面的标准。
>
> 资料来源:作者根据相关资料整理而成。

第六节 国际标准的类别与体系

一般而言,所谓的国际标准包括两部分:一部分是由国际标准化组织(ISO)、国际电工委员会(IEC)、国际电信联盟(ITU)三大国际标准组织所制定的标准,分别称为 ISO 标准、IEC 标准和 ITU 标准;另一部分是由 ISO 认可并在 ISO 标准目录上公布的其他国际组织制定的标准。

一、ISO 的标准类型与体系

ISO 是世界上最具有权威性的标准组织之一,ISO 发布的标准对国际贸易和世界各国的经济、社会发展产生了重要的影响。

(一)ISO 国际标准类型

根据 ISO/IEC 导则(ISO/IEC directives)和 ISO 补充部分(ISO supplement)的有关规定,ISO 标准文件类型主要包括国际标准(international standard,IS)、指南(guide)、技术规范(technical specification,TS)、可公开提供的规范(publicly available specification,PAS)、技术报告(technical report,TR)和国际研讨协议(international workshop agreement,IWA)。

1. IS

IS 是 ISO 标准文件中最为常见的文件形式,是由技术委员会(technical committee,TC)的各方协商一致制定的文件,其制定程序遵循了 ISO/IEC 导则第 1 部分技术工作程序的有关规定。制定过程的阶段性文件包括委员会草案(committee draft,CD)、国际标准草案(draft international standard,DIS)和最终版国际标准草案(final draft international standard,FDIS)。

2. 指南

指南是指由 ISO 技术委员会之外的机构制定的,为国际标准化活动提供规则、指导或建议的标准化文件。指南用于处理所有 ISO 标准用户关注的问题。与国际标准由技术委员会制定不同,它一般是由政策制定委员会(合格评定委员会或消费者政策委员会)或由技术管理局建立并控制其运行的委员会或工作组(working group,WG)制定。

---

① 分别是保障人身安全、生命财产安全、国家安全、生态环境安全,以及满足经济社会管理基本需要。

3. TS

TS 是由 ISO 发布的现阶段由于标准化对象涉及的技术内容仍处在发展阶段或未达成形成标准所需要的协商一致等原因,在委员会阶段通过的、未来有可能形成标准的标准化文件。TS 须在相关技术委员会的积极成员投票中获得三分之二的多数赞成后方发布为 ISO/TS。TS 每三年进行复审,以决定其应作为 TS 继续存在三年,或者进入修订程序,或者成为 IS,或者被撤销。六年之后,TS 或者被修改为 IS,或者被撤销。

4. PAS

PAS 是由 ISO 发布的为了满足市场急需,在 ISO 以外的组织或工作组内专家达成协商一致的、在起草阶段通过的、未来有可能形成技术规范或标准的标准化文件。PAS 每三年进行复审,以决定其应作为 PAS 继续存在三年,或者进入修订程序,或升级成为 TS,或者被撤销。六年之后,PAS 或者被修改为 IS,或者被撤销。

5. TR

TR 是由 ISO 发布的包含不同技术规范或标准资料的、在委员会阶段通过的、未来不会形成技术规范或标准的标准化文件。它是由相关标准化与技术委员会或分技术委员会(sub-committee,SC)的积极成员以简单多数的规则投票通过的,ISO 秘书长(必要情况下与技术管理局协商)决定其是否发布。

6. IWA

IWA 是由 ISO 发布的为满足市场急需,通过研讨会机制形成的标准化文件。它是经研讨会成员协商一致通过的。IWA 可以是 ISO 技术管理局批准任何方面提出举办研讨会的提案,并指定一个 ISO 成员协助提案人。市场参与者和其他利益相关方可以不必通过国家授权,直接参加 IWA 的制定。一项快速制定的 IWA 可以在 12 个月之内发布。

(二) ISO 国际标准体系

1994 年以前,ISO 发布的标准使用《国际十进分类法》进行分类,1994 年以后则改用《国际标准分类法》进行分类。ISO 标准划分为以下九个领域:① 通用、基础和科学领域;② 健康、安全和环境领域;③ 工程技术领域;④ 电子、信息技术和通信领域;⑤ 货物的运输和分配领域;⑥ 农业和食品技术领域;⑦ 材料技术领域;⑧ 建筑领域;⑨ 特殊技术领域。

二、IEC 的标准类型与体系

IEC 作为电工领域最具权威性的国际标准组织,其发布的标准对国际贸易和世界各国的经济、社会发展产生了重要的影响。

(一) IEC 国际标准类型

IEC 标准文件类型主要包括 IS、指南、TS、PAS、TR、工业技术协议(industry technical agreement,ITA)和技术趋势评估(technology trends agreement,TTA)。IEC 与 ISO 不同的标准文件类型为 ITA 和 TTA。

1. ITA

ITA 是具体说明新产品或新服务参数的规范性或资料性文件。ITA 在 IEC 标准化技术组织之外制定,帮助推动工业产品的生产和市场投放。它类似于一个工业事实标准或规范。快速发展的技术领域是 ITA 的主要潜在适用领域,其他领域还包括电气和电子工程(包括信息技术)等。ITA 制定速度较快、成本较低,只需在参与方之间达成共识就可以制定。

2. TTA

TTA 强调的是技术发展的某些方面,这些方面可能会在近期或不久的将来成为一个标准化领域。TTA 是为在技术创新初期对标准化问题进行全球协作而提出来的。根据 TTA 可以知道新兴领域的技术发展水平或发展趋势,它通常是预研阶段的标准化工作或研究结果。

(二) IEC 国际标准体系

IEC 标准主要集中在电子产品、电工技术和家用电器行业。其标准按专业分为以下八类:

第一类(基础标准):名词术语、量值单位及其字母符号、图形符号、线端标记、标准电压、电流额定位和频率、绝缘配合、绝缘结构、环境试验、环境条件的分类、可靠性和维修性。

第二类(原材料标准):电工仪器用工作液、绝缘材料、金属材料电气特性的测量方法、磁合金和磁钢、裸铝导体。

第三类(一般安全、安装和操作标准):建筑物、船上的户外严酷条件下的电气装置、爆炸性气体中的电器、工业机械中的电气设备、外壳的保护、带电作业工具、照明保护装置、激光设备。

第四类(测量、控制和一般测试标准):电能测量和负载控制设备、电子技术和基本电量的测量设备、工业过程测量和控制、核仪表、仪表用互感器、高压试验装置和技术。

第五类(电力的产生和利用标准):旋转电机、水轮机、汽轮机、电力变压器、电力电子、电力电容器、原电池和电池组、电力继电器、短路电流、太阳光伏系统、电气牵引设备、电焊、电热设备、电汽车和卡车。

第六类(电力的传输和分配标准):开关设备和控制设备、电线、低压熔断器和高压熔断器、电涌放电器、电力系统的遥控、遥远保护及通信设备、架空线。

第七类(电信和电子元件及组件标准):半导体器件和集成电路、印制电路、电容器和电阻器、微型熔断器、电子管、继电器、纤维光学、电缆、电线和波导、机电元件、压电元件、磁性元件和铁氧体材料。

第八类(电信、电子系统和设备及信息技术标准):无线电通信、信息技术设备、数据处理设备和办公机械的安全、音频视频系统的设备、医用电气设备、测量和控制系统用数字数据通信、遥控和遥护、电磁兼容性,以及无线电干扰的测量、限制和抑制等。

本章小结

为在一定的范围内获得最佳秩序,经协商一致制定并由公认机构批准,共同使用和重复使用的规范性文件就是标准,它包含着共同使用和重复使用、科学技术与实践经验的综合成果、协商一致、特殊形式这四大要素,具有科学性和时效性。标准的统一规定是行为准则和依据,其本质就是"统一"。内容、领域、级别和时间是构成标准的四个基本要素,它们共同构成标准化空间。这个空间中的任一点都对应于一个具体的标准。反之,任何一个标准都可以在这个空间中找到一个与之相对应的点。

从不同的目的和角度出发,可以对标准进行不同的分类:按标准的性质,可将标准分为技术标准、管理标准和工作标准;按标准的信息载体,可将标准分为标准文件和标准样品;按制定标准所服务的宗旨,可将标准分为公共标准和自有标准;按标准实施的约束力,我国标准分为"强制性标准""推荐性标准"和"标准指导性技术文件"。而在WTO/TBT协定中,"技术法规"指强制性文件,"标准"仅指推荐性标准。在欧盟则采用新方法指令和协调标准两种技术手段。

根据《中国标准化法》的规定,我国标准分为国家标准、行业标准、地方标准、团体标准和企业标准五个级别;国外标准则分为国际标准和国际区域性标准。

一定范围内的标准按其内在联系形成的科学的有机整体就是标准体系。目标明确、全面成套、层次适当和划分清楚是构建标准体系必须遵循的四项基本原则。确定标准化方针目标、调查研究、分析整理、编制标准体系表和动态维护更新是构建标准体系的一般方法与步骤。标准体系表是一种标准体系模型,通常至少包括标准体系结构图、标准明细表、标准统计表和标准体系编制说明等方面的内容。

ISO标准被划分为九个领域,其标准文件主要包括国际标准、指南、技术规范、可公开提供的规范、技术报告和国际研讨协议;IEC标准主要集中在电子产品、电工技术、家用电器行业,按专业可分为八大类,其标准文件主要包括国际标准、指南、技术规范、可公开提供的规范、技术报告、工业技术协议和技术趋势评估。

复习与思考

一、名词解释

标准、规范性文件、技术标准、管理标准、工作标准、标准体系、标准体系表、标准体系模型

二、单选题

1. 在标准化领域中,根据需要协调统一的管理事项所制定的标准,被称为(　　)。
   A. 技术标准　　　　B. 管理标准　　　　C. 基础标准　　　　D. 工作标准

2. 如果某个产品同时存在国家标准和企业标准,那么国家标准的水平一定会(　　)企业标准的水平。
   A. 高于　　　　B. 低于　　　　C. 等于　　　　D. 不确定

3. 以下哪类标准文件不是ISO的标准文件?(　　)
   A. 可公开提供的规范(PAS)　　　　B. 国际研讨协议(IWA)
   C. 工业技术协议(ITA)　　　　D. 技术报告(TR)

4. 以下哪类标准文件不是IEC的标准文件?(　　)
   A. 可公开提供的规范(PAS)　　　　B. 国际研讨协议(IWA)
   C. 工业技术协议(ITA)　　　　D. 技术报告(TR)

5. 下列哪个标准属于行业标准?(　　)
   A. IEC 61082.1-2009　　　　B. GB/T 19001-2016
   C. DB 36/T 576-2010　　　　D. FZ/T 81006-2017

6. 下列哪个标准属于企业标准?(　　)
   A. WB/T 1024-2006　　　　B. Q/HXN 0001S-2012

C. DB36/T 1485-2021　　　　　　D. ISO 9001-2008

三、多选题

1. 标准是为在一定的范围内获得最佳秩序,经协商一致制定并由公认机构批准,(　　)的一种规范性文件。
A. 共同使用　　B. 科学技术　　C. 重复使用　　D. 实践经验

2. 为了验证标准的规定能否满足使用要求以及在现有条件下能否达到,在制定标准的时候要进行一系列的试验。由此决定了标准具有(　　)的特性。
A. 科学性　　B. 时效性　　C. 强制性　　D. 约束力

3. 按标准的性质,标准可以分为(　　)。
A. 技术标准　　B. 管理标准　　C. 基础标准　　D. 工作标准

4. 在WTO/TBT协定中,"技术法规"指(　　);"标准"仅指(　　)。
A. 新方法指令　　B. 协调标准　　C. 强制性文件　　D. 推荐性标准

5. 一般来说,标准体系表由(　　)及编制说明所构成。
A. 标准体系结构图　　　　　　B. 层次结构
C. 标准统计表　　　　　　　　D. 标准明细表

6. 根据《中国标准化法》规定,地方标准的制定是为了满足(　　)等特殊技术要求。
A. 地方自然条件
B. 风俗习惯
C. 工业产品的安全卫生要求等
D. 保障人体健康和人身、财产安全的技术要求

四、判断题

1. 标准是标准化机构依靠自身的权威性所做出的结果。(　　)
2. 在强制性标准化体系下,标准也是协商的产物。(　　)
3. 在实行推荐性标准体系的国家,其标准不具有强制性的特征。(　　)
4. 标准的级别同标准的内容有关,标准的级别越高说明其所规定的指标水平就越高。(　　)
5. 对于同一产品而言,如果同时存在着强制性标准和推荐性标准,那么,其技术水平肯定是后者高于前者。(　　)
6. 欧盟在建立和维持市场技术秩序方面采用了新方法指令和协调标准两种技术手段,其中新方法指令的性质是技术法规,各成员国依法强制实施。(　　)

五、简答题

1. 作为标准的规定与其他的规定的不同之处就在于标准的特殊性,具体表现在哪些方面?
2. 简述编制标准体系表时通常需要包含哪些方面的内容。
3. 简述一个国家的标准体系应该包括哪些内容。
4. 简述构建标准体系的方法与步骤。
5. 简述构建标准体系必须遵循的原则。

六、论述题

1. 中国的强制性标准和推荐性标准、WTO/TBT协定的技术法规和标准、欧盟的新

方法指令和协调标准这三种划分有什么区别?

2. 谈谈你对我国标准体系现状的看法。

案例分析

从"新疆棉事件"看标准制定的价值

2021年的H&M"拒用新疆棉花"事件,让大众再一次认识到标准的权威性与垄断性。此次事件的起因是瑞士良好棉花发展协会(Better Cotton Initiative,BCI)在2020年10月发布一则声明,宣称新疆地区存在"强制劳动"和其他"侵犯人权"的现象,这不符合该组织的行为标准,须立即通过吊销BCI许可证来处理,从而引发H&M、阿迪达斯、耐克等知名品牌紧随其后的"拒用新疆棉花"效应。

BCI是总部位于瑞士的一家非营利国际性非政府组织,该组织制定了良好棉花的"七大生产原则",即将对作物保护措施有害的影响降至最低、高效用水与保护水资源、重视土壤健康、保护自然栖息地、关心和保护纤维品质、提倡体面劳动和运行有效的管理系统。作为一个不产棉花国家的非政府组织,其制定的棉花标准成为全球主流好棉花的判定标准。而且这个标准还是一个中心化的标准,即BCI说它是好棉花,它就是;说它不是好棉花,它就不是。为什么能做到这样?

因为BCI是世界上最大的棉花可持续发展计划的供应链联盟,拥有超过2 100家成员,涵盖了从农民组织到供应商、制造商、品牌商的整个全球棉花供应链的各利益关系方。BCI既是标准的制定者,也是标准的认证者,它对良好棉花的定义,以及它提供的社会及环境标准,在国际市场上很具公信力,倘若纺织品想进入国际市场,获得BCI标准认证将是非常有利的。甚至可以说,BCI掌握着全球棉花供应链上一定的主导权、定价权和标准权。

为什么一个BCI标准就能影响全球棉花供应链?因为现实市场经济的真实写照就是:超一流企业做标准,一流企业做品牌,二流企业做产品,三流企业买劳动力。从20世纪末期"Wintel"事实标准独霸IT产业开始,市场标准的竞争就已经从企业层面上升到国家战略层面的竞争。标准也已成为各国争夺世界话语权、主导权的重要工具之一。特别是在涉及国家社会经济、安全、健康、环境的方面更是如此。

"新疆棉事件"说明:标准制定是中国欲成为未来"规则制定者"所必须具备的重要软实力。为未来中国成为真正的"规则制定者",也为防止下一个"新疆棉事件"的发生,我们需要去争取、去创新、去改变,更需要将标准制定上升到国家战略层面。

资料来源:作者根据相关资料整理而成。

思考讨论题

1. 从本案例中,你得到哪些方面的启示?

2. "一个标准的制定能够成为决定一个产业发展的主导权",如何理解这句话?

第三章 标准化的原理

【学习要点及目标】

1. 了解桑德斯的"七原理"和松浦四郎的"十九原理"
2. 理解标准两种价值的内涵
3. 熟悉简化、统一、协调、最优化原理,以及系统效应、结构优化、有序、反馈控制等原理
4. 掌握标准化的基本原理

【关键概念】

系统效应原理、结构优化原理、有序原理、反馈控制原理、统一的绝对性、统一的相对性

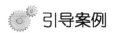

引导案例

淑女、美人和佳人

人们常把淑女、美人和佳人三个词当作美女的代名词,然而在古代,这三者各有各自的标准,相互之间还是有差别的。

淑女:指道德高尚的女子,跟相貌没有关系。这种富有道德的完美人格,是儒家"仁"的观念的具体落实,放在男人身上便是"君子"。有道德的女子才是君子的佳偶,正所谓"君子配淑女"。

美人:指形貌漂亮的女子,对道德品质没有要求。美人温婉可人,给人以小鸟依人的感觉,令男人有一种保护的冲动。而这一类男人,便是体格健壮、力量强大、战功赫赫的"英雄"形象。因此自古英雄配美人,二者都侧重于外在特点。

佳人:常常用来指男人怀念的女子或者理想中的女子。李延年对汉武帝唱道:"北方有佳人,绝世而独立。一顾倾人城,再顾倾人国。宁不知倾城与倾国?佳人难再得。"可见,超凡脱俗和再难得到是"佳人"的两大特征。文学作品中的佳人还大多具有一定的才情,故有才子配佳人的说法。

淑女、美人和佳人皆由不同标准定义而来,可见,标准化的思想和理论在古代便已初见端倪。那么,标准化的原理到底是什么?

资料来源:南晨.淑女、美人和佳人都是什么人,《文史博览》,2011(9):32。

思考

1. 标准化的原理应该包含哪些方面?

2. 标准化的实质是什么？应该从哪些角度去理解？

作为一门学科，标准化有其独特的原理。我国早在两千多年前提出的"不以规矩，不成方圆"的观点，至今仍被视为揭示标准化本质特征的至理名言。

标准化是人类社会实践的产物，它伴随着人类历史的发展经历了漫长的演进过程。但作为一门独立的学科，标准化还属于一门新兴的学科，由于它涉及面广，许多理论与有关学科（如数学、系统科学等）存在着纵横交错、互相渗透、彼此难分的关联。因此，近半个世纪以来，越来越多的标准化工作者对标准化原理的理论研究表现出极大的兴趣和特别的关注，提出了许多关于标准化原理的见解和论述。这些不同的观点与看法，一方面说明了标准化理论研究正引起国内外学者的高度重视与热烈讨论；另一方面也说明标准化理论的构建正处在探索阶段，实践经验不够充分，结论还不成熟，还有待于进一步深入研究，反复实践，才能作出科学的立论。

第一节　标准的两种价值

价值和使用价值是商品的两个基本属性。价值是凝结在商品中无差别的一般人类劳动，即人类脑力和体力的耗费；使用价值是指商品能满足人们某种需要的属性，是商品的自然属性。标准也具有价值和使用价值两种基本属性。

一、标准的价值

1. 标准是一种产品

谈论标准有没有价值，首先要了解标准是什么。我们说：标准是一种新产品。

"标准是什么"和"什么是标准"是两个完全不同的问题。关于什么是标准，我们已经知道得很多。但关于标准是什么却知之甚少，这是因为人们在思维习惯上常常不去那样想。

在日常生活中人们离不开读书看报和观看电视、电影，但是人们可能并不会也不需要去思考报刊图书和电视电影到底是什么。在人们心目中，图书就是图书，电影就是电影，还需要追问它们是什么吗？然而，对任何一个事物，只有弄清楚其基本属性，才能更好地把握其本质，从而更主动地利用它来为人类造福。正是从这个意义上来说，苹果、柑橘、香蕉一类的东西才被人们抽象为水果，而报刊、图书、电视、电影一类的事物被人们抽象为精神产品。

标准也一样，尽管它的种类很多，数量庞大，体系各异，但是从它们的基本属性来看，它们都是一种产品——技术产品。同人类创造出来的其他技术产品不同，标准是一种具有特殊形态和用途的技术产品。

随之而来的问题是，标准是怎样来的？一般的回答当然是依靠技术专家研究和制定出来的。但是，我们既然承认标准是一种产品，那么更准确的答案就应该是：标准是由专家依据一定的程序和规则生产出来的。同样，标准的制定过程也就是这种特殊技术产品的生产过程。

把标准定义为技术产品和把标准制定过程归结为标准生产过程，这不仅是观念上的更新,还是改革上的探索。事实上,一项完整的标准就像一个"蛋",其核心内容就是蛋黄和蛋清,是生命最重要的组成部分。但是光有这部分还不行,还要有外面的蛋壳,才是一个完整的蛋。标准的"蛋壳"就是其核心内容的物质载体,过去是纸质文件和实物样品,现在除此之外又发明和应用了磁盘、光碟、网络等更多载体。如同任何没有蛋壳的蛋最终无法孕育生命一样,任何没有物质载体的标准最终也不能呈现其价值。无论哪一种标准,最终都表现为由其核心内容加上物质载体所构成的实物形态,如一本书、一份公告或者一张光碟等。这些实物形态独立存在,可被多人重复使用,也可被有偿或无偿转让。由此可以看出,标准的核心内容加上物质载体所构成的独立存在的实物形态只能是一种实实在在的产品。

ISO、IEC等重要的国际标准组织都已经接受了标准商品化这一新观念,并围绕标准商品化制订其商务计划,对所制定标准的市场需求、经济效益和社会效益进行论证。

2. 标准价值的客观存在性

在市场经济中,标准作为管理和控制功能的载体之一,具有鲜明的社会属性——价值。

以往人们思考这个问题时,常常把它和"标准是否有用"混为一谈,如说"制定标准要有用,有价值"或者说"这项标准那么落后,没什么价值"。这些说法听起来似乎说的是标准是否有价值,其实说的是标准是否有用。需要指出的是:对一种产品来说,有用性不是指它的价值,而是指它的使用价值。既然标准是一种产品,那么它就同其他产品一样具有两种属性——价值和使用价值。同样,标准的价值所反映的并不是一项标准是否有用或者其有用性的大小,而是指在标准的生产过程中(请注意这里说的是标准的生产过程而没有说标准的制定过程)物化在该标准(这项产品)中的一般人类劳动。标准的价值是标准的社会属性。尽管标准作为一种特殊产品,其价值在商品市场上并不像其他商品的价值那样可以直接转化为商品价格,并通过交换得以完全实现,但投入这项特殊产品中的人类一般性劳动是真实存在且不能被抹杀的。

衡量一项标准是否有价值,要看在标准生产过程中有没有一般人类劳动支出。标准的价值产生在标准的生产过程中,具体表现在以下三个方面:

(1)标准是对标准化对象的抽象。标准化对象可以是一种产品、一种工艺过程、一种检测方法,也可以是一种管理方式。通过对这些标准化对象的反复比较、分析、研究、测试和试验,从中抽象出一些可供重复使用的共性原则和特征,并将其用统一的格式规定下来,形成可供大家共同遵守的规定性文件。对标准化对象的抽象过程是一种复杂劳动,需要人类的脑力劳动支出。有必要强调的是:由标准的技术基础性质所决定,制定标准所耗费的人类脑力劳动从本质上说不是一般意义上的人类脑力劳动,而是高等级的,从而在量上体现为一般人类脑力劳动的叠加。

(2)在对标准化对象的抽象过程中,需要有物质的投入。例如,一项产品标准的制定,需要生产出若干数量的该种产品进行对比、测试、分析,由此就会发生原材料、生产工时和费用的投入;一项检验方法标准的制定,需要有检测设备、化学试剂和人工、费用的投入。所有这些物质的投入最终都体现为固化了的一般人类劳动的平行转移,这就是标准的制定需要大量经费和很长时间投入的客观原因。

(3)标准的物质载体,无论是出版印刷品还是刻录光盘,都需要有相应的物质投入。

上述三方面的投入构成了标准的生产成本。无论这些投入来自哪里,都是必不可少的。没有这些投入就不能产生标准,这也是把标准定位于技术产品的客观依据。

二、标准的使用价值

根据经济学原理,任何物品,首先要具有能够满足人们某种需要的效用,这种效用就是物品的有用性,即物品的使用价值。没有使用价值的物品,即使在生产研制过程中耗费了再多的一般人类劳动,也只能是废品。标准也是如此,有用性是它的自然属性,没有用的标准,即使是花费了再多的精力、耗费了再大的投入去制定,也只能是"废纸"一张。反过来,一项标准应用得越广泛,或者解决的问题越关键,其使用价值就越大。

人类有组织的标准化活动是从工业革命开始的,100多年的成功实践充分显示了标准对社会发展和人类进步的巨大推动作用。从有形商品到商贸服务,从技术规范到网络信息,从企业管理到社会责任,均被纳入标准化工作的范围。特别是在科技发展日新月异的今天,标准已经成为国际重要的竞争手段,它不再是仅仅停留在操作层面的工作,而是已成为世界各国战略层面上的工作任务,在经济发达的国家中更是如此。如果说20世纪是"跑马圈地"的时代,那么21世纪则是"跑马圈标准"的时代。

第二节 国外标准化原理

ISO于1952年成立了标准化原理研究常设委员会,它的首要职责是在标准化原理、方法和技术方面充当ISO理事会的顾问,在考虑标准化经济问题的同时,使ISO的标准化活动取得最好效果。其他一些国家也设立了相应的机构,这对标准化原理的研究工作起了相当大的推动作用。1985年,日本设立了标准化原理委员会,相继开展了对标准状况的调查,以及对标准化经济效益的计算方法和术语标准化的研究。次年,日本学者宫城精吉提出了标准化的两个基本原理(经济性的原理和对策规则的原理)和一系列分原理。世界上还有不少国家开始重视这方面的研究,有的国家成立了专门的研究机构,并在高等院校开设标准化课程。标准化原理研究常设委员会和各国的标准化专家对标准化概念、原理、方法、经济效益的测定及其他理论问题的研究日渐活跃。尤其是出现了一些有关标准化原理的专著,这一时期比较有影响的是由英国桑德斯所著的《标准化的目的与原理》和日本松浦四郎所著的《工业标准化原理》,他们分别在其著作中提出了著名的"七原理"和"十九原理"。

一、桑德斯的"七原理"

1972年,由英国学者桑德斯所著的《标准化的目的与原理》一书出版。在该书中,桑德斯通过认真总结标准化活动过程,即制定—实施—修订—再实施标准过程的实践经验,从标准化的目的、作用和方法等角度提炼出标准化的七项原理,并阐明标准化的本质就是有意识地努力达到简化的效果,以降低目前和预防以后的复杂性。这是对标准化作用的深刻概括,对后来的标准化理论建设具有重要的意义。

[原理1] 从本质来说,标准化是社会通过有意识的努力实现简化的行为。标准化

不仅是为了降低当前的复杂性,也是为了预防将来产生不必要的复杂性。

[原理2] 标准化不仅是经济活动,而且是社会活动。应该通过所有相关者的相互协作来推动标准化。标准的制定必须建立在全体协商一致的基础上。

[原理3] 出版了标准,如不实施,就没有任何价值。在实施标准时,为了多数利益而牺牲少数利益的情况是常有的。

[原理4] 在制定标准时,最基本的活动是选择及固定。因此,要慎重地从中选择对象和时机。而且,标准应该在某一时期内固定不变,以便实施。如果朝令夕改,那么只会造成混乱而毫无益处。

[原理5] 标准要在规定的时间内复审,必要时,还应进行修订。

[原理6] 制定产品标准时,必须对有关的性能规定出能测定或测量的数值。必要时,还应规定明确的试验方法和必要的试验装置。需要抽样时,应规定抽样方法、样本大小和抽样次数等。

[原理7] 标准是否以法律形式强制实施,应根据标准的性质、社会工业化程度、现行法律和客观情况等慎重地加以考虑。

二、松浦四郎的"十九原理"

日本学者松浦四郎在1972年出版的《工业标准化原理》一书中全面地阐述了他的理论观点。他认为,在我们的社会生活中,知识和事物增加的趋势同宇宙中熵增的自然趋势极为相似。人类为了效率更高地生活,免除不必要的甚至是有害的增长,不得不有意识地减少不必要的多样化。这种有意识的简化就是标准化的开端。标准化活动就是为使事物从无序状态恢复到有序状态而作出的努力,即为减少我们生活中的熵增现象而作出的努力。以此为根据,他提出了"十九原理"。

[原理1] 标准化本质上是一种简化,是社会自觉努力的结果。

[原理2] 简化就是减少某些事物的数量。

[原理3] 标准化不仅能降低目前的复杂性,还能预防将来产生不必要的复杂性。

[原理4] 标准化是一项社会活动,各方应相互协作来推动它。

[原理5] 当简化有效果时,它就是最好的。

[原理6] 标准化活动是重新定义过去形成的社会习惯的一种运动。

[原理7] 必须根据各种不同观点仔细地选定标准化主题和内容,优先顺序应从具体情况出发来考虑。

[原理8] 对"全面经济"的含义,立场不同的人会有不同的看法。

[原理9] 必须从长远观点来评价全面经济。

[原理10] 当生产者的利益同消费者的利益发生矛盾时,应该优先照顾后者,理由是生产商品的目的在于消费或使用。

[原理11] 使用简便最重要的一个性质是"互换性"。

[原理12] 互换性不仅适用于物质的东西,也适用于抽象概念或思想。

[原理13] 制定标准的活动基本上就是选择,然后固定。

[原理14] 标准必须定期评审,必要时修订。修订时间间隔多长,将视具体情况而定。

[原理15] 制定标准的方法,应以全体一致同意为基础。

[原理16] 采取法律形式强制实施标准的必要性,必须参照标准的性质和社会工业化的水平审慎考虑。

[原理17] 对于有关人身安全和健康的标准,法律强制实施标准通常是必要的。

[原理18] 用精确的数值定量评价经济效益,仅仅对于使用范围狭窄的具体产品才有可能。

[原理19] 在标准化的许多项目中确定优先顺序,实际上是评价的第一步。

松浦四郎对标准化理论的杰出贡献是把熵的概念引进了标准化分析,用来解释标准化的社会功能,并把标准化概括为创造负熵,使社会生活从无序向有序转化的一种活动。

此外,雷诺通过对气球绳索规格简化的研究,提出了优先数系理论;卡柯特在研究产品品种简化与降低产品成本的关系中提出了卡柯特法则(即卡柯特公式);波兰的沃吉茨基提出了标准化三维空间;魏尔曼在《标准化是一门新学科》一书中首次系统论述了标准化学科的发展。他们都对标准化的基础理论建设作出了巨大的贡献。

◇ 标准小故事

如何辨别真假矿泉水

目前,市场上桶装水名称种类众多,有山泉水、纯净水、天然水、矿泉水、包装饮用水等,这些水到底有什么区别?该怎么辨别呢?喝哪种水更有利于健康呢?

GB/T 10789-2015《饮料通则》对包装饮用水的其他类饮用水进行了明确分类,主要分为饮用天然泉水、饮用天然水、其他饮用水。《饮料通则》明确指出,饮用天然矿泉水是指从地下深处自然涌出的或经钻井采集的,含有一定量的矿物质、微量元素或其他成分,在一定区域未受污染并采取预防措施避免污染的水。而饮用天然水是以水井、山泉、水库、湖泊或高山冰川等,且未经公共供水系统的自然来源的水为水源,制成的制品。

我们可简单地从水桶包装上辨识:饮用天然矿泉水标识的执行标准为GB 8537-2018《食品安全国家标准 饮用天然矿泉水》,其他种类桶装水标识的执行标准为GB 19298-2014《食品安全国家标准 包装饮用水》或企业标准。

相比于天然泉水、天然水,天然矿泉水的资源少、审核严、质量有保障。GB 8537-2018《食品安全国家标准 饮用天然矿泉水》明确要求饮用天然矿泉水中含有的矿物质必须达到界限指标中的一项或一项以上,同时设置了18项限量指标和4项微生物限量指标。而其他种类桶装水执行的GB 19298-2014《食品安全国家标准 包装饮用水》中,没有矿物质界限指标要求,仅有10项理化指标和2项微生物限量指标。

资料来源:作者根据相关资料整理而成。

第三节　国内标准化原理

我国标准化工作者虽然对标准化原理的研究和探讨起步较晚,但也提出了一些具有独特见解的理论,如"四原理""五原理""六原理"等。其中影响力比较大的是由李春田主编的《标准化概论》(1982),书中提出了"简化、统一、协调、最优化"的四原理;其后,在1987年4月出版的《标准化概论》(修订本)中,李春田从系统论的角度,将标准化作为一个系统来考虑,提出了"标准系统的宏观管理原理——系统效应原理、结构优化原理、有序原理、反馈控制原理"。张锡纯在其主编的《标准化系统工程》(1992)一书中,提出了标准化活动中的基本工作"四原理"——有序化原理、统一/协调原理、系统优化原理、反馈控制原理。此外,还有学者提出了"相似设计原理""组合化原理""稳定过渡原理"等。

一、相似设计原理

我国标准化工作者在总结我国机械工业标准化实践经验的基础上,于1974年提出了"相似设计原理"和"组合化原理"。

当产品的主参数同其他基本参数之间以及工况参数同几何尺寸参数之间具有一定的联系,这种联系如果能构成某种函数关系,便可用公式表达为

$$N = K \times \varepsilon \times L \tag{3.1}$$

式(3.1)中,N 为工况参数;L 为几何尺寸参数;K、ε 为常数。

这个公式称为产品的参数方程式或产品参数的相似方程式。利用这种关系进行的设计就被称为相似设计。在利用这种关系进行产品设计时,可以从主参数系列推导出其他参数系列,而各种参数的系列化又为形成产品及其组成单元的系列化提供了必要条件。有了这种关系,只需要研制一种或少数几种"模型产品",就可按相似原理设计出成系列的产品。

二、组合化原理

组合化原理阐明了以下重要观点:

(1) 运用组合化的方法,把标准化的元件组装成各种用途的产品,这是机械工业产品标准化的重要目标;

(2) 组合化要求零部件和构件的高度标准化、通用化;

(3) 组合化是产品标准化的高级阶段;

(4) 组合化并不局限于单纯机械零部件的组合,高阶的组合形式是标准化的零部件和具有独立功能的复杂元件的组合。这种零部件和复杂元件具有标准的结构、独立的参数系列、较高的质量标准及互换性、方便组装的安装连接尺寸。它们以独立制品的形式同其他对象组合,以组装成各种用途的产品。

三、稳定过渡原理

标准化系统中各组成要素间的最佳平衡,要保持一段时间的相对稳定性,然后才能而且必须过渡到新的最佳平衡,这就是稳定过渡原理。

平衡都是有条件的,当约束条件发生变化时,平衡即遭到破坏。但标准化系统中各组成要素间的最佳平衡,都必须保持一段时间的相对稳定性,才能使标准化获得经济效益。最佳平衡是在一定条件下产生的,但条件变化后,最佳平衡不一定会立即改变,因为这个最佳平衡是以全局利益为前提的。只有当条件的变化累积发展到一定程度,且从全局利益评估的最佳平衡被破坏时,才能而且必须向新的最佳平衡过渡。

根据稳定过渡原理,标准必须妥善解决稳定和发展的矛盾,或者说继承性与先进性的矛盾。没有先进性,不能体现科学技术的进步和生产力的发展,标准就失去了价值;而没有继承性,标准也就失去了现实意义。

四、简化、统一、协调、最优化原理

自从1974年我国标准化工作者首次提出"选优、统一、简化是标准化的基本方法""在选优基础上的统一和简化是标准化最基本的特点"这两个观点之后,许多人开始围绕标准化的原理进行研究。1980年前后,又出现了一批新的观点,相互之间虽各有差异,但大都认为"简化、统一、协调、选优"可以视为标准化的基本原理,因而有学者在此基础上将"简化、统一、协调、最优化"归纳为标准化的方法原理。李春田在其主编的《标准化概论》一书中,首次将这些观点加以归纳总结并形成如下原理。

(一) 简化原理

简化原理是从简化这种形式的标准化实践中总结出来的,并用于指导简化的规律性认识。其主要内容为:当具有同种功能的标准化对象,其多样性的发展规模超出了必要的范围时,应消除其中多余的、可替换的和低效率的环节,保持其构成的精练、合理,使总体功能最佳。

这一原理除了指出简化时应削减的对象(多余的、可替换的、低效率的环节),还指出简化时必须把握的两个界限。

(1) 简化的必要界限。在事后简化的情况下,当"多样性的发展规模超出了必要的范围"时,就应该简化。所谓"必要的范围",是通过对象的发展规模(如品种、规格的数量)与客观实际的需要程度相比较而确定的。运用技术经济分析等方法可以使"范围"具体化、"界限"定量化。

(2) 简化的合理界限。这是指通过简化应达到"总体功能最佳"。"总体"指的是简化对象的品种构成,"最佳"指的是从全局看效果最佳。简化的界限是否合理是衡量简化是否做到了既"精练"又"合理"的唯一标准。

(二) 统一原理

统一原理是指一定时期、一定条件下,对标准化对象的形式、功能或其他技术特性所确立的一致性,应与被取代的事物功能等效。这一原理所体现的基本思想有以下三点:

(1) 统一的目的是确立一致性。

(2) 要恰当地把握统一的时机。经统一而确立的一致性仅适用于一定时期,随着时间的推移,还将确立新的更高水平的一致性。

(3) 统一的前提是等效。把同类对象归并统一后,被确定的"一致性"与被取代的事

物之间,必须具有功能上的等效性。也就是说,当从众多的标准化对象中选择一种而淘汰其余时,被选择的对象所具备的功能应包含被淘汰的对象所具备的必要功能。

(三) 协调原理

任何一项标准都是标准化系统中的一个功能单元,它既受系统的约束,又影响系统功能的发挥。因此,每制定或修订一项新标准都必须进行协调。协调是标准化活动的重要方式。协调原理强调的是在标准化系统中,只有当各个局部(子系统)的功能彼此协调时,才能实现整体系统的功能最佳。

协调原理强调了协调在标准化活动中的三大作用:一是在相关因素的连接点上建立一致性;二是使内部因素与外部约束条件相适应;三是为标准化系统的稳定创造最佳条件,使系统发挥其最理想的功能。

(四) 最优化原理

标准化的最终目的是取得最佳效益。标准化活动的结果能否实现这个目标,取决于一系列工作的质量高低。在标准化活动中应始终贯穿"最优化"思想。但在标准化的初级阶段制定标准时,往往仅凭标准起草和审批人员的有限经验进行决策,而不作方案比较,即使比较也很粗略。因而,被确定的标准化方案常常不是最优的,尤其不易做到总体最优。这就影响到标准化效果的发挥。随着生产力和科学技术的迅速发展,标准化活动涉及的系统也日益复杂和庞大,标准化方案的最优化问题变得更加突出和重要。

为适应这种客观上的需要,有学者提出了最优化原理,即按照特定的目标,在一定的限制条件下,对标准化系统的构成因素及其关系进行选择、设计或调整,使之达到最理想的效果。

五、系统效应、结构优化、有序、反馈控制原理

按照现代系统论的观点,无论是在自然界还是在人类社会中,都存在着各种各样的系统。标准也同样具有系统属性,并且已经存在各种各样的标准化系统。为了适应标准化系统的管理需要,李春田在《标准化概论》(修订本)中提出了"系统效应原理、结构优化原理、有序原理、反馈控制原理",并将它们称为"标准化系统的管理原理"。

(一) 系统效应原理

标准化系统的效应不是直接从每个标准本身而是从组成该系统的标准集合中得到的,并且这个效应超过了标准个体效应的总和。同样,标准化系统的效应也是从企业标准体系、企业标准化组织体系与标准实施考核体系的最佳综合中获得的。这就是系统效应原理,其含义包括以下两方面:

(1) 标准化系统是一个不可分割的整体,其效应一定要从完整的系统来看,而不是从孤立要素的简单叠加来看。作为有机整体的标准化系统,其效应与组成该系统的各个标准及其结构有关,但绝不等于将各个标准个体效应简单相加的总和。同时,每个标准的个体效应,又同它所从属的系统有关,受系统的影响和制约。

(2) 标准化活动是由人力、物力、财力、技术、信息等要素构成的社会活动。根据系统效应原理,这些要素的构成或组合方式不同,其产生的效果也很可能不同。倘若根据需要或特定的目标,通过对各种要素的合理筹划和有机组合形成系统,便可产生特殊的效

应——系统效应。它能使有限的资源产生更大的能量,用较小的代价取得更大的效益,在较短的时间内求得更快的发展。

（二）结构优化原理

标准化系统要素的阶层秩序（层次级别的关系）、时间序列（标准的寿命方面的关系）、数量比例（具有不同功能的标准之间的构成比例）及相互关系依照系统目标的要求合理组合并保持稳定,才能产生较好的系统效应。这就是结构优化原理,其含义包括以下三方面：

（1）系统效应与各要素效应总和相比,有三种可能关系,即大于、等于、小于。要想使系统效应大于要素效应总和是有前提条件的,其中首要条件就是系统结构合理。标准化系统的结构不是自发形成的,而是经过优化（合理组合）的结果。只有经过优化的系统结构,才能产生较好的系统效应,这是标准化系统的一个特点。

（2）标准化系统的结构形式,总的来说是变幻无穷的,但最基本的有阶层秩序、时间序列、数量比例和各要素之间的关系（主要是相互适应、相互协调的关系）以及它们之间的合理组合。它要求按照结构与功能的关系,不断地调整和处理标准化系统中的矛盾成分和落后环节,保持系统内部各组成部分满足基本合理的配套关系和适应比例,以提高标准化系统的组织结构水平,使之发挥出更好的效应。

（3）标准化系统只有稳定才能发挥其功能。而要做到这点,一是要使各相关要素之间建立起稳定的或相互协调的联系；二是要提高结构的优化水平,并且要特别注意处理好结构与环境的协调关系。

（三）有序原理

只有及时淘汰标准化系统中落后的、低效率的和无用的要素（减少系统的正熵）,或向系统中补充对系统发展有带动作用的新要素（增加系统的负熵）,才能使系统从有序程度较低的状态向有序程度较高的状态转化。这就是有序原理,其含义包括以下三方面：

（1）对标准化系统来说,经过优化而获得的稳定结构只能是暂时的,随着系统内外情况的变化必定要向不稳定状态转化,这时就要及时对系统的构成要素加以调整,使系统从有序程度较低的状态向有序程度较高的状态发展,以建立新的更高水平的稳定结构。

（2）要及时淘汰那些落后的、低效率的和无用的要素。因为这些要素与其他要素的关系并不密切,甚至相互制约。系统中这类要素越多,系统越松散,熵越大,越趋于无序。所以要经常简化以提高有序度。

（3）根据客观需要,及时地向处于临界状态的系统补充对系统发展具有带动作用的新要素,尤其是功能水平较高的要素,即增加系统发展的负熵。

（四）反馈控制原理

标准化系统的演化、发展以及保持结构稳定性和环境适应性的内在机制是反馈控制,系统发展的状态取决于系统的适应性和对系统的控制能力。这就是反馈控制原理,其含义如下：

（1）标准化系统在建立和发展过程中,只有通过经常的反馈,不断地调节同外部环境的关系,提高系统的适应性和稳定性,才能有效地发挥出系统效应。

（2）标准化系统同外部环境的适应性,不可能自发实现,需要控制系统（管理机构）实行强有力的反馈控制。

（3）标准化系统效应的发挥,有赖于标准化系统结构的优化。

第四节　标准化的基本原理

一、标准化的实质——统一

从根本上来说,标准化就是运用一定的手段,通过一系列活动,使标准化对象达到某种程度的统一状态(或者说有序状态、均衡状态、一致状态),没有统一,就没有标准化。因此,标准化的实质就是统一。标准化对象的统一既是绝对的,又是相对的,即绝对和相对的"对立统一"。

(一)统一的绝对性

统一的绝对性指在一定的时间和空间范围内,对标准化对象所作的统一是绝对的,不容改变,不容违反,不容破坏,否则,就不存在标准化。

标准一经制定颁布,就必须作为法规来遵守,任何人不得违反。在企业内部,包括设计、制造、检验在内的每一个生产环节都必须严格按标准进行,上一个环节不符合标准的不得进入下一个环节;成品不符合标准的不得出厂,这就是统一的绝对性赋予标准以法规性和约束性的特征。因此,必须维护标准的严肃性和权威性,否则标准将变成一纸空文,统一也成为空话。标准的严肃性和权威性一旦受到破坏,企业的生产和各项工作都必将陷入一片混乱,产品和服务质量也将得不到保证;一些关系重大的基础标准、安全卫生和环境保护标准,如果不能得到严格的贯彻执行,还将会给国家和消费者带来更大的损失。现实社会上的假冒伪劣产品就是无视标准的一个例证,而它给国家和消费者带来的损失就是巨大的。

(二)统一的相对性

统一的相对性就是指标准化的统一是有条件的统一,是在一定的质和量上的统一,它是有时间和空间限制的。

(1)统一在时间上的相对性(统一的延续性)。依据唯物辩证法的观点,对立面的统一、平衡是相对的、暂时的,而对立面的斗争、不平衡则是绝对的。随着时间的推移,由于标准化对象内部统一各方的相互斗争结果,以及科学技术水平的发展和社会需求的提高,标准化对象原有的统一必然遭到破坏,必须在新的基础上建立起新的统一,由此这种统一是暂时的、相对的,是随着时间的推移而变化的。这也就是为什么标准的使用都有一定的时间限制,必须定期修订。

(2)统一在空间上的相对性(统一的广度,也称标准的级别)。标准化对象存在和作用的空间范围有大有小,因而对它们进行统一的广度也随依存主体有大有小。这也说明统一的空间范围不能随人们的主观意志随意地扩大或缩小,必须同标准化对象存在和作用的空间范围相适应。具体来说,必须在全国范围内统一的标准化对象,应以国家标准的形式出现,只有这样才能在全国范围内有效地控制有害的多样性;只允许在某一局部范围(如行业、地方或企业)内统一的标准化对象,则必须以相应的形式(如行业标准、地方标准或企业标准)出现,不能随意地扩大其适用范围,否则,将会破坏必要的多样性。

（3）统一在量上的相对性（统一的深度，也称标准的水平）。这里所谓的"量"是对标准化对象特性的度量，反映在标准上就是标准所规定的各项指标的量值，即标准的水平。唯物辩证法认为，一定的质是通过一定的量来表现的，量变积累到一定程度会引起质变，即从一种质的形态转变为另一种质的形态。所以，标准化对象的统一也只能是在一定量上的统一。这个量值的确定，应该考虑同一定时期的使用要求和技术水平相适应，同时兼顾经济性。量值过低，不能满足使用要求；量值过高，会给生产带来困难，且不经济。而且在某些条件下，超过一定量的界限，标准化对象的质也会发生变化。所以，标准的水平应该设定在一个适当高度，过低或过高都不利于标准化对象的发展与统一。

（4）统一在质上的相对性（统一的内容）。这里所说的"质"是标准的内容，也就是标准化对象的特性。由于标准化对象的特性是多方面的，有物理的、化学的，有内含的、外在的，有实用的、供观赏的；在这众多的特性中，有的是可以度量的，有的则在现有的科学技术条件下还无法度量。在标准化对象内含的特性中，有的甚至尚未为人们所认识。所以，在对标准化对象作出统一规定的时候，不可能也没有必要把标准化对象的所有特性都统一起来。因为对标准化对象的特性所作出的任何不适当的统一，都有可能扼杀必要的多样性，消除制造的经济性或阻碍标准化对象的技术进步。所以，标准所统一的标准化对象的特性只能是其中的一部分，是有限的、相对的。如关于机械产品零部件的标准，只能规定尺寸精度、机械性能、理化性能，而对零部件的材料就不能作硬性规定。因为随着科学技术的发展，会有性能更好、价格更便宜的新材料出现，对材料作出的硬性规定反而会阻碍科学技术的发展和新材料的应用。

二、统一的基础——协调

不可否认的是，任何稳定有序的系统内部都充满着矛盾。作为矛盾统一体的系统，要保持稳定有序，其一，要靠内部的统一，即要有一种共同遵守的规范把内部各个子系统及各个要素的行动和相互关系统一起来；其二，必须正视客观存在的种种矛盾，有矛盾就必须协调。

标准化对象都是处在一定的系统中，反映它们的标准也同样组成一定的标准体系；每一个标准自身也是一个系统，其内部各组成要素之间及同外部各相关因素之间既相互联系又相互制约。由于这些错综复杂关系的存在，标准化对象系统不可能自然而然地达到均衡、统一的状态，因而必须对系统进行人为的干预，按照系统的总体目标，对各组成要素的质和量进行调整，使它们彼此衔接、配合，或损有余，或增不足，最终使系统达到稳定、均衡的统一状态。这种对标准化对象系统进行人为干预，使其相关因素在连接点处建立一致性，就是协调的实质。

这里所谓的"一致性"就是指相关的两个或多个要素间要相互满足对方提出的要求，并为对方的存在创造条件。概括起来，协调的含义包括以下两个方面。

1. 在系统内部各相关要素之间的连接点处建立一致性

标准的子系统及其组成要素并不是孤立存在的，它们之间都存在着直接或间接的相互依存、相互制约的关系。为了使系统达到均衡、有序的状态，就必须使这些关系满足一定的要求，也就是要在相关要素的连接点处建立一致性。如直流收录机与电源电池之间就存在两个连接点:一个是电源电压,一个是收录机内电池盒的空间尺寸。它们之间的协调就是在这两个连接点上达成一致,即收录机的电源额定电压应该等于电池电压的整数倍,相应地,电池盒的空间尺寸也应等于电池尺寸的整数倍。

2. 在系统与外部环境(约束条件)之间的连接点处建立一致性

标准化系统如果仅有内部的和谐,而不同外部环境相适应,系统的统一是不可能实现的。因而,这种协调也是无效的。所以,当系统内部经协调达到统一后,还必须根据外部环境的要求,对系统内部各要素之间的平衡关系一一进行检验,如与环境条件不适应则需逐一进行调整,或者,将内外要素进行通盘考虑来进行系统的总体协调。

对于标准化来说,协调是达到统一的必不可少的手段;没有协调,就没有统一,也就没有标准化。统一强调的是共性,协调则兼顾了个性;统一是前提,协调则是不可或缺的补充,是统一的基础;统一只能在主要方面进行,协调则体现在方方面面。把统一和协调结合起来,才能全面地指导标准化的具体行动。

三、标准化的目的——建立最佳统一

标准化是人类用以促进生产发展和社会进步的技术手段和管理手段。标准化所要达到的统一,是能使标准化对象得到最优化的统一,而不是一般的统一,即在一定的标准化目标和一定的约束条件下,使整个系统的输出功能和效果达到最佳。这可从以下两个方面来阐述。

1. 标准化系统的整体优化

标准化的目的是利用有限的资源,取得尽可能大的社会效益和经济效益,从系统理论的角度看,这也是标准化系统整体优化的目的。系统的整体效果取决于系统的整体功能,而要求一个系统应具有什么样的整体功能,则要看系统的总目标。所以,系统整体优化的目的是与系统的总目标紧密相关的,而系统的总目标又与能向系统投入的资源和其他条件密切相关。在现实情况中,对系统的投入总是有限度的。所以,对标准化对象的优化总是在一定的标准化目标和一定的约束条件下进行的。然而,在一定的约束条件下,实现一定的标准化目标,可能有多个可行性方案。标准化系统的整体优化就是系统方案的优化,就是在能够满足对系统的总目标要求的各种可行性方案中选择出最佳方案的过程。

2. 标准化系统的结构优化

强调系统效果,重视系统功能是现代标准化的主要特征和核心问题。而功能是由结构所决定的,要优化功能必须先优化结构。在结构和功能的关系中,强调结构对功能的决定作用是很重要的,但也不能忽视功能对结构的反作用。因为,标准化系统的功能是一个活跃的因素,它在系统内外各种因素相互作用的过程中会不断发生变化,而结构相对较稳定,只有当功能变化达到一定程度时,才会引起结构的部分改变或全部改变(如标准的修订或废止)。在进行系统结构优化时,要考虑以下因素:

(1) 系统界限,这是进行优化的条件。

(2) 系统的总目标,这是系统结构优化的主要依据。标准化活动与社会发展进程密切相关,而社会发展在时间上是不可逆的。所以,标准化活动是有期限的,标准化总目标也是有期限的,过早或过晚,都会影响优化效果。

(3) 具体的约束条件,这主要是指大环境、大系统对标准化系统所施加的时间、空间、物质、能量、信息、政策和法令等各方面的限制。优化是相对的,是在特定条件下的优化,条件改变了,优化的结果也将随之改变。

(4) 建立结构参数与功能参数间的关系。模型是优化标准化系统结构的主要手段,是科学地对标准化活动进行定量研究的工具之一。对于可定量描述的标准化目标,可以列出其目标函数和约束条件,然后求解目标函数的极值,以此确定最佳方案,如标准化对象参数最佳化用的就是这种方法。但对不能定量描述的标准化目标,则可采用协商法或评分法来确定最佳方案。

四、标准化原理的含义

从标准化的定义可知,标准化是对重复性事物和概念作出规定,并将其贯彻实施的过程。由此可见,这些重复性事物和概念是标准的依存主体,标准化则围绕着这些依存主体(标准化对象)来开展活动,脱离这些依存主体,标准化就无的放矢、无所适从了。然而,标准化对象都存在于一定的系统之中,它同系统内各组成要素之间以及系统外某些相关要素之间存在着相互影响、相互制约的关系。所以,要使标准化对象达到均衡的统一状态,就必须按照统一的目的要求,对标准化对象及其相关因素进行协调,经过协调达到统一的状态往往不止一个,而是多个。标准化的任务就是从中确定一个最佳的统一状态,以使标准化对象最佳化,从而获得最佳的社会效益和经济效益。

综上,标准化原理应是:经过协调,使标准化对象达到最佳状态的统一。它像一根主线贯穿于标准化的全部活动中,是构成标准化学科全部理论的基石。根据这个基本原理,标准化的许多理论和实践问题能得到较为圆满的阐述。如运用本原理可对产品标准化、企业标准化以及简化、统一化、系列化、通用化、组合化等标准化方法的本质进行解释。简化是标准化形式中最古老的形式之一,它要求在不改变对象的质的规定性、不削弱对象功能的前提下,减少其多样性、复杂性,按此要求,原来的多种类型被统一到少数几种类型,而这些被保留下来的少数几种类型显然是经过协调之后而确定的,而且属于原来的所有类型中最佳的类型。所以,采用简化这种标准化形式,仍然可以使标准化对象达到最佳的统一状态。

本章小结

价值和使用价值是商品的两个基本属性。标准同样也具有价值和使用价值这两个基本属性。标准的价值产生在标准的生产过程中,具体表现在:一是对标准化对象的抽象过程,它是一种复杂劳动,需要人类的脑力劳动支出;二是在对标准化对象的抽象过程中,还需要物质的投入;三是标准的物质载体,也需要有相应的物质投入。而标准的使用价值则体现在标准的有用性方面,是标准的自然属性。

国外标准化理论的代表主要有桑德斯提出的"七原理"和松浦四郎提出的"十九原理"。国内标准化原理相对比较繁杂,有相似设计原理,组合化原理,稳定过渡原理,简化、统一、协调、最优化原理,系统效应、结构优化、有序、反馈控制原理,等等。

从根本上来说,标准化的基本原理应该包含以下几方面的内涵:一是标准化的实质是"统一"。它既包括统一的绝对性,也包括统一的相对性,是绝对和相对的"对立统一"。二是统一的基础是"协调"。它包括在系统内部各相关要素之间的连接点处建立一致性和在系统与外部环境(约束条件)之间的连接点处建立一致性。三是标准化的目的是"建立最佳统一"。它表现在标准化系统的整体优化和标准化系统的结构优化两个方面。所以,标准化原理是,经过协调,使标准化对象达到最佳的统一状态。

复习与思考

一、名词解释

系统效应原理、结构优化原理、有序原理、反馈控制原理、统一的绝对性、统一的相对性、一致性

二、单选题

1. 国外标准化理论的代表性原理——标准化"七原理",是由(　　)提出的。
   A. 桑德斯　　　B. 宫城精吉　　　C. 松浦四郎　　　D. 盖拉德
2. 国外标准化理论的代表性原理——标准化"十九原理",是由(　　)提出的。
   A. 宫城精吉　　　B. 松浦四郎　　　C. 盖拉德　　　D. 桑德斯
3. (　　)基本上是围绕着标准化的目的、作用和从制定、修订到实施的标准化过程展开的,这是对以往的标准化经验的科学总结。
   A. 松浦四郎的十九原理　　　B. 稳定过渡原理
   C. 桑德斯的七原理　　　D. 标准系统的宏观管理原理
4. (　　)对标准化理论的杰出贡献是把熵的概念引入标准化分析,用来解释标准化的社会功能。
   A. 桑德斯　　　B. 张锡纯　　　C. 李春田　　　D. 松浦四郎

三、多选题

1. 标准化系统的管理原理主要包括(　　)等原理。
   A. 系统效应原理、结构优化原理　　　B. 相似设计原理、结构优化原理
   C. 系统效应原理、稳定过渡原理　　　D. 有序原理、反馈控制原理
2. 统一的绝对性赋予标准以(　　)。
   A. 超前性　　　B. 法规性　　　C. 约束性　　　D. 动态性
3. 标准的(　　)等特性是由标准的统一的相对性所决定的。
   A. 领域　　　B. 对象　　　C. 水平　　　D. 级别
4. 对于标准化来说,(　　)是达到统一的必不可少的手段,没有协调,就没有(　　),也就没有标准化。
   A. 协调　　　B. 统一　　　C. 简化　　　D. 权威
5. 桑德斯关于国家标准以法律形式强制实施的必要性有以下哪些认识?(　　)
   A. 应根据标准的性质决定是否强制实施
   B. 无论怎样,国家标准都必须以法律形式强制实施
   C. 根据现行的法律和客观形势审慎地考虑

D. 应考虑社会工业化程度

E. 国家标准没有必要以法律形式强制实施

四、判断题

1. 桑德斯对标准化理论的杰出贡献是把熵的概念引入标准化分析,用来解释标准化的社会功能。（   ）

2. 统一的相对性赋予标准以法规性和约束性。（   ）

3. 作为一种特殊产品,标准的价值在商品市场上可像其他商品的价值那样,直接转化为商品价格,并通过交换完全实现。（   ）

4. 标准是一种具有特殊形态和用途的技术产品,因而也具有价值和使用价值这两个基本属性。（   ）

五、简答题

1. 为什么说标准同时具有价值和使用价值？

2. "经过协调,使标准化对象达到最佳的统一状态"的标准化原理包含了哪些内涵？

六、论述题

1. 有人认为标准化就是完全按照规定来办事,你如何理解？

2. 国外标准化原理的典型代表有桑德斯的"七原理"和松浦四郎的"十九原理",国内标准化原理有相似设计原理、组合化原理、稳定过渡原理、简化、统一、协调、最优化原理、系统效应、结构优化、有序、反馈控制等原理,面对如此纷繁的标准化原理,你认为标准化原理的本质应该是什么？为什么？

案例分析

标准价值是什么？

2023 年 10 月,《中国标准化》杂志社邀请华为、中兴、腾讯、海尔和联想等相关企业大咖,展开了一场关于标准价值的深度对话。以下是各位大咖关于标准价值的主要观点。

观点一:标准价值要回归初心。把标准价值放在更宽视野,瞄准经济和社会效益,标准的应用就有了较好的基础。对准标准的终极价值,可以减少"为标准而标准"的现象。标准化发展要由数量规模型向质量效益型转变。回归初心,从标准化终极目标出发做标准,有助于对准产业需求,促进标准化工作高质量发展。

观点二:标准化的价值是多元的。标准化的价值与企业发展阶段有关,与标准所应用的行业有关,与标准化对象也有关。从某种意义上说,做不做标准、做什么类型的标准、做多少数量的标准,完全取决于企业和行业的发展阶段和业务诉求,不应该用单一的指标来衡量。简单来说,可以从四个维度来认识标准化的价值:一是拓展产业空间;二是减少产业碎片化;三是设定质量门槛;四是促进技术创新。

观点三:高标准助力高技术创新,促进高水平开放,引领高质量发展。解读这个观点有两个视角。一是从技术创新来说,标准实际上就是风向标。二是从促进高水平开放、引领高质量发展来说,标准是企业向全球化、国际化迈进的必要条件。从正向间接收益的角度可能不太好描述,但如果从反向的思路去描述,标准工作为我们提供了一种去风险或者说应对不确定性的途径。

观点四：在整体价值释放的过程中体现标准的作用。 标准化是系统性的工作，标准价值很难单独去呈现，它更多的是结合相关场景，与广泛参与标准的政、企、学、研各方在协同的每个环节产生关联，最终在整体价值释放的过程中体现出标准的作用。

观点五：标准支撑企业全球化战略。 全球化即面向全球的产品销售。所有的产品卖到相应的市场，首先要合规，合规的保障基础就是标准法规。标准化部门承担的职责之一就是要跟踪所有销售国家的标准法规的动态变化，重点关注标准法规在制定过程中的变化信息，以便在产品研发过程提前做好应对。

观点六：标准提升企业效率与质量。 回归标准的本质，标准的本质就是统一，统一的目的是追求最佳秩序，其实这背后的意思就是质量和效率。企业标准很大程度是通过统一企业内部的行为来实现企业运营效率的最优化，也就是说运营的高质量、高效率，这在企业中表现得非常明显。

观点七：标准增强市场竞争力。 通过标准的推广实施，促使相关创新技术深入人心，成为老百姓耳熟能详的技术品牌，有力提升了用户对企业品牌的认可度。从另外一个角度说，标准在企业内部可以推动技术创新，在行业内同样可以推动创新，分配行业的研发资源，有利于促进标准创新，增强标准竞争力。同时，市场准入类标准的价值是毋庸置疑的，企业如果达不到这些标准要求根本没法出货，或企业产品如果未能及时跟踪到最新的标准变化，也有可能被市场淘汰。

观点八：认可一流企业做标准，但我们理解的不太一样。 一流企业做标准和现在积极参与 IEC、ISO 标准，以及国家标准的意义是不一样的。如在 IT 产业，ISO/IEC JTC 1 是绝大部分信息技术标准的制定组织，其秘书处就设在惠普，但实际上惠普并没有从标准中获得较多的成长和效益。而对比看，苹果公司并不是一定要积极地参与标准制定，只是在重点的领域布局，但其标准化工作做得非常好，产品标准化也做得非常好。在苹果公司看来，它的标准能成为业界的标准就是最好的结果，或者至少成为产业生态圈/产业链的标准，这样的标准化工作是收益最大的。

资料来源：摘自公众号"学习标准化"，2023 年 10 月 28 日，有修改。

思考讨论题

1. 根据本案例关于"标准价值"的八种观点，你认为应该如何理解标准的价值和使用价值？
2. 试用现有的标准化原理解释"标准价值"。

第四章　标准化的经济效益

【学习要点及目标】

1. 了解评价和计算标准化经济效益时要考虑的因素
2. 理解标准化产生效益的机理
3. 熟悉评价标准化经济效益的原则和程序，以及评价和计算标准化经济效益的时机
4. 掌握标准化经济效益的基本概念，以及评价标准化经济效益的指标体系
5. 掌握运用相关公式计算各类标准获得年节约的方法

【关键概念】

标准化劳动耗费、标准化有用效果、标准化经济效益、标准化经济效率、标准化投资回收期、标准化投资收益率

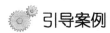引导案例

一张"品字标浙江制造"认证证书授信 8 000 万元

2023年4月，浙江省温岭市市场监督管理局联手温岭农商银行，在浙江省首创推出"认证贷""标准贷"金融新产品，第一笔授信发放给了获得"品字标浙江制造"认证的浙江新富凌电气股份有限公司，额度为8 000万元。与此同时，温岭农商银行还与温岭市质量发展委员会办公室共同签署《质量发展金融服务合作协议》，未来该行将单列20亿元、30亿元信贷规模，分别为符合"认证贷""标准贷"的质量标杆品牌企业提供特色金融服务。

"认证贷"是针对"品字标浙江制造"企业、中国合格评定国家认可委员会实验室认可企业、民宿服务认证企业等推出的一款金融产品，最高信用融资额度可达2 000万元。"标准贷"是针对标准创新贡献奖（含提名奖）企业、标准化试点企业（国家级/省级）、制定标准企业（前三名）、制定标准个人（前三名）推出的新金融产品，融资额度最高可达1亿元。

"认证和标准荣誉是企业的宝贵财富，也是'沉睡'的无形资产，温岭市市场监督管理局一直在探索如何将企业的这些'软实力'转化为真金白银的'硬资产'。"温岭市市场监督管理局相关领导表示，"认证贷"和"标准贷"的推出既能将认证、标准转化为融资的资信水平，为企业发展和实体经济高质量运行注入创新动能，还能进一步提升企业对认证和标准的认可度，鼓励更多优质的经营主体通过各自行业的认证认可，主导或者参与更多的标准制定，向高质量发展进军。

截至2023年4月，温岭市共有管理体系认证获证组织233家、证书1 727张，各类各级标准化试点示范项目69个（其中国家级9个），233家企业主导参与制定（修订）国际标

准 4 项、国家标准 222 项、行业标准 208 项;拥有民宿服务认证企业 2 家,中国合格评定国家认可委员会实验室认可企业 7 家,"品字标浙江制造"认证企业 56 家、证书 77 张,"品字标浙江制造"标准 70 项,数量居台州市第一。

据悉,第一批通过"认证贷""标准贷"产品获得授信的还有江几米熊儿童用品有限公司等 3 家企业,授信总额达 1.05 亿元。

资料来源:曹吉根. 一张证书授信 8 000 万元[N]. 中国质量报,2023 年 4 月 10 日第 002 版。

思考

1. 一张"品字标浙江制造"认证证书所带来的效益说明了什么?
2. 根据本案例,你认为标准化能够带来经济效益的根本原因是什么?
3. 如何理解"认证和标准荣誉是企业的宝贵财富"?

人类社会的生产实践活动总是为了达到一定的目的而发生的,然而相同的投入却可能产生不同的结果。标准化活动作为人类社会的生产实践活动,也是一种投入。在标准化方面的投入,可产生多方面的效益,但其中最主要的还是它的经济效益。尽管标准制定的初始目的各不相同,但最终都会不同程度地、直接地或间接地表现出它的经济效益。获得综合的、最佳的经济效益是标准化最重要的目的。

第一节 标准化产生效益的机理

标准化为什么能产生效益?究其原因是它对人类的社会实践活动施予多方面的有效影响和制约,从而促进了人类社会生产力的发展。其产生效益的机理主要体现在以下五个方面。

1. 标准化为人类的各项实践活动确立了准则,使之有序化、规范化

标准是衡量事物的准则,也为人类社会提供了相互了解和交流的基础。在当今的社会中,可以说标准无处不在、无时不在,人人都要受到标准的约束,但由于这种约束是确立在大家协商一致的基础之上的,因而人们能自觉地接受它并遵守它。标准使人们的无序活动逐步走向有序化、规范化,从低级的有序状态走向高级的有序状态。

标准的科学性和公正性,又使它比一般的行政法规较无偏见,标准化使其能跨越企业、地区、国家的界限,受到不同民族、不同国籍的人们的尊重,发挥突出的经济功能。

(1) 为社会化、专业化协作生产建立了纽带,确立了指挥权威,从而促进了社会生产率的迅速提高。如果把社会化、专业化协作生产方式的管理类比为一个乐队的演奏,那么标准就是乐章,是音符的集合;没有音符,就没有乐章,也就无从指挥,更不可能有良好的音乐效果。同样,没有标准化,社会化、专业化协作生产就无法存在,也就不可能组装出飞机、汽车,甚至不可能生产出衣服、鞋子等人类生活必需品。

(2) 标准化使人类社会的各种活动减少了盲目性,赋予了其明确的目的性和整体协调性。一个企业的生产经营系统就是一个不可分割的整体,但组成这个整体的各个单元或子系统都是相互独立又相互依存、相互作用的,其中任何一个单元或子系统的活动,都必然会对其他单元或子系统产生影响。为此,它们唯有同步协调活动,才能使整个系统发

挥最佳功能，达到整体最佳目标。仅有产品标准，没有相关的技术标准与之配套，产品标准就无法有效地实施；只有技术标准，没有对应的管理标准，技术标准的实施也就无法得到有效的保证；没有落实到工作标准上，产品质量就更没有保障。

2. 标准化活动促使标准转化为社会生产力

众所周知，一项标准的产生就是人们社会实践经验的总结，也是有关科学技术的积累和结晶。标准的修订，则是由实践证明为行之有效的新经验取代其中一些过时陈旧的经验，由新的先进的科学技术取代旧的落后的科学技术，标准化活动就是不断把标准转化为社会生产力的过程。

因此，标准化必须和最新科学技术成就的推进始终保持同一步调，只有这样标准化才能够把人类的先进经验、最新的科学技术不断地转化为生产力，从而产生极大的效益。

3. 标准化可以减少人类社会的重复劳动耗费

所谓的重复劳动耗费是指在劳动过程中，物化劳动或活劳动的重复支出。而标准化的功能就是尽量减少或消除重复的、不必要的劳动支出，这个过程主要通过以下两种途径来实现：

（1）直接减少或避免重复劳动耗费。例如，零部件标准化后可以减少重新设计、重新制作新工艺装配等方面的劳动耗费；工艺标准化可以减少或节省重新编制及试制工艺的劳动耗费；管理标准化则能够有效地节省发生同类管理事件时分析、研究、决策等方面的劳动耗费。

（2）尽量促进劳动成果的重复利用，即提高劳动成果的利用率，这就意味着相对降低了劳动耗费。如通用化就是扩大劳动成果利用范围的典型形式，标准的覆盖面越大，其重复利用的范围就越大，减少的重复劳动耗费也就越多。

4. 标准化促使产品、服务质量的提高

产品质量的好坏反映了产品满足用户需要的程度的高低。商品在市场上的竞争主要表现为质量之争，只有以质取胜才能赢得用户信任，扩大销路。而企业只有推行标准化，才能稳定提高产品质量。在国际市场上，日本的电子产品、汽车等之所以能在西欧、北美等高度工业化地区畅销，其根本原因之一就在于标准化的实施。

贯彻实施各类标准，可提高产品成品率和优等品率，降低废品率、次品率。按照优质优价政策，对于优等品可以提高售价，使企业直接增加收入。而废品率、次品率的降低则可以给企业带来原材料、能源的节约，同时减少劳动工时的消耗，从而降低企业的整体生产成本。

虽然由于贯彻实施标准而增加的投入，提高了生产成本，但其所带来的产品质量的提高能够提升其声誉和销售量，使增加的这部分投入完全可以从多销中得到补偿，最终仍能使企业获取较大的经济效益。相反，不认真贯彻标准，将使企业的产品质量低劣，导致企业因产品无销路而破产关门，就更谈不上经济效益大小的问题了。同样，标准化能够提高工程和服务质量，给施工企业、商业企业带来较大的经济效益。

5. 标准化促使品种规格合理简化，增大生产批量，降低制造成本

由于市场上需要多元化的商品，企业为了赢得竞争优势需要不断地开发新产品，而新产品、新工艺的采用，又提供了多样化生产的条件，与此同时社会生产客观上存在着多样化的趋势。但是，多样化生产却给企业生产带来了许多困难：一是经济效益的下降，多样

化导致生产中所需的材料、零部件、设备增加,造成固定资产和流动资金占用量的提高;二是产品设计工作量增加,生产准备工作周期加长,生产组织管理更复杂;三是多类产品的生产批量减少,难以达到规模经济的生产批量;等等。而标准化却能在满足市场多样化需求的前提下,通过系列化、通用化、组合化等手段,合理简化产品品种,从而缩短设计周期,降低原材料消耗,增大生产批量;同时还有利于采用先进工艺以及提高工人技术水平,从而取得显著的经济效益。

◇ 标准小故事

什么画像最难画?

古代有一位画家被请进王宫为齐王画像。画像过程中,齐王问画家:"你认为什么东西最难画呢?"画家回答说:"活动的狗和马是最难画的,我画不好。"齐王又问道:"你认为什么东西最容易画呢?"画家说:"画鬼最容易。""为什么呢?""因为狗和马之于人们较为熟悉,经常出现在人们眼前,只要画错一点点,就会被发现,所以难画。而活动的狗和马,既有形又不定型,就更加难画。至于鬼呢?谁也没有见过,没有确定的形体,也没有明确的相貌,就可以任我随便画,画出来后,谁也不能证明它不像鬼,所以画鬼是最容易的。"

资料来源:黄谷.故事说管理,《经济论坛》,2005(5):118。

第二节 评价标准化经济效益的原则与程序

一、评价标准化经济效益的原则

(一)综合分析,全面考虑

标准化经济效益的重要特征是广泛性和综合性。所谓广泛性,就是凡以制定和贯彻标准为手段的一切社会活动,都能产生标准化经济效益。所谓综合性,就是标准化经济效益存在于各个不同的相互制约、相互联系的方面。因此,评价标准化经济效益必须综合分析,全面考虑,以获得最佳效果:既要考虑微观的效益,又要考虑宏观的效益;既要重视当前的利益,又要重视长远的利益;既要着眼于生产领域,又要考虑非生产领域。

(二)将标准化经济效益与其他技术措施效益区分开来

由于在具体实施某项标准时,往往需要与其他技术措施结合起来贯彻实施,才能取得最佳的成效,因而最终所取得的经济效益往往是几方面的综合效益。为此,在评价标准化经济效益时,应将标准化经济效益同其他技术措施效益合理地区分开来,其区分原则是:若标准化的项目是独立产生的,其他措施是围绕实现标准化项目而采取的,则主要应视为标准化经济效益;若标准化的项目是根据其他工作提出的,在这种情况下,只应评价其已经实现了的那部分标准化产生的经济效益。当难以区分时,可采用下述两种方法进行计算。

1. 协商评分法

根据各项工作的重要性程度，企业的标准化部门会同有关部门共同协商，定出按一定比例分摊的计算方法。

2. 分摊系数法

根据标准化工作和其他技术工作在总项目中的重要性及工作耗费量定出比例，通过式(4.1)计算得到各自的经济效益。

$$B_i = \frac{F_i \times R_i}{\sum_{i=1}^{n} F_i \times R_i} \quad (4.1)$$

式(4.1)中：B_i 为总经济效益中，第 i 项工作(阶段)所占的份额系数；F_i 为第 i 项工作(阶段)的费用(元)；R_i 为第 i 项工作(阶段)的重要性系数；n 为总的工作项数或阶段数。

(三) 评价、计算必须准确可靠

为确保对标准化经济效益的评价计算准确可靠，必须做到以下两点：

(1) 计算所依据的数据资料是准确可靠的，不能用假设推算的数据；

(2) 避免同一效果在不同环节上的重复计算。

总之，计算标准化经济效益既不能夸大，也不能缩小。但在开始进行这项工作时，则应宁可少算，也不要多算。

(四) 抓住重点

产生标准化经济效益的环节和因素有很多，在评价、计算时，不能主次不分，应抓住重点，集中分析那些经济效益大的因素，摒弃那些效益不太显著的因素，同时要注意受标准化影响而扩展的效益。

(五) 与我国的经济管理方式和经济核算制度相结合

因为标准化经济效益渗透在企业各项活动的成果中，进行评价和计算要尽量利用企业经济活动核算的资料和现有的统计资料，这样一方面可以节省进行评价和计算标准化经济效益的费用，另一方面也可以确保所作出的评价与实际情况相符。

二、评价标准化经济效益的程序

评价标准化经济效益，一般可按照以下程序进行。

1. 分析标准化项目实施后的典型效果因素

一项标准的实施可能在某一方面或者某几方面产生效果，因此需要针对该项标准实施前后所发生的变化情况，正确分析这些变化中哪些是由标准化活动带来的，哪些不是由标准化活动带来的。典型效果因素主要包括标准化投资、生产成本、总节约、投资回收期、追加投资回收期、经济效益系数等。

2. 选择评价的基准并确定基准年度

评价标准化经济效益，需要将标准化前后"基准年"和"评价年"的各项技术经济指标进行比较。如果被比较的基准选择不当，将影响到评价的准确性和可靠性。应选择已经达到的实际技术经济水平，而不是将原标准的水平作为评价的基准。具体在选择时应遵循以下原则：

（1）初次制定新产品和新工艺标准时，以一个在结构、工艺特性和技术指标上相似的产品的实际生产水平为基准；

（2）修订产品标准时，以原标准达到的全行业的平均实际生产水平为基准；

（3）修订标准如只涉及一个企业，应以该企业原标准达到的实际生产水平为基准。

3. 根据典型效果，分别选择建立相应的计算公式

国家标准 GB/T 3533.1-2017《标准化效益评价 第1部分：经济效益评价通则》对实施各类标准获得的年节约的主要公式作了规定，在计算某项标准化活动所产生的年节约时，可根据该项标准在具体方面所带来的实际节约情况，选择相应的计算公式。

4. 收集"基准年"和"评价年"的有关基础数据

在评价标准化经济效益时，为了不漏掉重要的效果项目，可制定标准化经济效益评价体系表，供收集数据时参考。体系表中的项目可根据评价时的具体情况来确定。此外，在进行数据收集时应遵循以下原则：

（1）只收集因标准化而发生变化的数据资料；

（2）贯彻标准的数据资料须在研制、生产、流通、消费及其他有关的环节中收集；

（3）应尽可能地利用各有关部门和企业现有的统计资料，并根据标准化工作的需要，逐步建立健全标准化统计制度。

5. 建立评价指标体系

开展标准化活动会产生多方面的经济效益，仅用一个或少数的几个指标，只能从一个方面或少数的几方面对标准化经济效益进行评价。为此，只有建立一套指标体系，才能全面、客观地对标准化经济效益进行评价。

6. 根据计算结果进行评价，并得出结论

在收集标准化经济效益的数据资料时，应分别填写标准化年节约因素调查表和标准化投资统计表。而在评价、论证和计算标准化经济效益时，则应分别填写贯彻标准获得的年节约额计算表和标准化经济效益汇总表。

第三节 标准化经济效益的指标与计算

为了正确评价、计算标准化经济效益，必须建立一套标准化经济效益指标体系，通过这些指标才能从某些方面，在一定范围内或一定程度上反映出标准化经济效益的大小。该指标体系是在对标准化劳动耗费、标准化有用效果和标准化经济效益这三个要素及其相互关系深入分析的基础上建立的。

一、标准化经济效益的基本指标

为了更好地评价标准化经济效益，我们有必要对评价标准化经济效益的几个基本概念作一个全面的了解。

1. 标准化有用效果

标准化有用效果（useful effect of standardization）是指制定与实施标准所获得的节约

和有益结果,例如,产品产量的提高、采购/生产和交易成本的降低、市场规模的扩大、生产和工程效率的提高和各种活动时间的减少等。

从其定义中可以看到,标准化有用效果是不能全部用数量表示出来的。即使在可用数量表示的有用效果中,也并不是都能用货币来表示的,这就要求我们在分析标准化有用效果时,应注意:凡是能用货币表示的指标,应尽量采用货币指标,以便进行标准化前后的效果对比。与此同时,也需要考虑那些不能用货币和数量表示的指标,以便对有用效果做出全面的评价。

2. 标准化劳动耗费

标准化劳动耗费(labor use of standardization)是指制定与实施标准所付出的活劳动与物化劳动耗费的总和,即标准化投资。其中,活劳动耗费是指劳动者进行该项技术活动、生产建设所耗费的劳动量,指劳动投入;物化劳动耗费是指原材料、动力、工具等的直接消耗和设备、厂房、流动资金等的占用,指资本投入。

一般而言,制定标准的费用包括调查研究、试验验证、征求意见、标准审查、报批等各个环节所需要的费用,以及参与标准制定各项活动人员的工资、补助和差旅费用等。贯彻实施标准的费用包括标准印刷、出版、发行、宣传教育,购买仪器设备,标准过渡损失等方面的费用,此外还包括参与标准贯彻实施各项活动人员的工资、补助和差旅费用。

3. 标准化经济效益与标准化经济效率

根据国家标准 GB/T 3533.1—2017《标准化效益评价 第 1 部分:经济效益评价通则》,标准化经济效益(economic benefit of standardization)是指标准化有用效果与标准化劳动耗费的差,即

$$\text{标准化经济效益} = \text{标准化有用效果} - \text{标准化劳动耗费} \qquad (4.2)$$

标准化经济效率(economic efficiency of standardization)是指标准化有用效果与标准化劳动耗费的比值,即

$$\text{标准化经济效率} = \text{标准化有用效果} / \text{标准化劳动耗费} \qquad (4.3)$$

4. 基准年

基准年(benchmark year)是指评价标准化经济效益和标准化经济效率时,将实施标准前作为比较的基准年度。

5. 评价年

评价年(valuation year)是指评价标准化经济效益和标准化经济效率时,实施标准后与基准年进行比较的年度。

二、标准化经济效益指标的计算

(一) 标准化投资(K)

企业第 t 年标准的制修订及实施过程的投资,按式(4.4)计算。

$$K = K_b + K_x + K_j + K_q \qquad (4.4)$$

式(4.4)中:K 为企业在标准化工作中的投资(元/年);K_b 为企业投入的标准制修订费用(元/年);K_x 为企业投入的标准宣贯、培训费用(元/年);K_j 为企业投入的技术改造费用(元/年);K_q 为企业投入的其他标准化费用(元/年)。

(二)标准化经济效益(X)

企业第 t 年的标准化经济效益 X_t,按式(4.5)和式(4.6)计算。

$$X_t = J_t - aK \tag{4.5}$$

$$J_t = \sum_{j=1}^{n} J_{tj} \tag{4.6}$$

式(4.5)中:J_t 为样本企业在标准实施第 t 年的标准化有用效果(元/年)。a 为标准评价期内,标准化投资折算成一年的费用系数,$a=1/T$;如果标准有效期为 5 年,每年均摊的费用则为投资的 1/5,即 0.2;其中 T 为标准有效期(年)。K 为样本企业的标准化投资(元)。

式(4.6)中:J_{tj} 为样本企业在标准实施第 t 年的第 j 个价值链($j=1,2,3,\cdots,n$)环节的标准化有用效果(元/年)。

(三)标准化投资回收期(T_K)

标准化投资回收期是指标准有效期内实施标准所获得的年标准化经济效益,偿还标准化劳动耗费所需要的时间,也称返本期。一般用年表示,如需要也可用月、日来表示。

标准化投资回收期 T_K,按式(4.7)计算。

$$T_K = \frac{K}{\dfrac{1}{T}\sum_{t=1}^{T}\dfrac{J_t}{(1+r_1)\times\cdots\times(1+r_t)}} \tag{4.7}$$

式(4.7)中:T_K 为标准化投资回收期(年);r_t 为第 t 年的折现率(%),用当年的平均利率代替。

投资回收期 T_K 如果需要用月表示,则按式(4.8)计算。

$$T_K = \frac{K}{\dfrac{1}{T}\sum_{t=1}^{T}\dfrac{J_t}{(1+r_1)\times\cdots\times(1+r_t)}} \times 12 \tag{4.8}$$

投资回收期 T_K 如果需要用日表示,则按式(4.9)计算。

$$T_K = \frac{K}{\dfrac{1}{T}\sum_{t=1}^{T}\dfrac{J_t}{(1+r_1)\times\cdots\times(1+r_t)}} \times 365 \tag{4.9}$$

如果有两个以上方案进行比较,则采用追加的投资回收期进行环比分析,其公式为

$$T_K = \frac{K_2 - K_1}{C_1 - C_2} \tag{4.10}$$

式(4.10)中:K_1、K_2 分别为方案 1 和方案 2 的标准化投资(元);C_1、C_2 分别为方案 1 和方案 2 的生产成本(元);T_K 为追加的投资回收期(年)。

(四)标准化投资收益率(R)

标准化投资收益率是指实施标准所获得的标准化经济效益与标准化劳动耗费之比。它分为标准有效期内总投资收益率(R_Σ)和年度投资收益率(R_t)两种,分别按式(4.11)和式(4.12)计算。

$$R_\Sigma = \frac{\sum_{t=1}^{T} J_t - K}{K} \tag{4.11}$$

$$R_t = \frac{J_t - aK}{aK} \tag{4.12}$$

（五）标准化经济效益系数（E）

标准化经济效益系数是指某项标准化措施在标准有效期内获得的总标准化有用效果与总标准化劳动耗费之比。它表示每元标准化投资，在标准有效期内可获得的经济效益，由式(4.13)计算得到。

$$E = \frac{\sum_{i=1}^{t} J_i}{K} \tag{4.13}$$

第四节　标准化经济效益的评价、论证和计算

标准化经济效益的评价、论证和计算方法多种多样，既有经典数学方法，也有统计数学方法，甚至包括模糊数学方法。本节仅根据国家标准 GB/T 3533.1-2017《标准化效益评价 第 1 部分：经济效益评价通则》中的内容，对其中的一些基本方法进行简要介绍。

一、评价、论证和计算标准化经济效益的要点

（一）评价、论证和计算标准化经济效益的时机

根据我国标准，评价、论证和计算标准化经济效益有以下三个时机：

（1）提出标准化规划、计划项目时。拟立项的标准在预研阶段，应进行标准化经济效益的预测和可行性论证，以便确定该项目的合理性，并为制订最佳标准化规划、计划方案提供决策的依据。

（2）审议报批标准时。标准送审稿、标准报批稿都必须附有标准化经济效益的论证报告，或在标准编制说明书上附有标准化经济效益的论证说明。论证可以有若干个方案，以供选择。审议和批准标准时，应在对可能获得的标准化经济效益的各种方案进行充分讨论后，提出标准报批稿；批准标准时应对报批稿中标准化经济效益的论证进行复核，以保证论证的可靠性。

（3）实施标准后。通过将评价年与基准年的经济效益指标作比较，计算实施该标准获得的经济效益。

（二）评价、论证和计算标准化经济效益考虑的因素

计算标准化经济效益应考虑的主要因素如图 4.1 所示。对于产品标准和基础标准，计算标准化经济效益应考虑的主要因素如图 4.2 所示。针对不同类别的标准，计算标准化经济效益应考虑的主要因素如图 4.3 所示。

（三）评价、论证和计算标准化经济效益的方法

1. 标准化经济效益的论证方法

标准化经济效益的论证可采用方案比较法、投入产出法和系统分析法等经济分析方法，但根据国家标准 GB/T 3533.1-2017《标准化效益评价 第 1 部分：经济效益评价通则》的规定，标准化经济效益的论证宜采用方案比较法。方案比较法是对标准实施前和

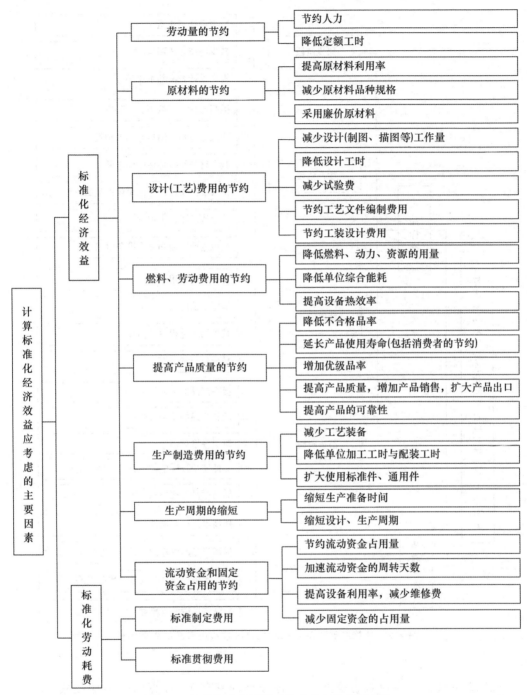

图 4.1 计算标准化经济效益应考虑的主要因素

实施后(包括标准修订前、修订后)的经济效益情况进行分析比较,确定实施标准的实际经济效益。

(1) 方案分析。根据不同的技术、经济指标,如技术参数、质量指标、系列参数、试验方法、工艺要求、产品生产量、生产成本、标准化经济效益等,确定若干方案进行综合分析

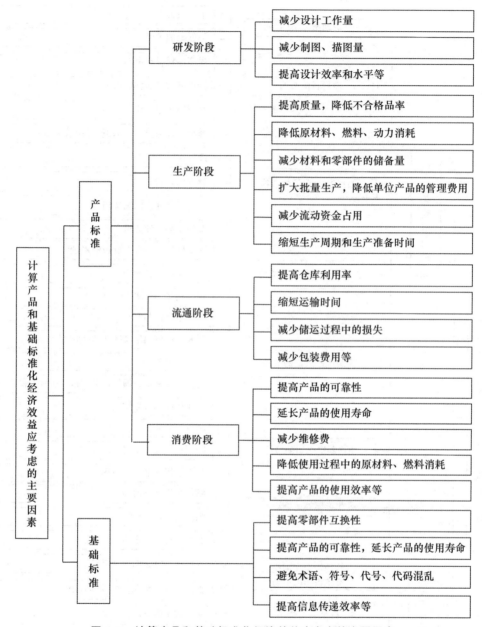

图 4.2　计算产品和基础标准化经济效益应考虑的主要因素

比较。

（2）方案选择。在对各方案进行综合分析的基础上，计算出标准化投资、生产成本、节约、投资回收期等指标，根据节约的最大值或投资的最小值，选择最佳方案。

（3）论证基准方案。初次制定的新产品和新工艺标准，以一个在结构、工艺特性和技术指标上相似产品的实际生产水平为基准；修订的产品生产标准，以原标准达到的全行业平均实际生产水平为基准，如只涉及一个企业，则以该企业原标准达到的实际生产水平为基准。根据选定的基准，确定基准年。

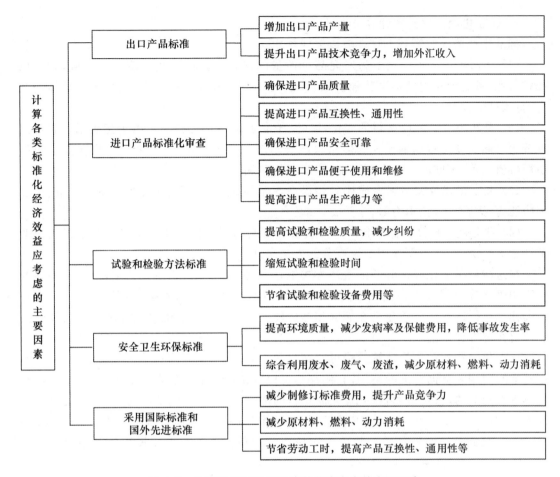

图 4.3 计算各类标准化经济效益应考虑的主要因素

(4) 填写标准化经济效益论证表,如表 4.1 所示。

表 4.1 标准化经济效益论证表示例

标准化项目:××××　　　计划实施时间:××××年××月××日
制定单位:××××　　　实施单位:全国有关××××企业

指标名称	方案Ⅰ(基准方案)	方案Ⅱ	方案Ⅲ
预计标准化投资 K(万元)	5.20	6.10	7.30
预计年标准化生产成本 C(万元)	4.00	3.80	3.50
预计标准化总节约 $\sum J_i$(万元)	30.00	40.00	50.00
预计总标准化经济效益 X_Σ(万元)	24.80	33.90	42.70
预计年标准化经济效益 X_n(万元)	4.97	6.87	8.54
标准化投资回收期 T_K(年)	0.87	0.76	0.72
追加的投资回收期 t_K(年)	—	4.50	4.10
标准化经济效益系数 E	5.78	6.55	6.86

文字说明:

结论意见:方案Ⅲ经济效益大,且标准化投资回收期与追加的投资回收期都短,因而是最佳方案。

填表人:×××　　负责人:×××　　填表日期:××××年××月××日

2. 标准化经济效益的计算方法

标准化经济效益客观上存在着以下四种表达方式：

（1）货币单位。可以理解为对商品价值量的比较。在标准化经济效益领域，它可以把各行业、各企业获得的标准化经济效益，通过货币的形式统一起来，以鲜明而具体的数字，直接进行比较。

（2）自然单位。如原材料的变化，以吨、千克表示；动力的变化，以千瓦表示。它可以理解为对商品使用价值的比较。但它只能表示部分特定的结果，不能反映出多个项目的使用价值总量，不同的自然单位不能比较，不能累加。

（3）文字描述或文字图表描述。如提高安全性、改善劳动条件、提高环境质量、增强国防能力、提升出口竞争力等。

（4）评分制。ISO 的标准化原理委员会和日本的一些标准化机构对一些难以用数值来表示的经济效益，主要采用专家打分的方式来计算。

在这四种标准化经济效益的表达方式中，一般情况下以货币单位为主，以文字描述或文字图表描述为辅。因为只有以货币单位为基础，才能把不同国家、不同行业、不同企业贯彻标准获得的经济效益建立在能够相互比较的基础上，否则，标准化经济效益的评价只能停留在定性评价上。

标准化经济效益定量计算指标可归结为两个方面：一是实施标准化所需的投资，即制定标准的费用和贯彻标准的费用，它们都是可以直接用货币单位来表示的；二是实施标准化所带来的节约，包括劳动量的节约、原材料的节约、设计费用的节约、提高产品质量的节约等。GB/T 3533.1-2017 附录 E 中列举了 32 个贯彻各类标准获得年节约的主要计算公式[①]，这些公式都已经把各种自然单位转换成货币单位。若标准化投资是采用银行贷款的方式，则必须对其进行动态计算。

二、标准化有用效果主要指标的计算公式及案例

国家标准 GB/T 3533.1-2017《标准化效益评价 第 1 部分：经济效益评价通则》对实施各类标准获得的标准化有用效果的主要公式做了规定，本部分将选择介绍几种主要计算公式及其应用示例，以帮助读者理解和应用。

（一）实施各类标准获得年节约的主要计算公式

1. 提高产品质量的节约

（1）延长产品使用寿命的节约：

$$J_m = Q_1 \times T_{m1} \left(\frac{C_0}{T_{m0}} - \frac{C_1}{T_{m1}} \right) \qquad (4.14)$$

式（4.14）中：J_m 为延长产品使用寿命的年节约（元/年）；Q_1 为标准化后产品年产量（件/年、台/年）；T_{m0}、T_{m1} 分别为标准化前、后产品使用寿命（时/件、时/台）；C_0、C_1 分别为标准化前、后产品成本（元/件、元/台）。

（2）减少不合格品获得的节约：

$$J_b = Q_1 \times (R_{b0} - R_{b1}) \times (C_1 - Z_b) \qquad (4.15)$$

---

① 此外还有 1 个复制公式、1 个贴现公式。

式(4.15)中：J_b 为减少不合格品的年节约(元/年)；R_{b0}、R_{b1} 分别为标准化前、后不合格品率(%)；Z_b 为不合格品残值(元/件、元/台)。

(3) 提高可修复品的节约：

$$J_f = Q_b \times (R_{f1} - R_{f0}) \times (C_1 - F_f - Z_b) \quad (4.16)$$

式(4.16)中：J_f 为提高可修复品的年节约(元/年)；Q_b 为年不合格品总数(件/年、台/年)；R_{f0}、R_{f1} 分别为标准化前、后可修复品率(%)；F_f 为单件可修复品的返修费(元/件、元/台)。

2. 材料费用的节约

(1) 实施标准，降低原材料消耗定额或使用廉价原材料获得的节约：

$$J_c = Q_1 \times (e_{c0} \times D_{c0} - e_{c1} \times D_{c1}) \quad (4.17)$$

式(4.17)中：J_c 为原材料费用的年节约(元/年)；Q_1 为标准化后产品年产量(件/年、台/年)；e_{c0}、e_{c1} 分别为标准化前、后原材料消耗定额(千克/件)；D_{c0}、D_{c1} 分别为标准化前、后原材料定价(元/千克)。

(2) 实施标准，提高原材料利用率获得的节约：

$$J_c = Q_{c1} \times (R_{c1} - R_{c0}) \times (D_c - D_y) \quad (4.18)$$

式(4.18)中：Q_{c1} 为标准化后原材料年消耗量(千克/年)；R_{c0}、R_{c1} 分别为标准化前、后原材料利用率(%)；D_c 为原材料单价(元/千克)；D_y 为下脚料单价(元/千克)。

3. 制造工时费的节约

实施标准，降低定额工时获得的节约：

$$J_g = Q_1 \times (e_{g0} \times F_{g0} - e_{g1} \times F_{g1}) \quad (4.19)$$

式(4.19)中：J_g 为制造工时费用的年节约(元/年)；Q_1 为标准化后的年产量(件/年)；e_{g0}、e_{g1} 分别为标准化前、后的定额工时(小时/件)；F_{g0}、F_{g1} 分别为标准化前、后单位小时的工时费(元/小时)。

4. 流通过程中的节约

实施包装标准，减少产品运输中损耗的节约：

$$J_z = Q_{z1} \times [(R_{z0} - R_{z1}) \times (D - Z_b) + (C_{z0} - C_{z1})] \quad (4.20)$$

式(4.20)中：J_z 为减少产品消耗的年节约(元/年)；Q_{z1} 为标准化后年包装产品数量(千克/年、件/年)；R_{z0}、R_{z1} 分别为标准化前、后产品消耗率(%)；D 为产品单价(元/千克、元/件)；Z_b 为损耗产品的残值(元/千克、元/件)；C_{z0}、C_{z1} 分别为标准化前、后包装容器成本或按标准单元包装的成本(元/千克、元/件)。

5. 提高仓库利用率的节约

标准化后，因采用标准件、通用件、组合件，减少储备的品种规格，合理使用仓库储存面积或容积而获得的节约：

$$J_{ch} = \overline{Q}_{ch1} \times (A_{ch0} - A_{ch1}) \times \overline{F}_{ch} \quad (4.21)$$

式(4.21)中：J_{ch} 为仓库储存费的年节约(元/年)；$\overline{Q}_{ch1}$ 为标准化后仓库年平均存放产品数量(件/年)；A_{ch0}、A_{ch1} 分别为标准化前、后单位产品占用的仓库面积(平方米/件)；$\overline{F}_{ch}$ 为仓库单位面积保管维护的平均费用(元/平方米)。

6. 加快流动资金周转速度的节约

标准化后,因缩短生产周期、加速资金周转而获得的节约:

$$J_l = (T_{l0} - T_{l1}) \times \frac{Z_\Sigma}{360} \tag{4.22}$$

式(4.22)中:J_l 为支付流动资金占用费的年节约(元/年);T_{l0}、T_{l1} 分别为标准化前、后流动资金周转期(天);Z_Σ 为全年工业总产值(元/年)。

(二) 评价和计算标准化有用效果的应用示例

[例 4.1] 某厂开展标准化活动获得如下成就:工时消耗定额由标准化前的 0.06(小时/件)降为标准化后的 0.04(小时/件);标准化前后工时费均为 8(元/时);标准化后产品年产量为 80 万件;开展标准化活动的总投资是 13 万元,标准有效期为 5 年,试计算标准投资回收期和预计的标准化总经济效益。

解 计算降低工时费用节约的公式为

$$J_g = Q_1 \times (e_{g0} \times F_{g0} - e_{g1} \times F_{g1})$$

将题目所提供的数据代入上式,可得制造工时费用的年节约:

$$J_g = 80 \times (0.06 \times 8 - 0.04 \times 8) = 12.8(万元/年)$$

那么,根据式(4.7),标准投资回收期(折现率 $r_t = 0$)为

$$T_K = \frac{K}{J} = \frac{13}{12.8} \approx 1.02(年)$$

根据式(4.5),预计的标准化总经济效益为

$$X_\Sigma = \sum_{i=1}^{5} J_i - K = 5 \times 12.8 - 13 = 51(万元)$$

[例 4.2] 开展某项标准化活动有如下两种方案可供选择:方案一,标准化投资 $K_1 = 30$ 万元,产品的不合格品率由标准化前的 6% 降至标准化后的 4%;方案二,标准化投资 $K_2 = 50$ 万元,产品的不合格品率由标准化前的 6% 降至标准化后的 3%。若标准化后产品的年产量为 200 万件,每件产品的成本为 8 元,不合格品残值为每件 2 元,标准有效期为 5 年,试问:采用哪一种方案开展标准化活动的经济效益更好?

解 首先,根据式(4.15)计算两种方案在降低不合格品率方面的年节约。

方案一:

$$J_{b1} = Q_1 \times (R_{b0} - R_{b1}) \times (C_1 - Z_b) = 200 \times (6\% - 4\%) \times (8 - 2)$$
$$= 24(万元/年)$$

方案二:

$$J_{b2} = Q_1 \times (R_{b0} - R_{b2}) \times (C_1 - Z_b) = 200 \times (6\% - 3\%) \times (8 - 2)$$
$$= 36(万元/年)$$

根据式(4.10),计算标准化追加的投资回收期:

$$T_K = \frac{K_2 - K_1}{J_{b2} - J_{b1}} = \frac{50 - 30}{36 - 24} \approx 1.67(年) < 5(年)$$

由于方案二追加的投资只需要 1.67 年就能够收回,远小于标准有效期 5 年,故采用方案二的标准化效果更好。

[例 4.3] 已知某电气元件厂在制定并实施新标准方面投入了一定的经费。新标准

实施后,通过使用廉价原材料,合理利用仓库储存面积,延长电气元件的使用寿命,原材料消耗得以降低,统计数据如表 4.2 所示。若该标准化活动的有效期是 5 年,试问:该标准化活动在 5 年内是否能产生经济效益?

表 4.2 标准化有用效果和标准化投资统计数据

序号	项目名称	指标数值 标准化前	指标数值 标准化后
1	产品年产量(件/年)	—	200 000
2	材料消耗定额(千克/件)	0.04	0.03
3	材料单价(元/千克)	100	80
4	产品平均占用的仓库面积(平方米/件)	0.03	0.02
5	仓库年平均存放产品数量(件/年)	—	10 000
6	仓库单位面积保管维护的平均费用(元/平方米)	—	100
7	电气元件的成本(元/件)	8	7
8	电气元件的使用寿命(年/件)	5	5.5
9	制定和实施标准的投资(元)	—	750 000

解 (1) 首先计算标准化节约,共有 3 项:

根据式(4.17),材料费用的年节约为

$$J_c = Q_1 \times (e_{c0} \times D_{c0} - e_{c1} \times D_{c1}) = 200\,000 \times (0.04 \times 100 - 0.03 \times 80)$$
$$= 320\,000(元)$$

根据式(4.21),仓库储存费的年节约为

$$J_{ch} = \overline{Q}_{ch1} \times (A_{ch0} - A_{ch1}) \times \overline{F}_{ch}$$
$$= 10\,000 \times (0.03 - 0.02) \times 100 = 10\,000(元)$$

根据式(4.14),延长电气元件的使用寿命带来的年节约为

$$J_m = Q_1 \times T_{m1} \times \left(\frac{C_0}{T_{m0}} - \frac{C_1}{T_{m1}} \right) = 200\,000 \times 5.5 \times \left(\frac{8}{5} - \frac{7}{5.5} \right)$$
$$\approx 360\,000(元)$$

因此,该项标准化活动的年节约总额为

$$J = J_c + J_{ch} + J_m = 320\,000 + 10\,000 + 360\,000 = 690\,000(元)$$

(2) 计算标准化经济效益:

根据式(4.7),投资回收期为

$$T_K = \frac{K}{J} = \frac{750\,000}{690\,000}$$
$$\approx 1.09(年)$$

根据式(4.5),标准有效期内预计的总经济效益为

$$X_\Sigma = \sum_{i=1}^{5} J_i - K = 5 \times 690\,000 - 750\,000$$
$$= 2\,700\,000(元)$$

计算结果显示,预计该项标准化活动 1 年多就可以收回全部投资,并且在标准有效期

5年内可以产生270万元的总经济效益。

[例 4.4] 假设开展某项标准化活动需要一次性投资80万元,若该项投资通过银行贷款得到,其贷款的年利率为10%,实施后可获得年节约20万元。如果标准有效期为5年,试问:该项标准化活动的投资能否收回?

解 可分两种情况分析:

(1) 若不考虑标准化经济效益动态指标(即折现率 $r_t = 0$),则根据式(4.7)可计算投资回收期为

$$T_K = \frac{K}{J} = \frac{80}{20}$$
$$= 4(年) < 5(年)$$

说明该项标准化活动的投资4年就能收回,在标准有效期5年内,因此该项标准化活动是有经济效益的。

(2) 若考虑银行的贷款利率(即折现率 $r_t = 0.10$),则投资回收期需要按标准化经济效益动态指标式进行计算。已知:$K = 80(万元)$,$J_t = 20(万元)$,$T = 5$ 年,$r_t = 0.10$。

$$T_K = \frac{K}{\frac{1}{T}\sum_{t=1}^{T}\frac{J_t}{(1+r_1) \times \cdots \times (1+r_t)}}$$
$$= 5.28(年) > 5(年)$$

由动态指标式计算结果可知,该项标准化活动若采用银行贷款方式进行,则没有经济效益。

由此可见,在考虑采用银行的贷款利率所计算的标准回收期,比不考虑银行贷款利率所计算的标准回收期要长。为此,在进行实际的标准化经济效益分析时需要注意这个差别的存在所产生的不同结果。

延伸课堂

心理健康的六大标准

本章小结

标准化为人类的各项实践活动确立了准则,使之有序化、规范化;标准化活动促使标准转化为社会生产力;标准化可以减少人类社会的重复劳动耗费;标准化促使产品、服务质量的提高;标准化促使品种规格合理简化,增大生产批量,降低制造成本,这些就是标准化产生效益的机理。

在评价标准化经济效益时必须遵循的原则包括:综合分析,全面考虑;将标准化经济效益与其他技术措施效益区分开来;评价、计算必须准确可靠;抓住重点;与我国的经济管理方式和经济核算制度相结合。评价标准化经济效益的程序一般有六个步骤:一是分析

标准化项目实施后的典型效果因素；二是选择评价的基准并确定基准年度；三是根据典型效果，分别选择建立相应的计算公式；四是收集"基准年"和"评价年"的有关基础数据；五是建立评价指标体系；六是根据计算结果进行评价，并得出结论。

标准化有用效果、标准化劳动耗费、标准化经济效益、标准化经济效率、基准年和评价年是评价标准化经济效益的六个重要基本概念。标准化投资、标准化经济效益、标准化投资回收期、标准化投资收益率和标准化经济效益系数是评价标准化经济效益的指标。标准化经济效益的评价、论证和计算因标准化对象的不同，所采用的计算方法和主要影响因素，以及时机各不相同，需要针对具体的评价对象，选择相应的评价方法。

复习与思考

一、名词解释

标准化劳动耗费、标准化有用效果、标准化经济效益、标准化经济效率、基准年、评价年、标准化投资回收期、标准化投资收益率

二、单选题

1. 标准化有用效果（ ）全部用数量表示出来。
   A. 能够 B. 不能 C. 必须 D. 可以

2. （ ）是指实施标准所获得的标准化经济效益与标准化劳动耗费之比。它分为标准有效期内总投资收益率和年度投资收益率两种。
   A. 标准化投资收益率 B. 标准化投资回收期
   C. 标准化经济效益 D. 标准化经济效益系数

3. 标准化经济效益是指标准化有用效果与标准化劳动耗费的（ ）。
   A. 和 B. 比 C. 差 D. 积

4. （ ）是指某项标准化措施在标准有效期内获得的总标准化有用效果与总标准化劳动耗费之比。
   A. 标准化投资收益率 B. 标准化投资回收期
   C. 标准化经济效益 D. 标准化经济效益系数

三、多选题

1. 评价、论证或计算标准化经济效益的时机，我国标准规定应为（ ）。
   A. 提出标准化规划、计划项目时 B. 审议报批标准时
   C. 实施标准后 D. 标准评估时

2. 评价、论证或计算标准化经济效益考虑的主要因素包括（ ）方面。
   A. 标准化经济效益 B. 标准化劳动耗费
   C. 进口产品标准化审查 D. 采用国际标准和国外先进标准

3. （ ）是实施标准化所带来的效果。
   A. 减少重复劳动 B. 增加投资成本 C. 行为规范化 D. 提高产品质量

4. 标准化为人类的各项实践活动确立了准则，使之（ ）。
   A. 有序化 B. 规范化 C. 多样化 D. 数字化

四、判断题

1. 标准化使人类社会的各种活动减少了盲目性，赋予了其明确的目的性和整体协调

性。（　　）

2. 标准化是通过促进劳动成果的重复利用来减少人类社会的重复劳动耗费。（　　）

3. 标准化有用效果是能够全部用货币表示出来的。（　　）

4. 标准化经济效率是指标准化有用效果与标准化劳动耗费的差。（　　）

五、简答题

1. 简述标准化产生效益的机理。
2. 简述评价标准化经济效益的原则。
3. 简述评价标准化经济效益的程序。

六、论述题

1. 为什么要进行标准化经济效益评价、计算及论证？
2. 通过互联网，收集任意一个企业的标准化资料，对其标准化经济效益进行评价。

七、计算题

1. 某工厂开展标准化活动获得如下成就：工时消耗定额由标准化前的 0.2（小时/件）降为标准化后的 0.12（小时/件）；标准化前后工时费均为 10（元/时）；标准化后产品年产量为 10 万件；开展标准化活动总投资是 30 万元，标准有效期为 4 年，试计算标准投资回收期和预计的标准化总经济效益。

2. 假设开展某项标准化活动需要一次性投资 60 万元，若该项投资通过银行贷款得到，其贷款的年利率为 10%，实施后可获得年节约 15 万元。如果标准有效期为 4 年，试问该项标准化活动的投资能否收回？

案例分析

"深圳标准"创造全面效益

继提出"深圳质量"战略之后，2014 年年初的深圳"两会"上，政府工作报告中首度提出打造"深圳标准"的新目标，并将之提到城市发展战略的高度。"深圳标准"是"深圳质量"理念的创新和提升，是实现质量引领的新突破口。

"深圳标准"不是一种狭义的技术标准，而是广义的标准概念，它是对"深圳质量"的量化与规范。这意味着，打造"深圳标准"，就是以国际一流标准为标杆，构建覆盖经济社会发展各领域的多层次、高水平的"深圳标准"体系，以标准引领与推动经济、社会、城市、生态、文化发展和政府服务质量及水平全面提升，为构建"深圳质量"提供有力支撑。

在打造"深圳标准"、提升"深圳质量"的道路上，深圳各行各业已然迅跑，并将其提升至法律层面，通过立法来推进"深圳标准"建设。

一、标准抢占产业竞争制高点

"三流企业卖产品，二流企业卖品牌，一流企业卖标准。"这句极具说服力的口号，相信公众对此不会陌生。对于很多企业而言，标准化工作不只是产品研发，或者是制定产品标准、规格；更为重要的是它可以帮助企业争取更多的市场话语权。

目前，越来越多的深圳企业已从代工生产迈向自主品牌创立，通过不断的自我革新，制定标准,成为行业领军者。全球最大的锂离子电池负极材料供应商——深圳市贝特瑞新材料集团股份有限公司,参与制定电池材料相关的17个国家标准,也是我国牵头制定锂电池材料国际标准的企业。同时,深圳在新能源汽车、消费级无人机、移动电话、5G等领域,依靠领先的产品技术标准"走出去",取得丰硕成果。为此,2019年10月,深圳获评成为全国首个标准国际化创新型城市。

统计显示,截至2019年年底,深圳累计有235家企业登上全国企业标准排行榜,占全国上榜企业数量的7.17%。其中,2019年新上榜企业达152家,企业标准化建设步伐持续加快。深圳共有15家企业成为全国企业标准的"领跑者",占全国的12.9%。

二、标准构建现代政府治理体系

走进深圳,不少游人都会感叹:所见之处花红草绿,道路两侧的樟树、榕树、椰子树等乔木,形成一道道绿色长廊;公园里更是群芳竞艳,到处是赏花观景的人流,一派和谐景象。从1999年开始,深圳市陆续发布了18项城市园林绿化方面的地方标准,并在实践中得到广泛应用和推广。"从园林绿化的标准化实践来看,标准是行业管理服务的培训手册,是质量检验评价的操作手册,是科技研究成果的推广手册。"这是深圳在园林绿化方面的经验总结。由此,推动了深圳各行业的一系列标准化:成立智能交通标准化委员会,编制一系列智能交通行业急需的地方标准;《低碳管理与评审指南》《组织的温室气体排放量化和报告指南》等一批地方标准的制定,则为深圳市在全国率先开展碳排放权交易试点奠定了技术基础……

三、立法推进"深圳标准"

打造"深圳标准",不是政府或企业单方面的事,而是要在全社会培育无处不在的标准意识,构建全方位的标准体系。

为此,深圳市以立法形式推进深圳标准建设,出台《深圳市人民代表大会常务委员会关于加强深圳经济特区标准建设若干问题的决定》《深圳市人民政府关于打造深圳标准构建质量发展新优势的指导意见》《深圳市人民政府关于印发打造深圳标准构建发展新优势行动计划(2015—2020年)》这3个重要的文件、法规,目的就是形成人大授权、政府引导、企业主导、行业协会积极参与打造"深圳标准"的格局,充分利用第三方认可等手段,创新标准的实施和评价机制,最终形成深圳与国际先进标准对接的标准体系。

"深圳标准"的概念与传统的产品标准、服务技术标准概念不同,使用的是宏观广义的标准概念,即将标准建设贯穿于特区发展的各领域和全过程。

资料来源:作者根据相关资料整理而成。

思考讨论题

1. "深圳标准"所带来的效益说明了什么?
2. 如何理解"深圳标准"是宏观广义的标准概念?
3. 为什么深圳市要努力形成人大授权、政府引导、企业主导、行业协会积极参与打造"深圳标准"的格局?

第二篇

方 法 篇

一法度衡石丈尺,车同轨,书同文字。

——司马迁《秦始皇本纪》

欲知平直,则必准绳;欲知方圆,则必规矩。

——《吕氏春秋·自知》

只有标准化才能使软硬件的通用资源的共享成为现实。

——比尔·盖茨

【学习章节】

第五章　参数选择和参数分级的数学方法
第六章　标准化的形式与方法
第七章　标准的编写规则与制定程序

第五章　参数选择和参数分级的数学方法

【学习要点及目标】

1. 了解 E 系列的构成规律及其应用领域
2. 理解参数选择和参数分级的依据
3. 熟悉等差数列的特点及其用途,以及等比数列与等差数列的区别
4. 熟悉模数制及建筑模数的构成
5. 掌握优先数系的构成规律,数值的种类及其应用原则

【关键概念】

主参数、优先数、优先数系、E 系列、模数、组合模数、分割模数

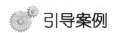 引导案例

中国古代的建筑模数

中国古代建筑同古希腊建筑一样,其各个部分的尺度比例由一套模数制度进行限定,不同等级的建筑模数决定了不同规格建筑中的柱子、梁和屋面的尺度,以及建筑的高度。北宋崇宁二年(1103)颁发的官书《营造法式》详细地记载并说明了这种房屋建造的模数制度——"材分制"。"凡构屋之制,皆以材为祖""各以其材之广,分为十五分,以十分为其厚。凡屋宇之高深,名物之短长,曲直举折之势,规矩绳墨之宜,皆以所用材之分以为制度焉。"规定凡是木构建筑之大木作的一切构件均以其所用材之"材""分""梁"为度量标准来确定尺寸。其中"材"是最主要的计量单位,"材"有两个含义:一是指建筑物所用的标准木料,即斗拱的拱及所有与拱同宽同厚的木料,作为这种标准木料的"材"的大小共分八等,依据建筑物的等级规模选择用料等级;二是指度量单位,"材"的高度分为十五"分",而以十"分"为其厚,斗拱的两层拱之间的高度定为六"分",即为"梁"。

《营造法式》中的模数并非一个定数,随着建筑等级的增加,它的数据也会增大。《营造法式》规定对建筑依据等级和质量进行分类,房屋尺度以"材"为标准。"材"又分为八个等级,可以根据房屋等的高低、分类和规模来选用适当的模数,以利于合理地控制工料。其中殿阁类可用一至八等,厅堂类只能用三至八等,其他房屋虽然没有规定,但无疑级别更低。对于同一构件,三类房屋的材用料也有不同的规定,例如柱径:殿阁用二材二梁至三材;厅堂用二材一梁;余屋为一材一梁至二材,这样就使这三类建筑的用料有了明显差别。建造方法完全一样的房屋,通过模数尺寸的选择,即可在一定程度上调节建筑的整体

体量、空间尺度与视觉效果。同时,这个模数还可"随意加减",允许变通以适用于多种建筑和多种场地情况。

资料来源:作者根据相关资料整理而成。

思考

1. 为什么中国古人会建立起一套数值制度对建筑的各个部分的尺度比例加以限定?
2. 根据本案例,你对参数选择和参数分级有什么认识与看法?

标准化有一个显著的特点,它不仅对标准化对象作定性的描述,而且大多时候还会作定量的规定。例如,在标准化活动中,有时为了合理地组织生产,对品种规格过多、过杂的产品加以简化;有时为了更好地满足消费者多样化的要求,通过标准化促进品种、规格的多元化发展,这些都要求我们对标准化对象的参数进行合理的选择和分档、分级,形成总体功能最佳的参数系列,而参数系列的确定一般都要使用数学方法。同样,在标准制定过程中,许多技术、经济问题的解决,对标准方案的优选,标准之间的协调乃至标准化效果的分析、评定等,都要用到数学工具。

参数分级是标准化的一个数学手段。在设计、试验、产品参数系列化及其他环节需要对标准化对象的量值进行参数分级。为此,人们建立了各种参数分级制度。目前用于参数分级的数列有两大类:一类是非标准数值系列,它包括等差数列和一般等比数列;另一类是标准数值系列,它包括优先数系、E系列和模数数列。

第一节 参数选择和参数分级的原理

数学作为方法和工具,在选择和确定参数系列时,可用于反映参数之间的关系,即参数之间的规律性。但这种关系或规律的发现,却不是生搬硬套数学公式的产物,而是以参数选择的理论为依据,创造性地用数学方法进行广泛的分析研究的结果。

一、基本概念

1. 参数

参数是表明任何现象、产品或工作过程中某些重要性质的量,它可以是常量或变量。例如,电阻、电容和电感是电路的参数;衣长、袖长、胸围、领围等是服装(上衣)的参数。产品标准中的参数就是表示产品基本性能或技术特征的一些数值指标。

参数的定义表明,参数具有两个功能,即表明事物的性质及其量值。有时把前者称为参数,把后者称为参数值。

对参数作进一步细分,可分为:

(1) 基本参数。它是表示产品基本技术特性的参数。例如,电冰箱的基本参数就有适用气候类型、防触电保护类别、总有效容积、冷冻室有效容积、额定电压、额定频率、输入总功率、耗电量、冷冻能力、制冷剂、重量等。

(2) 主参数。在一个标准化对象的若干基本参数中,起主导作用的参数就是主参数。

它反映该事物最主要的特性,例如总有效容积就是电冰箱的主参数。

2. 参数选择

确定或选定用哪些参数表征标准化对象的特性的活动,就是参数选择。对于不同的标准化对象,能表征其特性的参数各不相同,即使对于同一标准化对象而言,若其表征的特性不同,所选择的参数也不尽相同,如用于表征结构特性的参数,就有长、宽、高等。因此,在进行参数选择时,必须根据需要表征的特性要求,正确地选择那些能够有效地、准确地反映出标准化对象特性的参数。

3. 参数分级

同一事物内部彼此之间以某一特性(参数)的数值不同而相互区别,则说明它们分属于不同的等级。如同一种电冰箱的不同规格、同一款服装的不同型号等都是参数分级的结果。

经过分级后的参数常按一定规律形成数列。标准化活动中经常借用数学方法建立数列。常用的数列有等差数列、等比数列、优先数系、E 系列、模数数列等。

二、参数的相关特性

任何一种产品都有反映其一系列技术特性的参数。这些参数不仅同该种产品本身的性质有关,还同与该产品相关的一系列技术特性有关。某种产品的参数会直接或间接地影响其他产品的参数,或受其他产品参数的制约。例如,车轮的直径就对橡胶轮胎的参数有直接的影响;纸张幅面的尺寸影响并决定着印刷品的尺寸以及印刷机、打字机、书架、文件夹、文件柜等一系列产品的尺寸参数。这些参数之间相互关联的关系不断扩散的特征被称为参数的相关性和扩展性。

不仅如此,为了满足消费者的多样化要求,同一种产品的同一个参数还要从最大到最小取不同的值,从而形成具有不同规格的产品系列。而这个系列确定得是否合理,与所取数值如何分档、分级有直接的关系。如果参数分级科学合理,就能以较少种类的规格满足较广泛的需求,取得最佳的经济效益;若参数分级不合理,就不能很好地满足需求,还会造成生产的不经济。更何况每一个产品都不止有一种参数,而每一种参数又大多具有一系列数值,这样一来,参数数值的扩散问题就更加复杂了。此外,每一种参数不仅有横向的联系(与相关产品的参数之间的联系),还有纵向的联系(同种参数的各个取值之间的联系)。数值的传播甚至跨越行业和部门的界限形成很广泛的联系,这就是标准化对象的相关性特征的突出表现,也是标准化活动中经常遇到的技术经济问题之一。

由于上述原因的存在,在确定标准化对象的参数以及对这些参数进行分档、分级时,不仅要进行周密的分析研究,还要求不同部门、不同的设计或生产单位,在分别确定这种有关联性的参数以及参数值的系列时,能够做到彼此协调一致。这就需要借助数学方法,建立一个各方人员都必须遵守的、能够适应各种需要的、科学的参数分级制度,以此作为选择数值的统一标准。这样既可以防止个别设计者在取值时因随心所欲而造成的恶性传播,又可以使得不同的设计者在分别确定相关参数时,基本做到"不谋而合"、协调一致。这也是建立参数分级制度的目的所在。

三、参数选择和参数分级的依据

（一）客观实用性

所谓客观实用性，是指在确定参数分级时，要从实际出发，充分考虑各种制约因素，使之能符合实际情况。在现实中，对参数分级起制约作用的因素很多，一般有以下几种：

（1）标准化对象自身的特性。如齿轮的齿数无论如何分，都必须是整数；电机的极数、发动机的汽缸数必须是偶数；包装物的尺寸必须互为倍数或分数；与人的吃穿用有关的物品的参数，大多数要求等差排列等。这些都属于事物自身特性的要求，违背了这些要求的标准便会失去客观实用性。

（2）技术继承性。工业化时期的标准化，在对产品的参数进行分级时，常常是对现存的混乱状态加以整顿，对已有的产品参数组合加以调整，这就不得不考虑技术的继承性问题。也就是说这种分级不可能不受到现状的严格制约，结果常常是使最后确定的参数系列并不具有非常严格的规律性。当然也不排除在个别情况下可以摆脱现状的制约，制定理想的参数系列。

（3）使用的方便性。如成套制造的量具，从使用方便的角度考虑要求用最少的件数得到最多的功能组合。就砝码组来说，用1、2、2、5构成的系列，组合得到从1到10的所有值的可能性，要比由1、2、3、4等差级数排列的系列更经济和合理。再如货币的面值采用1、2、5的系列等，也是为了满足使用方便的要求。

此外，政策和法令的有关规定、风俗习惯、地域或环境的特点以及现行的相关标准中的规定等，都是对参数分级起重要影响的制约因素。

（二）经济效益原则

不同的参数组合（特别是产品的主参数）会产生具有不同功能水平的产品组合，而不同的产品组合，其对生产的经济性、对社会需求的满足程度以及对生产的发展和技术的进步等方面所起的作用是不同的。所以，在选择参数系列或确定参数分级密度时，应从技术与经济、生产与使用、近期与远期等各个主要方面进行综合的分析研究，力求生产过程中的总耗费较少，而在消费过程中的经济效益较大。这是在确定参数分级密度时必须严格遵守的经济效益原则。

（三）感觉的规律性

当标准化对象的参数同人的感觉（视觉、听觉、嗅觉、味觉、肌体感觉等）直接相关时，参数选择和参数分级便受到人的生理功能和心理习惯的严格制约。

研究结果表明，人的感觉是由刺激引起的，但并不是任何刺激都能引起感觉。如要产生感觉，刺激物就必须达到一定的量（一般把那种刚刚能引起感觉的最小刺激量叫作"绝对感觉阈限"）。并不是所有刺激物的量的变化都能引起感觉上的变化，如100克的重量再增加1克时，我们很难感觉出来重量变化；只有当重量增加3克以上时，我们才可能感觉到重量的改变。一般把人们所能感觉到的刺激物的最小差异量叫作"差别感觉阈限"。

著名的韦伯定律指出，如果以 I 表示最初刺激物的强度，以 $I+\Delta I$ 表示刚刚觉察出变化的较强刺激的强度,当 I 的大小不同时,ΔI 的大小也会不同,且 $\Delta I/I = K$(K 为常数)。在不同的分析范围内,K 的值不同:在重量感觉中,K 值为 0.03;在视觉中,K 值为 0.01;在听觉中,K 值为 0.1;在味觉和嗅觉中,K 值为 0.25;在压觉中,K 值为 0.05;等等。

这一定律表明,人的感觉对外界输入的连续变化的信息所作出的反应呈现阶梯性变化,且这种感觉的阶梯性变化是随处可见的。例如,电视台标图上设置的不同灰度等级的变化带区,用来检验电视机灰度再现能力,人们往往将其看成是 8 块亮度不同灰度逐渐加深的长方形色块相连接而成的,实际上在这一变化带区里灰度变化的等级不是 8 块而是逐渐加深的 256 种颜色;可见光的频率范围大致是 $(3.9 \times 10^{14} - 7.5 \times 10^{14})$Hz,但经过色散后,人们看到的只有 7 种颜色。这一定律在我们制定与人的感受直接相关的产品或其他标准(如音频、声压、线条宽度、亮度等标准)时,提供了参数分级组成的理论依据。

标准信息窗

健 康 标 准

按照 2006 年卫生部颁布的《中国成人超重和肥胖症预防控制指南》,身体质量指数(BMI)超过 24 为超重,超过 28 为肥胖;男性腰围≥85 厘米,女性腰围≥80 厘米为超标。若两者均达标,才属于健康人群(见表 5.1)。

表 5.1 中国成人超重和肥胖的体重指数及腰围界限值

分类	身体质量指数 (kg/m^2)	腰围(cm)		
		男:<85 女:<80	男:85—95 女:80—90	男:≥95 女:≥90
体重过低	<18.5	—	—	—
体重正常	18.5—23.9	—	略高	高
超重	24.0—27.9	略高	高	极高
肥胖	≥28	高	极高	极高

注:的计算方法为体重(千克)除以身高(米)的平方。"略高""高""极高"表示患肥胖症的风险。
资料来源:中华人民共和国卫生部疾病控制司.2006.中国成人超重和肥胖症预防控制指南[M].北京:人民卫生出版社.

第二节 非标准数值系列

为了同标准化了的数值系列相区别,我们把等差数列(算术级数)、等比数列(几何级数)及其他尚未标准化的数值系列,统称为一般数值系列,即非标准数值系列。

一、等差数列

等差数列是算术级数。这类数列的主要特点是数列中的任意相邻两项之差为常数,即

$$N_n - N_{n-1} = d \tag{5.1}$$

式(5.1)中:N_n 和 N_{n-1} 为数列中第 n 项和第 $n-1$ 项的值;d 为数列的公差。

等差数列是最简单的一种参数分级形式。在我国的大量生活用品及轴承、紧固件等工业产品的参数分级中都采用此种参数分级形式。如:

各种口杯(杯坯上口内径,毫米):60,70,80,90,100,110,120;

高压锅(锅口内径,厘米):18,20,22,24,26;

统一鞋号(以脚长为基准,厘米):20,20.5,21,21.5,22,22.5,23,23.5,24;

搪瓷面盆(坯胎上口外径,毫米):300,320,340,360,380,400。

等差数列的优点是构成简单、项值整齐、便于分级、便于记忆。主要缺点是相邻两项的相对差不均匀。

$$\text{相邻两项的相对差} = (\text{后项} - \text{前项})/\text{前项} = (N_{n+1} - N_n)/N_n = d/N_n \tag{5.2}$$

式(5.2)中:d 是常数;N_n 是变数,故相邻两项的相对差也是一个变数。显然,随着项值 N_n 的增大,相对差逐渐变小。当参数值范围较大时,首项和末项的相对差往往相差十倍、百倍甚至上千倍。如数列 1,2,3,…,9,10,…,199,200,第二项与第一项的相对差是 100%,第十项与第九项的相对差约为 11%,而第二百项与第一百九十九项的相对差是 1/199。这就造成数值小的参数之间相对差大,而数值大的参数之间相对差反而小的结果。这种情况对某些产品来说,不符合客观实际对产品参数分布规律的要求,而且多数情况下恰好与客观要求相反,这是算术级数的最大缺陷,也是其在许多场合不能应用的根本原因。

二、分段等差数列

为了克服纯等差数列的上述缺点,标准化研究者引进了分段等差数列,即把整个数列分成几段,每一段采用不同的公差,小数值段采用较小的公差,大数值段采用较大的公差,以减少分级不均匀的现象。例如 GB/T 702 对圆钢直径(或方钢边长)的规定(单位:毫米),基本属于分段等差数列,即

$$\underbrace{5,5.5,6,6.5}_{d=0.5},\underbrace{7,8,9,10,\cdots}_{d=1},\underbrace{36,38,40,42,\cdots}_{d=2},\underbrace{70,75,80,85,\cdots}_{d=5},\underbrace{130,140,\cdots,250}_{d=10}$$

这种分级方法,在一定程度上弥补了数值小的参数之间相对差大,而数值大的参数之间相对差反而小的缺陷,从而剔除系列中不必要的项,使整个系列保持比较适当的密度。但是分段等差数列公差的变化是不连续的,分段处呈现跳跃式的剧增或剧减,而且不易把整个数列的变化规律控制在最佳状态,在实践中可能造成损失。所以,它仍不是最理想的数值分级方法。

三、等比数列

等比数列是几何级数。其主要特点是相邻两项的比值为一常数。即

$$\frac{N_{n+1}}{N_n} = q \tag{5.3}$$

式(5.3)中：N_{n+1} 为数列中第 $n+1$ 项的数值；N_n 为数列中第 n 项的数值；q 为数列的公比。

等比数列的一个最大优点就是任何相邻两项的相对差相等。即

$$\text{相邻两项的相对差} = \frac{N_{n+1} - N_n}{N_n} = \frac{N_{n+1}}{N_n} - 1 = q - 1 \tag{5.4}$$

对于大多数工业产品来说，人们对其功能量的需求是等比增减的，而不是等差增减的。因此，等比数列更适合于大多数工业产品的参数分级，特别是那些参数数值范围较大的产品。

由于等比数列的两项之和或差不是数列中的项，因而在组合装置或有尺寸拼加及对接关系的情况下，不适合用等比数列。这是等比数列在实际应用中的最大缺陷。

运用一般等比数列分级存在一个如何选用公比的问题。由于未对一般等比数列的公比作统一规定，各个设计者在进行独立设计时可以随心所欲地选用公比，这就势必影响到一些相关产品之间的协调配套。此外，由于相关产品的参数值之间存在着"数值扩散性"，即一种产品参数的取值会影响到另一种产品参数的取值，并依次传播下去。所以，必须制定一个数系标准，严格规定可选用的公比，使数列既能满足各种不同产品参数系列的不同分档密度要求，又能保证各个相关产品在独立设计时，不论怎样选择数列的公比，都能保证它们彼此之间的协调配套而不致造成品种的泛滥。

综上，实际中需要的数列应该是：项数较少的数列被包含在项数较多的数列之中，并且能按十进制的规律向两端无限延伸，这样才能使相关的协调问题得到较为合理的解决。目前世界上普遍采用的优先数系正是符合这种需要的数列。

◇ 标准小故事

鞋子尺码知多少

鞋子尺码也叫鞋号，其表示方式有很多种，常见的有国际鞋号、欧洲鞋号、美国鞋号和英国鞋号。其中，国际鞋号表示的是脚长的毫米数，中国标准采用毫米数或厘米数为单位来衡量鞋的尺码大小。

不同鞋码类型之间也可以通过公式来换算。

(1) 欧洲国家的鞋码计算方式为：鞋码=1.5×鞋楦长=1.5×（脚长+2）。

(2) 美国、加拿大的鞋码以英寸衡量鞋码：男鞋码=3×鞋楦长−22；女鞋码（常见）=3×鞋楦长−20.5。

21世纪中国市场上的鞋被要求全部标注新鞋号，新旧鞋号的换算公式就是：新鞋号=（旧鞋号+10）/2。其他具体内容可参见 GB/T 36935-2018《鞋类 鞋号对照表》，该标准等同采用 ISO/TS 19407:2015。

中国鞋号以人的脚长为基础，脚长多少毫米，就穿多少号的鞋，例如，脚长250毫米，就穿25号的鞋。10毫米为一个号，5毫米为半个号。每个鞋号又分五个肥瘦型，一型较瘦，五型较肥，肥脚穿肥鞋，瘦脚穿瘦鞋，基本上可以做到按脚型制鞋。

资料来源：作者根据相关资料整理而成。

第三节 优先数和优先数系

优先数和优先数系是一种科学的数值制度,是一种无量纲的分级数系,适用于各种量值的分级,同时又是十进几何级数,不仅对标准化对象的简化和协调起着重要作用,而且是其他标准的制定依据和国际上统一的重要基础标准。

一、优先数系的基本概念

（一）优先数系和优先数的定义

19世纪末,雷诺为了对气球上使用绳索的过多规格进行简化,作出这样的规定:将绳索规格按等比数列排序,每进5项使项值增大10倍(十进几何级数)。即

设 a 为起始项,q 为公比,由上述规定可得关系式:$a \times q^5 = 10a$

即可求得公比 $q = \sqrt[5]{10}$,由此得出以下数系:

$$a, a(\sqrt[5]{10}), a(\sqrt[5]{10})^2, a(\sqrt[5]{10})^3, a(\sqrt[5]{10})^4, 10a$$

这就是最初的优先数系理论,根据这个理论把求得的计算值加以圆整,用以对绳索尺寸系列进行分级,结果把原来的425种规格简化为17种。这个数值系列相当于今天的 R_5 数系,后来在此基础上又进一步形成了分级更细的 R_{10}、R_{20} 和 R_{40} 等数系。

所谓优先数系,是指数列中公比为 $\sqrt[5]{10}$、$\sqrt[10]{10}$、$\sqrt[20]{10}$、$\sqrt[40]{10}$ 和 $\sqrt[80]{10}$,且项值中含有10的整数幂的几何级数的常用圆整值,是一组近似等比的数列。

各数列分别用符号 R_5、R_{10}、R_{20}、R_{40} 和 R_{80} 表示,称为 R_5 系列、R_{10} 系列、R_{20} 系列、R_{40} 系列和 R_{80} 系列。

优先数系的理论公比用 Q_r 表示($Q_r = \sqrt[r]{10}$),其中 r 取5、10、20、40和80,r 的数值恰好是本系列中各个10进段(0.1—1;1—10;10—100)内项值的分级数(或项数)。

优先数系中的任一个项值均为优先数(这个项值是指优先数的常用值[①])。

各系列的理论公比和近似公比的常用值如下:

R_5 系列:$Q_5 = \sqrt[5]{10} \approx 1.60$

R_{10} 系列:$Q_{10} = \sqrt[10]{10} \approx 1.25$

R_{20} 系列:$Q_{20} = \sqrt[20]{10} \approx 1.12$

R_{40} 系列:$Q_{40} = \sqrt[40]{10} \approx 1.06$

R_{80} 系列:$Q_{80} = \sqrt[80]{10} \approx 1.03$

根据GB/T 321-2005的规定,优先数系和优先数适用于各种量值的分级,特别是在确定产品的参数或参数系列时,必须按标准的规定,最大限度地采用。这就是"优先"的含义。这些数不是杂乱无章的堆积,而是按一定规律有秩序地形成数值系列,故曰"数系",其规律就是以 $\sqrt[r]{10}$ 为公比组的等比数列。

---

① 在数系中,会出现常用值与计算值不一样的情况,可根据实际需要选用。

（二）优先数的几种数值

（1）理论值。即理论等比数列的项值$(\sqrt[5]{10})^{Nr}$，其中Nr为任意整数。理论值多是无理数（10 的正负整幂除外），没有实用价值。

（2）计算值。即对理论值取五位有效数字的近似值。同理论值相比，其相对误差小于 1/20 000。在作参数系列的精确计算时，可用来代替理论值。

（3）常用值。即通常所说的优先数。它是为了便于实际应用而对计算值进行适当圆整后取 3 位有效数统一规定的数值。与计算值相比，其最大相对误差为-1.01%和$+1.26\%$。

（4）化整值。即对R_5、R_{10}、R_{20}、R_{40}系列中的常用值作进一步圆整后得到的数值。有的优先数的化整值包含第一化整值和第二化整值，后者的误差比前者大。这类数值只允许在某些特殊情况下使用。

二、优先数系的结构

（一）优先数系的种类及系列代号

1. 基本系列和补充系列

基本系列是指R_5、R_{10}、R_{20}、R_{40}系列，它们是优先数系中的常用系列（见表 5.2）。

表 5.2 基本系列

基本系列（常用值）				序号 N			理论值的对数尾数	计算值	常用值的相对误差（%）
R_5	R_{10}	R_{20}	R_{40}	0.1—1	1—10	10—100			
(1)	(2)	(3)	(4)	(5)	(6)	(7)	(8)	(9)	(10)
1.00	1.00	1.00	1.00	−40	0	40	000	1.0000	0
			1.06	−39	1	41	025	1.0593	+0.07
		1.12	1.12	−38	2	42	050	1.1220	−0.18
			1.18	−37	3	43	075	1.1885	−0.71
	1.25	1.25	1.25	−36	4	44	100	1.2589	−0.71
			1.32	−35	5	45	125	1.3335	−1.01
		1.40	1.40	−34	6	46	150	1.4125	−0.88
			1.50	−33	7	47	175	1.4962	+0.25
1.60	1.60	1.60	1.60	−32	8	48	200	1.5849	+0.95
			1.70	−31	9	49	225	1.6788	+1.26
		1.80	1.80	−30	10	50	250	1.7783	+1.22
			1.90	−29	11	51	275	1.8836	+0.87
	2.00	2.00	2.00	−28	12	52	300	1.9953	+0.24
			2.12	−27	13	53	325	2.1153	+0.31
		2.24	2.24	−26	14	54	350	2.2387	+0.06
			2.36	−25	15	55	375	2.3714	−0.48
2.50	2.50	2.50	2.50	−24	16	56	400	2.5119	−0.47
			2.65	−23	17	57	425	2.6607	−0.40
		2.80	2.80	−22	18	58	450	2.8184	−0.65
			3.00	−21	19	59	475	2.9854	+0.49
	3.15	3.15	3.15	−20	20	60	500	3.1623	−0.39
			3.35	−19	21	61	525	3.3497	+0.01

（续表）

基本系列(常用值)				序号 N			理论值的对数尾数	计算值	常用值的相对误差(%)
R_5	R_{10}	R_{20}	R_{40}	0.1—1	1—10	10—100			
(1)	(2)	(3)	(4)	(5)	(6)	(7)	(8)	(9)	(10)
			3.55	3.55	−18	22	62	550	3.5481	+0.05
				3.75	−17	23	63	575	3.7584	−0.22
4.00	4.00	4.00	4.00	4.00	−16	24	64	600	3.9811	+0.47
			4.25	−15	25	65	625	4.2170	+0.78
		4.50	4.50	−14	26	66	650	4.4668	+0.71
			4.75	−13	27	67	675	4.7315	+0.39
	5.00	5.00	5.00	−12	28	68	700	5.0119	−0.21
			5.30	−11	29	69	725	5.3088	−0.17
		5.60	5.60	−10	30	70	750	5.6234	−0.42
			6.00	−9	31	71	775	5.9566	+0.73
6.30	6.30	6.30	6.30	−8	32	72	800	6.3096	−0.15
			6.70	−7	33	73	825	6.6834	+0.25
		7.10	7.10	−6	34	74	850	7.0795	+0.29
			7.50	−5	35	75	875	7.4989	+0.01
	8.00	8.00	8.00	−4	36	76	900	7.9433	+0.71
			8.50	−3	37	77	925	8.4140	+1.02
		9.00	9.00	−2	38	78	950	8.9125	+0.98
			9.50	−1	39	79	975	9.4406	+0.63
10.00	10.00	10.00	10.00	0	40	80	000	10.0000	0

补充系列是指 R_{80} 系列。它只有在参数分级很细，或基本系列无法满足实际需要时，才允许采用(见表 5.3)。

表 5.3 补充系列

1.00	1.60	2.50	4.00	6.30
1.03	1.65	2.58	4.12	6.50
1.06	1.70	2.65	4.25	6.70
1.09	1.75	2.72	4.37	6.90
1.12	1.80	2.80	4.50	7.10
1.15	1.85	2.90	4.62	7.30
1.18	1.90	3.00	4.75	7.50
1.22	1.95	3.07	4.87	7.75
1.25	2.00	3.15	5.00	8.00
1.28	2.06	3.25	5.15	8.25
1.32	2.12	3.35	5.30	8.50
1.36	2.18	3.45	5.45	8.75
1.40	2.24	3.55	5.60	9.00
1.45	2.30	3.65	5.80	9.25
1.50	2.36	3.75	6.00	9.50
1.55	2.43	3.87	6.15	9.75

它们的系列代号分两种情况：
(1) 系列无限定范围时，用 R_5、R_{10}、R_{20}、R_{40} 和 R_{80} 表示。
(2) 系列有限定范围时，应注明界限值。如：
$R_{20}(1.6\cdots)$ 表示以 1.6 为下限的 R_{20} 系列；
$R_{20}(\cdots 63)$ 表示以 63 为上限的 R_{20} 系列；
$R_{20}(1.6\cdots 63)$ 表示以 1.6 为下限，以 63 为上限的 R_{20} 系列。

2. 派生系列和移位系列

它是从基本系列或补充系列中每隔 P 项取值导出的系列，以 $R_{r/P}$ 表示。比值 r/P 相等的派生系列具有相同的公比，但其项值是多义的。例如对 1—10 范围内的 R_{10} 系列每三项取值，可得到三种公比相同，而项值不同的派生系列 $R_{10/3}$。即

1.00；2.00；4.00；8.00
1.25；2.50；5.00；10.0
1.60；3.15；6.30

如果派生系列的公比同某一基本系列相同，但项值不同，则称该派生系列为移位系列。如，项值从 1.06 开始的 $R_{40/4}$ 系列，是项值从 1 开始的 R_{10} 系列的移位系列，$R_{40/4}$ 的各项好像是由 R_{10} 的相应项发生了平行错位而形成的。

它们的系列代号也分两种情况：
(1) 系列无限定范围时，应注明系列中含有的一个项值。如 $R_{20/3}(\cdots 45\cdots)$ 表示含项值 45，并向两端无限延伸。如果系列中含有项值 1，则可简写为 $R_{r/P}$。
(2) 系列有限定范围时，应注明界限值。如 $R_{20/3}(45\cdots)$ 表示以 45 为下限的派生系列。

3. 化整值系列

化整值系列是由优先数的常用值和一部分化整值所组成的系列（见表 5.4）。它分两种，误差较小的为第一化整值系列，用 R'_r 表示；误差较大的为第二化整值系列，用 R''_r 表示。化整值系列只是在某些特殊情况下才允许使用。化整值系列的系列代号同基本系列。

4. 复合系列

复合系列是由若干公比不同的系列组合而成的系列。其系列代号是将组成复合系列的各系列的代号用"＋"连接起来表示的。如：

16；25；40；56；80；100；125；160；200

它是由 $R_5(16\cdots 40)$、$R_{40/3}(40\cdots 80)$ 和 $R_{10}(80\cdots 200)$ 组成的复合系列，其代号表示为：
$R_5(16\cdots 40)+R_{40/3}(40\cdots 80)+R_{10}(80\cdots 200)$

(二) 优先数系的序号

序号 N 表示优先数在 R_{40} 系列中排列的次序。它从优先数 1.00 的序号 $N=0$ 算起，向两头延伸，形成一个正整数（大于 1 的优先数）和负整数（小于 1 的优先数）构成的等差数列（公差为 1）。表 5.4 列出了在 1—10 十进段内，优先数的序号，对于超出 1—10 十进段的优先数的序号，可按下述规则来推算：以 1—10 为基准段，当数系向上（大于 10）延伸时，每增加一个十进段，其序号增加 40；当向下（小于 1）延伸时，每增加一个十进段，其序号就减去 40。

表 5.4　化整值系列

近似的公比系列	1		2		3			4		5	6	7	8	9	10
	1.60		1.25		1.12			1.06		序号	计算值	系列中每个项值的相对误差(%)			
	R_5	R_5'	R_{10}	R_{10}''	R_{20}	R_{20}'	R_{20}''	R_{40}	R_{40}'			R_{5-40}	R_{10-40}	R_{20}	R_{5-10}
	1.00	1.00	1.00	1.00	1.00	1.00	1.00	1.00	1.00	0	1.0000	0.			
								1.06	1.05	1	1.0593	+0.07	−0.83		
						1.12		1.12	1.10	2	1.1220	−0.18	−1.95	−1.95	
			1.25	(1.20)	1.10		1.10	1.18	1.20	3	1.1885	−0.71	+0.97		
					1.25	1.25	1.20	1.25	1.25	4	1.2589	−0.71	−2.51		−4.68
								1.32	1.30	5	1.3335	−1.01			
	(1.50)				1.40	1.40	1.40	1.40	1.40	6	1.4125	−0.88			
	1.60		1.60	(1.50)				1.50	1.50	7	1.4962	+0.25			−5.36
					1.60	1.60	1.60	1.60	1.60	8	1.5849	+0.95			
								1.70	1.70	9	1.6788	+1.26			
					1.80	1.80	1.80	1.80	1.80	10	1.7783	+1.22			
								1.90	1.90	11	1.8836	+0.87			
			2.00	2.00	2.00	2.00	2.00	2.00	2.00	12	1.9953	+0.24	−0.64	−1.73	
								2.12	2.10	13	2.1153	+0.31	+1.73		
					2.24	2.24	2.20	2.24	2.20	14	2.2387	+0.06	+1.21		
								2.36	2.40	15	2.3714	−0.48	−2.28		
	2.50	2.50	2.50	2.50	2.50	2.50	2.50	2.50	2.50	16	2.5119	−0.47			
								2.65	2.60	17	2.6607	−0.40			
					2.80	2.80	2.80	2.80	2.80	18	2.8184	−0.65			
								3.00	3.00	19	2.9854	−0.49			
			3.15	(3.00)	3.15	3.20	(3.00)	3.15	3.20	20	3.1623	−0.39	+1.19	−5.13	−5.13

基本系列和化整值系列（常用值和化整值）

(续表)

近似的公比系列	1		2		3		4		5	6	7	8	9	10
	1.60		1.25		1.12		1.06		序号	计算值	系列中每个项值的相对误差(%)			
	基本系列和化整值系列(常用值和化整值)													
	R_5	R_5'	R_{10}	R_{10}'	R_{10}''	R_{20}	R_{20}'	R_{20}''	R_{40}	R_{40}'		R_{5-40}	R_{10-40}	R_{20}	R_{5-10}
							3.55	3.60	**3.60**	(3.50)	21	3.3497	+0.01		-1.38	
									3.55	**3.80**	22	3.5481	+0.05	+1.50		
	4.00	4.00	4.00	4.00	4.00	4.00	4.00	4.00	3.75	4.00	23	3.7584	-0.22	+1.45		
									4.00	**4.20**	24	3.9811	+0.47	+1.11		
							4.50	4.50	4.25	4.50	25	4.2170	+0.78	-0.40		
			5.00	5.00	5.00				4.50	**4.80**	26	4.4668	+0.71	+1.15		
						5.00	5.00	5.00	4.75	5.00	27	4.7315	+0.39			
							5.60	5.60	5.00	5.30	28	5.0119	-0.24		-2.19	
	6.30	(6.00)	6.30	6.30	(6.00)	5.60			5.30	5.60	29	5.3088	-0.17			
						6.30	6.30	(6.00)	5.60	6.00	30	5.6234	-0.42			
							7.10	(7.00)	6.00	6.30	31	5.9566	-0.73		-4.90	
			8.00	8.00	8.00	7.10			6.30	6.70	32	6.3096	-0.15	-0.40		
						8.00	8.00	8.00	6.70	7.10	33	6.6834	+0.25			
									7.10	7.50	34	7.0795	+0.29			
							9.00	9.00	7.50	8.00	35	7.4989	+0.01	+0.71	-1.11	
						9.00			8.00	8.50	36	7.9433	+0.71			
									8.50	9.00	37	8.4140	+1.02			
									9.00	9.50	38	8.9125	+0.98			
									9.50	10.00	39	9.4406	-0.03			
	10.00	10.00	10.00	10.00	10.00	10.00	10.00	10.00	10.00	10.00	40	10.0000	0			
公比的最大相对误差(%)	+1.42	-5.37	+1.66	+1.66	-5.61	-1.83	-1.97	-4.48	+1.15	+2.94						-4.90

注:加粗数字为第一次化整值,括号里的数字为最后一次化整值。

例如：优先数为 2.00 时，其序号为 $N(2.00)=12$。

优先数为 20.0 时，其序号为 $N(20.0)=12+40=52$。

优先数为 0.20 时，其序号为 $N(0.20)=12-40=-28$。

（三）优先数系的主要特性

1. 包容性

包容性指从 R_5 到 R_{80}，前一数系的项值依次包含在后一数系中。R_{80} 系列包含 R_5 到 R_{40} 各系列的所有项值。这样，当各个设计者在独立地确定产品的参数分级时，只要遵循一定的原则，就能保证他们所选的公比是一致的，这就为技术经济工作上的统一、简化和产品参数的协调提供了基础。此外，每个产品在开发初期，其品种、规格一般都较少，可选择公比较大的系列进行分级，之后随着品种、规格的不断增加，可依次选择公比较小的系列，而不需要改变原有品种的参数值，这在技术上和经济上都有很大的意义。

2. 相对差近似不变

这里同一系列中任意相邻的两项优先数的相对差近似不变。如 R_5 系列约为 60%，R_{10} 系列约为 25%，R_{20} 系列约为 12%，R_{40} 系列约为 6%。

人们对大多数工业产品功能量的需求一般是呈等比递增的，优先数系是一种近似等比数列，所以它也具有一般等比数列的共性，即相邻两项优先数的相对差近似不变。这种性质在实际应用中既不会造成疏的过疏，也不会造成密的过密。这就使得用优先数系进行分级的产品参数系列，基本上能符合人们的实际需要。从这一点上来看，优先数系是一种经济合理的参数分级方法。

3. 延伸性

延伸性指 R_r 系列中的项值可按十进法向两端无限延伸。所有大于 10 和小于 1 的优先数，均可用 10 的整数幂乘以表 5.2、表 5.3 中的优先数得到。如：

R_5 在 1—10 范围内的优先数：1.00；1.60；2.50；4.00；6.30；10.00

通过乘以 10 可得在 10—100 范围内的优先数：10.0；16.0；25.0；40.0；63.0；100.0

通过除以 10 可得在 0.1—1 范围内的优先数：0.10；0.16；0.25；0.40；0.63；1.00

这个性质对于比值 r/P 等于整数的派生系列 $R_{r/P}$ 也同样适用。

4. 项值相乘、相除或整数乘方的值仍在数系中

这里指同一系列中，任意两项的理论值之积或商、任意一项理论值的整数乘方，仍为此系列中的一个优先数的理论值。常用值之间也近似地具有这种关系。

一般产品的技术性能参数往往有好几个，它们之间都存在着某种函数关系，这样当主参数被定为优先数系时，其他各个参数也有可能成为优先数系。

5. 理论值的对数构成等差数列

在同一系列中各优先数的理论值的对数构成一个等差数列。它是优先数的理论值（指 R_{40} 系列中的）以 $\sqrt[40]{10}$ 为底的特殊对数。这一性质就使得对优先数的运算可仿照一般对数的计算方法，转化为序号的运算，从而大大简化运算。

三、优先数的运算

根据优先数的理论值的对数构成等差数列这一特性，可以将优先数的运算转化为序

号的运算。

(1) 两个优先数之积的序号，等于这两个优先数序号之和。

例　$N(3.15 \times 1.6) = N(3.15) + N(1.6) = 20 + 8 = 28$

查优先数系表 5.2，得 $N(5) = 28$

所以，$3.15 \times 1.6 = 5$

(2) 两个优先数之商的序号，等于这两个优先数序号之差。

例　$N(3.15 \div 1.6) = N(3.15) - N(1.6) = 20 - 8 = 12$

查优先数系表 5.2，得 $N(2) = 12$

所以，$3.15 \div 1.6 \approx 2$

(3) 优先数 m 次乘方后所得的优先数，其序号等于原来的优先数序号乘以 m（m 可以是整数，也可以是分数）。

例　$N(3.15^{1/5}) = 1/5 \times N(3.15) = (1/5) \times 20 = 4$

查优先数系表 5.2，得 $N(1.25) = 4$

所以，$3.15^{1/5} \approx 1.25$

(4) $N = 0—40$ 是（1—10）十进段内的优先数的序号，其他十进段内的优先数 A（$A < 1$ 或 $A > 10$），都可以直接转化为 $a \times 10^{\pm x}$（其中，$1 < a < 10$；x 为正整数），然后进行乘除开方计算。

四、优先数系的应用原则与优缺点

（一）优先数系的应用原则

优先数系的应用原则有以下六点：

(1) 优先原则。凡在取值上具有一定自由度的参数系列，都应尽可能地选用优先数系。参数取值的自由度是指还没有标准规定的情况，或不受配套产品限制的情况。

(2) 先基本系列，后派生系列。在选用优先数系时，应尽可能地选用基本系列。若基本系列不能满足分级要求，则可选用派生系列。选用派生系列时，应优先选用延伸项中含有项值 1 的派生系列。移位系列只用于因变量参数系列。

(3) 先疏后密。即选择优先数系的顺序应是 R_5、R_{10}、R_{20}、R_{40}。只有当公比较大的数列不能满足分级要求时，才考虑依次选择较小公比的数列。设计单个产品或私人订制的产品也应按此原则考虑。

(4) 复合系列的选用。当参数值范围较大，在系列的不同区间内需求量和功能损失悬殊，而单一公比的基本系列或派生系列不能满足要求时，从制造与使用的经济性考虑，可分段选用最适宜的基本系列或派生系列构成复合系列。

(5) 在特殊情况下，为了获得公比精确相等的系列，可选用计算值。因为按优先数的常用值分级的参数系列，其公比是不均等的。

(6) 一般情况下应避免使用化整值。因为化整值的选用带有很大的随意性，不易取得协调统一，而且由于误差较大常常带来一些缺点。但在下列情况下可以考虑使用化整值：一是客观上只能用整数的，如齿轮的齿数。二是实际应用没有必要精确定量且不便于测量的参数。如照相机的曝光时间，就是采用化整值系列 $R''_{10/3}$：1/250；1/125；1/60；

1/30；1/15；1/8；1/4；1/2；1。三是受到现有配套产品限制的尺寸参数系列。如标准直径和标准长度系列等。

（二）优先数系的优缺点

优先数是各种量值（特别是产品参数）分组时应优先采用的数。其目的是把实际应用的"数"（如产品的尺寸、规格）限制在必需的最小范围之内，并为在不同场合都能优先选用相同的数创造一个先决条件，以达到简化、统一。

1. 优先数系的优点

（1）提供了经济、合理的参数分级方法。经验和统计表明，若参数值按等比数列分级，就能在较宽的范围内以较少的规格经济、合理地满足社会需求。这就要求用"相对差"反映同样"质"的差别，而不能像等差数列那样只考虑"绝对差"。

例如，对轴径分级，当10毫米不符合需要时，若用12毫米，则两级之间绝对差为2毫米，相对差为20%；对100毫米的轴径来说，增加2毫米变成102毫米，相对差为2%，显然太小；但对轴径为1毫米的轴来说，增加2毫米变成3毫米，相对差为200%，显然又太大。等比数列是一种相对差不变的数列，不会造成分级疏的过疏、密的过密的不合理现象。优先数系正是按等比数列制定的，因此，它提供了一种经济、合理的参数分级方法。

（2）为统一、简化和产品参数的协调奠定基础。一种产品（或零部件）往往同时在不同场合，由不同的人员分别进行设计和制造，而产品参数又常常影响到与其有配套关系的一系列产品的有关参数。如果没有一个共同遵守的选用数据的准则，势必造成同一种产品的尺寸参数杂乱无章，品种、规格过多。优先数系是国际上统一的参数分级标准，可用于各种量值的分级，以便于在不同的地方都能优先选用同样的数值，这不仅为技术及经济工作上的统一、简化和产品参数的协调提供了基础；而且由于优先数的积和商也是优先数，所以可用其理论值的对数值（序号）而不是优先数本身进行计算，尤其是当系列按同样比例相乘或相除时，可使计算大为简化。

按优先数系确定的参数和系列，在以后的标准化过程中（从企业标准发展到行业标准、国家标准），有可能保持不变，这在技术上和经济上都有很大的意义。

企业自制自用的工艺装备和设备的参数，也应当选用优先数系，这样不但可以简化、统一品种规格，而且可使尚未标准化的对象，从一开始就为实现标准化奠定基础。

（3）具有广泛的适应性。由于优先数系中包含有各种不同公比的系列，因而可以满足多种疏密程度的分级要求。由于较疏的系列的项值包含在较密的系列之中，这样在必要时可插入中间值，使较疏的系列变成较密的系列，而原来的项值保持不变，使得与其他产品的配套协调关系不受影响，这对开发产品品种是十分有利的。在制定标准或规定各种参数的协商中，优先数系应当成为用户和制造商或各有关单位之间共同遵循的准则。在参数范围很大时，根据情况可分段选用最合适的基本系列，以复合系列的形式来组成最佳系列。

由于优先数的积或商仍为优先数，这就进一步扩大了优先数的适用范围。如当直径采用优先数时，圆的周长和面积都为优先数，于是圆周速度、切线速度、圆柱体的面积和体积、球的面积和体积等也都是优先数。

优先数系提供了逻辑性最强的方法,能在给定的领域内不间断地满足整个范围的需要。因此,这适用于能用数值表示的各种量值的分级,特别是产品的参数系列。如长度、直径、面积、体积、载荷、应力、速度、功率、电流、时间、浓度、传动比、公差、测量范围、试验或检验工作中测点的间隔,以及无量纲的比例系数等。凡在取值上具有一定自由度的参数系列,都应最大限度地选用优先数。在制定产品标准时,特别是在产品设计中应当有意识地使主要尺寸、参数成为优先数。

(4) 简单、易记、计算方便。优先数系是十进制等比数列,其中包含10的所有整数幂。只要记住在一个十进制段内的数值,其他十进制段内的数值可由小数点的移位得到。所以只要记住 R_{20} 系列中的20个数值,就可解决一般应用性问题了。

优先数系是等比数列,而优先数的理论值的对数(序号)则是等差数列,利用这些特点可以大大简化计算。

2. 优先数系的缺点

由于优先数的"和"与"差"一般不再为优先数,因此,对于有拼加性要求的参数分级情况,优先数系就不再适用。

◇ 标准小故事

锁 与 钥 匙

一日,锁对钥匙埋怨道:"我每天辛辛苦苦为主人看守家门,而主人喜欢的却是你,总是每天把你带在身边。"而钥匙也不满地说:"你每天待在家里,舒舒服服,多安逸啊!我每天跟着主人,日晒雨淋,多辛苦啊!"

一次,钥匙也想过一过锁那种安逸的生活,于是把自己偷偷藏了起来。主人出门后回家,不见了开锁的钥匙,气急之下,把锁给砸了,并把锁扔进了垃圾堆里。主人进屋后,找到了那把钥匙,气愤地说:"锁也砸了,现在留着你还有什么用呢?"说完,把钥匙也扔进了垃圾堆里。

在垃圾堆里相遇的锁和钥匙,不由感叹起来:"今天我们落得如此可悲的下场,都是因为过去我们在各自的岗位上,不是相互配合,而是相互妒忌和猜疑啊!"

资料来源:锁与钥匙,《大众标准化》,2015(8):45。

第四节 电阻器和电容器优先数系(E系列)

E系列也是一种几何级数构成的数列。由于E系列最早在英国的电工行业中得到应用,故采用Electricity的第一个字母E表示这一系列。它是以 $\sqrt[3]{10}$、$\sqrt[6]{10}$、$\sqrt[12]{10}$、$\sqrt[24]{10}$、$\sqrt[48]{10}$、$\sqrt[96]{10}$ 和 $\sqrt[192]{10}$ 为公比的几何级数,分别称为E3系列、E6系列、E12系列、E24系列、E48系列、E96系列和E192系列。一般情况下,常用的E系列主要是E3系列、E6系列、

E12 系列、E24 系列,它们的公比分别近似为 2.2、1.5、1.21、1.10。

这四个系列的基本值见表 5.5。E48 系列、E96 系列和 E192 系列给出的数值(参见 GB/T 2471)只有当元件的允许偏差小于 5%和特殊要求时才予以考虑。

表 5.5 E 系列基本值

E24	E12	E6	E3	E24	E12	E6	E3
允许偏差 ±5%	允许偏差 ±10%	允许偏差 ±20%	允许偏差 >±20%	允许偏差 ±5%	允许偏差 ±10%	允许偏差 ±20%	允许偏差 >±20%
1.0	1.0	1.0	1.0	3.3	3.3	3.3	
1.1				3.6			
1.2	1.2			3.9	3.9		
1.3				4.3			
1.5	1.5	1.5		4.7	4.7	4.7	4.7
1.6				5.1			
1.8	1.8			5.6	5.6		
2.0				6.2			
2.2	2.2	2.2	2.2	6.8	6.8	6.8	
2.4				7.5			
2.7	2.7			8.2	8.2		
3.0				9.1			

E 系列由 IEC 于 1951 年通过,1952 年公布为国际标准,但该系列只适用于无线电子元件方面。

E 系列的最大特点就是系列中前一项的最大极限值等于后一项的最小极限值。即

$$a(1+t) = aq(1-t) \qquad (5.5)$$

式(5.5)中:a 为数列的首项;q 为数列的公比;t 为数列项值相对差的绝对值。

这样,两项之间既不会出现空缺,也不会出现重叠,从而使采用这种系列来确定参数的产品均可在合格范围之内。

国家标准 GB/T 2471-1995《电阻器和电容器优先数系》规定了电阻器的电阻值和电容器的电容量值应符合表 5.5 中的 E 系列要求。

IEC 曾希望改用 R 系列,但因 E 系列已在一些国家采用,改变起来困难较大,所以至今在无线电子元件(主要是电阻、电容)行业仍以 E 系列为主。

第五节 模 数 制

优先数系与 E 系列都是等比数列,具有许多优点,但也存在一定的缺点。缺点主要体现在无拼加性,即数列中项值的和或差,一般不再是数列中的项值,且项值中绝大多数是无理数,即使经过圆整之后,大多数仍然不是整数。所以,在确定诸如组合式产品或物件的最佳组合单元(如集装箱、包装箱)的尺寸时,就不能使用优先数系与 E 系列,而必须采用模数制。

一、模数和模数制的基本概念

模数是指在某种系统（构筑物或制品）的设计、计算和布局中普遍重复地应用的一种基准尺寸。

例如，建筑上用的砖，其尺寸为 24 厘米×12 厘米×6 厘米，故设计房屋的长宽尺寸时，均取 25 厘米（24 厘米+1 厘米）的整数倍，即砖长加 1 厘米（灰口）的整数倍。这样砖的尺寸就成了建筑工程中最基本的尺寸。

按组成空间尺寸方法的不同，模数可分为组合模数和分割模数。通常情况下，以内件为基准的结构，采用组合模数；以外件为基准的结构，采用分割模数。

组合模数（m）是组合尺寸的最小基数，它的数值取决于元件装接的最小尺寸。这种组合尺寸是等差数列 1 m，2 m，3 m，…，K m（K 取整数）中的项值。

分割模数（M）是组合尺寸的最大基数，它的数值取决于最大外件的包容尺寸。在 M 给定的条件下，内件的尺寸应取 M 的整数分割值，以充分利用包容面积和空间。这时内件尺寸系列由数列 1M，M/2，M/3，…，M/K 中的项值构成。

模数值就是模数 m（或 M）的取值。如国家标准 GB/T 1360-1998《印刷电路网格体系》中所规定的网格模数 m=2.5 毫米。

模数尺寸就是模数乘以正整数或分数所得的尺寸值。

模数数列就是所选定的模数与某一数列相乘所得到的数列。例如，模数值选定为 100，当它与数列 2，4，6，8，10，12……相乘时，即可得到模数数列 200，400，600，800，1 000，1 200……

模数制就是在模数的基础上所制定的一套尺寸协调的标准。

二、建筑模数制

模数的应用起源于建筑业。在对建筑物及其构件（如砖、窗、门和卫生设备）进行设计、规划和布局时，按照选定的模数为基础规定它们的尺寸，可以实现设计标准化、构件加工预制工厂化和施工作业机械化。建筑物的模数设计和建筑物构件的模数配合是实现建筑工业化的重要条件。

世界上许多国家还把基本模数定为标准。目前的情况是采用 100 毫米作为构件标准化的基本模数，并以这个数的 3 倍和 6 倍为扩大模数，供建筑设计中较大的尺寸使用。现行国家标准 GB/T 50002-2013《建筑模数协调标准》规定基本模数的数值应为 100 毫米。整个建筑物和建筑物的一部分以及建筑部件的模数化尺寸，应是基本模数的倍数。

延伸课堂

美国木结构住宅模数构件的应用

(一)建筑模数的构成

1. 基本模数

基本模数的数值为100毫米,其符号为M_0,即$1M_0$等于100毫米。

整个建筑物和建筑物的一部分以及建筑部件的模数化尺寸,应是基本模数的倍数。

2. 导出模数

导出模数分为扩大模数和分模数,其基数应符合下列规定:

(1) 水平扩大模数基数为$3M_0$、$6M_0$、$12M_0$、$15M_0$、$30M_0$、$60M_0$,其相应的尺寸分别为300、600、1 200、1 500、3 000、6 000(单位:毫米);竖向扩大模数基数为$3M_0$和$6M_0$,其相应的尺寸分别为300毫米和600毫米。

(2) 分模数基数为$1/10M_0$、$1/5M_0$、$1/2M_0$,其相应的尺寸分别为10、20、50(单位:毫米)。

表5.6为建筑模数数列的具体参数值。

表5.6 建筑模数数列的具体参数值　　　　单位:毫米

基本模数	扩大模数						分模数		
$1M_0$	$3M_0$	$6M_0$	$12M_0$	$15M_0$	$30M_0$	$60M_0$	$0.1M_0$	$0.2M_0$	$0.5M_0$
100	300	600	1 200	1 500	3 000	6 000	10	20	50
100	300						10		
200	600	600					20	20	
300	900						30		
400	1 200	1 200	1 200				40	40	
500	1 500			1 500			50		50
600	1 800	1 800					60	60	
700	2 100						70		
800	2 400	2 400	2 400				80	80	
900	2 700						90		
1 000	3 000	3 000		3 000			100	100	100
1 100	3 300						110		
1 200	3 600	3 600	3 600				120	120	
1 300	3 900						130		
1 400	4 200	4 200					140	140	
1 500	4 500			4 500			150		150
1 600	4 800	4 800	4 800				160	160	
1 700	5 100						170		
1 800	5 400	5 400					180	180	
1 900	5 700						190		
2 000	6 000	6 000	6 000	6 000	6 000	6 000	200	200	200
2 100	6 300							220	
2 200	6 600	6 600						240	
2 300	6 900								250
2 400	7 200	7 200	7 200					260	
2 500	7 500			7 500				280	

(续表)单位：毫米

基本模数	扩大模数						分模数		
$1M_0$	$3M_0$	$6M_0$	$12M_0$	$15M_0$	$30M_0$	$60M_0$	$0.1M_0$	$0.2M_0$	$0.5M_0$
2 600		7 800						300	300
2 700		8 400	8 400					320	
2 800		9 000		9 000	9 000			340	
2 900		9 600	9 600						350
3 000				10 500				360	
3 100			10 800					380	
3 200			12 000	12 000	12 000	12 000		400	400
3 300					15 000				450
3 400					18 000	18 000			500
3 500					21 000				550
3 600					24 000	24 000			600
					27 000				650
					30 000	30 000			700
					33 000				750
					36 000	36 000			800
									850
									900
									950
									1 000

（二）建筑模数数列的幅度

1．基本模数数列的幅度

（1）水平基本模数为 $1M_0$。$1M_0$ 数列应按 100 毫米进级，其幅度应为 $1M_0$—$20M_0$；

（2）竖向基本模数为 $1M_0$。$1M_0$ 数列应按 100 毫米进级，其幅度应为 $1M_0$—$36M_0$；

2．导出模数数列的幅度

（1）水平扩大模数的幅度，应符合下列规定：

$3M_0$ 数列应按 300 毫米进级，其幅度应为 $3M_0$—$75M_0$；

$6M_0$ 数列应按 600 毫米进级，其幅度应为 $6M_0$—$96M_0$；

$12M_0$ 数列应按 1 200 毫米进级，其幅度应为 $12M_0$—$120M_0$；

$15M_0$ 数列应按 1 500 毫米进级，其幅度应为 $15M_0$—$120M_0$；

$30M_0$ 数列应按 3 000 毫米进级，其幅度应为 $30M_0$—$360M_0$；

$60M_0$ 数列应按 6 000 毫米进级，其幅度应为 $60M_0$—$360M_0$，必要时幅度不限制。

（2）竖向扩大模数的幅度，应符合下列规定：

$3M_0$ 数列应按 300 毫米进级，幅度不限制；

$6M_0$ 数列应按 600 毫米进级，幅度不限制。

（3）分模数的幅度，应符合下列规定：

$1/10M_0$ 数列应按 10 毫米进级，其幅度应为 $1/10M_0$—$2M_0$；

$1/5M_0$ 数列应按 20 毫米进级，其幅度应为 $1/5M_0$—$4M_0$；

$1/2M_0$。数列应按 50 毫米进级,其幅度应为 $1/2M_0$—$10M_0$。

(三)建筑模数数列的适用范围

1. 基本模数数列的适用范围

(1)水平基本模数为 $1M_0$—$20M_0$ 的数列,主要用于门窗洞口和构配件截面等处;

(2)竖向基本模数为 $1M_0$—$36M_0$ 的数列,主要用于建筑物的层高、门窗洞口和构配件截面等处。

2. 导出模数数列的适用范围

(1)水平扩大模数为 $3M_0$、$6M_0$、$12M_0$、$15M_0$、$30M_0$、$60M_0$ 的数列,主要用于建筑物的开间或柱іа、进深或跨度、构配件尺寸和门窗洞口等处;

(2)竖向扩大模数为 $3M_0$ 的数列,主要用于建筑物的高度、层高和门窗洞口等处;

(3)分模数为 $1/10M_0$、$1/5M_0$、$1/2M_0$ 的数列,主要用于建筑物的缝隙、构件节点、构配件截面等处。

分模数不应用于确定模数化网络的距离,但根据设计需要可用于确定模数化网络平移的距离。

三、包装模数

为了适应货物装卸机械化、自动化、运输集装化以及仓储现代化的要求,包装物的外形尺寸必须实现模数化。

国际标准 ISO 3394:2012 以 600 毫米×400 毫米、600 毫米×500 毫米和 550 毫米×366 毫米为运输包装平面模数尺寸,规定了硬质直方体运输包装件的 4 个平面尺寸系列:1 200 毫米×1 000 毫米、1 200 毫米×800 毫米、1 100 毫米×1 100 毫米和 1 219 毫米×1 016 毫米。

国家标准 GB/T 4892-2021《硬质直方体运输包装尺寸系列》修改采用了 ISO 3394:2012,以 ISO 的包装基本模数为确定运输包装尺寸模数的基础,同时考虑到国家标准 GB/T 2934-2007《联运通用平托盘 主要尺寸及公差》所确定的托盘平面尺寸为 1 200 毫米×1 000 毫米、1 100 毫米×1 100 毫米,从而选择 1 200 毫米×1 000 毫米、1 200 毫米×800 毫米和 1 100 毫米×1 100 毫米作为包装单元货物的平面尺寸,并且给出用整数除运输包装模数尺寸计算求得的运输包装平面尺寸系列。

四、模数制的推广与统一

模数制只适用于尺寸系列,而优先数系既适用于尺寸系列,又适用于其他参数系列。尽管如此,模数理论不仅在建筑业得到普遍推广,而且在包装物的标准化、电器、食品和成套设备的组装尺寸标准化,以及机械工业产品的单元尺寸与组合尺寸的协调等方面,都涉及模数配合与模数协调问题。有的已经制定了相应的标准,如印制电路网络模数;有的正在制定这方面的标准。

随着模数理论应用领域的扩大,模数制的统一问题也提上了日程。如果每个部门都制定自己的一套模数制度,这对各类尺寸之间的协调和衔接是不利的。为此,应逐步建立起一套综合完整的统一的模数系统。ISO、IEC 已经开始了这方面的工作。

本章小结

参数是所有现象、产品或工作过程中某些重要性质的量,通常有基本参数、主参数之分。参数选择和参数分级是产品标准最主要的内容,客观实用性、经济效益原则和感觉的规律性是参数选择和参数分级的依据。参数之间相互关联、不断扩散的特性是建立数值分级方法的前提。

等差数列(算术级数)、分段等差数列、等比数列(几何级数)都属于非标准数值系列。在确定产品(尤其是设备、设置)的基本参数时,应防止随意使用任何的非标准数值系列,否则不利于产品发展和设备配套。

优先数和优先数系是一种科学的数值制度,是一种无量纲的分级数系,适用于各种量值的分级,是十进制几何级数,也是标准数值系列。优先数系是指数列中公比为 $\sqrt[5]{10}$、$\sqrt[10]{10}$、$\sqrt[20]{10}$、$\sqrt[40]{10}$ 和 $\sqrt[80]{10}$,且项值中含有 10 的整数幂的几何级数的常用圆整值,是一组近似等比的数列。R_5、R_{10}、R_{20}、R_{40} 系列是基本系列,R_{80} 系列是补充系列,根据需要还可以形成派生系列、移位系列、化整值系列以及复合系列。优先数系的特征包括:包容性,相对差近似不变,延伸性,项值相乘、相除或整数乘方的值仍在数系中,理论值的对数构成等差数列等。优先原则、先基本系列后派生系列、先疏后密等是优先数系的应用原则。优先数系最突出的局限性在于优先数的"和"与"差"一般不再为优先数。E 系列是一种由几何级数构成的数列,也是一种标准数值系列,包括 E3 系列、E6 系列、E12 系列、E24 系列、E48 系列、E96 系列和 E192 系列等,主要用于无线电子元件行业。E 系列的最大特点就是系列中前一项的最大极限值等于后一项的最小极限值。

模数制就是在模数的基础上所制定的一套尺寸协调的标准,其最大优势在于具有拼加性,因而在确定诸如组合式产品或物件的最佳组合单元(如集装箱、包装箱)的尺寸时,就不能使用优先数系与 E 系列,而必须采用模数制。现实应用中主要有建筑模数和包装模数。

复习与思考

一、名词解释

主参数、优先数、优先数系、E 系列、模数、组合模数、分割模数

二、单选题

1. 等差数列适用于下列哪类参数值的分级?(　　)
   A. 生活用品　　B. 电子元件　　C. 包装箱　　D. 建筑物

2. 优先数系的种类有许多,如基本系列、补充系列、派生系列、移位系列、化整值系列以及复合系列等,以下哪个不属于基本系列?(　　)
   A. R_5　　B. R_{10}　　C. R_{40}　　D. R_{80}

3. 优先数系的种类有许多,如基本系列、补充系列、派生系列、移位系列、化整值系列以及复合系列等,以下哪个属于派生系列?(　　)
   A. R_5　　B. $R_{10/3}$　　C. R_{40}　　D. R_{80}

4. 以下哪项不属于优先数系的主要特性?(　　)
   A. 包容性　　　　　　　　　　B. 相对差近似不变

C. 叠加性　　　　　　　　　　D. 延伸性

5. 以下哪种情况适用于选择模数制作为其参数的分级标准？（　　）
A. 组合尺寸　　　　　　　　　B. 几何尺寸
C. 有相对差要求的尺寸　　　　D. 有延伸性要求的尺寸

6. （　　）是组合尺寸的最大基数，它的数值取决于最大外件的包容尺寸。
A. 导出模数　　B. 分模模数　　C. 分割模数　　D. 组合模数

三、多选题

1. 在进行参数选择和参数分级的时候，我们主要依据（　　）来确定。
A. 客观实用性　　B. 使用的场合　　C. 感觉的规律性　　D. 经济效益原则

2. 在现实中，对参数分级起制约作用的因素很多，一般包括（　　）。
A. 参数的相关性　　　　　　　B. 标准化对象自身的特性
C. 技术继承性　　　　　　　　D. 使用的方便性

3. 优先数和优先数系是一种科学的数值制度，既是一种（　　）的分级数系，又是一种（　　）级数。
A. 无量纲　　B. 科学性　　C. 十进几何　　D. 算术

4. E系列的最大特点就是系列中，前一项的最大极限值等于后一项的最小极限值，为此特别适用于（　　）类产品。
A. 电阻　　　B. 电容　　　C. CPU　　　D. 集成电路

四、判断题

1. 优先数系最突出的局限性在于按优先数常用值分级的参数系列，其公比是不均等的。（　　）

2. 优先数系的包容性是指从 R_5 到 R_{80}，前一数系的项值依次包容在后一数系中。R_{80} 系列包含了 R_5 到 R_{40} 各系列的所有项值。（　　）

3. 由于国家标准 GB/T 321 中只列出了 1—10 范围内的基本系列、补充系列的标准值，因此，在使用优先数系对参数分级时，只能用于参数值要求范围为 1—10 的参数分级。（　　）

4. 模数制主要是无拼加性，即数列中项值的和或差，一般不再是数列中的项值，且项值中绝大多数是无理数，即使经过圆整之后，大多数仍然不是整数。（　　）

5. 组合模数是组合尺寸的最大基数，它的数值取决于最大外件的包容尺寸。（　　）

五、简答题

1. 简述优先数系的应用原则。
2. 简述优先数系的主要特性。
3. 简述优先数系的优点与局限性。

六、论述题

1. 分析几种产品的参数系列，指出其构成规律。
2. 举出几个模数配合的例子。

案例分析

优先数系用于企业标准中的奖惩分级

在企业管理标准和工作标准中,采用奖扣现金办法作为考核奖惩的手段是大多数企业普遍运用的,福建龙岩市红坊水泥厂也不例外。

在采用奖扣现金办法作为考核奖惩手段的实践过程中,该企业发现,由于奖扣现金办法是无级数的,也就是说奖扣数额没有档次,可以是几角至几千元中的任意一种金额。无疑奖扣金额标准的确定带有很大的主观随意性,如因某项原因确定扣款12元,要解释为什么扣12元而不扣10元或15元,谁也说不准。在一个企业的管理标准和工作标准中出现的奖扣现金金额的种数也是多到谁也说不清。在制定管理标准和工作标准时,将为从无数个档次(金额)中应选取哪一种金额而为难,这也会给考核管理和财务工作带来诸多不便。此外,这种奖惩规定还有一个突出问题是没有拉开奖惩档次,被考核事项优、次差距与奖惩金额差距不成比例。

为了克服管理标准和工作标准中规定奖惩现金金额时的随意性和不合理性,该厂决定尝试着借助优先数系来解决由奖扣现金金额方式所带来的问题。

由于优先数系是一种科学的数值制度,数系中的数(即优先数)不是杂乱无章地堆积,而是按一定规律,有秩序地形成数值系列。它适用于各种量值的分级,因而自然也适用于奖惩现金金额的分级。

为此,福建龙岩市红坊水泥厂基于企业经济条件,将职工奖惩情况均分为18级,并从优先数系中选择合适的奖惩金额系列,制定出了红坊水泥厂企业标准《奖惩分级与金额系列》(见表5.7)。

表5.7 《奖惩分级与金额系列》

分级	1	2	3	4	5	6	7	8	9
金额(元)	0.5	1	2	4	8	12.5	20	32	50
分级	10	11	12	13	14	15	16	17	18
金额(元)	80	125	200	320	500	800	1 250	2 000	3 200

在表5.7中,18个奖惩分级所对应的金额均为优先数。1—5级对应的金额选自优先数系中的$R_{10/3}$系列,后1级金额与前1级金额的比为2;5—18级对应的金额选自优先数系中的$R_{10/2}$系列,其后1级与前1级金额的比为1.6。

从此以后,企业在制定所有管理标准和工作标准时,凡涉及考核奖惩内容的都统一按《奖惩分级与金额系列》标准执行。由于级与金额是对应确定的,所以在管理标准与工作标准的条文中,针对某项事务/工作的奖惩都采用等级表示法,而不写金额。例如奖励80元时,称"给予10级奖励";扣款20元时,称"按7级扣款"。

在管理标准和工作标准中应用优先数系后,该厂的考核奖惩工作更加科学化、合理化,尤其在以下两方面体现出明显的优越性:

(1) 奖惩比较客观合理。由于优先数按等比级数递增,其级差能反映奖惩事由性质的变化,即管理或工作事项执行结果的优、次程度差距与奖惩金额的差距大致成比例。

因此,克服了"干好干坏差不多,奖惩拉不开档次"的缺陷,从而能更充分地调动员工的积极性。

（2）经济奖惩级别能同时体现出荣辱级别。奖励等级高,其荣誉等级也高;惩罚级别高,其受惩罚的程度也重,说明问题的性质较严重。

资料来源:作者根据相关资料整理而成。

思考讨论题

1. 为什么"优先数系"可用于企业标准中的奖惩分级?

2. 根据本章所学习的知识,你认为在企业管理中还有哪些方面需要用到"标准数值系列"或"非标准数值系列"?

第六章　标准化的形式与方法

【学习要点及目标】

1. 了解各类标准化形式的应用领域,以用组合形式设计系统
2. 理解简化的客观基础、组合化的理论基础
3. 熟悉产品系列化的过程、通用化的方法和模块化的过程
4. 掌握各类标准化形式的基本概念、统一化的原则与方式
5. 掌握简化的经济效益评价方法和产品标准化程度评价方法

【关键概念】

简化、统一化、系列化、系列型谱、通用化、互换性、产品标准化程度、标准化系数、组合化、组合设计、模块、模块化

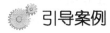 引导案例

模块化房屋演绎住宅建筑的未来

在欧洲,模块化房屋有着更广泛的用途,Travelodge是英国的一家快捷连锁酒店集团,它是世界最大的连锁酒店集团。在英国 Uxbridge、Heathrow 机场等地,Travelodge 采用模块化的方式建造并投入运营了多家酒店。学生住宅也是模块化房屋的一个应用方向,阿姆斯特丹 100 间模块式大学生公寓使模块化房屋最先进入国际视野,也受到了市场关注。

一个个装修一新的房屋模块正源源不断地被运到现场,而工人们所要做的只是把它们吊装在已经浇筑好的水泥地基上,通过螺栓快速固定,接通水电,让人惊讶的是,做好这些之后就可以入住了。一个标准的房屋模块按照不同需求,可以分割成两个、三个或者四个房间。每一个房间内已经按照酒店标准进行了全面装修,并且装配好了所有生活设施:床、柜子、书桌、淋浴房、马桶、电视、空调、照明灯、网线插孔……和酒店房间一模一样,这就是集中制造的、以集装箱结构为基础的模块化房屋。这种模块化房屋的外部进行了精细装修,它实质上就是一个移动式房屋,但它有着普通房屋所不具备的优越性:首先,它方便堆叠、拆卸,由于借助集装箱结构技术,最高可以堆叠 16 层,同时具有可移动性,且使用效能在不同地方几乎完全相同;其次,它能够抵抗恶劣气候的侵袭,经过试验,这种模块化房屋,可以抵御 12 级飓风、经受 8 级地震;最后,经过特殊处理的墙壁具有防火功能,保温隔热性能也大大优于传统水泥砖瓦建筑。

从生产方式来看,传统建筑要先准备好地基才能从地基向上砌屋,而模块化房屋是在工厂生产,与地基准备可同时进行,加上装配的机械化程度高,建筑周期可比传统建筑缩

短40%—60%。例如,300套房间的装配只需几周即可完成,这是传统建筑无法比拟的;传统砖瓦水泥建筑是单个小批生产,而模块化房屋是在工厂采用流水线的大批生产,其规模效应可令房屋建造成本大大降低;模块化房屋的生产主要靠机械设备,不像传统建筑主要靠手工,对熟练工人的依赖程度低;建造模块化房屋不受天气影响,可日夜施工,而传统建筑易受天气影响,不可日夜施工。

资料来源:作者根据相关资料整理而成。

思考

1. 此案例暗含了哪些标准化知识?
2. 你认为广泛采用标准化的形式与方法将会对人类社会发展产生怎么样的影响?

标准化形式是标准化活动过程的表现形态,也是标准化活动内容的表现方式。标准化有多种形式,每种形式表现出不同的标准化内容,针对不同的标准化任务,达到不同的目的。标准化形式由标准化内容决定,并随着标准化内容的变化而变化,但标准化形式也有其相对的独立性和继承性,可反作用于标准化内容。标准化过程是标准化内容和形式的辩证统一的过程。

研究各种标准化的形式及其特点,不仅有利于在实际工作中根据不同的标准化任务,选择和运用适宜的标准化形式,达到标准化的目的,而且能够根据标准化工作的开展和客观的需要,及时创立新形式来取代旧形式,为标准化工作的进一步发展开辟道路。标准化的形式主要有简化、统一化、系列化、通用化、组合化、模块化等。

第一节 简 化

简化是在一定范围内缩减对象(事物)的类型数目,使之在一定时间内满足一般需要的标准化形式。也就是说,在不改变对象的质的规定性、不削弱对象功能的前提下,减少对象的多样性、复杂性。

简化一般是在事后进行的,即在事物的多样性已经发展到一定规模之后,才对事物的类型数目加以缩减。当然,这种缩减是有条件的,它是在一定的时间和空间范围内进行的,其结果应能保证满足一般的需要。

一、简化的客观基础

一般来说,供人们使用消费的物品都有三种功能:一是基本功能,即用来满足人们对该物品的共同需要的功能,这也是该物品得以存在的基础;二是附加功能,即用来满足不同的人群对物品的特殊需要的功能;三是条件功能,即使基本功能得以充分发挥的功能。以挂历为例,其基本功能是显示日历,条件功能是可以挂在墙上,而附加功能则是装饰和美化环境。

由于附加功能和条件功能的存在,同一物品具有众多的品种规格。而且,随着人们需求的不断变化和市场竞争的日趋激烈,品种规格还会不断增加。品种的增加在一定的范围内可以满足消费者的需求,故而是有利的,但如果超出一定的范围,盲目地、无限制地增加品种,就会给制造、选购、使用和维修带来很大的不便。此外,大量在功能上相近的品种的泛滥也会造成社会财富和资源的极大浪费。因此,就有必要运用"简化"这一标准化形式,将产品的品种规格缩减到必要的范围内。

简化只是控制不合理的多样性,而不是一概排斥多样性。通过简化,消除多余的、低效的品种,使产品系列的构成更精练、合理,从而增强系列的总体功能,并为品种多样化的合理发展奠定基础。

产品自身所存在的基本功能、附加功能和条件功能是促使品种多样化的内在原因,而市场经济则是导致品种多样化失控的外部原因。只要这两个因素还存在,简化就是一个必不可少的调节手段。

二、简化的原则

简化不是对客观事物的类型数目进行任意的缩减,更不能认为只要把对象的类型数目加以缩减,就会产生效果。简化的实质是对客观系统的结构加以调整并使之最优化的一种有目的的标准化活动;它是对事物多样化发展的人为干预,这种干预是在事物多样化的发展超过一定界限后才发生的。因而它是一种事后的干预,这也是简化区别于其他标准化形式的一个显著特点。简化的原则包括以下三条:

(1) 只有当多样化的发展规模超出了必要范围时,才允许简化。

(2) 简化要合理、适度。一般来说,合理的简化必须符合两个条件:一是必须保证在规定的时间内足以满足一般的需要,不能因简化而导致必需品的短缺;二是简化后产品系列的总体功能最佳。

(3) 简化后的产品系列,其参数组合应尽量符合标准参数分级制度。

三、简化的应用

简化是古老的标准化形式,也是最基本的标准化形式,它所需要的投资较少,而效果却很显著。简化的应用领域十分广泛,仅就产品的生产过程而言,从构成产品系列的品种、规格,原材料的品种、规格,工艺装备的种类,零部件的品种、规格,直到构成零部件的结构要素都可作为简化的对象,至于企业管理业务活动中可以作为简化对象的事物也十分常见。

1. 物品种类的简化

任何一个生产企业都有大量的库存物品,种类繁多。其中有的长期处于闲置状态,有的品种规格可以归并,只要实行简化便可以消除许多无用的、多余的、可替换的品种,不仅能减少资金占用,还可以提高管理效率。

2. 原材料的简化

许多企业采购原材料不作论证,任由设计人员提出要求,采购的品种规格过多、过杂。例如,某机器厂仅使用的润滑剂、冷却切削液和热处理油就有179个品种,后经简化为25种,年节约原材料资金近一半。

3. 工艺装备的简化

对于绝大多数企业而言,其编制工艺文件时通常采取的都是分散工序的方式,并依此各自选择加工工具,结果导致工具品种繁多。倘若能通过工艺文件审查和使用统计,便可以将通用性差的和可替代的工艺装备加以简化。

4. 零部件的简化

机电产品是由零部件、元器件组成的,有的产品中功能相近的零部件很多,特别是在同类型、同系列产品中更是如此,若能归并简化,便可显著提高设计和制造效率。

5. 数值的简化

在设计过程中,如果任由不同的设计人员自由取值,就会使同一参数出现多种数值,这不仅会导致此类产品的品种规格增多,也会导致相应的工具、量具的种类增多,同时增加管理这些工具、量具的工作量及繁杂性。倘若能加以简化,形成可作为选用依据的标准,便可防止数值选取的不必要多样化。

6. 结构要素(形面要素)的简化

孔径、螺纹直径、圆角半径、倒角等辅助要素的简化,可能会有极可观的效益。因为减少这些要素,就意味着减少加工工具的数量,避免信息在生产过程中泛滥,降低生产成本。

四、简化的经济效益评价

简化能够带来全面的经济效益。它可以从定性和定量两个方面进行度量。

(一) 简化的经济效益定性评价

从定性的角度分析,简化所能够带来的经济效益,主要体现在以下两个方面。

1. 制造者方面

在设计阶段,品种的简化可以减少设计差错、缩短设计时间、提高设计效率,从而便于图纸和设计文件的管理。

在生产阶段,品种的减少在以下方面降低了生产成本:① 扩大了单个品种的生产批量,从而为采用高效率的专用设备,实现专业化、自动化生产创造了条件;② 减少了工艺装备的品种和数量,从而缩短了生产准备周期并节约了制造工艺装备的费用;③ 减少了原材料、零部件储备的品种和数量,从而减少了流动资金的占用,加速了流动资金的周转;④ 提高了劳动生产率和产品质量,降低了产品的不合格率。

2. 商业部门和消费者方面

品种的简化便利了包装、运输和仓储,大大减少了流通领域的人力、物力消耗和管理费用,也给消费者的使用和维修带来了方便;同时,产品制造成本的下降也使消费者在经济上直接受益。

(二) 简化的经济效益定量评价

早在20世纪30年代,就开始了围绕品种简化的经济效益进行的定量研究,其中最著名的是法国学者卡柯特和日本学者松浦四郎的研究成果。

1. 卡柯特公式——扩大生产批量与降低制造成本的关系

1939年,法国学者卡柯特在对产品品种简化与产品成本降低的关系的研究中,得出这样的结论:单位产品制造的相对成本与产量扩大的倍数的4次方根成反比。其数学表达式为

$$Y = \frac{1}{\sqrt[4]{X}} \tag{6.1}$$

式(6.1)中:Y 为单位产品制造的相对成本;X 为产量扩大的倍数。

卡柯特公式是一个经验公式,它同实际的生产情形十分接近,美国福特汽车公司生产 T 型汽车的经验、西尔伯斯敦(Silberston)对美国汽车工业产量与成本关系的研究以及第二次世界大战后美国生产 T_2 油轮的经验都验证了卡柯特公式。

据此反推,其一般公式可表示为

$$Y = X^{-a}$$

或

$$\frac{C_1}{C_0} = \left(\frac{Q_1}{Q_0}\right)^{-a} \tag{6.2}$$

式(6.2)中:Q_0、Q_1 分别表示批量生产扩大前后的年产量;C_0、C_1 分别表示批量生产扩大前后的单位产品制造费用(不包括原材料费);α 表示产量对单位产品制造费用的影响系数,α 一般的取值范围为 0.2—0.5。

2. 卡柯特—松浦四郎公式——简化品种与降低制造成本的关系

松浦四郎在对法、德、日、美等国家有关品种简化的实例进行深入研究之后,得出结论:制造中品种简化与产量增加的效果是大体相同的。也就是说,制造成本的降低与品种简化的关系也呈($-\alpha$)次双曲线的趋势。为此,松浦四郎根据这一研究成果,把制造成本的降低与产量的增加、品种的简化三者用公式联系起来,即得

$$\frac{C_1}{C_0} = \left(\frac{Q_1}{Q_0}\right)^{-a} = \left(\frac{P_0}{P_1}\right)^{-a} \tag{6.3}$$

式(6.3)中:C_0、C_1 分别为批量生产扩大前后的单位产品制造费用(不包括原材料费);Q_0、Q_1 分别为批量生产扩大前后的年产量;P_0、P_1 分别为简化前后的品种数;α 则与产品的设计、制造、销售的活动阶段(环节)数量有关。如果在这些活动阶段中,受品种简化影响的阶段(环节)越多,则 α 值越大。

3. 品种简化所带来的年净节约

由式(6.3)可推导出,由于品种简化所带来的年净节约额为

$$J_P = Q_1 \times C_0 \times \left[1 - \left(\frac{P_0}{P_1}\right)^{-a}\right] \tag{6.4}$$

如果在进行品种简化的同时,对产品的结构作了某些改进,致使原材料的费用有所变化,则应把这种变化考虑在内,此时的年净节约额为

$$J_P = Q_1 \times \left\{C_0 \times \left[1 - \left(\frac{P_0}{P_1}\right)^{-a}\right] + (F_0 - F_1)\right\} \tag{6.5}$$

式(6.5)中:F_0、F_1 分别为品种简化前后的原材料费。

[案例 6.1] 某企业生产甲产品,年产量为 1 000 件,单件产品制造费用为 80 元(不含原材料费),该厂实行标准化后,将甲产品的品种减至原来的一半。若年产量不变,试计算品种简化后带来的年净节约额($\alpha = 0.25$)。

解 已知:$C_0 = 80$(元/件);$Q_1 = 1 000$ 件

$P_0/P_1 = 2$;$\alpha = 0.25$;$F_0 = F_1$(简化前后的原材料费不变)

则企业品种简化所带来的净节约为

$$J_P = Q_1 \times \left\{C_0 \times \left[1 - \left(\frac{P_0}{P_1}\right)^{-a}\right] + (F_0 - F_1)\right\}$$

$$J_P = 1 000 \times \{80 \times [1 - 2^{-0.25}] + 0\}$$

$$=1.27\times 10^4(元)$$

延伸课堂

超前标准化

第二节 统 一 化

将同类事物两种以上的表现形态归并为一种,或限定在一定范围内的标准化形式,就叫统一化。统一化同简化一样,都是古老的标准化形式。古人统一度量衡、统一文字、统一货币等都是统一化的典型事例。

统一化的实质是使对象的形式、功能(效用)或其他技术特征具有一致性,并把这种一致性通过标准确定下来。因此,统一化的概念同简化的概念是有区别的,统一化着眼于取得一致性,即从个性中提炼共性;而简化则着眼于精练,在简化过程中往往保存若干合理的品种,简化的目的并非将多种形式、功能(效用)或技术特征简化为一种标准。

统一化的目的是消除由于不必要的多样化造成的混乱,为人类的正常活动建立所有人共同遵守的秩序。由于社会生产的日益多样化,各生产环节和生产过程之间的联系日益复杂,特别是在国际交往日益频繁的情况下,需要统一的对象越来越多,需要统一的范围也越来越广。

一、统一化的原则

1. 同质性

所谓同质性,就是实施统一化的对象必须具有相同的质或相同的内容,只是在量的方面或表现形式方面存在某些差异。不同质或不同内容的事物是不能统一的。如同一事物有不同的名称,可以用一个名称把它统一起来,但不能把不同质的刀具和塑料统一起来。

2. 等效性

对标准化对象实施统一化后,被确定的对象与原先被统一的对象之间,在功能上必须等效。如果不等效,则被确定的对象不能成为原对象的统一物。"等效"不是"同效"。所谓等效是指被确定的对象的功能包含了原先被统一对象的功能,因此前者完全可以取代后者,而且前者的功能在统一化的过程中往往得到优化,所以经统一化后确定的对象的功能常常优于被统一对象的功能。

统一化常常是对原有的各种类型的综合或是在某一类型的基础上加以改进。但也有从原型中优选的,不过它仍遵守等效性原则。

3. 适时性

统一化是事物发展到一定规模、一定水平时,对其进行人为干预的一种标准化形式。

干预是否适时,对事物未来的发展有很大的影响。把握好统一的时机,是实施统一化的关键。所谓"适时"是指统一的时机要选准,既不能过早,也不能过晚。过早就有可能使低劣的类型合法化,而不利于优异的类型的产生;过晚虽然能选择出较为优异的类型,但在淘汰低劣类型的过程中必定会造成较大的经济损失,增加统一化的难度。

4. 先进性

等效性原则只是对统一化提出了最基本的要求,因为只有等效才有统一可谈;统一化后必须保持社会所有必要的功能,否则便失去了统一的意义。但统一化的目标绝非仅仅为了实现等效替换,而是要使建立起来的统一性具有比被淘汰的对象更优的功能,在生产和使用过程中取得更大的效益,为此必须贯彻先进性原则。

所谓先进性,就是指确定的一致性(或所作的统一规定)应有利于促进生产发展和技术进步,有利于社会需求得到更好的满足。就产品标准而言,就是要能促进产品质量的提高。统一化的过程实质上是打破旧平衡、建立新平衡的过程,这是统一化的灵魂,也是统一化成功的关键。

二、统一化的方式

根据被统一对象的特点和统一的目标,统一化的方式大致可分为三种。

1. 选择统一

它是在需要统一的对象中选择并确定一个,以此来统一其他对象的方式。它适合于那些相互独立、相互排斥的被统一对象,如交通规则、方向标准等。

2. 融合统一

它是在被统一对象中博采众长、取长补短,融合成一种更好的新形式,以代替原来不同形式的方式。一般来说,适合于融合统一的对象都具有互补性,如手表、闹钟等结构性产品,都适合采用融合统一的方法。

3. 创新统一

它是用完全不同于被统一对象的崭新的形式来统一的方式。一般来说,适宜采用创新统一的对象有两种:其一是在发展过程中产生质的飞跃的结果。如以集成电路统一晶体管电路。其二是由于某种原因无法使用其他统一方式的情况。如用国际计量单位来统一各国的计量单位。

此外,统一化分为两类:一类是绝对统一,它不允许有任何灵活性。如各种编码、代号、标志、名词、计量单位的统一。另一类是相对统一,它的出发点或总趋势是统一,但统一中还有一定的灵活性,需根据情况区别对待。如产品标准中质量指标的确定。

三、统一化的应用

统一化使对象的功能、形式、技术特征、程序和方法等具有一致性,进而使社会实践活动具有了统一性。统一化的应用主要有以下几方面:

(1) 计量单位、名词、术语、符号、代码、图形、标志等;

(2) 产品性能;

(3) 零部件及其结构要素;

(4) 试验方法、检验方法、仲裁方法以及相关的程序;

(5) 软硬件接口；

(6) 设计文件、工艺文件、检验文件、随机文件；

(7) 体制、制式；

(8) 信息格式、信息编码。

> ◇ **标准小故事**
>
> **轨距和民用电的统一化**
>
> 中华人民共和国成立前,各帝国主义列强在我国修建铁路的轨距有许多种：东北的中东铁路为 1 524 mm,京沈铁路为 1 435 mm,滇越铁路为 1 000 mm。中华人民共和国成立后,全国运营铁路的轨距统一为 1 435 mm。又如,民用电的电压和频率,在统一前有 110 V、50 Hz,110 V、25 Hz,100 V、50 Hz,125 V、50 Hz 等,最后则统一为 220 V、50 Hz。这些都是统一化,而不是简化,因为出发点就是统一和一致。但是,铁路钢轨的形式由原来的 108 种简化为 3 种,虽然也淘汰了大多数形式,但并不是统一,因为其出发点是在保证满足需要的前提下,求得型式的精练,而且根据客观需要的变化和发展,形式还可增加。

第三节 系 列 化

产品系列化简称为系列化,它是对同类产品的结构型式和主参数规格进行科学规划的一种标准化形式。

从实际情况来看,产品的系列化通常是在简化的基础上进行的,即通过简化,将产品多样化的发展由无序状态变成有序状态。从这一意义上说,系列化是简化的延伸。而不同的是,简化是在品种泛滥超过必要范围之后才进行的,而系列化则是为防止这种盲目的品种泛滥而预先作出的科学安排。因此,系列化源于简化且高于简化,它不仅能够简化现存不必要的多样性,还能够有效地预防未来不合理的多样性的产生,使同类产品的系统结构保持一个相对稳定的最佳状态。系列化是通过对同一类产品发展规律的分析研究,以及国内外产品发展趋势的预测,并结合本国的生产条件,经过全面的技术经济比较,对产品的主参数、型式、尺寸、基本结构等作出合理的规划,确定先进、适用的产品系列,以协调同类产品和配套产品之间的关系。因此,系列化是使某一类产品系统的结构优化、功能最佳的标准化形式。

产品系列化包括制定产品参数系列标准、编制系列型谱和开展系列设计三个方面的内容。

一、制定产品参数系列标准

所谓产品参数系列,就是对产品主参数或基本参数的分级。确定参数系列的目的就是对产品的主参数或基本参数数值进行合理分档,以便经济、合理地确定产品的品种规格。

产品的参数是人们用来标志产品结构特性（如外形尺寸、容积、重量等）和功能特性（如额定电压、输出功率）的一组量值。由于产品具有多方面的特性，因此一个产品往往有数个参数，其中用来反映其基本结构和主要性能的一组参数被称为基本参数，它是选择或确定产品功能范围的基本依据。在基本参数中起主导作用的一个或两个参数，被称为主参数。例如，家用电冰箱的基本参数有额定电压、输出功率、冷冻室温度、冷藏室温度、箱内有效容积、净重等，其中箱内有效容积是主要的结构特性及性能特性参数，也是顾客选用冰箱的基本依据，所以它是主参数。

产品的结构特性参数与功能特性参数之间、主参数与其他参数之间，一般存在某种内在的联系，通过理论推算或者试验，可以发现这种联系的规律性，有的还可以用某种函数关系来表示。这对实现产品的相似设计，即通过设计少数典型产品，然后按相似关系设计整个系列的产品有重大意义。由产品的基本参数构成的基本参数系列，是指导生产企业开发品种、指导顾客选用产品的基本依据。因此，产品基本参数系列的合理性不仅直接关系到该产品与相关产品之间的配套协调，而且在很大程度上影响企业的经济效益或社会效益。

确定产品参数系列是产品系列化的首要环节，也是编制系列型谱、开展系列设计的基础。确定主参数和基本参数系列是确定产品参数系列的主要内容和关键性工作，其步骤一般是：首先，确定主参数和基本参数；其次，确定主参数和基本参数的数值范围；最后，对参数系列进行分档、分级，确定参数系列。

（一）确定主参数和基本参数

主参数不仅反映产品的主要性能，也是产品型号的组成部分。如果选择不当，将给设计、制造、使用维修造成很大的困难。为此，在确定产品主参数时必须遵循以下原则：

（1）能反映产品的主要特性和功能，如起重机的起重量。

（2）应是产品中最稳定的参数，如电视机的主参数就是屏幕尺寸，而不是分辨率；

（3）应从方便使用的原则出发，优先选择功能特性参数，其次选择结构特性参数；同时兼顾既能作为产品设计出发点，又能作为用户选用产品主要依据的参数，如家用电冰箱的箱内有效容积。

（4）主参数的数目一般只选一个，最多也只能选两个。

基本参数是能反映产品基本性能和基本尺寸的参数。对于不同种类的产品，其参数的内容差异很大，必须具体情况具体分析。

（二）确定主参数和基本参数的数值范围

确定参数的数值范围，就是确定参数系列的最大值和最小值。这个数值范围的确定，一般要经过对国内外用户短期和长期的需求情况、生产情况、质量水平、技术发展等多方面的调查研究与周密分析后才能确定。

（三）确定参数系列

确定参数系列主要涉及的问题包括：在参数数值范围内如何进行合理的分档、分级？整个系列安排多少档？档与档之间间隔多大？这就要求标准制定者在调查研究的基础上，运用优先数和优先数系等分级方法，进行合理的分档、分级，此外还要运用参数系列最佳化的数学方法，才能确定出最佳的参数系列。只要技术上和经济上能够满足要求，机电等产品的参数系列应尽量符合优先数系。

目前,按系列化原则和方法开发的产品越来越多,除了按参数形成系列,还有以下系列分类:

(1) 按使用对象形成系列,如儿童用、青年用、老年用等;

(2) 按使用环境形成系列,如热带用、温带用、高山用等;

(3) 按产品的豪华程度形成系列,如豪华型、普通型等。

二、编制系列型谱

将同类产品的所有结构型式以及它们的参数系列用一张图表来反映出来,并在图表上注明每一品种的开发情况,这样的图表被称为系列型谱。

系列型谱实际上是该产品的品种发展规划表,是一种指导性技术文件,具有法规性。有了它,企业就必须在型谱规定的范围内开发产品品种,而不得随心所欲地设计、生产不符合型谱规范的品种,这样就有效地控制了产品品种的泛滥。编制系列型谱是一件很复杂的工作,要以大量的调查资料和科学的分析预测为基础,需要十分细致和谨慎。

(一) 系列型谱的内容

一般而言,一个完整的产品系列型谱包括以下几方面的内容:

(1) 产品的系列构成,包括基型系列和所有变型系列;

(2) 对基型系列和变型系列的结构型式、用途、主要技术性能和部件的相对运动特征进行说明;

(3) 产品品种规划表,表中用符号标明各个品种的开发情况;

(4) 部件间的通用化关系;

(5) 产品参数表,包括主参数、基本参数和一般参数;

(6) 附录,即必要的说明以及系列型谱没有包括而又必须规定的内容。

(二) 系列型谱表的格式

表 6.1 是系列型谱表的一般格式。在实际应用中,系列型谱的形式因产品不同而不尽一致,有的较为简单,有的较为复杂。

表 6.1 系列型谱表的一般格式

型式	主参数					
	X_1	X_2	X_3	…	X_i	…
基型						
变型 1						
变型 2						
…						
变型 i						
…						

表 6.1 的第一行是产品的主参数系列,X_1、X_2…X_i…是主参数数值。有的产品有两

个主参数,就一并列出。而左边纵列则是产品的结构型式,第一栏是基型系列。所谓基型产品,是指该类产品中生产历史最长、结构最典型、应用最普遍的一种结构型式。基型系列以下各栏均为变型系列,即在基型产品的基础上改变部分结构,或增减某些部件,从而获得某些新功能的产品。

（三）编制系列型谱的步骤与方法

（1）市场调查。主要调查和分析用户的生产方式、被加工的典型零部件、零部件精度和工艺特点,以及用户对产品性能的要求和需求量。

（2）分析归纳。分析国内外同类产品系列的品种状况、型式布局、性能水平、基型与变型的关系,从用户的生产方式、使用要求等方面,结合企业的在制品、试制品、未来将研发的产品归纳成系列。

（3）确定基型系列、变型系列和参数系列。

（4）明确基型系列与变型系列的通用化关系,制定零部件通用化规划表。

（5）编制系列型谱。

三、开展系列设计

系列设计是对系列型谱所规定的各种结构型式、各个品种规格的同类产品进行集中统一的全面设计。它是以基型为基础,对整个系列产品所进行的总体设计或详细设计,是按相似设计及互换、组合的方法来进行的。

（一）系列设计的做法

系列设计的具体做法主要包括以下几方面的工作。

1. 在系列内选择基型

基型就是系列内最有代表性、规格适中、用量较大、生产较普遍、结构较先进、经过长期使用和考核证明性能比较可靠,又有发展前途的型号。由于基型产品的技术水平、标准水平直接决定了整个系列的水平,因此在选择基型时,必须列出多个方案,从使用的可靠性、技术的先进性、造型布局的完美性、工艺的合理性和制造的经济性等方面进行技术经济分析,从中选出最优的方案。

2. 对基型产品进行技术或施工设计

这必须在充分考虑系列内产品之间,以及基型产品与变型产品之间的通用化的基础上进行。

3. 进行横向扩展,设计全系列的各种规格

这时要充分利用结构典型化和零部件通用化等方法,扩大通用程度,或对系列内的产品的主要零部件确定几种结构型式,在具体设计时,从这些基础件中选择合适的型式。

4. 进行纵向扩展,设计变型系列或变型产品

变型与基型要最大限度地通用化,尽量做到只增加少数专用件,就可以发展一个变型产品或变型系列。

（二）系列设计的作用

系列设计是集中统一进行的,因而可以避免企业分散设计所造成的重复浪费和低效

率的现象，大大缩短设计周期，防止同类产品型式、规格的杂乱。具体而言，系列设计的作用主要体现在以下几方面：

（1）系列设计是最有效的统一化，也是最广泛的选型、定型工作。它能有效地防止同类产品型式、规格的杂乱。

（2）系列设计可以最大限度地发挥企业的设计优势，企业能以最快的速度开发出市场急需的新产品，并能显著降低开发成本，做到最大限度地节约设计成本，还可以防止企业盲目设计落后产品。

（3）系列设计的产品的基础件通用性强，它能根据市场的动向和消费者的特殊要求，采用发展变型产品的方式，灵活地开发新品种，既能及时满足市场的需求，又可以保持企业生产组织的稳定性；同时还便于组织专业化协作生产，以及维修配套。

（4）系列设计不是简单地选型、定型，而是选中有创、选创结合。经过系列设计定型的产品，一般都有显著改进，所以它也是推广新技术、促进产品更新换代的一个手段。

第四节　通　用　化

在同一类型不同规格或不同类型的产品或装备之间，总会有相当一部分零部件的用途相同、结构相近，或者其中的某一种零部件可以完全代替另一种零部件，通过通用化则可使之具有互换性功能。这样当我们在设计和试制另一种新产品时，该种零部件的设计（包括工艺设计、工装设计与生产准备）工作量都可以减少，同时还可以简化管理、缩短设计试制周期、扩大生产批量、提高专业化水平，为企业带来一系列经济效益。

一、通用化的基本概念

通用化是以互换性为基础的。所谓互换性是指产品(零部件)的本质特性以一定的精确度重复再现，从而保证一个产品(零部件)可以用另一个产品(零部件)来替换的特性。

本质特性是决定产品(零部件)功能的特性，包括理化特性、机械特性、几何特性、工艺特性、计量特性等。一般来说，必须同时具备以上五种特性的产品(零部件)才能实现互换。然而，本质特性绝对一致的产品(零部件)是不存在的，只能近似一致，也就是当产品(零部件)的本质特性互相接近达到一定的精确度时，它们就可以互换了，如螺丝钉、螺帽、齿轮、轴承、自行车中的链条等。为了实现互换，产品(零部件)都必须以给定的公差来制造。

产品(零部件)之间能够互换是因为它们之间等效，等效就是一致、统一。因此，互换性的本质就是统一。这种统一性体现在两个方面：一是功能方面的统一，即具有功能互换性；二是尺寸方面的统一，即具有尺寸互换性。尺寸互换性是功能互换性的部分内容，它对于产品(零部件)的通用化具有突出作用，但功能互换性则是通用化的基础。所以，我们可以给通用化下如下定义：在互相独立的系统中，选择和确定具有互换性的功能单元的标准化形式。

通用化的对象有两大类：一是物，如产品(零部件)等；二是事，如方法、规程、技术要求等。

通用化既然是以互换性为基础的，那么，它也同互换性一样，本质是一致、统一。

零部件成为具有互换性的通用件必须具备以下条件:尺寸上具备互换性;功能上具备一致性;使用上具备重复性;结构上具备先进性。

> ◇ **标准小故事**
>
> ### 兵马俑上的标准件
>
> 陕西省咸阳市杨家湾村出土的西汉初期陶质骑兵马俑达3 000余件,马的四肢、躯干、尾及兵俑等部件分别制作,然后拼装成型,各部件间具有很好的互换性。另外,出土的铜弩机部件枢(或名栓)、青铜剑的剑格以及构成铜马头部的络头等各种零部件中,相同的零部件间均可通用互换。
>
> 资料来源:兵马俑上的标准件,《中国标准导报》,2014(03):90。

二、通用化的方法

通用化的方法有集中和积累两种。集中的方法,即在进行系列设计的时候就做好零部件通用化的规划,绘制通用件图册,编制独立的技术文件。积累的方法包括两种思路:一是在单独开发某一产品(非系列产品)时,应尽量采用已有的通用件,即使对于新设计的零部件,也应充分考虑使其能为以后的新产品所采用,逐步发展成为通用件;二是在老产品改选时,根据生产、使用、维修过程中暴露出来的问题,对于可以实现通用互换的零部件,使其尽可能通用化。采用积累的方法进行通用化一般需要经历以下几个步骤。

1. 确定对象

通用化是建立在零部件具有相似性的基础上的。所以,确定对象就是选择可以通用化的相似零部件,其方法是根据相似零部件在各种产品中出现的频数来确定。一般有两种方法:一是直接选择,即通过查阅图纸进行挑选;二是编码选择,即将零部件按形状、尺寸、材料、加工精度等特点编码,再按编码将零部件分类、分族、分组,这样编码号相近的就是相似件。

2. 确定相似级别

按零部件的功能、结构要素、基本形状三个方面的相似程度来划分零部件的相似级别。若三个方面都有相似的,就定为一级相似件;若仅有两个方面相似的,就定为二级相似件;若只有一个方面相似的,则定为三级相似件。

3. 归并统一

对一级相似的零部件,可以通过归并统一,形成通用件。具体做法是:首先,用列表的方法,列出零部件的功能、结构特征及其量值;然后,在保证技术要求合理的前提下进行归并统一,形成通用件。

4. 编制通用件图册

通用化的最终文本成果是通用件图册,标准制定者还需要用表格列出结构特征参数和技术要求,以便为后续的生产提供标准文本。

对二级、三级相似件,则可通过分析研究,确定推荐的典型结构型式和部分标准数据,并汇集成册,编制出有关产品设计一般规定的指导性文件。在图册和表格中,列出典型型式、标准数据、可变参数推荐数据。

三、通用化的效果

通用化的效果主要体现在以下几方面:

(1) 最大限度地节省产品设计和制造中的重复劳动,缩短开发周期。

(2) 使零部件的品种数减少,从而扩大了每种零部件的生产批量,这就为专业化生产创造了条件,可以极大地提高劳动生产率,降低生产成本。

(3) 简化管理。通用化后,由于零部件的品种数减少,设计图纸、工艺文件、工艺装置的品种和数量,在制品的品种数等也随之大为减少,从而简化了相关管理工作。

(4) 由于零部件的通用性强,企业在由老产品向新产品过渡时就有较大的灵活性,从而使企业在激烈的市场竞争中具有较强的应变能力。

四、产品标准化程度评价

产品标准化程度是指产品中采用的标准件、通用件的比重高低。它的提高能缩短生产周期,提高产品质量和劳动生产率,降低生产成本,同时还便于制造、使用和维修。所以,产品的标准化程度直接反映了产品的技术经济性。

(一) 产品零部件分类

为了便于评价标准化程度,可将产品零部件按两种方式分类。

1. 按零部件的来源分

(1) 自制件,即完全由企业自己加工制造的零部件。

(2) 外协件,即委托外厂按本企业的图纸与技术要求生产的零部件。

(3) 外购件,即不按本企业编制的设计文件制造,直接从市场购得并以成品形式装配在本企业产品中的零件。

2. 按零部件的标准化程度分

(1) 专用件,即仅为一个产品使用的零部件。

(2) 借用件,即新产品借用某一定型产品中的专用零部件(这个专用零部件因被用于新产品,所以在新产品中被称为借用件)。

(3) 继承件,即新产品继承已被淘汰的老产品中的某一专用零部件。

(4) 通用件,即在多个产品中都通用的零部件。通用件一般都有具体的设计图纸和通用编号,实行单独管理。

(5) 标准件,即使用范围更为广泛的通用件。由于其使用的广泛性,已有标准对其形状尺寸、材料、技术要求、检验方法、包装运输等事项作出了明确的规定。

在这五类零部件中,专用件的标准化程度最低,以下各类依次递增,标准件的标准化程度最高。标准件可由本企业自制,也可从市场直接购得。其余各类均为自制件。

(二) 标准化系数

标准化系数(K)是自制标准件品种数(P_B)、通用件(包括借用件和继承件)品种数

(P_T)、外购件品种数(P_W)之和与产品全部零部件品种数(P_{CP})之比。即

$$K = \frac{P_B + P_T + P_W}{P_{CP}} \qquad (6.6)$$

标准化系数又可分解为三个系数：标准件系数($K_B = P_B/P_{CP}$)、通用件系数($K_T = P_T/P_{CP}$)、外购件系数($K_W = P_W/P_{CP}$)，所以有：

$$K = K_B + K_T + K_W \qquad (6.7)$$

（三）重复性系数

重复性系数(K_C)是自制件件数(N_C)与自制件品种数(P_C)之比。即

$$K_C = \frac{N_C}{P_C} \qquad (6.8)$$

重复性系数表明每种自制件(包括通用件)在该种产品中平均重复使用的次数。它表明了在产品内部零部件通用化的程度。对于生产单一产品的企业来说，用重复性系数评价产品标准程度较为合理。

[**案例 6.2**] 某产品专用件为 104 种(240 件)，通用件为 52 种(96 件)，借用件和继承件共 19 种(54 件)，外购标准件为 36 种(400 件)。试求该产品的标准化系数、通用化系数和重复性系数。

解 标准件品种数：$P_B = 36$(个)

通用件(包括借用件和继承件)品种数：$P_T = 52 + 19 = 71$(个)

专用件品种数：$P_C = 104$(个)

产品全部零部件品种数：$P_{CP} = 36 + 71 + 104 = 211$(个)

根据式(6.6)，可计算出标准化系数：

$$K = (P_B + P_T + P_W)/P_{CP} = (52 + 19 + 36)/211 \approx 0.51$$

根据式(6.6)，可计算出通用化系数：

$$K_T = P_T/P_{CP} = (52 + 19)/211 \approx 0.34$$

根据式(6.8)，可计算出重复性系数：

$$K_C = N_C/P_C = (240 + 96 + 54)/(104 + 52 + 19) \approx 2.23$$

第五节 组　合　化

组合化是一种古老的标准化形式。从组合化的角度来看，建筑用砖是最原始的组合件；活字印刷术是组合化的典型创新；文字和数学符号也是表达语言和数量的组合单元；乐谱是选择最佳音乐效果的组合式系统等。由此可见，组合化很早就已经被人们用来作为生产建设和生活交往的科学手段。由于组合化的产生是受积木式玩具的启发而发展起来的，故又称"积木化"。

一、组合化的理论基础

组合化是通用化的进一步发展。当通用件的通用性达到一定程度的时候，就可以把那些通用性很强的零部件从具体的产品中分化出来，变成独立的、标准的组合单元。

这种组合单元可以预先设计并成批量地生产出来。它们本身不属于任何某种具体产品，但如果需要生产某种产品，可以根据所要求的产品功能，用一定的组合单元，再加上少量的专门设计制造的专用单元，组装成所需要的产品。例如，某一组合夹具中的基础件、定位件、导向件、夹紧件等，在完成预定功能后，即可拆解，并根据新系统的需要重新组装。这样的产品可以按照人们的意愿反复拆装，重新组合，而组合元件可以多次重复利用。

由此可见，组合化是建立在系统的分解与组合的理论基础上的。它是以系统论的观点为指导，把一个具有一定功能的产品视为一个系统；这个系统又可以分解成若干个功能单元。分解出来的功能单元具有某种特定的功能，而且与其他系统的某些功能单元可以通用互换，于是这类功能单元便能够以标准单元或通用单元的形式独立存在（即分解）。为了满足一定的要求，把若干个事先准备的标准单元、通用单元和个别的专用单元等，按照新系统的要求有机地结合起来，组成一个具有一定功能的新系统（即组合）。所以，组合化的过程既包括分解又包括组合，是分解与组合的统一。

组合化又是建立在统一化的成果多次重复利用的基础上的。组合化的优越性和效益都取决于组合单元的统一化，以及对这些单元的重复利用。因此，也可以说组合化是多次重复利用统一化的单元或零部件构成产品的一种标准化形式。它通过改变适用于各种变化了的条件和要求，创造出具有新功能的系统。

二、组合化的方法和步骤

在产品设计、生产、使用的过程中，都可以运用组合化的方法。但组合化的内容主要是选择和设计标准单元、通用单元，这些单元又被称为"组合元"。组合化的方法和步骤如下。

1. 确定组合元的应用范围

首先，确定组合元大体将用于组合哪一类产品，或是哪几类产品；然后，根据这些产品的功能和结构特点来确定应该设计哪些组合元。

2. 将组合元按其功能和结构特点，划分为不同类型

不同的组合元具有不同的功能和结构特点，为此需要将这些组合元按其所具有的功能和结构特点进行分类，并形成系列，以满足不同系统的组合要求。如可将组合夹具的组合元划分为基础件、定位件、导向件、夹紧件等类型。

3. 编排组合型谱

用图表的形式列出用一定数量的组合元所能组成各种可能产品的形式，并检验组合元是否能够胜任各种预定的组合需求。

4. 设计组合元，制定相应标准

在设计时，除确定必要的结构形式和尺寸规格系列外，应特别注意连接部分和配合面的协调统一，以及组合元的互换性。

5. 成批生产组合元，根据市场需要拼组各种产品

预先制造并储存一定数量的标准组合元，以备根据需要组装成不同用途产品之需。

例如，机械加工过程中使用的夹具常常具有比较复杂的结构，可以看作具有某种功能的系统。但这类系统不管如何复杂，都是可以分解的，都是由具备某些特定功能的零部件

所组成的。整个系统的功能经过分解，一般是对工件起支撑、定位、导向、夹紧等作用。由此，便可以将夹具的元件划分为基础件、支撑件、定位件、导向件、夹紧件等类型。每一类型的元件根据其作用和使用范围，又可设计成几种结构形式；每种结构形式的元件又可形成不同的尺寸规格系列，并按一定的原则编号。这些统一化的夹具便可实现单元成批制造、分类保存、反复使用。

三、组合设计系统

组合设计是指在设计新产品或新零部件时，不是将其全部组成部分和零部件都重新设计，而是根据功能要求，尽量从储存的标准件、通用件和其他可继承的结构和功能单元中选择。对于重新设计的零部件，也要尽量选用标准的结构要素，实现固有技术和新技术的组合，扩大标准化的重复利用范围。它是一种把组合化的原则运用于产品开发设计，能够适应市场竞争，尽量经济地生产各种类型产品的设计思想和设计系统。

（一）组合设计系统的应用条件

组合设计系统不仅是一种新的设计思想，还是一个高效能的设计系统。应用这样的系统应具备一定的条件：

（1）建立信息输入系统。它是组合设计系统的输入系统。通过它将用户对产品的要求以及市场动态、标准的规定等信息输入组合设计系统，将其作为组合设计的目标和依据。

（2）建立技术存储系统。它是组合设计系统的重要子系统。它将储存有关标准件、通用件、典型结构、通用单元和老产品中较成熟的零部件以及常用的外购件等的信息资料，以供在组合设计时选用。

（3）制定一系列设计标准，将其作为设计新单元、新结构或新零部件的准则。

（4）设计审查评价系统。新设计的结构和零部件都要经过审查，以检查其是否能满足功能要求，然后再决定取舍。

（二）组合设计系统的工作程序

组合设计系统的工作程序如图 6.1 所示。

1. 组合设计的准备阶段

这一阶段的工作为输入有关的产品信息，主要是消费者的要求（这些要求集中地反映在产品标准中）和产品的应用范围，并对消费者的功能要求（标准中的综合性技术要求）进行分解，通常是用族树分析的方法进行功能展开，根据产品的应用范围选定产品的品种类型，提出明确的设计要求，确定产品结构和对每一功能单元（零部件）的性能要求并据以确定其结构型式。

2. 组合设计图纸的产生阶段

这一阶段包含三方面的工作内容：一是从存储子系统中检索、选择符合要求的单元（零部件）或典型结构；二是对必须重新设计的新单元按标准化的要求进行设计；三是将前两方面工作所取得的成果加以组合，形成完整的产品组合设计图纸。

3. 组合设计审查评价阶段

通过审查评价系统，对已经完成的产品组合设计图纸进行综合审查、评价，以检查其

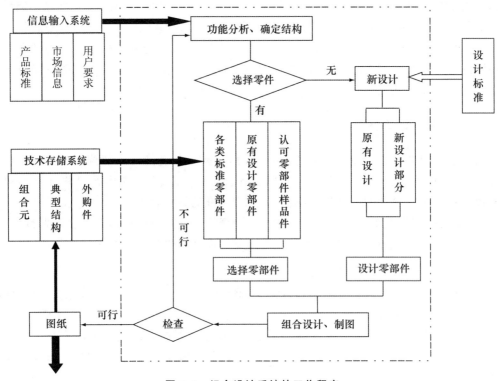

图 6.1 组合设计系统的工作程序

是否能满足功能要求,然后再决定取舍。

四、组合化的应用及其功效

组合化的原则和方法已经广泛应用于机械产品、仪表产品的设计和制造,工艺装备的设计制造与使用以及家具的设计与制造,此外在建筑业也得到了广泛的采用,在这些领域中,组合化都显示出了明显的优越性。诸如编码系统和计算机程序之类的软件,通过应用组合化方法,成为具有独立功能用途的模块——基本程序,然后再组合成新的系统或者程序,从而更合理,组合化在这些方面同样具有广阔的发展前景。

组合化的典型应用是组合机床、组合工装、组合家具。如果组合单元具有独立功能模块,则这种组合化可称为模块化方法。

组合化的功效主要体现在以下几方面:

(1)依据对功能结构的分解而确定的组合元能以较少的种类和规格组合成较多的产品,它能有效地控制零部件(功能单元或结构单元)的多样化,从而获得生产的经济性。

(2)组合化开创了适应多种组装条件的可能性,从而为实现既能满足多种要求又能尽量少增加新的结构单元这样理想的生产方式奠定了基础,大规模定制生产就是组合化方法的典型应用之一。

(3)按组合化原则设计的单元,以及单元的分类系统,为实行成组加工打下了基础,批量较大的标准单元还可组织专业化集中生产。

(4)由于通过组合化能更充分地满足消费者的要求,使消费者能及时地更新老产品

（如设备更新），有时只需要更换某些单元即可实现功能升级，而不至于全盘报废，从而给消费者带来经济效益。

（5）在基础件（单元）统一化、通用化的条件下，对产品的结构和性能采用组合设计，可以实现多品种、小批量、产品性能多变的生产方式，这既能满足市场需求，又能保证生产结构的相对稳定，从而保持一定的生产批量，不至于降低生产专业化水平。这就为那些由单一品种大批量生产向多品种小批量生产转变的企业找到了一条出路。

（6）应用组合设计系统，还可改变过去那种产品投入生产后再强行统一化的传统做法，有可能引起标准化的方法和形式发生深刻的变化。

第六节 模 块 化

模块化是工业化时代的产物，是20世纪中期发展起来的一种标准化形式。随着复杂产品日渐增多，模块化也就成为人们用来处理复杂问题的常用方法，它综合了以往标准化形式的特点，是一种应对复杂系统类型多样化、功能多变的一种标准化形式。其有利于减少复杂性，具有创造多样性和多变性的特点，因而是标准化的高级形式。

一、模块与模块化的内涵

（一）模块

模块是模块化的基础，是模块化设计和制造的功能单元。模块有以下基本特征：

（1）模块是系统的构成要素。模块既可构成系统，又是系统分解的产物。用模块可以组成新系统（系统创新）或复杂的大系统。这是模块与一般零部件的重要区别。

（2）模块具有特定的、相对独立的功能。因此，它能够以商品的形式单独生产和销售，也可以依据一定规则单独设计、运转、测试。这是模块化设计和模块化产品一系列优势的本源，也是它和一般零部件的区别。

（3）模块具有互换性和可兼容性。由于模块具有相互连接并传递信息和功能的接口，以及相应结构的标准化，因而更具备通用性和多种组合的可能性。

（二）模块的种类

模块有多种划分方式，其中常见的有以下几种。

1. 以功能划分的模块

按照价值工程的功能分析方法，可将产品系统分为具有不同功能的单元，执行这些功能的模块被称为功能模块。功能模块又可分为基本功能模块、辅助功能模块、特殊功能模块等，而它们又可根据产品的特点进一步细分为功能更具体的模块。

2. 以结构划分的模块

依据模块在产品系统中所处的地位和模块之间的关系，可将模块划分为不同等级，称之为分级模块。在这个分级系统中通常包括高层模块、分模块（子模块）或一级模块、二级模块、三级模块等。

高层模块通常是由相应分级系统中低一级的模块组成；最低等级的模块则由元件或分元件组成，元件或分元件的构成要素叫负分元件，它是分级系统中最基本的模块元件。

3. 以通用程度划分的模块

依据通用程度,可将模块分为通用模块、专用模块、特别模块。

通用模块的通用程度高,它不仅可用于某一种产品,而且能在该类产品系列中通用,甚至能做到跨系列、跨大类产品通用。这种模块通常成系列开发、成批制造,不断产生派生、变型产品,其应用面广、生命周期长、经济效益好。专用模块是为某种产品或某项用途而专门设计制造的,一般需要单独研制。特别模块是根据系统的特殊需要而设计的。

（三）模块化

模块化是指把复杂的系统分拆成不同模块,并使模块之间通过标准化接口进行信息沟通的动态整合过程。模块化有狭义和广义之分,狭义模块化是指产品生产和工艺设计的模块化,而广义模块化是指把一个系统(包括产品、生产组织和过程等)进行模块分解与模块集中的动态整合过程。

从标准化的学科角度来看,模块化是以模块为基础,综合了通用化、系列化、组合化的特点,以对复杂系统快速应变的一种标准形式。

此定义揭示了模块化所包含的三方面的内涵:

(1) 模块化是标准化的一种形式。它是在综合了标准化其他形式的特点的基础上发展起来的标准化的高级形式。

(2) 模块化的对象是复杂系统,这个系统可以是产品、工程或活动。这个系统的特点是结构复杂、功能多变、类型多样。

(3) 模块化的基础是模块。由模块(而不是由零部件)组合成产品或工程。

二、模块化的过程

模块化的过程通常包括模块化策划、模块化设计、模块化生产和模块化装配等,如图 6.2 所示。

（一）模块化策划

对一个企业来说,实施模块化首要的任务是认真开展策划工作。策划的具体内容可能会因对象不同而有所不同,但在一些方面仍是相同的,如模块化的目的和目标、模块化的措施和途径、模块化系统总体设计以及详细的实施计划。

（二）模块化设计

模块化设计就是在对一定范围内的不同功能或相同功能不同性能、不同规格的产品进行功能分析的基础上,规划并设计出一系列模块,通过对这些模块的选择和组合构成不同的顾客定制的产品,以满足市场的不同需求。

1. 模块的划分

模块化是以组合化的分解、组合为基础来达到功能最优的目的。因此,合理划分模块是模块化设计的一个关键环节,也是系统分解的核心内容。产品模块划分是将通过市场调查和需求预测所掌握的对产品的总功能要求,分解为若干个功能单元,由此确定相应的功能模块的过程。为此,在划分模块时应遵循功能单元分解化、功能单元独立化、部件模

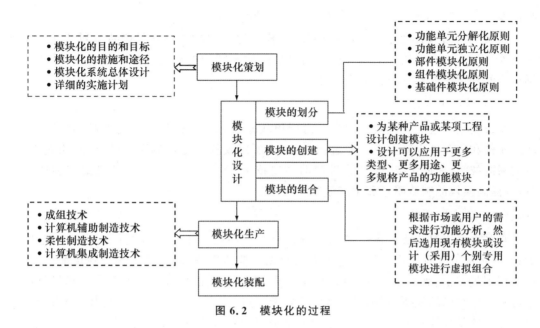

图 6.2 模块化的过程

块化、组件模块化、基础件模块化等原则。

2. 模块的创建

模块的创建有两种情况:一种是为生产某种复杂产品或为完成某项工程,采用模块组合的方法,根据该产品或工程系统的功能要求,选择、设计相应的模块,确立它们的组合方式;另一种是在对各种不同类型、不同用途、不同规格产品进行功能分析的基础上,从中提炼出共性较强的功能,据此设计功能模块,目的不仅是满足某种产品的需要,还要在更广的范围内通用。

模块化创建的程序与产品系列设计极其相似,主要体现在:

(1) 在市场调查的基础上明确目标要求(性能、结构等);

(2) 确定拟覆盖的产品种类和规格范围(确定参数范围和系列型谱);

(3) 进行基型产品设计(确定基型产品的结构和功能,提出对高层模块的要求);

(4) 进行分系统设计(确定分系统的结构和功能,对构成分系统的模块提出要求);

(5) 模块设计(根据分系统的要求,确定模块的结构和功能,对构成模块的元件提出要求);

(6) 元件设计(根据模块的要求,设计或选用元件,按尺寸、性能、精度、材料等形成系列,并尽量标准化)。

在基型设计的基础上根据需要发展变型。对完成设计的各级、各类模块要建立编码系统,将它们按功能、品种、结构、尺寸等特点分类编码,进行管理。

3. 模块的组合

模块的组合又叫"模块集中",是利用设计的模块组合产品的过程,也是模块化产品的设计过程。它是根据市场或用户的需求进行功能分析,然后选用现有模块或设计(采用)个别专用模块进行虚拟组合,而非模块实体的生产组装。如果组合成的产品的功能充分满足了需求(目标),则可以进行产品化;如果不能满足需求,则需要重新选用模块,必要时还须在重新设计模块或改进某些模块后,再进行组合,直到满足需求为止。模块的组合就是这样一个设计、试验、分析、评估等一系列活动的综合。

模块化产品设计通常是产品系列设计，模块组合的战略目标是产品系列型谱中的所有品种、规格，力求以较少的模块组合成尽量多的不同功能和性能的产品，以确保随着市场形势的变化仍可具有较强的应变能力。

（三）模块化生产

模块化生产指的是模块的制造。由于模块本身就是一件标准化的产品，并且构成模块的元件和分元件也基本上是经过标准化的，所以模块的生产制造，有可能采用先进、高效的制造技术，如成组技术、计算机辅助制造技术、柔性制造技术、计算机集成制造技术等，以提高模块的制造质量和生产效率。

（四）模块化装配

它是由模块组装成所需产品的过程。有些产品是在工厂完成装配之后运送给用户的；有些产品或工程则由于规模过于庞大而无法整体运输，此时可将各类模块配套之后，运送到现场装配，如模块化变电所、模块化居室、模块化锅炉等。目前个人计算机的用户也常常根据自己的经济条件、爱好和实际需要，选购适当的配套元件（功能模块）组合成产品系统。这是模块化的突出特点，也是它适应时代要求得以发展的原因。

三、模块化的应用及其技术经济意义

（一）模块化的应用领域

模块化最初是在制造业中提出的，组合机床可以说是模块化机床的雏形，后来被推广到电器制造、仪器、仪表制造和各种高精度测试设备的设计和制造中。

兵器制造（特别是船舶和舰艇制造）的模块化是成功的典范，它极大地提高了这类产品的生产效率，降低了制造成本，更为重要的是使舰艇可以根据实战的需要随时改变其某些功能。在造船行业通常把模块化称为"模件化"。

集成电路、大规模集成电路、超大规模集成电路是电子工业领域最典型、最杰出的模块化成果。正是因为有了它们，产品设计师才有可能从纷繁复杂的电子元件制造中解放出来，采取直接选用标准集成块来组成产品的设计方式，从而引起了电子行业革命性的变化，电子产品也成为更新换代最快的产品，诸如通信设备、电视技术装备、计算机硬件和软件都走上了模块化的道路。

在大型设备的设计与制造中也体现了模块化的精髓，如海洋平台、宇宙飞船都是模块化的杰作，我国的"天宫空间站"就是按模块化的思路设计和制造的，从而具有功能模块可分、可合、可互换的特点。目前汽车的设计制造也是模块化的。

模块化现在已扩展到工程和产业组织领域。模块化工程体现出多、快、好、省的优越性；模块化产业组织和企业则更能体现灵活性、创新性。如今，模块化产业组织已比比皆是，模块化制造系统、模块化电子系统、模块化教育系统也都得到了实际应用；而模块化企业、模块化企业族群、模块化产业结构、模块化产业集团网络等则已成为经济学界的研究热点，国内外众多的经济学家认为新经济时代就是"模块化时代"。

（二）模块化的技术经济意义

（1）模块化产品的派生和更新换代，可通过更换或增减模块的方式实现，这是以少变

求多变的产品开发策略。

（2）模块化基础上的新产品开发，实际上就是研制新模块，取代产品中功能落后（不足）的模块，有利于缩短周期、降低开发成本、保证产品的性能和可靠性（基本不变部分占较大比重），为实行大规模定制生产创造了条件。

（3）模块化设计、制造是以最少的要素组合成最多的产品的方法，它能最大限度地减少不必要的重复，也能最大限度地重复利用标准化成果（模块、标准元件）。

（4）产品维修和更新换代都可通过更换模块来实现，不仅快捷方便，而且可减少损失、节约资源。

（5）模块化产品的可分解性，模块的兼容性、互换性和可回收再利用等，均属绿色产品的特性。这种产品具有广阔的发展前景和强大的市场竞争力。

（6）模块化产业组织能够引入新型的竞争与合作，从而改变市场结构，形成产业集群。模块化的特点在于每一个子模块（企业）都可以在一定的通用标准下进行独立的设计和生产；每个模块都有它的特点和优势，各个模块都可以对原有的市场垄断者的产品的某一部分产生替代作用，这使得越来越多的模块化企业在市场上竞争和集聚。

本章小结

标准化有多种形式，每种形式表现出不同的标准化内容，针对不同的标准化任务，达到不同的目的。

简化是缩减事物的类型数目并预防不必要的复杂性，目的是保证更好地满足需求并减少资源的浪费。它是一种事后的干预。只有当多样化的发展规模超出了必要范围时，才允许简化。简化要合理、适度；简化后的产品系列，其参数组合应尽量符合标准参数分级制度，这是简化的三大原则。利用卡柯特公式、卡柯特—松浦四郎公式可以对简化的效果进行定量分析。

统一化就是实现一致性，目的是建立共同遵守的秩序。统一是有条件的，必须遵守同质性、等效性、适时性和先进性的原则。选择统一、融合统一和创新统一是统一化的三种基本方式。

产品系列化是标准化的高级形式，它通常包括三个相互联系的内容，即制定产品参数系列标准、编制系列型谱和开展系列设计等，它们均具有产品发展规划的作用。

通用化是在互相独立的系统中，选择和确定具有互换性的功能单元的标准化形式。通用化的方法有两种：一种是集中，另一种是积累。采用积累方法一般需要经历确定对象、确定相似级别、归并统一、编制通用件图册等步骤。标准化系数、重复性系数是衡量产品标准化程度的重要指标。

组合化是按照统一化、系列化、通用化的原则，设计并制造出一系列通用性很强且能多次重复应用的单元，根据需要拼合成不同用途的产品的一种标准化形式。其目的是通过标准单元的多次重复利用获得标准化效果。组合化的方法和步骤包括：确定组合元的应用范围；将组合元按其功能和结构特点，划分为不同类型；编排组合型谱；设计组合元，制定相应标准；成批生产组合元，根据市场需要拼组各种产品。组合设计系统不仅是一种新的设计思想，还是一个高效能的设计系统，应用时需具备一定的条件并遵循一定的工作程序。

模块化是综合了通用化、系列化、组合化的特点，应对复杂系统类型多样化、功能多变的新标准化形式。模块化的过程通常包括模块化策划、模块化设计、模块化生产和模块化装配等。

复习与思考

一、名词解释

简化、统一化、系列化、系列型谱、通用化、互换性、产品标准化程度、标准化系数、组合化、组合设计、模块、模块化

二、单选题

1. 在不改变对象的质的规定性，不降缩减象功能的前提下，减少对象的多样性、复杂性时，应采用（　　）。

    A. 简化　　　　B. 系列化　　　　C. 组合化　　　　D. 通用化

2. 自制件件数（N_C）与自制件品种数（P_C）之比是（　　）。

    A. 重复性系数　　B. 标准件系数　　C. 通用件系数　　D. 外购件系数

3. 由于产品自身所存在的基本功能、附加功能和条件功能是促使品种多样化的内在原因，而市场经济则是导致品种多样化失控的外部原因，因而需要运用（　　）的方式加以控制品种多样化。

    A. 简化　　　　B. 系列化　　　　C. 统一化　　　　D. 通用化

4. 根据产品主参数确定的原则，（　　）是冰箱的主参数。

    A. 电流　　　　B. 电压　　　　C. 有效容积　　　　D. 重量

5. 由基础件、定位件、导向件、夹紧件等元件构成的某夹具，在完成其预定功能后，其基础件、定位件、导向件、夹紧件等元件即被拆解回收，以应新系统的需要而重新利用，这是运用了（　　）的方法。

    A. 模块化　　　B. 通用化　　　C. 系列化　　　D. 组合化

6. 在事物的多样性已经发展到一定规模之后，需要将同类事物的表现形态归并为一种，或限定在一定范围内时，通常采用（　　）。

    A. 简化　　　　B. 统一化　　　　C. 系列化　　　　D. 组合化

三、多选题

1. 要使零部件成为具有互换性的通用件，必须在（　　）。

    A. 尺寸上具备互换性　　　　B. 功能上具备一致性
    C. 使用上具备重复性　　　　D. 结构上具备先进性

2. 产品系列化是对同类产品的（　　）和（　　）进行科学规划的一种标准化形式。

    A. 类型数目　　B. 本质特性　　C. 结构型式　　D. 主参数规格

3. 制定产品参数系列标准就是对产品（　　）或（　　）确定参数分级标准。

    A. 一般参数　　B. 主参数　　C. 基本参数　　D. 外形参数

4. 以下（　　）属于统一化应用的领域。

    A. 名词术语符号　　B. 计量单位　　C. 产品性能　　D. 原材料

5. 以下（　　）属于简化应用的领域。

    A. 工艺装备　　B. 零部件　　C. 产品性能　　D. 原材料

6. 作为一种古老的标准化形式，统一化的方式包括（　　）。

A. 融合统一　　　B. 绝对统一　　　C. 创新统一　　　D. 相对统一

E. 选择统一

四、判断题

1. 统一化和简化的目标是一样的，即减少事物的类型数目。（　　）

2. 简化的目标是减少产品的多样化，因此简化将会影响到产品的创新发展。（　　）

3. 法国的卡柯特在对产品品种简化与产品成本降低的关系的研究中，发现了简化品种与降低成本的关系。（　　）

4. 品种简化能带来经济效益，因此产品或零部件的品种数越少越好。（　　）

五、简答题

1. 简述简化的原则。

2. 简述统一化的原则。

3. 简述产品系列化的内容。

4. 简述确定产品主参数时必须遵循哪些原则。

六、论述题

1. 系列化对提升企业产品竞争力有什么作用？

2. 标准化有多种形式，每种形式都表现出不同的标准化内容，针对不同的标准化任务，达到不同的目的。试对比目前存在的各种标准化形式的优缺点，并用实例说明理由。

3. 试述通用化可带来哪些技术经济上的效果。

4. 试述简化与多样化的辩证关系。

七、计算题

1. 某厂生产的弹簧品种规格由原来的 8 种简化为 2 种，简化前每个弹簧的成本为 0.3 元（其中材料费 0.155 元，制造费 0.145 元）。设简化前后的年产量均为 100 万个，并设简化前后每个弹簧的材料费不变，求简化后的年净节约额。（α＝0.25）

2. 某产品专用件有 120 种（250 件），通用件有 65 种（108 件），借用件和继承件共 19 种（54 件），外购标准件有 42 种（450 件）。试求该产品的标准化系数、外购件系数、重复性系数。

案例分析

铁路标准轨距的故事

在一列列飞奔向前的高铁脚下，是绵延不尽的钢轨。中国铁路的标准轨距是 1435 毫米，为什么选择这个尺寸呢？惯性思维告诉我们，这一定是工程技术人员经过反复测试，最后确定的最科学、最合理的尺寸，然而事实真是这样吗？

1825 年 9 月，世界上第一条铁路在英国建成并投入运营，这一年，被称为世界铁路诞生元年。1846 年，英国政府颁布法令，规定铁路标准轨距为 1435 毫米，这一标准也推行到了英国当时的殖民地和其他势力范围。

那么，英国为什么要把 1435 毫米轨距定为标准呢？难道是英国工程技术人员经过反复测算得来的？不，事实并非如此。

19世纪初，工业革命极大地刺激了需求市场的变革，在"铁路之父"乔治·史蒂芬森（George Stephenson）的统领下，以他儿子命名的罗伯特·史蒂芬森（Robert Stephenson）公司承建了斯托克顿至达林顿两座城市间，全长40千米里的城际铁路。这条铁路的轨距被设定为4英尺8英寸半，换算成国际单位制就是1435毫米。所以，1435毫米轨距是以世界第一条铁路建设标准为参照的。

那么我们不禁要问："乔治·史蒂芬森，你当时究竟怎么想的？"正常思维下，轨距要不就设定为4英尺，要不就设定为5英尺，为什么是4英尺8英寸半这个"匪夷所思"的数字呢？因为在订立标准时，史蒂芬森"偷了个懒"。铁路蒸汽机问世前，是马车盛行的时代，彼时的马车轮距正是4英尺8英寸半，在欧洲的土路石路上，想要"策马奔腾"，马车就必须依照千百年来车轮压出的辙印来走，否则车轮使用寿命不长，很容易报废。

这些辙印又是从何而来呢？答案是古罗马人定的尺寸，4英尺8英寸半正是罗马战车的宽度。那么，罗马战车的轮距宽度为什么定为4英尺8英寸半？原因很简单，因为这恰好是两匹古罗马帝国战马屁股的宽度。

1937年，国际铁路协会将1435毫米定为标准轨，大于它的轨距称为宽轨，小于它的轨距称为窄轨。世界上大约60%的铁路轨距都是标准轨，又称标准轨距、国际轨距。中国、美国、加拿大及欧洲大部分国家都采用了标准轨距。实际上，铁路发展初期，轨距是五花八门的，最宽7英尺，最窄只有2英尺6英寸，即便是现在，全世界也有30多种不同的轨距同时存在。

然而，故事到此还没有结束。到了现代，美国航天飞机有两个火箭推进器，如果有可能，工程师当然希望把这个推进器造得再大一些，这样容量就会多一些。但是他们不可以，为什么？因为推进器造好后，要用火车从工厂运到发射点，铁路有固定的宽度，沿线也有隧道、建筑物，对运输的货物有一定的限制，所以只能是这个尺寸。同理，铁路的尺寸，也决定了中国的战略导弹和火箭的宽度，因为它们要在铁路上运输，尺寸不能大于铁路要求的尺寸。

人类没有想到吧！两千年前的马屁股，居然决定了当今世界上最先进运输系统之一的底层设计。如果马要是知道了，不定有多得意呢。

资料来源：作者根据相关资料整理而成。

思考讨论题

1. 本案例体现了哪种标准化形式与方法的应用？它说明了什么？
2. 根据本案例，你认为"标准化的形式与方法"能够在企业经营管理方面发挥怎么样的作用？

第七章 标准的编写规则与制定程序

【学习要点及目标】

1. 了解编写标准的原则、要求与方法
2. 理解标准化文件的类别以及文件中的要素、层次,以及我国采用国际标准的范围界定
3. 熟悉制定国家标准的常规程序、快速程序以及制定标准中的文件类型
4. 掌握以国际标准为基础制定的我国标准与国际标准的差别、一致性程度及差别的标示
5. 掌握标准的主要构成及其内容

【关键概念】

标准化文件、规范性要素、资料性要素、国际标准、工作文件、标准草案

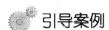
引导案例

新校车安全标准制定的争议

在《校车安全技术条件》《校车座椅系统及其车辆固定件的强度》《幼儿校车安全技术条件》《幼儿校车座椅系统及其车辆固定件的强度》四项国家标准公开征求社会意见之后,国家发改委、工信部等十部委组织了"新校车标准征求意见会",国内近10家主流客车生产企业到会。针对四项国家标准草案,会上各方意见针锋相对,寸步不让。争论的一方是执笔制定新行业标准的郑州宇通客车股份有限公司(以下简称"宇通公司"),另一方则是部分中小型客车生产企业。

争议一:宇通公司是否在制订标准时"近水楼台先得月"?

根据工信部网站上刊载的《校车安全技术条件(征求意见稿)》(以下简称《征求意见稿》),新标准由宇通公司、公路学会客车分会,以及中国汽车技术研究中心负责制定;其中,宇通公司是执笔人。针对宇通公司给出的《征求意见稿》,有质疑认为,新标准就是宇通标准,它为宇通公司的产品开了绿灯。

质疑方认为:从标准的制定看,组织单位只请了一家,听了一家之言。用一家来绑架整个行业,恐怕有失公允。对我们企业来说,又没有什么负担,仅仅是开发这种产品而已,但作为国家级的标准,可能不够公平,或者说不像一个国家层面的行业标准。而在当前"发动机前置"的校车市场,宇通客车的市场份额超过50%,其主流校车产品,包括ZK6100DA系列产品,都符合《征求意见稿》中关于外观的标准,因而存在是否用宇通标准套行业标准的问题。

作为标准执笔单位的宇通公司则否认此种说法,认为宇通公司是一个有社会责任感并把自己作为行业一分子的企业,绝不可能把自己企业的利益绑架在标准上。

争议二:外形能不能一刀切?

《征求意见稿》中规定,校车应为两箱式结构,至少一半的发动机长度应位于前风窗玻璃最前点以前,即校车的发动机都要前置,外形都要变成"长鼻子"。为此,要达标就必须砸钱,因而金龙、江陵、全顺、南京、依维柯等客车企业联手反对,认为作为行业标准不能一刀切。因为中国有中国的国情,照搬国外标准时断章取义,这有违"满足使用要求"原则。例如,美国标准并不规定只有长头车、"长鼻子"车才叫校车,平头车也可以,但它们的安全性能应达到相关标准的要求;它规定的是一些技术条件,若以外形来划分就有可能失之偏颇。

宇通公司认为,发动机前置有利于校车在撞击时充分缓冲,减少伤亡;同时也符合 GB 7258-2017《机动车运行安全技术条件》报批稿中硬性规定的校车发动机必须前置的条件。所以,宇通公司在设计标准时并没有为自己留有后手。

反对方则认为,中国乡村众多、道路纵横交错,硬性规定尺寸、外形的"长鼻子"校车在乡村公路上反而容易发生事故。此外,GB 7258-2017 是吸纳了很多行业的标准所形成的,而《校车安全技术条件》标准是行业内更具体的标准,所以 GB 7258-2017 是可以根据这个标准再次修订的。

争议三:成本上涨谁来买单?

有媒体分析,从国内客车生产企业的实际情况看,如果完全按照"新校车标准"《征求意见稿》执行,不仅要增加20%—30%的成本,而且大多数生产中小客车的厂家将被排除在外。

宇通公司认为,该标准并未对客车生产企业设置太多、太高的门槛,因为大家的工艺和制造水平都是比较成熟的。校车突出的是安全性,在舒适性上并没有要求,此消彼长,综合成本并没有增加。

公路学会客车分会专家认为,提出修改成本意见的主要集中在没有底盘生产权的小企业,不能代表行业。前置车是低档车的概念,成本作为影响校车普级的关键,实际上是牵强附会。校车的普及不在于价格而在于政策,国家强行要求推广,校车多两万块钱少两万块钱没有多大意义。

从外形到成本,表面上看这是一次针对行业标准的争论。但本质上,这是一场为未来校车市场竞争而进行的前哨战。一旦标准落槌,将决定谁能够市场中分一杯羹,谁又被拒之门外。

资料来源:作者根据相关资料整理而成。

思考

1. 从标准编写原则的角度,分析新校车安全标准制定所引发争议的根源是什么。
2. 从本案例中,你得到了哪些方面的启示?

在诸多事项进行标准化之前,标准化工作的首要任务是对自身工作的标准化,其中包括标准文本的编写及标准制定程序的规范化。GB/T 1.1-2020《标准化工作导则 第1部分:标准化文件的结构和起草规则》[①]是有关标准化工作的重要标准之一,它的实施能够有效地保证标准的编写质量。该标准的规定用以指导如何起草我国标准,是编写标准的标准。GB/T 1.2-2020《标准化工作导则 第 2 部分 以 ISO/IEC 标准化文件为基础的标准化文件起草规则》同样也起到了指导标准编写的作用,它是以国际标准为基础编写我国标准所参考的重要标准。GB/T 16733-1997《国家标准制定程序的阶段划分及代码》是保证标准制定程序规范化的导则类标准,用于保证在标准制定过程中能充分吸收各利益相关方的意见,达到标准制定过程的公开透明、协商一致。

第一节　编写标准的原则、要求与方法

一、编写标准的原则

编写标准除了必须遵循标准化的基本规律,还必须遵守以下五个原则:

(一)满足使用要求

任何产品都是为了满足人们某一特定方面的使用需求而生产出来的,而产品的生产制造又是以标准为依据的。所以,在制定标准时,必须首先考虑用户对产品提出的使用要求,并最大限度地给予满足。为此,必须注意以下几方面:

(1)标准的技术内容必须根据产品的使用功能来确定。要做到这一点,就应在深入进行用户调查的基础上,对产品作功能分析,并根据用户对产品使用功能提出的具体要求,确定在标准中应该规定的技术内容和各项指标的量值。但凡用户有要求的使用功能,都应在标准中作出规定,对用户没有提出的但影响到使用性能和使用寿命的项目,也应酌情作出规定。

(2)应使产品适应其工作的环境条件。产品常常要在各种复杂多变的环境条件下工作,如由于地理位置不同而形成的气候差异、由于地形高低而形成的气压差异,以及其他环境因素。所以,要保证产品能适应其工作的环境条件,就必须在标准中对产品可能遇到的各种环境因素,如温度、湿度、气压、冲击、振动等,作出适应性规定。

(3)应保证产品使用的安全、可靠。产品使用的安全性和可靠性是两项重要的使用要求,如果一个产品的安全性差,则该产品不仅不能正常发挥其使用功能,还会威胁到使用者的人身和财产安全。同样,可靠性低就意味着在规定的时间内发生故障的频率高,而一旦产品发生故障,轻者停机修理,重者酿成事故,机毁人亡。所以,确保产品的安全性和可靠性是满足使用要求的两个重要方面,必须在标准中规定相应的技术要求。

(二)兼顾先进性和经济性

标准化的根本目的是推动技术进步,促进经济发展。所以,在制定标准时,必须确保它具有技术先进性和经济合理性。

标准在技术上的先进性主要体现在标准规定的技术性能、质量指标、试验方法等方面

---

① 在 GB/T 1.1-2020 中已经用"标准化文件"(简称"文件")取代原先"标准"的表述,即之前的表述是"本标准",而现在则统一用"本文件"的表述。由于表述的习惯性,在本章中存在两种表述的混合使用——既有"标准"的表述,也有"文件"的表述,但它们的内涵是完全相同的。

是否反映了当时已经达到的科学技术发展的实际水平。要使标准具有一定的先进性，就必须在制定标准的时候，广泛收集、分析、研究与标准化对象有关的科学技术情报资料，尽可能地把当时的先进技术纳入标准。此外，对发展中国家来说，积极采用国际标准和工业发达国家的标准也是提高其标准的技术先进性的一条捷径。

而标准技术内容的先进性并不等于盲目追求高指标。如果一味追求高指标导致功能过剩以及制造成本与使用费用上升，那么这样的标准就不是先进的标准。总之，在制定标准时，应将技术上的先进性和经济上的合理性有机地结合起来，加以综合考虑。

（三）保持标准的系统性

由于任何标准都处于一定的系统之中，它同系统内的各个标准之间以及系统外的相关标准之间既相互联系，又相互制约。所以，在制定一个标准时，要注意它与各相关标准之间的协调，有些相关标准的关系比较密切，还需要把它们放在一起配套地来制定，只有这样才有可能避免标准之间的矛盾冲突，并使标准系统的总体功能达到最佳。如产品标准要与各种有关的基础标准、原材料标准协调一致，产品的尺寸参数或性能参数之间应协调等。

（四）注意标准的政策性

标准是用来规范人们的社会生产、经济活动的，而无论是社会生产活动，还是经济活动都要受到国家机器①的制约。那么，用以规范这些活动的标准也毫无例外地要受到国家机器的制约。所以，在制定标准时，必须认真地执行国家的有关政策、法令、法规。

（五）充分利用本国的资源条件

充分合理地利用本国的资源条件是我国一项重要的技术经济政策。在制定标准时，一切技术性能上的规定都必须立足于本国的资源条件，尽量地减少对国外资源的依赖。为此，必要时可酌情调整某些技术性能指标的项目或量值。但在这样做的时候，必须经过严格的科学试验，证明确实不会削弱产品的功能并在满足使用要求之后方能实施。

二、编写标准的基本要求

标准是一种严肃的法规性文件，为了保证它的严肃性、权威性和法规性，应该规定统一的格式和编排方法。国家标准 GB/T 1.1-2020《标准化工作导则 第 1 部分：标准化文件的结构和起草规则》就是在编写标准时必须严格遵守的基本法则，它明确规定了编写标准的基本要求、结构与规则。编写标准的基本要求主要有以下几点：

（1）应贯彻国家法令并与有关标准相协调。标准具有法律属性，因此编写标准时，首先要注意不能与国家的有关法律、法规、法令相违背。此外，要与现行的上级、同级有关标准协调一致，这包含两方面的意思：一是同级标准之间要协调，不能互相交叉、重复甚至矛盾；二是下级标准不得与上级标准相抵触。

（2）文字准确、简明。标准的文字表达应准确、简明、通俗易懂、逻辑严谨，避免使用"大约""左右"之类含糊不清或模棱两可的词语。

（3）技术内容应正确无误。标准是用来指导社会生产和各项社会、科学技术活动的，

---

① 指国家的法律、制度和执行机构。

标准的技术内容若有错误,势必造成不必要的损失。所以,编写标准时必须十分认真严谨,消除一切可能出现的技术差错。

(4)术语、符号、代号应统一,并与其他有关标准保持一致。一个术语只能表示一个概念,一个概念也只能用一个术语来表达。标准中采用的术语、符号、代号,如果在现行的国家标准和行业标准中尚无规定,则应在标准中给出定义或说明,以利于正确理解和交流。

(5)编排格式和细则应符合规定。标准的格式、内容编排、层次划分、编写细则等都应符合 GB/T 1《标准化工作导则》的规定;同时根据所编写标准的具体情况还应遵守 GB/T 20000《标准化工作指南》、GB/T 20001《标准编写规则》、GB/T 20002《标准中特定内容的起草》、GB/T 20003《标准制定的特殊程序》和 GB/T 20004《团体标准化》相应部分的规定。

三、编写标准的方法

编写标准的方法主要有两种:一是自主研制标准,其编写必须按照 GB/T 1.1-2020《标准化工作导则 第 1 部分:标准化文件的结构和起草规则》的规定进行;二是采用国际标准,通常采用 ISO、IEC、ITU 的标准。我国标准的编写除遵循 GB/T 1.1-2020 的规定外,还要按照 GB/T 1.2-2020《标准化工作导则 第 2 部分 以 ISO/IEC 标准化文件为基础的标准化文件起草规则》的规定进行编写。

(一)自主研制标准

自主研制标准是指根据我国的科技研究和实践经验的综合成果编写形成的标准。这种编写标准的过程不是以某个国际标准为蓝本,然而在编写标准之前,收集国内外的相关标准和资料是必需的。标准中的一些指标、方法参考国际标准和资料是很正常的事情。自主研制标准通常至少需要经历以下步骤。

1. 明确标准化对象

自主研制标准一般是在标准化对象已经确定的背景下开始的,即标准的名称已经初步确定。在具体编写之前,首先,要讨论并进一步明确标准化对象的边界;然后,要确定标准所针对的使用对象。

2. 确定标准的规范性要素

在明确标准化对象后,需要进一步讨论并确定制定标准的目的。根据标准所规范的标准化对象、标准所针对的使用对象、制定标准的目的以及制定标准的类型(规范、规程或指南),确定标准中的核心技术要素。

3. 编写标准

编写标准的一般顺序是先规范性要素,后资料性要素,具体操作步骤如下:首先,应从标准的核心内容——规范性核心技术要素开始编写。在编写规范性核心技术要素的过程中,如果需要设置附录(规范性附录或资料性附录),则进行附录的编写。其次,编写标准的其他规范性要素。它是在完成上述内容编写之后展开的,该项内容应根据已经完成的标准的内容加工而成。再次,编写资料性要素。根据需要可以编写引言,然后编写必备要素前言;如果需要,则进一步编写参考文献、索引和目次等。最后,编写必备要素封面。

特别注意,这里所阐述的是标准要素的编写顺序,它不同于标准中要素的编排顺序。

(二)采用国际标准

采用国际标准是指我国标准的编写以国际标准为蓝本,标准的文本结构框架、技术指标等都是以某个国际标准为基础形成的。采用国际标准编写我国标准通常至少需要经历以下步骤。

1. 准确翻译

在采用国际标准编写我国标准时,首先应准备一份准确的、与原文一致的译文。在这一阶段需要重点把握译文的准确性。

2. 分析研究

在有一份准确的译文后,接下来就可以开始具体的分析研究工作。首先,结合我国国情进行分析研究,重点集中在国际标准对我国的适用性方面,如国际标准中的指标、规定在我国是否适用,必要时要进行试验验证。然后,要确定以国际标准为基础制定的我国标准与相应国际标准的一致性程度;也就是说,要按照 GB/T 1.2-2020 的规定确定我国标准是等同、修改采用国际标准,还是与国际标准保持非等效的一致性程度。

3. 编写标准

在确定一致性程度后,应以译文为蓝本,按照 GB/T 1.1-2020 和 GB/T 1.2-2020 的规定编写我国标准。编写完成的我国标准应符合 GB/T 1.1-2020 的规定,采用国际标准的有关内容的编写和标示应符合 GB/T 1.2-2020 的规定。

以国家标准的代号分类为例,强制性国家标准的代号为 GB、推荐性国家标准的代号为 GB/T、国家指导性技术文件的代号为 GB/Z、国家实物标准的代号为 GSB、国家标准物质的代号为 GBW。

四、标准化文件的类别

所谓标准化文件,就是指通过标准化活动制定的文件。其数量众多,范围广泛,根据不同的属性可以将标准化文件归为不同的类别。确认标准的类别能够帮助起草者编写出适用性更高的标准。GB/T 1.1-2020《标准化工作导则 第 1 部分:标准化文件的结构和起草规则》是针对标准编写的普遍性、一般性要求所做出的规定,而不同属性的标准在其结构和要素起草方面有着其特殊性,因此在起草时还需要遵循其相应的标准编写规则,以确保编写出适用性更高的标准。为此,国家标准 GB/T 20001《标准编写规则》已经发布了众多对应部分标准,以满足我国标准化工作的实际需要。

1. 按照标准化对象的分类

(1) 产品标准。即规定产品需要满足的要求以确保其适用性的标准。其结构要素的特殊性可参照 GB/T 20001.10-2014《标准编写规则 第 10 部分:产品标准》的要求执行。

(2) 过程标准。即规定过程需要满足的要求以确保其适用性的标准。

(3) 服务标准。即规定服务需要满足的要求以确保其适用性的标准。

2. 按照标准内容的功能的分类

(1) 术语标准。即界定特定领域或学科中使用的概念的指称及其定义的标准。其结构要素的特殊性可参照 GB/T 20001.1-2001《标准编写规则 第 1 部分:术语》[①]的要求执行。

(2) 符号标准。即界定特定领域或学科中使用的符号的表现形式及其含义或名称的标准。其结构要素的特殊性可参照 GB/T 20001.2-2015《标准编写规则 第 2 部分:符号

---

① 2024 年 10 月 1 日将被 GB/T 20001.1-2024《标准编写规则 第 1 部分:术语》替代。

标准》的要求执行。

（3）分类标准。即基于诸如来源、构成、性能或用途等相似特性对产品、过程或服务进行有规律的划分、排列或者确立分类体系的标准。其结构要素的特殊性可参照 GB/T 20001.3-2015《标准编写规则 第 3 部分：分类标准》的要求执行。

（4）试验标准。即在适合指定目的的精密度范围内和给定环境下，全面描述试验活动以及得出结论的方式的标准。其结构要素的特殊性可参照 GB/T 20001.4-2015《标准编写规则 第 4 部分：试验方法标准》的要求执行。

（5）规范标准。即为产品、过程或服务规定需要满足的要求并且描述用于判定该要求是否得到满足的证实方法的标准。其结构要素的特殊性可参照 GB/T 20001.5-2017《标准编写规则 第 5 部分：规范标准》的要求执行。

（6）规程标准。即为活动的过程规定明确的程序并且描述用于判定该程序是否得到履行的追溯/证实方法的标准。其结构要素的特殊性可参照 GB/T 20001.6-2017《标准编写规则 第 6 部分：规程标准》的要求执行。

（7）指南标准。即以适当的背景知识提供某主题的普遍性、原则性、方向性的指导，或者同时给出相关建议或信息的标准。其结构要素的特殊性可参照 GB/T 20001.7-2017《标准编写规则 第 7 部分：指南标准》的要求执行。

延伸课堂

企业标准如何取名？

第二节　标准的结构

标准的结构是标准内容的反映，标准内容的特殊性决定了其结构的独特性。这种结构上的独特性使得我们能够从文本上一目了然地辨认出它是标准，而不是其他文件。

搭建标准的结构是正式起草标准之前必不可少的工作。一个标准的结构由按照内容划分得到的"要素"和按照层次划分得到的"层"所构成。只有从标准的技术内容出发合理安排标准的要素和层次，才有可能在此基础上顺利起草相应的标准，并最终编写完成一个高质量的标准化文件。

一、标准中的要素

（一）要素的分类

对标准的内容进行划分可以得到不同的要素，也就是说标准是由各类要素构成的。要素是构成标准的基本单元，依据要素所起的作用、存在的状态可将标准中的要素归为不同的类别，每种类别都具有其特定的功能和意义。

1. 按要素所起的作用分类

根据标准中要素所起的作用,可将标准中的所有要素划分为规范性要素和资料性要素两大类。

(1) 规范性要素。规范性要素是界定文件范围或设定条款的要素。

(2) 资料性要素。资料性要素是给出有助于文件的理解或使用的附加信息的要素。

2. 按要素存在的状态分类

根据要素在标准中是否必须存在,可将标准中的所有要素划分为必备要素和可选要素两大类。

(1) 必备要素。必备要素是在文件中不可缺少的要素。

(2) 可选要素。可选要素是在文件中存在与否取决于起草特定文件的具体需要的要素。也就是说,这类要素在某些标准中可能存在,而在其他标准中可能不存在。

表 7.1 界定了标准化文件中要素的编排、类别、构成及表述形式。

表 7.1 标准化文件中要素的编排、类别、构成及表述形式

要素的编排		要素的类别		要素的构成	要素允许的表述形式
		必备或可选	规范性或资料性		
概述部分	封面	必备	资料性	附加信息	文字(标明文件信息)
	目次	可选			列表(自动生成的内容)
	前言	必备			条文、注、脚注、指明附录
	引言	可选			条文、图、表、数学公式、注、脚注、指明附录
正文部分	标准名称	必备	规范性		文字
	范围	必备	规范性	条款 附加信息	条文、表、注、脚注
	规范性引用文件*	必备/可选	资料性	附加信息	清单、注、脚注
	术语和定义*	必备/可选	规范性	条款 附加信息	条文、图、数学公式、示例、注、引用、提示
	符号和缩略语	可选	规范性	条款 附加信息	条文、图、表、数学公式、示例、注、脚注、引用、提示、指明附录
	分类和编码/系统构成	可选			
	总体原则和/或总体要求	可选			
	核心技术要素	必备			
	其他技术要素	可选			
补充部分	资料性附录	可选	资料性	附加信息	条文、图、表、数学公式、注、脚注
	规范性附录	可选	规范性	条款 附加信息	条文、图、表、数学公式、示例、注、脚注、引用、提示
	参考文献	可选	资料性	附加信息	清单(资料性引用)、脚注
	索引	可选			列表(自动生成的内容)

* 章编号和标题的设置是必备的,要素内容的有无根据具体情况进行选择

(二) 要素的选择

一般来说,规范性要素中标准名称、范围、术语和定义、核心技术要素是必备要素,其

他是可选要素,其中术语和定义内容的有无可根据具体情况进行选择。不同功能类型的标准具有不同的核心技术要素。规范性要素中的可选要素可根据所起草文件的具体情况在表 7.1 中选取,或者进行合并或拆分,要素的标题也可调整,还可设置其他技术要素。

资料性要素中的封面、前言、规范性引用文件是必备要素,其他是可选要素,其中规范性引用文件内容的有无可根据具体情况进行选择。资料性要素在文件中的位置、先后顺序以及标题均应与表 7.1 呈现的相一致。

二、标准的主要构成及其内容

任何标准都由概述部分、正文部分和补充部分三个部分构成。这些构成部分的内容不是任何一项标准都需要具备的,具体某项标准究竟应包括其中的哪些内容,应根据标准化对象的特征和制定标准的目的而定。

(一)概述部分

概述部分的作用是让读者概括地了解该项标准的有关情况,如识别和内容的介绍,有关标准的背景、制定情况以及与其他标准的关系的说明等,具体栏目有封面、目次、前言、引言。

封面的格式应符合 GB/T 1.1 的具体规定。目次只有当标准的内容较长、结构复杂、条文较多时才设置。前言是每项标准都应编写的内容,包括基本部分(提供有关该项标准的一般信息)和专用部分(用于说明采用国际标准的程度或需要在前言中表述的其他内容)。引言是用于提供有关标准内容和制定原因的特殊信息或说明,它不包含技术要求。

(二)正文部分

这部分内容是标准的主体,它规定了标准的要求和必须实施的条文。它由五大通用必备要素和规范性可选要素构成。

1. 通用必备要素

它用于对标准内容的一般性介绍,主要由标准名称、范围、规范性引用文件、术语和定义、核心技术要素五个要素组成。

标准名称应力求简短,既能毫不含糊地明确主题,又能与其他标准相区别。

范围用于简要说明一项标准的对象与主题、内容范围和适用领域。它通常被设置为文件的第 1 章。

规范性引用文件主要说明标准中直接引用和必须配合使用的其他标准(文件)。它通常被设置为文件的第 2 章。其章编号和标题的设置是必备的,但要素内容的有无可根据具体情况进行选择。

术语和定义是用来界定为理解文件中某些术语所必需的定义,由引导语和术语条目构成。它通常被设置为文件的第 3 章。其章编号和标题的设置是必备的,但要素内容的有无可根据具体情况进行选择。

核心技术要素是各种功能类型标准的标志性要素,它是表述标准特定功能的要素。标准功能类型不同,其核心技术要素就会不同,表述核心要素使用的条款类型也会不同(见表 7.2)。各种功能类型标准的核心技术要素的具体编写应遵循 GB/T 20001(所有部分)的规定。

表 7.2 不同功能类型标准的核心技术要素

标准功能类型	核心技术要素	使用的条款类型
术语标准	术语条目	陈述型条款
符号标准	符号/标志及其含义	陈述型条款
分类标准	分类和/或编码	陈述、要求型条款
试验标准	试验步骤	指示型、要求型条款
	试验数据处理	陈述型、指示型条款
规范标准	要求	要求型条款
	证实方法	指示型、陈述型条款
规程标准	程序确立	陈述型条款
	程序指示	指示型、要求型条款
	追溯/证实方法	指示型、陈述型条款
指南标准	需考虑的因素	推荐型、陈述型条款

2. 规范性可选要素

这是标准所要规定的实质性内容，也是整个标准的主体，其各项内容应根据各类标准化的不同特点和需要编写，并遵循有关的编写方法。它包括符号和缩略语、分类和编码/系统构成、总体原则和/或总体要求、其他技术要素。

（1）符号和缩略语是用来给出为理解文件所必需的、文件中使用的符号和缩略语的说明或定义，由引导语和带有说明的符号和缩略语清单构成。

（2）分类和编码/系统构成。分类和编码是用来给出针对标准化对象的划分以及对分类结果的命名或编码，以方便在文件核心技术要素中针对标准化对象的细分类别作出规定。而系统构成是用来确立构成系统的分系统，或进一步的组成单元，仅存在于系统标准中。

（3）总体原则和/或总体要求。总体原则是用来规定为达到编制目的需要依据的方向性的总框架或准则。而总体要求则是用来规定涉及整体文件或随后多个要素均需要规定的要求。

（4）其他技术要素。根据具体情况，文件中还可设置其他技术要素，例如试验条件、仪器设备、取样、标志、标签和包装、标准化项目标记、计算方法等。

（三）补充部分

这一部分用于提供有助于理解和使用一项标准的补充信息。它包括资料性附录、规范性附录、参考文献和索引。

当文件中的示例、信息说明或数据等过多，可以将其移出，形成资料性附录。它不包含任何要求，也不具有标准正文的效力，只是给出有助于理解或使用文件的附加信息，帮助读者正确掌握和使用标准。

当正文规范性要素中的某些内容过长或属于附加条款，可以将一些细节或附加条款移出，形成规范性附录，作为附录安排在标准条文的后面。它给出正文的补充或附加条款，实质上相当于技术内容的一个组成部分，因而构成标准整体内容不可分割的一部分，在标准中的作用与标准正文相同。

三、标准的层次

标准要根据内容繁简合理编排,分为若干层次叙述。由于各类标准的内容性质和条文长短差异很大,很难制定统一、通用的层次划分模式。但为了使标准层次清晰、便于使用,对标准的层次需要做出适当的划分。在标准中可能出现的层次包括部分、章、条、段、列项和附录等形式,表7.3给出了各个层次的具体名称以及相应的编号示例。一般而言,标准应按其内容分成若干层次(2—3个层次最佳,一般不要超过4个层次)进行叙述,各层次的编号采用阿拉伯数字,每两个层次之间加圆点,圆点加在阿拉伯数字的右下角。

表7.3 层次及其编号示例

层次	编号示例
部分	××××.1 (如 GB/T 1.1、GB/T 1.2)
章	5
条	5.1(最多可分到第五层次,即 5.1.1.1.1.1)
段	[无编号]
列项	列项符号:"—"和"·";列项编号:a)、b)和1)、2)
附录	附录 A

(1)部分。部分是一个标准化文件划分的第一层次。划分出的若干部分共用同一个文件顺序号(即标准顺序号)。部分不应进一步细分为"分部分"。文件分为部分后,每个部分可以单独编制、修订和发布,并与整体文件遵守同样的起草原则和规则。"部分"概念的引入,使得标准体系更加合理,也更容易将同一标准化对象的各种标准化内容放在同一个标准顺序号之下,这既方便了管理,也方便了使用。

(2)章。它是标准化文件层次划分的基本单元,是标准或部分中划分出的第一层次。它构成了标准主体结构的基本框架。每一章都应使用阿拉伯数字从"1"开始编号,其后都应有章标题(见[示例7.1])。在每项标准或每部分中,章的编号从"范围"开始一直持续到附录之前。

[示例7.1]

    1 范围

    2 规范性引用文件

    3 术语和定义

    4 符号和缩略语

    5 ……

    ……

(3)条。它是章内有编号的细分层次。凡是章以下有编号的层次均称为"条"。条可以进一步细分,细分层次不宜过多,最多可分到第五层次。条的标题是可以选择的,也可根据标准的具体情况决定是否设置标题,但第一层次的条宜给出条标题。如果设置了标题,则标题位于条的编号之后,条的标题与编号一起单独占一行,并与其后的条文分行(见

[示例7.2])。

[示例7.2]
    5.1 ××××××
        5.1.1 ×××××××××××××××××××××××××××
××××××××××××××××××××
            5.1.1.1 ××××××××××××××××××××××××
××××××××××××××××
            5.1.1.2 ××××××××××××××××××××××××
××××××××××××××××

（4）段。它是对章或条的细分。段没有编号，这是区别段与条的明显标志，也就是说段是章或条中不编号的层次。

（5）列项。它是"段"中的子层次，用于强调细分的并列各项中的内容。列项应由引语和被引出的并列的各项组成。具体形式有两种：一种是后跟句号的完整句子引出后跟句号的各项（见[示例7.3]）；另一种是后跟冒号的文字引出后跟分号（见[示例7.4]）或逗号（见[示例7.5]）的各项。

[示例7.3]
导向要素中图形符号与箭头的位置关系需要符合下列规则。
1）当导向信息元素横向排列，并且箭头指左向（含左上、左下），图形符号应位于右侧。
2）当导向信息元素横向排列，并且箭头指右向（含右上、右下），图形符号应位于左侧。
3）当导向信息元素纵向排列，并且箭头指下向（含左下、右下），图形符号应位于上方。
4）当导向信息元素纵向排列，并且箭头指其他方向，图形符号宜位于下方。

[示例7.4]
下列各类仪器不需要开关：
——在正常操作条件下，功耗不超过10W的仪器；
——在任何故障条件下使用2分钟，测得功耗不超过50W的仪器；
——用于连续运转的仪器。

[示例7.5]
仪器中的振动可能产生于：
——转动部件的不平衡，
——机座的轻微变形，
——滚动轴承，
——气动负载。

（6）附录。它是标准层次的表现形式之一。附录按其性质分为规范性附录和资料性附录。每个附录均应在正文或前言的相关条文中明确提及，其顺序应按在条文（从前言算起)中提及它的先后次序编排。

> **延伸课堂**
>
> **企业标准快速编制的"九招式"**

第三节　以国际标准为基础起草我国标准

国际标准是指 ISO、IEC、ITU 的标准,以及 ISO 确认并公布的其他国际组织制定的标准。凡以国际标准为蓝本起草我国标准,或者说我国标准的结构、内容等是依据国际标准形成的,都称其为以国际标准为基础起草我国标准。

为了通过采用国际标准达到促进贸易与交流的目的,我国采用国际标准所起草的国家标准,应尽可能做到以下四点:一是尽量保持与国际标准相同;二是如果确有必要存在差异,应将相应的差异减至最小;三是如果存在差异,尽可能明确标示;四是要说明具体差异的情况和原因。

一、与国际标准的差别及一致性程度类型

在以国际标准为基础起草我国标准的过程中,我国标准不可避免地要作出一些改动,与国际标准相比必然会有一些差别,根据差别的具体情况,可以将我国标准与国际标准的关系按一致性程度进行划分。

（一）与国际标准的差别

1. 文本结构调整

它是指标准的章、条、段、表、图和附录排列上的调整。也就是说,我国标准与所依据的国际标准相比,如果标准的正文、附录以及图、表的排列顺序存在不同,则认为它们之间存在文本结构调整。

2. 技术内容差异

它是指我国标准与相应国际标准在技术内容上的不同,主要指技术上的改变。它包括三种情况:一是修改(技术内容),是指国际标准规定的内容在我国标准中也有对应的规定,但是两者内容之间存在差异;二是增加(技术内容),是指在我国标准中有规定在国际标准中没有规定的内容;三是删除(技术内容),是指国际标准规定的内容在我国标准中没有对应的规定。

3. 编辑性改动

它是指在不变更所依据的国际标准的技术内容的条件下,允许我国标准所进行的修改。编辑性改动的核心是所修改的内容不能导致技术上的差异,即不修改、不增加、不删除国际标准的技术内容。

(二)一致性程度类型

根据我国标准与国际标准是否存在差异,以及这些差异被标示和说明的情况,可以将我国标准与国际标准的一致性程度分为三种:等同、修改和非等效。表7.4表明了不同一致性程度情况下我国标准与国际标准之间允许的差异、使用的方法和一致性程度代号等。

表 7.4 一致性程度的相关信息

		等同	修改	非等效
允许的差异	文本结构调整	无	有(说明)	有
	技术内容差异	无	有(说明)	有
	编辑性改动	有	有(说明)	有
使用的方法		翻译	重新起草	重新起草
一致性程度代号		IDT	MOD	NEQ
是否属于采标		是	是	否

注:IDT 缩略自 identical,MOD 缩略自 modified,NEQ 缩略自 not equivalent;"采标"指"采用国际标准"。

1. 等同

我国标准化文件与相应国际标准化文件的一致性程度为"等同"时,兼有下述情况:

(1) 文本结构相同;
(2) 技术内容相同;
(3) 最小限度的编辑性改动。

一致性程度为"等同"时,所允许的最小限度的编辑性改动包括:

(1) 改变标准化文件名称,以便与现有的标准化文件协调;
(2) 纳入 ISO/IEC 标准化文件修正案和/或技术勘误的内容;
(3) 增加附加信息和资料性附录;
(4) 用小数点符号代替逗号;
(5) 改正印刷错误;
(6) 删除多语种出版的 ISO/IEC 标准化文件版本中某些不必要表述;
(7) 用"本文件"代替 ISO/IEC 标准化文件提及自身时的表述;
(8) 删除 ISO/IEC 标准化文件的封面、目次、前言和引言;
(9) 要素"规范性引用文件"中文件清单的变化;
(10) 要素"术语和定义"中注的更改;
(11) 要素"参考文献"中文件清单的变化。

2. 修改

我国标准化文件与相应国际标准化文件的一致性程度为"修改"时,至少存在下述情况之一:

(1) 文本结构调整,并且清楚地说明了这些调整;
(2) 技术内容差异,并且清楚地说明了这些差异及其产生的原因;
(3) 可包含编辑性改动。

一致性程度为"修改"时，技术差异可包括如下情形：

（1）国家标准化文件的条款少于对应 ISO/IEC 标准化文件的条款。需要注意的是，这种情况也包括国家标准化文件中仅含有 ISO/IEC 标准化文件中供选用的一些条款。

（2）国家标准化文件的条款多于对应 ISO/IEC 标准化文件的条款，例如，增加了某些方面或种类，规定了更严格的要求，加入了附加试验。

（3）国家标准化文件更改了对应 ISO/IEC 标准化文件的一些条款。

（4）国家标准化文件增加了与对应 ISO/IEC 标准化文件条款同等地位的条款，作为该条款的另一种选择。

3. 非等效

我国标准化文件与相应国际标准化文件的一致性程度为"非等效"时，至少存在下述情况之一：

（1）文本结构调整，并且没有清楚地说明这些调整；

（2）技术内容差异，并且没有清楚地说明这些差别及其产生的原因；

（3）只保留了数量较少或重要性较小的 ISO/IEC 标准化文件的条款。

与国际标准的一致性程度为"等同""修改"的国家标准视为采用了国际标准，而与国际标准的一致性程度为"非等效"的国家标准不视为采用了国际标准，仅表明与国际标准存在一致性程度对应关系。

二、一致性程度的标示

（一）一致性程度标识

一致性程度使用"一致性程度标识"进行标示。一致性程度标识由"对应的国际标准编号，一致性程度代号"组成，例如"ISO 9000：2005，IDT"。

（二）一致性程度的标示方式

在以国际标准为基础制定我国标准时，两个标准之间无论存在差异与否都应进行明确标示。在标准中有四处需要作相应的标示，即封面、书眉、规范性要素的页边、规范性引用文件。

1. 在封面和书眉标示

封面和书眉主要标示我国标准与国际标准的关系。

如果我国标准等同采用 ISO、IEC、ITU 标准，则应在封面的标准编号的位置和各页书眉使用双编号，即在我国标准编号后加一斜线，然后给出 ISO、IEC、ITU 标准的编号。但一致性程度为"修改"或"非等效"时，则不应使用双编号。双编号在国家标准化文件中仅用于封面、页眉、封底和版权页上。

例如：GB/T 19001-2016/ISO 9001：2015

在封面标准名称的英文译名之下应给出与国际标准的"一致性程度标识"并加上圆括号，即使用"（对应的国际标准编号，一致性程度代号）"的形式。

例如：(ISO 9001：2015，IDT)

当国家标准的英文译名与被采用的国际标准名称不一致时，则在"一致性程度标识"中的国际标准编号和一致性程度代号之间增加该国际标准的英文名称，即使用"（对应的国际标准编号,国际标准英文名称,一致性程度代号)"的形式。

例如:(ISO 3290:1998,Rolling Bearings—Balls—Dimensions and Tolerances,NEQ)

2. 在规范性要素的页边标示

如果我国标准与国际标准存在较多的技术差异,或者我国标准纳入了国际标准修正案或技术勘误中的内容,应在文中存在差异的条款的外侧页边空白位置用垂直单线(｜)标示技术差异,用垂直双线(‖)标示纳入了国际标准修正案或技术勘误中的内容。

标示技术差异时,如果修改条文内容,或者增加一条或一段,则标示在涉及的条或段的位置;如果增加一章或一个附录,或者删除国际标准的条或附录中的章条,仅标示在相应的章或上一层次的条的标题或者附录标识的位置。

3. 在规范性引用文件中标示

在规范性引用文件所列文件清单中的我国文件名称后,应根据不同情况选择标示与国际标准的一致性程度。

如果我国标准与所依据的国际标准的一致性程度为等同或修改,则标示"一致性程度标识";如果为非等效,则可选择:① 不标示"一致性程度标识";② 仅标示对应的国际文件的代号和顺序号,如(IEC 60085);③ 标示"一致性程度标识"。

三、我国采用国际标准的范围界定

在我国,采用国际标准不仅限于 ISO、IEC 和 ITU 所制定的标准,还包括其他国外先进标准。因此,我国采用国际标准是指采用以下标准。

1. 国际标准

(1) ISO、IEC 和 ITU 所制定的标准;

(2) ISO 确认并公布的其他国际组织制定的标准。在世界上,制定标准的国际组织有很多,但按照国际惯例,被 ISO 确认并公布的国际组织所制定的标准才被视为国际标准,即《国际标准题内关键词索引》(KWIC Index)中所列入的国际组织所发布的标准。目前,被 ISO 确认并公布的国际标准组织已达 49 个,如表 7.5 所示。其标准则在 ISO 网站上和年度标准目录中公布。

表 7.5 国际标准化机构一览表

序号	机构名称(缩写)	成立时间	标准性文件类别	地址
1	国际计量局(BIPM)	1875	国际单位(SI)	法国巴黎
2	国际人造纤维标准化局(BISFA)	1928	化学纤维试验方法标准	比利时布鲁塞尔
3	食品法典委员会(CAC)	1962	食品法典、标准、导则、规范	意大利罗马
4	国际烟草科学研究合作中心(CORESTA)	1955	烟气中多种化学成分的测定方法标准	法国巴黎
5	航天数据系统咨询委员会(CCSDS)	1982	ISO/CCSDS 标准	美国华盛顿
6	国际建筑物研究和创新理事会(CIB)	1953	导则、报告	荷兰荷尔斯泰因
7	国际照明委员会(CIE)	1900	CIE 标准、指南、建议、技术报告	奥地利维也纳
8	国际内燃机理事会(CIMAC)	1961	CIMAC 建议	法国巴黎
9	国际货运代理协会联合会(FIATA)	1926	国际货运代理标准交易条件	瑞士苏黎世

(续表)

序号	机构名称(缩写)	成立时间	标准性文件类别	地址
10	世界牙科联合会(FDI)	1958	FDI标准、指南、建议、声明	法国巴黎
11	国际信息与文献联合会(FID)	1895	国际十进分类法(UDC)	荷兰海牙
12	建筑混凝土国际联合会(FIB)	1952	混凝土结构设计、施工和维护的技术指南、规范和建议	英国伦敦
13	林业工作理事会(FSC)	1993	森林可持续发展准则和标准	德国柏林
14	国际原子能机构(IAEA)	1956	IAEA系列安全标准和指南	奥地利维也纳
15	国际航空运输协会(IATA)	1945	IATA标准	加拿大蒙特利尔
16	国际民用航空组织(ICAO)	1947	ICAO标准、方法和程序	加拿大蒙特利尔
17	国际谷物科学技术协会(ICC)	1955	ICC标准	奥地利维也纳
18	国际排灌委员会(ICID)	1950	ICID标准	印度新德里
19	国际辐射防护委员会(ICRP)	1928	ICRP指南和建议	瑞典斯德哥尔摩
20	国际文化财产保护与修复研究中心(ICCROM)	1956	遗产标准	瑞士日内瓦
21	国际民防组织(ICDO)	1931	民防标准	瑞士日内瓦
22	国际辐射单位和测量委员会(ICRU)	1925	ICRU报告	美国贝赛斯达
23	国际糖分析统一方法委员会(ICUMSA)	1897	糖分析方法标准	比利时布鲁塞尔
24	国际制酪联合会(IDF)	1903	IDF公报、标准	布鲁塞尔
25	因特网工程特别工作组(IETF)	1986	IETF推荐标准、因特网标准	美国帕罗奥图
26	国际图书馆协会与学会联合会(IFLA)	1927	国际标准书目著录(总则)	荷兰海牙
27	国际有机农业运动联盟(IFOAM)	1972	基本标准(IBS)	德国波恩
28	国际天然气联合会(IGU)	1931	IGU标准	挪威奥斯陆
29	国际制冷学会(IIR)	1908	IIR标准、法规	法国巴黎
30	国际焊接协会(IIW)	1948	焊接标准	法国巴黎
31	国际劳工组织(ILO)	1920	国际劳工标准	瑞士日内瓦
32	国际海事组织(IMO)	1948	IMO公约、法规	英国伦敦
33	国际种子测试协会(ISTA)	1924	种子检验规程	瑞士伯尔尼
34	国际皮革工艺师与化学家联合会(IULTCS)	1897	皮革物理、化学、坚牢度指标检测方法标准	瑞士苏黎世
35	国际理论和应用化学联合会(IUPAC)	1919	IUPAC标准和标样	英国牛津
36	国际毛纺组织(IWTO)	1927	IWTO国际协议和规范	比利时布鲁塞尔
37	国际兽疫防治局(OIE)	1924	OIE安全规则、卫生标准	法国巴黎
38	国际法制计量组织(OIML)	1955	OIML国际建议和国际文件	法国巴黎
39	国际葡萄与葡萄酒组织(OIV)	1924	方法与酿造规程	法国巴黎
40	国际材料和结构测试研究实验室联盟(RILEM)	1947	RILEM报告	法国巴黎

(续表)

序号	机构名称(缩写)	成立时间	标准性文件类别	地址
41	贸易信息交流促进委员会(Tar-FIX)	1960	贸易数据交换方法、规则、指南	美国纽约
42	国际铁路联盟(UIC)	1922	UIC Code	法国巴黎
43	联合国经营交易和运输程序、实施促进中心(UN/CEFACT)	1996	UN/CEFACT 电子商务建议	瑞士日内瓦
44	联合国教育、科学及文化组织(UNESCO)	1945	标准、法规	法国巴黎
45	万国邮政联盟(UPU)	1874	万国邮政公约、邮政业务协定	瑞士伯尔尼
46	国际海关组织(WCO)	1953	WCO 公约和制度	比利时布鲁塞尔
47	国际卫生组织(WHO)	1942	WHO 标准、法规、规程	瑞士日内瓦
48	世界知识产权组织(WIPO)	1883	WIPO 公约、法规	瑞士日内瓦
49	世界气象组织(WMO)	1947	技术、法规、规则	瑞士日内瓦

2. 先进的区域标准

先进的区域标准代表是欧洲标准。欧洲标准由欧洲三大标准化机构，即欧洲标准化委员会、欧洲电工标准化委员会和欧洲电信标准学会制定。此外还有亚太地区的太平洋地区标准会议、东盟标准和质量咨询委员会，非洲标准化组织，美洲泛美标准委员会以及阿拉伯工业发展和矿业组织中的先进标准。

3. 发达国家的国家标准

这类标准代表主要有美国国家标准、英国国家标准、德国国家标准、日本工业标准、俄罗斯国家标准、法国国家标准等。此外，还有其他国家的某些世界先进标准，如瑞士的手表材料国家标准、瑞典的轴承钢国家标准等。

4. 国际上通用的权威团体协会标准

世界上不少国家的一些协会、学会等行业性组织都在制定标准，并在本行业中享有较高的信誉，这些标准也是国外先进标准的重要组成部分。主要有美国材料与试验协会标准、美国机械工程师协会标准、美国石油学会标准、美国保险商试验室安全标准、英国劳氏船级社《船舶入级规范和条例》、美国军用标准、英国石油学会标准等。

5. 国际上先进的公司(企业)标准

最先进的国外先进标准是在国际上处于各行业领先地位的公司(企业)标准，如美国的波音公司标准，德国的西门子公司标准、大众汽车公司标准，日本的松下公司标准、丰田公司标准等。工业发达国家的公司标准数量庞大、结构严谨、技术新、保密性强，由于竞争的需要，这类标准远比国际标准和国家标准的水平高，是我们应该尽可能采用的对象。

第四节 制定标准的程序

制定标准的程序是普通技术文件成为"标准"的必要条件之一，是标准化工作过程中的首要环节，也是标准化管理的起点。

一、文件类型

制定标准的过程会涉及大量的文件。这些文件有些用于记录标准制定过程中技术指标的变更,有些用于表述制定活动的具体过程等。通过分发、提交和观察这些文件,可以了解制定过程是否符合相关原则和要求。

1. 标准草案和标准

(1) 标准草案。它是以拟发布的标准为最终版本,用于标准制定过程中不同阶段讨论技术指标和文字描述等内容的文件,包括征求意见稿(working draft, WD)、送审稿(committee draft, CD)、报批稿(draft standard, DS)和出版稿(final draft standard, FDS)。标准草案的编写在内容和结构上要符合标准编写的基本要求,其技术内容的修改和完善都是在制定过程中,经协商一致后作出的。

即使是在同一阶段中的标准草案,也会因为不同阶段的技术讨论而出现不同的版本。某一阶段形成的标准草案的最终版本,通常需要提交并申请批准该文件成为下一阶段的标准草案或标准。这个"最终版本"的标准草案,将其称为"最终稿"。

(2) 标准。它是在标准草案的基础上形成的,由国务院标准化相关主管部门批准并以特定形式发布的,共同遵守的准则和依据的文件。

2. 工作文件

工作文件是指标准制定过程中用于记录情况、交换信息、发布通知、报送申请的文本材料。这些文件通常包括以下类型:

(1) 关于制定标准的项目建议,如新工作项目(preliminary work item, PWI)、新工作项目建议(new work item proposal, NP)等;

(2) 记录标准制定活动情况的文件,如编制说明、会议纪要等;

(3) 用于发布通知的文件,如征求意见通知、召开审查会议通知等;

(4) 用于记录参与方技术意见及处理情况的文件,如意见反馈表、意见汇总处理表、投票单等;

(5) 记录其他相关信息的文件,如标准建议稿、参考的重要标准和技术文件、试验验证报告等。

二、制定国家标准的常规程序

标准是一种技术性法规。法规的产生有一定的法定程序,制定标准也有规定的工作程序。只有严格地遵循这些程序,才能保证标准的严肃性和质量。按我国标准 GB/T 16733 的规定,制定(修订)国家标准的程序分为 9 个阶段,其他各级标准也可参照使用。

(一) 预阶段(00)

该阶段的任务是对将要立项的 PWI 进行研究及必要的论证,并在此基础上提出 NP,包括标准草案或标准大纲(如标准的范围、结构及其相互关系等)。其主要包括以下两方面的具体工作。

1. 必要性和可行性分析

由于国家标准涉及范围广、影响程度深,需要按照规定的格式提交 PWI,用于论述提案将涉及的技术领域、相关群体及论证项目的必要性和可行性,对标准化工作进行规划并解释与现有文件的关系。为此，项目的必要性和可行性分析需要从以下四个方面考虑：

（1）需求分析。标准化对象的需求是指用户和市场对该标准化活动的需要程度，它需要从技术、管理、公共领域等角度分析制定该项标准的作用和影响。

（2）技术基础分析。主要是考察在现有技术条件下实现标准化目标的可能性。需要重点考虑的有：所选择技术是否符合主流技术的发展方向；相应的技术领域是否开展过标准化活动；有无其他技术文件可以经修改或确认就成为标准草案。

（3）成本效益分析。主要是估计完成项目所需要的成本，包括人、财、物的使用情况，从而形成资金总额和支出预算。此外，还应考虑标准化项目可能涉及的有关群体，如标准实施后受到影响的行业和消费者。

（4）时效性分析。主要涉及判断：一是该项目的有效期限有多长；二是开展该项目需求的紧迫程度；三是现在制定该项目的时机是否恰当。

2. 评估 PWI

预阶段的主要任务是由技术委员会评估 PWI，以甄选项目并考虑决定是否向国务院标准化行政主管部门上报 NP。

（1）PWI 的评估。技术委员会接收并登记 PWI 标志着预阶段的开始，然后通过召开会议、分发信函等形式，对 PWI 进行必要性和可行性论证，以决定是提交基于该 PWI 完成的 NP，还是不予采纳该 PWI。

（2）提交 NP。技术委员会在评估 PWI 后，若决定采纳该 PWI 并开展新项目，就必须按评估的内容准备 NP 并提交给国务院标准化行政主管部门。

该阶段的成果为 PWI。

（二）立项阶段（10）

立项阶段是国务院标准化行政主管部门审批 NP，决定是否开展标准制定工作，下达相关计划的过程。经过审查和协调通过的建议，将被列入《国家标准制、修订项目计划》，并下达给各技术委员会。时间周期不超过三个月。

该阶段的成果为 NP。

（三）起草阶段（20）

编写标准草案的主体框架是标准起草阶段的主要工作。在这一阶段，技术委员会成立工作组（working group，WG），并由 WG 编写标准草案。时间周期不超过十个月。

（1）成立 WG。标准计划项目下达后，技术委员会将邀请标准起草单位的代表组成 WG。WG 成员应具有代表性（包括生产、使用、科研等各方代表），为保证制定标准的公正性，一般要求生产、使用和研究部门的代表各占三分之一左右或生产部门的代表不超过半数。WG 成员应具有丰富的专业知识和实践经验，熟悉业务，了解标准化工作的相关规定并具有较强的文字表达能力。

（2）拟订工作计划。WG 成立后，应首先制订工作计划，内容包括：确定标准名称和适用范围；制定标准的目的、依据、意义和经济效益预测；国内外有关标准和有关科技成就的简要说明；工作内容、分工与计划进度；工作条件，可能出现的问题和解决措施；经费预算；等等。

（3）开展调查研究和试验验证。主要涉及三项具体工作：一是确定标准方案，即在广泛开展调查研究的基础上,提出各种可能实现标准目标的选择方案;二是试验验证,即针对标准中技术内容的选择是否恰当,参数指标的确定是否先进合理、能否满足使用要求,这些都需要通过试验加以证实确认;三是经济效益论证,主要是评价计算各种可能方案的经济效益,从中选择最佳方案。

（4）起草并完成 WD。标准方案确定以后,即可参照 GB1.1 的要求编写 WD,同时编写《标准编制说明书》。

当 WG 对 WD 达成一致后,该版本的标准草案成为 WD 最终稿,用于起草阶段 WG 向技术委员会报送并申请登记为 WD,同时填写一份"征求意见稿申报表",用于向技术委员会申请标准制定进入下一阶段的事宜。如果技术委员会确认报送的 WD 最终稿可以登记为 WD,则可以进入征求意见阶段。

该阶段的成果为 WD。

（四）征求意见阶段(30)

该阶段的主要任务是技术委员会对 WD 征集意见,它自技术委员会将 WD 最终稿登记为 WD 时开始,其主要工作开始的标志是技术委员会分发 WD,结束的标志是 WG 处理完毕反馈意见。在回复意见的日期截止后,WG 应根据返回的意见,完成意见汇总处理表和 CD。时间周期不超过五个月。若回复意见要求对 WD 进行重大修改,则应分发第二版 WD(甚至第三版 WD)征求意见。此时,WG 负责人应主动向有关部门提出延长或终止该项目计划的申请报告。

1. 发往有关单位征求意见

技术委员会应向所有委员和其他相关方分发 WD,必要时可在公开媒体上征求意见,其期限一般为 2 个月,且不少于 1 个月。分发的文件主要有:① 关于标准征求意见的通知;② WD;③ 编制说明及有关附件;④ 征求意见反馈表;⑤ 若采用国际标准制定国家标准,应附原文和(或)译文。

2. 意见的反馈和处理

被征求意见的委员应在规定期限内回复意见,如没有意见也宜复函说明,逾期不复函,技术委员会可按无异议处理。若委员对 WD 有重大异议,还需要具体说明依据。

在征求意见过程中,WG 要随时掌握主要分歧,对于难以取得一致意见的问题,要及时进行调查、分析和研究,加强联系和协商,提出解决方案,作为进一步协调的基础。此外,WG 应对反馈意见进行归纳、整理,逐条提出处理意见,并填写"意见汇总处理表"。对意见的处理,大致有下列四种处理情况:① 采纳;② 部分采纳;③ 未采纳,说明理由或根据;④ 等试验后确定,安排试验项目、需求及工作计划。

3. 作出处理决定

在上述工作的基础上,WG 将作出下列决定之一:

（1）返回前期阶段。WD 反馈意见分歧较大,需要进行重大技术修改,则应向技术委员会提出申请将该标准草案返回至起草阶段。

（2）建议终止该项目。经确认该 WD 存在不宜进入下一阶段的因素,提出终止项目的申请。

（3）进入下一阶段。

该阶段的成果为 CD。

(五) 审查阶段(40)

审查阶段主要是技术委员会对 CD 进行审查(会审或函审)，并在(审查)协商一致的基础上，形成 DS 和审查会议纪要或函审结论。它自技术委员会将 WD 最终稿登记为 CD 时开始，主要工作开始的标志是技术委员会审查 CD，结束的标志是结束审查后由技术委员会提出审查意见。时间周期不超过五个月。若 CD 没有通过，则应分发第二版 CD，并再次进行审查。此时，WG 负责人应主动向有关部门提出延长或终止该项目计划的申请报告。

审查阶段主要是对标准的技术指标与要求是否适应当前的技术水平和市场需求等方面进行审查，同时审查其与相关标准的协调情况，以及与国家有关法令是否相抵触。一般而言，对技术、经济意义重大，涉及面广，分歧意见较多的项目宜采用会议审查；其余的可采用函审。

1. 会议审查

会议审查要求包括：一是使用方代表应不少于四分之一；二是出席会议人数四分之三（及以上）同意为通过；三是会议代表出席率不足三分之二的，应重新组织审查。

2. 函审

函审要求包括：一是四分之三（及以上）的回函投票同意为通过；二是回函率不足三分之二的，应重新组织审查。

3. 作出审查决定

在审查阶段，技术委员会将作出下列决定之一：

(1) 审查不通过并返回征求意见阶段；

(2) 审查不通过，由 WG 修改 CD 并重新进行审查；

(3) 建议终止该项目；

(4) 审查通过，该项目进入下一阶段，由 WG 对 CD 进行完善作为 DS，并报送相关材料。

该阶段的成果为 DS。

(六) 批准阶段(50)

审查阶段结束后，标准草案的主要技术内容已经确定，随后将由国务院标准化行政主管部门决定是否给予国家标准效力。批准阶段主要工作开始的标志是国务院标准化行政主管部门对 DS 进行程序审核，结束的标志是审核结束，提出审核意见。

1. 标准的审核

批准阶段的工作主要是对 DS 进行程序、技术审核，它包括两方面的内容：

(1) 主管部门对 DS 及报批材料进行程序、技术审核。对不符合报批要求的，退回有关标准化技术委员会或起草单位，限时解决问题后再审核。时间周期不超过四个月。

(2) 国家标准技术审查机构对 DS 及报批材料进行技术审核，在此基础上对 DS 完成必要的协调和完善工作。时间周期不超过三个月。

若 DS 中存在重大技术方面或协调方面的问题，一般退回部门或有关专业标准化技术委员会，限期解决问题后再行报批。

2. 作出审批决定

根据审核情况,国务院标准化行政主管部门将作出以下决定之一:

(1) 该项目返回前期阶段;

(2) 发现该项目已不适应技术、经济发展的要求,要求终止;

(3) 批准 DS 成为国家标准,给予标准编号,纳入批准发布公告。国务院标准化行政主管部门批准、发布国家标准的时间周期不超过一个月。

该阶段的成果为 FDS。

(七) 出版阶段(60)

在这一阶段,出版机构按照 GB/T 1.1 的规定,对上阶段提交的拟用于出版的 FDS 进行必要的编辑性修改,出版国家标准。它自出版机构登记国家标准开始,主要工作开始的标志是对国家标准进行编辑性修改,结束的标志是国家标准的出版发行。国家标准的正式出版标志着出版阶段的完成。时间周期不超过三个月。

该阶段的成果为国家标准(GB、GB/T、GB/Z)。

(八) 复审阶段(70)

在这一阶段,技术委员会对国家标准的适用性进行评估。每项国家标准的复审间隔周期不应超过五年。复审阶段由技术委员会安排复审工作时开始,其主要工作开始的标志是技术委员会复审国家标准,结束的标志是结束复审,形成复审意见。

1. 复审内容

技术委员会从以下几方面考虑国家标准的适用性,对标准的内容进行复审:一是实施过程中是否发现新的亟待解决的问题;二是技术指标是否仍适应科学技术的发展和经济建设的需要;三是标准中的内容是否与当前的法律法规相抵触;四是采用国际标准制定的国家标准,是否需要与国际标准的变化情况保持一致。

2. 复审意见及处理

由国务院标准化行政主管部门根据技术委员会的复审结论作出下列决定:

(1) 确认。即国家标准中技术内容和表述不需要调整,该标准继续有效。经确认继续有效的国家标准,其编号和年份号都不作改变。

(2) 修改。若国家标准中少量技术内容和表述需要修改,应返回至起草阶段。它可采用"国家标准修改单"或"技术勘误表"的方式发布修改内容。

(3) 修订。若国家标准中技术内容和表述需要全面更新,应返回至预阶段进入修订程序,即需要提交一个 PWI 建议,列入工作计划。

(4) 废止。若经济、技术的发展使得已经不需要对标准所涉及的标准化对象制定标准,则相应的标准应进入废止阶段。

3. 复审的管理

国家标准的复审工作由负责国家标准制定和修订的技术委员会负责。按固定的时间周期,技术委员会应把复审归口标准的任务纳入工作计划,广泛征求技术委员会和有关方面的意见,并将复审意见整理上交至国务院标准化行政主管部门。

国务院标准化行政主管部门将对有关单位报送的复审意见进行审核、确认和批复。国家标准的确认、修订和废止的信息会在指定媒体上向社会公布。

（九）废止阶段(80)

对于经复审后确定为没有存在必要的标准，予以废止。它主要是对需要废止的标准发布公告的过程。

三、制定国家标准的快速程序

快速程序针对技术变化快的标准化对象，适用于已有成熟标准建议稿的项目。快速程序可在常规程序的基础上省略部分阶段工作及其标志性文件。申请列入快速程序的标准在预阶段和立项阶段将被严格审批。提案方应在 PWI 中阐述采用快速程序的理由，由技术委员会在 NP 上标示，并由国务院标准化行政主管部门在立项阶段下达项目计划时注明"快速程序-B"（简称为"B 程序"）或"快速程序-C"（简称为"C 程序"）字样。

1. B 程序

B 程序为技术委员会在立项阶段登记计划项目并成立 WG 后，可省略起草工作组讨论稿，直接将最终讨论稿报送技术委员会。经技术委员会确认，该最终讨论稿可登记为 WD，进入征求意见阶段。

该程序适用于：等同采用或修改采用国际标准或国外先进标准制定国家标准的项目，且 WG 一致认为不需要对标准建议稿的技术内容进行改动。

2. C 程序

C 程序为在 B 程序基础上省略起草讨论稿和 WD，直接将标准建议稿作为 WD 最终稿报送技术委员会。经技术委员会确认，该 WD 最终稿则可登记为 CD，进入审查阶段。

该程序适用于：现行国家标准的修订项目，或我国其他各级标准转化为国家标准的项目。

拟采用 C 程序的项目应在 PWI 和 NP 中提供"采用快速程序论证报告"作为附件，详细论证省略起草讨论稿和 WD 的原因，特别是拟省略征求意见过程的缘由、必要性、可行性和对技术指标可能产生的影响。

延伸课堂

中国标准制定程序与 ISO/IEC 标准制定程序对比

本章小结

满足使用要求、兼顾先进性和经济性、保持标准的系统性、注意标准的政策性和充分利用本国的资源条件是制定标准必须遵守的五个原则。标准是一种严肃的法规性文件，为了保持它的严肃性、权威性和法规性，应该规定统一的格式和编排方法。自主研制标准和采用国际标准编写标准，这两种方法存在一定的差异。根据不同属性可以将标准化文件归为不同的类别，不同类别的标准化文件其核心技术要素各有不同。

标准中的要素，按其所起作用可划分为规范性要素和资料性要素两大类。按其在标准中是否属于必须存在的状态可划分为必备要素和可选要素两大类。任何标准都由概述、正文和补充三个部分构成。其要素内容则应根据标准化对象的特征和制定标准的目的而定。

以国际标准为基础起草我国标准时,应注意与国际标准的差别及一致性程度。这种差别体现在文本结构调整、技术内容差异和编辑性改动三个方面,据此可将我国标准与国际标准的一致性程度分为等同、修改和非等效三种。这三种一致性程度都必须在封面、书眉、规范性要素的页边、规范性引用文件中给予明确标示。鉴于现有的技术发展水平,我国采用的国际标准不仅限于 ISO、IEC 和 ITU 所制定的标准,还包括国外其他先进标准。

按国家标准 GB/T 16733 的规定,制定(修订)国家标准的常规程序分为 9 个阶段,它们是预阶段、立项阶段、起草阶段、征求意见阶段、审查阶段、批准阶段、出版阶段、复审阶段和废止阶段。然而,在特定的情况下,可采用"快速程序-B"或"快速程序-C",以缩短标准制定的时间。

复习与思考

一、名词解释

标准化文件、规范性要素、资料性要素、国际标准、标准草案、工作文件

二、单选题

1. 国家标准与国际标准存在不一致性程度时,可以在封面标准名称的英文译名之下运用"一致性程度标识"加以说明,(　　)代表着等同采用。

　　A. IDT　　　　B. MOD　　　　C. NEQ　　　　D. EQU

2. 国家标准与国际标准存在不一致性程度时,可以在封面标准名称的英文译名之下运用"一致性程度标识"加以说明,(　　)代表着修改采用。

　　A. IDT　　　　B. MOD　　　　C. NEQ　　　　D. EQU

3. 国家标准与国际标准存在不一致性程度时,可以在封面标准名称的英文译名之下运用"一致性程度标识"加以说明,(　　)代表着非等效采用。

　　A. IDT　　　　B. MOD　　　　C. NEQ　　　　D. EQU

4. 会议审查是标准制定中的一个重要环节,在参加会议审查的代表中使用方代表(　　),其审查结果才能有效。

　　A. 不应少于五分之一　　　　B. 不应少于三分之一
　　C. 不应少于二分之一　　　　D. 不应少于四分之一

5. 标准草案确定后,必须向其所有委员和其他相关方分发,必要时可在公开媒体上征求意见,其期限一般为(　　)。

　　A. 1 个月　　　B. 2 个月　　　C. 3 个月　　　D. 4 周

6. 以下哪方面的指标不是用于评判我国标准与国际标准存在的差异?(　　)

　　A. 文本结构　　B. 技术内容　　C. 编辑性改动　　D. 标准管理

三、多选题

1. ISO/IEC 规定采用国际标准有哪几种情况?(　　)

　　A. 等效采用　　B. 等同采用　　C. 修改采用　　D. 非等效采用

2. 在以下哪些情况时,我国标准与相应国际标准的一致性程度为"等同"?(　　)

　　A. 存在技术性差异　　　　B. 文本结构与技术内容相同

C. 含有最小限度的编辑性修改　　　D. 文本结构有变化

3. 根据要素所起的作用,我们可以把标准中的要素划分为(　　)和(　　)两类。
A. 规范性要素　　B. 资料性要素　　C. 必备要素　　D. 可选要素

4. 必备要素是在标准中不可缺少的要素。标准中的必备要素有封面、(　　)。
A. 前言　　B. 术语和定义　　C. 名称　　D. 范围

5. 在以下哪些情况中,我国标准与相应国际标准的一致性程度为"修改"?(　　)
A. 文本结构变化,同时有清楚的说明
B. 存在技术性差异
C. 存在技术性差异,同时这些差异及其原因被清楚地说明
D. 文本结构有变化

四、判断题

1. 一致性程度的"双编号"标识法,不仅适用于等同采用,也适用于修改采用、非等效采用。(　　)

2. 在以国际标准为基础起草我国标准时,只要与国际标准的一致性程度为"等同""修改""非等效"的国家标准都视为采用了国际标准。(　　)

3. 采用国际标准的程度是指采用国际标准制定的我国标准与被采用的国际标准之间在产品性能和质量水平方面存在差异的大小。(　　)

4. "快速程序-C"适用于现行国家标准的修订,或我国其他各级标准转化为国家标准的制定。(　　)

5. 产品标准的质量指标决定了产品的使用性能,所以质量指标定得越高,产品标准的水平也越高,标准越先进。(　　)

五、简答题

1. 简述标准的结构由哪些部分构成。
2. 简述在采用国际标准起草的我国国家标准时需要注意哪些问题。
3. 在以国际标准为基础起草我国标准时,由于国情的原因,与国际标准相比,可能在哪些方面存在着不一致?
4. 制定标准必须遵守哪些原则?

六、论述题

1. 制定国家标准的程序包括哪些阶段?
2. 为什么要制定标准?
3. 试述为什么标准要定期复审,以及复审后如何根据具体情况对标准做出处理。

案例分析

"三文鱼团体标准"发布引发的争议

2018年8月10日,由中国水产流通与加工协会牵头,联合协会成员单位青海民泽龙羊峡生态水殖有限公司(现龙洋知鲜(青海)股份有限公司)等13家单位共同起草的《生食三文鱼》团体标准正式公布。在该标准中明确将虹鳟鱼归入三文鱼,并推荐生吃。

正是因为《生食三文鱼》标准将虹鳟鱼归入三文鱼,从而引起轩然大波、争议不断。不仅引国内民众高度关注,而且包括《纽约时报》在内的一些主流西方媒体也纷纷围观……这不仅让虹鳟鱼和三文鱼同时成为"网红",就连平时很少受到媒体与社会关注的"团体标准"也一下"大热"起来。

仔细分析一下国内外媒体对该团体标准的关注后不难发现,此次"三文鱼团体标准"事件的舆论焦点主要有两个:一是虹鳟鱼到底能不能称为三文鱼,毕竟按照市场与专业的看法,虹鳟鱼属于淡水鱼,三文鱼属于深海鱼,二者有着较大的区别,更为重要的是,三文鱼是一种可以生吃的鱼,虹鳟鱼变身三文鱼之后生吃质量难以保障;二是该团体标准的制定与出台是否符合"标准",因为从目前的资料来看,此次团体标准从公示到出台仅仅只有3天的时间,不符合一般标准制定的"标准",而且标准制定从参与者来看也过于单一,不具有代表性。

面对社会的质疑声,中国水产流通与加工协会在接受媒体采访时,对关键问题进行了回应:

(1) 国内市场通常所说的三文鱼是鲑鳟鱼类的商品统称,并非一种鱼的科学名称,三文鱼包括大西洋鲑、太平洋鲑、虹鳟等多个种类。三文鱼有没有携带对人类有致病性的寄生虫,不取决于其在海水还是在淡水中生长,而是看其生长过程是否安全可控。管理标准、监控严格、水体洁净、饲料优良的工业化养殖三文鱼的品质更容易保证,食用也更安全。从目前我国三文鱼(包括大西洋鲑和虹鳟)的养殖现状看,养殖环境主要为流动的冷水,寄生虫存在概率极低。

(2) 关于标准制定程序的质疑,特别是公示时间从规定的15天变成3天。中国水产流通与加工协会的回应是此次标准制定属于"特事特办"。

(3) 标准将"虹鳟鱼"划归于"三文鱼"主要是参考了欧洲的一些做法,而且该标准通过要求标注产地及种名的方式对三文鱼以示区分,同时该标准属于推荐性标准,由行业和企业自愿采用。

虹鳟鱼是否可划归于三文鱼,虽然这貌似是一个学术与产业问题,但其影响着消费者的"胃口",更是一个市场问题。根据行业协会的团体标准,今后,商家可"名正言顺"地将虹鳟鱼冠上三文鱼的名称出售。虽说团体标准交由市场实现优胜劣汰,但以《生食三文鱼》标准为例,"海水鱼"和"淡水鱼"的市场供应量、份额和价格等都会发生变化,在供需双方信息不对称的情况下,"优"未必胜,"劣"未必汰,影响着市场公平竞争格局。此外,对消费者而言,虹鳟与大西洋鲑鱼售价相差数倍,肉眼又难以辨别,消费者极有可能花了大价钱买回不喜爱的鱼,实则也是对消费者知情权、自主选择权的侵害。

因而,从全社会对《生食三文鱼》标准的舆论反应来看,"学术可行"的背后显然存在"市场不可行"的悖论,这也正是该标准引发争议的关键所在。

资料来源:作者根据相关资料整理而成。

思考讨论题

1. 从标准编写原则与程序的角度,分析《生食三文鱼》标准制定所引发争议的根源是什么。

2. 根据本案例,你认为标准制定是否存在着"学术可行"与"市场不可行"的悖论?

第三篇

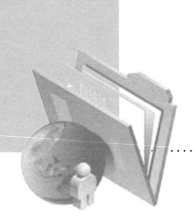

管 理 篇

治国者,圆不失规,方不失矩,本不失末,为政不失其道,万事可成,其功可保。

——诸葛亮《便宜十六策·治乱第十二》

以法为分,以名为表,以参为验,以稽为决。

——庄子《庄子·天下》

如果强调什么,你就检查什么;你不检查,就等于不重视。

——前IBM公司总裁路易斯·V.郭士纳(Louis V. Gerstner)

【学习章节】

第八章　标准化管理运行体系
第九章　标准的实施与监督

第八章　标准化管理运行体系

【学习要点及目标】

1. 了解 ISO、IEC 和 ITU 的组织机构、标准化技术组织
2. 理解标准化技术工作体系、《中国标准化法》及《实施条例》的内容
3. 熟悉中国标准化行政管理机构层次结构与相应职能
4. 掌握中国标准体系和标准化管理体系,以及标准制定和标准实施的法律规定
5. 掌握标准化技术委员会的组织结构、工作职责与程序

【关键概念】

标准化技术工作体系、技术委员会、国际标准组织

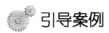 引导案例

环境管理体系扩大审核所引发的行政处罚案

2012 年 4 月,无锡出入境检验检疫局在对辖区内 S 电子企业(以下简称"S 公司")认证行政执法时发现,C 认证机构在 2011 年 11 月对 S 公司"液晶显示模块及零部件的设计和制造"进行了扩大审核。在审核发生时,该项目并未进行环境影响评价,也未取得环保部门同意建设的批复和试生产的环保核准通知。但 C 认证机构仍然通过了对该项目的审核,并发放了相应的证书。检查人员对此案进行了调查和分析,最终对 C 认证机构在审核中的违法违规行为进行了行政处罚。

检查人员在受审核公司提供的资料中发现了两个疑点:C 认证机构审核报告中发现 S 公司的环评问题,也提出了 S 公司应申请环评的建议,但仍作出了"同意推荐认证注册"的审核结论;而扩大项目的《江苏省建设项目环境影响申报(登记)表》的建设单位、《建设项目试生产(运行)环境保护核准通知》的对象均不是 S 公司,而是另一家电子仪表公司。

C 认证机构于 2011 年 11 月对 S 公司进行了"GB/T 24001-2004 idt ISO 14001:2004"环境管理体系扩大审核。在审核中发现该扩大项目并未进行环境影响评价,C 认证机构向 S 公司提出就该项目申请环评的建议后,于 2011 年 11 月 4 日作出"受审核方提供的证据表明其环境行为符合有关法律法规和其他要求""组织环境管理体系运行基本符合法律法规要求"的审核报告,并于 2011 年 12 月 16 日向 S 公司颁发了环境管理体系认证证书。

检查人员就上述问题向 C 认证机构提出疑问,该机构答复为:被认证企业已经向环保部门申报了环评,能不能通过验收并不是由企业决定的;C 认证机构的技术委员会在审核了年产液晶显示模块前后 800 万片项目环境影响申报表后,认为污染防治措施已经得到

实施,虽然此项目未完成评议批复验收,但从技术方面看,实际已经落实了法规或环评提出的污染防治措施。基于这些环保实际效果,C 认证机构技术委员会作出的批准"扩大范围注册"的决定是合理的。

资料来源:程正文,姚冬敏,巩丕勇. 一则环境管理体系扩大审核处罚案例引发的思考.《中国认证认可》,2013(2):61—63。

思考

1. 无锡出入境检验检疫局对 C 认证机构作出行政处罚决定的依据是什么?
2. C 认证机构的答复是否合理?为什么?

标准化管理体制是标准化管理系统的核心。由于各国社会制度、经济体制、工业与科技发展水平不同,标准化管理体制也有所不同。有的集中管理,有的分散管理,有的集中与分散相结合;有的以政府行政机构管理为主,有的以标准(化)学会/协会管理为主,也有的由官方机构和民间协会结合管理。尽管管理体制不尽相同,但基本上可分为两类:一类是由政府标准化行政机构集中管理,其特点是集中统一、法制性强;另一类是以民间标准(化)协会管理为主,政府给予一定的支持、授权或干预,其特点是能充分发挥市场经济的竞争机制和调节作用。

中国的标准体制、标准化管理体系和机构以及相关技术组织都是依据中国标准化法律法规建立起来的,并依法运行。中国标准化管理体制实行的是由政府标准化行政机构集中统一管理的体制,其管理运行体系则体现出政府主导、市场各主体多方参与的特点。

第一节 中国标准化法律法规

中华人民共和国成立以来,我国标准化工作伴随国民经济的发展而逐步开展起来。

1957 年,在原国家计委内成立了标准局,由其统一管理全国标准化工作,并根据国情组织制定了一批国家标准和部门标准,从此我国标准化工作走上独立自主的发展阶段。

1962 年(国民经济调整时期),国务院颁布了《工农业产品和工程建设技术标准管理办法》。

1979 年 7 月,国务院颁布了《中华人民共和国标准化管理条例》,从标志着我国标准化管理体制的运行机制逐步完善,中国标准化管理体系初步形成,全国标准化工作从此进入了一个新的发展时期。

1988 年,国家颁布了《中华人民共和国标准化法》(以下简称《中国标准化法》),进一步确定了我国的标准体系、标准化管理体制和运行机制的框架。

1990 年,国务院颁布了《中华人民共和国标准化法实施条例》(以下简称《实施条例》),对落实《中国标准化法》作出了具体的规定。紧接着,原国家技术监督局颁布了一系列有关标准化工作的规章,其内容涵盖了国家标准、行业标准和地方标准的制定,标准出版、标准档案管理以及能源、农业和企业标准化管理,初步建立起我国标准化法律法规体系。随着标准化工作发展的需要,国家标准化管理部门又制定了一些适应新的经济形势需要的规章。同时,国务院各部门、地方人大和政府根据自身标准化工作的需要也分别制定了一批标准化部门规章、地方标准化法规和规章,这使得标准化工作更加规范,由此形成了比较完善的标准化法律法规的立法体系结构。

2018年1月1日新修订的《中国标准化法》开始实施。新版《中国标准化法》体现了市场经济和现代国家治理的要求,进一步放松对市场标准的干预,统一国家标准供给机制,重视标准的实施,培育并传播良好的标准化文化。

一、《中国标准化法》

《中国标准化法》确立了我国的标准体系和标准化管理体系,提出了标准制定的原则和要求,加强了标准的实施及其监督的措施,明确了标准化工作相关各方的法律责任。

（一）标准体系和标准化管理体系的确立

我国的标准体系和标准化管理体系是按政府行政体制中政府部门的职能和层级划分的,但团体标准、企业标准则是由市场自主制定的。这体现了我国标准化工作由政府与市场共同主导的格局。

1. 标准体系的法律规定

《中国标准化法》规定,我国新型标准体系为五级标准:国家标准、行业标准、地方标准、团体标准、企业标准。国家标准分为强制性标准、推荐性标准,行业标准、地方标准是推荐性标准。关于五级标准的具体介绍可参见本书第二章第四节。

政府主导制定的国家标准、行业标准和地方标准属于"政府标准"范畴,团体标准和企业标准属于"市场标准"范畴。在共同治理格局中,标准化活动的治理主体是多元的。除了主导制定"政府标准"的各级政府,还包括组织制定团体标准的各类学会、协会、商会、联合会、产业技术联盟等以及自主制定企业标准的各类企业。

2. 标准化管理体系的法律规定

《中国标准化法》按我国政府行政体制确立了标准化工作的管理层级和层级间的关系。

（1）政府标准化管理体制。国务院标准化行政主管部门统一管理全国标准化工作。国务院有关行政主管部门分工管理本部门、本行业的标准化工作。

县级以上地方人民政府标准化行政主管部门统一管理本行政区域内的标准化工作。县级以上地方人民政府有关行政主管部门分工管理本行政区域内本部门、本行业的标准化工作。

（2）政府标准化工作协调机制。国务院建立标准化协调机制,统筹推进标准化重大改革,研究标准化重大政策,对跨部门跨领域、存在重大争议标准的制定和实施进行协调。

设区的市级以上地方政府根据工作需要建立标准化协调机制,统筹协调本行政区域内标准化工作重大事项。

（3）监督管理。县级以上人民政府标准化行政主管部门、有关行政主管部门依据法定职责,对标准的制定进行指导和监督,对标准的实施进行监督和检查。

国务院有关行政主管部门在标准制定、实施过程中出现争议的,由国务院标准化行政主管部门组织协商;协商不成的,由国务院标准化协调机制解决。

强制性标准文本应当免费向社会公开。国家推动免费向社会公开推荐性标准文本。

（二）标准制定的法律规定

1. 标准制定的主体

《中国标准化法》规定了不同层级标准的制定主体，以及各主体之间有关标准制定的管理关系和各层级标准之间的关系。

（1）国家标准。强制性国家标准由国务院批准发布或者授权批准发布。国务院有关行政主管部门依据职责负责强制性国家标准的项目提出、组织起草、征求意见和技术审查。国务院标准化行政主管部门负责强制性国家标准的立项、编号和对外通报。推荐性国家标准由国务院标准化行政主管部门制定。

（2）行业标准。行业标准由国务院有关行政主管部门制定，报国务院标准化行政主管部门备案。

（3）地方标准。地方标准由省、自治区、直辖市人民政府标准化行政主管部门制定。设区的市级政府标准化行政主管部门根据本行政区域的特殊需要，经所在地省、自治区、直辖市标准化行政主管部门批准，可制定本行政区域的地方标准。

地方标准由省、自治区、直辖市人民政府标准化行政主管部门报国务院标准化行政主管部门备案，由国务院标准化行政主管部门通报国务院有关行政主管部门。

（4）团体标准。团体标准由学会、协会、商会、联合会、产业技术联盟等团体协调相关市场主体共同制定，由本团体成员约定采用或者按照本团体的规定供社会自愿采用。

（5）企业标准。由企业根据需要自行制定。

2. 标准制定的组织

《中国标准化法》确立了具有广泛代表性的标准化技术委员会和专家组作为负责标准草拟和参加标准草案的技术审查工作的技术组织。国家标准、行业标准和地方标准的制定都以技术委员会为制定标准的核心组织。

（1）制定强制性标准，可委托相关标准化技术委员会承担标准的起草、技术审查工作。

（2）制定推荐性标准，由相关方组成的标准化技术委员会，承担标准的起草、技术审查工作。

（3）未组成标准化技术委员会的，应当成立专家组承担相关标准的起草、技术审查工作。

3. 标准制定的要求

（1）推荐性国家标准、行业标准、地方标准、团体标准、企业标准的技术要求不得低于强制性国家标准的相关技术要求。

（2）国家鼓励社会团体、企业制定高于推荐性标准相关技术要求的团体标准、企业标准。

（三）标准实施的法律规定

1. 强制性标准必须执行

不符合强制性标准的产品、服务，不得生产、销售、进口或者提供。国家鼓励采用推荐性标准。

2. 团体标准、企业标准实行自我声明公开和监督制度

团体标准、企业标准必须通过标准信息公共服务平台向社会公开。

企业应当公开执行的强制性标准、推荐性标准、团体标准或企业标准的编号和名称；若

企业执行自行制定的企业标准,则应当公开产品、服务的功能指标和产品的性能指标。

3. 国家建立强制性标准实施情况统计分析报告制度

国务院标准化行政主管部门和国务院有关行政主管部门、设区的市级以上地方政府标准化行政主管部门应当建立标准实施信息反馈和评估机制,根据反馈和评估情况对其制定的标准进行复审。标准的复审周期一般不超过五年。

经复审,不适应经济社会发展需要和技术进步的应当及时修订或者废止。

二、《中国标准化法》配套法规和规章

我国标准化立法体系分为五个层次,即《中国标准化法》《实施条例》、中央各部委规章(包括国务院标准化行政主管部门规章和国务院其他行政主管部门标准化规章)、地方标准化法规和地方政府标准化规章(见图 8.1)。

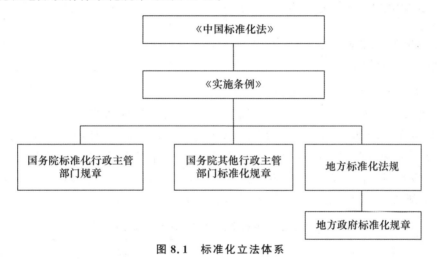

图 8.1　标准化立法体系

> **标准信息窗**
>
> ### 《国家标准化发展纲要》发布
>
> 2021 年 10 月 10 日,中共中央、国务院发布《国家标准化发展纲要》(简称《纲要》)。《纲要》全文共 9 章 35 条,可分为总体要求(包括指导思想、发展目标两方面)、主要任务(包括推动标准化与科技创新互动发展、提升产业标准化水平、完善绿色发展标准化保障、加快城乡建设和社会建设标准化进程、提升标准化对外开放水平、推动标准化改革创新、夯实标准化发展基础七方面)和组织实施三个板块,涉及国计民生的方方面面,部署了标准化自身的发展和服务经济社会发展的重要任务,指明了标准化发展的方向和目标。

(一)国务院标准化行政主管部门规章

国务院标准化行政主管部门规章指国家市场监督管理总局(原国家技术监督局和国

家质量监督检验检疫总局)颁布的一系列有关标准化工作的规章,其内容涵盖了国家标准、行业标准和地方标准的制定,标准出版,标准档案管理以及其他行业性或专项性标准化管理办法等。表8.1列出了部分国务院标准化行政主管部门规章。

表8.1　国务院标准化行政主管部门规章(部分)

序号	规章名称	颁布日期	序号	规章名称	颁布日期
1	农业标准化管理办法	1991.02.26	10	国家标准管理办法	2022.09.09
2	标准档案管理办法	1991.10.28	11	标准创新型企业梯度培育管理办法(试行)	2023.05.22
3	标准出版发行管理办法	1991.11.07			
4	采用国际标准管理办法	2001.12.04	12	市场监管行业标准管理办法	2023.05.29
5	团体标准管理办法	2019.01.09	13	市场监管行业标准制定管理实施细则	2023.05.29
6	地方标准管理办法	2020.01.16			
7	中国标准创新贡献奖管理办法	2020.04.14	14	推荐性国家标准采信团体标准暂行规定	2023.08.06
8	强制性国家标准管理办法	2020.01.06	15	企业标准化促进办法	2023.08.31
9	标准物质管理办法	2020.11.05	16	行业标准管理办法	2023.11.28

(二)国务院其他行政主管部门标准化规章

国务院其他行政主管部门标准化规章主要涉及行业标准的管理。例如,国家发改委于2005年发布《行业标准制定管理办法》,就规定了行业标准的适用范围、制定原则、管理权限,以及行业标准制定全过程的步骤和要求,将标准制定程序划分为预研、立项、起草、征求意见、审查、报批、出版、复查、废止阶段,并规定了每个阶段的具体步骤和要求。表8.2列出了部分国务院其他行政主管部门标准化规章。

表8.2　国务院其他行政主管部门标准化规章(部分)

序号	规章名称	颁布日期	序号	规章名称	颁布日期
1	旅游标准化工作管理暂行办法	2000.03.03	12	农业标准化实施示范项目资金管理暂行办法	2006.01.27
2	新闻出版行业标准化管理办法	2001.01.06			
3	内河运输船舶标准化管理规定	2001.10.11	13	国家中医药管理局中医药标准化项目管理暂行办法	2006.02.10
4	国家邮政局标准化工作管理办法(试行)	2003.04.28			
			14	测绘标准化工作管理办法	2008.03.10
5	林业标准化管理办法	2003.07.21	15	国土资源标准化管理办法	2009.10.27
6	工程建设地方标准化工作管理规定	2004.02.04	16	长江干线船型标准化补贴资金管理办法	2010.03.10
7	武器装备研制生产标准化工作规定	2004.02.19	17	民用航空标准化管理规定	2016.03.28
			18	医疗器械标准管理办法	2017.04.17
8	国防科技工业标准化科研管理实施细则	2004.02.20	19	商务领域标准化管理办法	2022.09.12
			20	文化和旅游标准化工作管理办法	2023.02.21
9	商务部国内贸易标准化体系建设专项资金管理暂行办法	2004.08.09			
			21	国家质量标准实验室管理办法	2023.10.13
10	国家发改委行业标准化技术委员会管理办法	2005.07.25			
			22	农业农村标准化管理办法	2024.01.10
11	认证认可科技与标准化工作管理规定	2005.05.19			

（三）地方标准化法规和地方政府标准化规章

地方标准化法规和地方政府标准化规章主要规定本行政区域地方标准的管理工作和国家标准、行业标准的实施细则。例如,《江西省标准化条例》就从标准的制定、实施、监督管理与服务、法律责任,以及"江西绿色生态"标准特别规定等方面,针对江西省行政区域内标准的制定、实施、监督管理和服务等活动作出了明确的规定。目前,全国各个省、自治区、直辖市甚至部分省会城市都根据《中国标准化法》等法律、行政法规的规定,结合本地区实际,制定出了相应的地方标准化法规和地方政府标准化规章。

三、其他涉及标准化事项的法律

由于标准化所涉及的国民经济和社会发展的领域较广,涉及公共领域和健康安全、环境保护的事项较多,因此,除《中国标准化法》及其配套法规外,其他一些专门法律也涉及其专项标准化的相关规定。截至2023年,国家法律中有20多部涉及专门标准或标准化的规定。这些法律主要包括《中华人民共和国食品安全法》《中华人民共和国建筑法》《中华人民共和国环境保护法》《中华人民共和国大气污染防治法》《中华人民共和国海洋环境保护法》《中华人民共和国药品管理法》《中华人民共和国职业病防治法》《中华人民共和国农业法》《中华人民共和国节约能源法》《中华人民共和国产品质量法》《中华人民共和国进出口商品检验法》《中华人民共和国计量法》《中华人民共和国进出境动植物检疫法》等。

在这些法律中,有的在其内容中对制定专门国家标准的制定主体及其职能作出了规定,如《中华人民共和国食品安全法》《中华人民共和国环境保护法》等；有的在其内容中对标准的实施措施作出了具体的规定,如《中华人民共和国建筑法》《中华人民共和国农业法》等；有的在其内容中对有关各方违反相关标准应承担的法律责任作出了明确的规定,如《中华人民共和国食品安全法》《中华人民共和国职业病防治法》等。

第二节　标准化管理体系及管理机构

我国标准化管理实行由政府统一管理与分工负责相结合的管理模式。由国务院授权,受国家市场监督管理总局的管理,国家标准化管理委员会统一管理全国标准化工作。

国务院有关行政主管部门和国务院授权的有关行业协会分工管理本部门、本行业的标准化工作。

省、自治区、直辖市标准化行政主管部门统一管理本行政区域内的标准化工作。省、自治区、直辖市人民政府有关行政主管部门分工管理本行政区域内本部门、本行业的标准化工作。

市、县标准化行政主管部门和有关行政部门主管,按照省、自治区、直辖市人民政府规定的各自的职责,管理本行政区域内的标准化工作。

图8.2展示了我国标准化行政管理机构层次结构的情况。

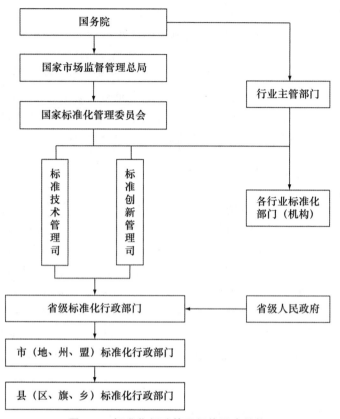

图 8.2　标准化行政管理机构层次结构

一、国务院标准化行政主管部门的职能

《中国标准化法》《实施条例》确立了国务院标准化行政主管部门统一管理全国标准化工作的具体职责,具体包括:

(1) 组织贯彻国家有关标准化工作的法律、法规、方针、政策;

(2) 组织制定全国标准化工作规划、计划;

(3) 组织制定国家标准;

(4) 指导国务院有关行政主管部门和省、自治区、直辖市人民政府标准化行政主管部门的标准化工作,协调和处理有关标准化工作问题;

(5) 组织实施标准;

(6) 对标准的实施情况进行监督和检查;

(7) 统一管理全国的产品质量认证工作;

(8) 统一负责对有关国际标准化组织的业务联系。

中国国家标准化管理委员会(Standardization Administration of China,SAC)是国务院授权的履行行政管理职能,统一管理全国标准化工作的主管机构,成立于 2001 年 10 月 11 日。其主要职责是:下达国家标准计划,批准发布国家标准,审议并发布标准化政策、管理制度、规划、公告等重要文件;开展强制性国家标准对外通报;协调、指导和监督行业、地方、团体、企业标准工作;代表国家参加 ISO、IEC 和其他国际或区域性标准化组织;承担有关国际合作协议签署工作;承担国务院标准化协调机制日常工作。

二、国务院有关行政主管部门的标准化职能

国务院有关行政主管部门分工管理本部门、本行业的标准化工作。行业标准由国务院有关行政主管部门编制计划,组织草拟,统一审批、编号、发布,并报国务院标准化行政主管部门备案。

国务院有关行政主管部门的主要职责是:

(1) 贯彻国家标准化工作的法律、法规、方针、政策,并制定在本部门、本行业实施的具体办法;

(2) 制定本部门、本行业的标准化工作规则、计划;

(3) 承担国家下达的草拟国家标准的任务,组织制定行业标准;

(4) 指导省、自治区、直辖市有关行政主管部门的标准化工作;

(5) 组织本部门、本行业实施标准;

(6) 对标准实施情况进行监督和检查;

(7) 经国务院标准化行政主管部门授权,分工管理本行业的产品质量认证工作。

涉及产业和行业标准化管理的国务院行业主管部门主要有工业和信息化部、生态环境部、住房和城乡建设部、国家卫生健康委员会等。

三、地方标准化行政主管部门的职能

1. 政府标准化行政主管部门

省、自治区、直辖市人民政府标准化行政主管部门统一管理本行政区域内的标准化工作。地方标准由省、自治区、直辖市人民政府标准化行政主管部门编制计划,组织草拟,统一审批、编号、发布,并报国务院标准化行政主管部门备案。

地方标准化行政主管部门的主要职责有:

(1) 贯彻国家标准化工作的法律、法规、方针、政策,并制定在本行政区域内实施的具体办法;

(2) 制定地方标准化工作规则、计划;

(3) 组织制定地方标准;

(4) 指导本行政区域内有关行政主管部门的标准化工作,协调和处理有关标准化工作的问题;

(5) 在本行政区域内组织实施标准;

(6) 对标准实施情况进行监督和检查。

2. 政府有关行政主管部门

省、自治区、直辖市人民政府有关行政主管部门分工管理本行政区域内本部门、本行业的标准化工作,履行下列职责:

(1) 贯彻国家和本部门、本行业、本行政区域标准化工作的法律、法规、方针、政策,并制定实施的具体办法;

(2) 制定本行政区域内本部门、本行业的标准化工作规划、计划;

(3) 承担省、自治区、直辖市人民政府下达的草拟地方标准的任务;

(4) 在本行政区域内组织本部门、本行业实施标准；

(5) 对标准实施情况进行监督和检查。

3. 市、县政府行政主管部门

市、县标准化行政主管部门和有关行政主管部门的职责分工，由省、自治区、直辖市人民政府规定。

> **标准信息窗**
>
> **国务院标准化协调推进部际联席会议制度**
>
> 一、主要职能
>
> 在国务院领导下，统筹协调全国标准化工作。研究提出促进标准化改革发展的重大方针政策，协调解决标准化改革发展中的重大问题；对跨部门跨领域、存在重大争议标准的制定和实施进行协调，审议确定需报请国务院批准发布的标准；完成国务院交办的其他事项。
>
> 二、成员单位
>
> 联席会议由 39 个部门和单位组成，市监总局（国家标准委）为牵头单位。国务院分管标准化工作的领导同志担任联席会议召集人，市监总局主要负责同志、协助分管标准化工作的国务院副秘书长担任副召集人，其他成员单位有关负责同志为联席会议成员。
>
> 三、工作规则
>
> 联席会议根据工作需要定期或不定期召开全体会议，由召集人或召集人委托的副召集人主持，主要审议促进标准化改革发展的重大方针政策，协调解决标准化改革发展中的重大问题；也可定期或不定期召开由相关成员单位参加的标准协调专题会议，由召集人或召集人委托的副召集人主持，主要对跨部门跨领域、存在重大争议标准的制定和实施进行协调，审议确定需报请国务院批准发布的标准。
>
> 资料来源：作者根据相关信息资料整理而成。

第三节　标准制定组织——标准化技术委员会

标准化技术委员会是由标准化行政主管部门根据工作需要，依法在一定范围内建立的从事标准化工作的技术组织。由生产、经销、科研、教学、检验、认证、用户、公益组织、政府等领域的专家代表组成。其主要任务是起草标准、审查标准；工作方式是开放、透明、社会化和协商一致。

一、标准化技术工作体系

标准化技术工作体系主要由标准制定（修订）工作系统和标准实施监督检验系统组

成。图8.3是我国标准化技术工作体系的示意图。

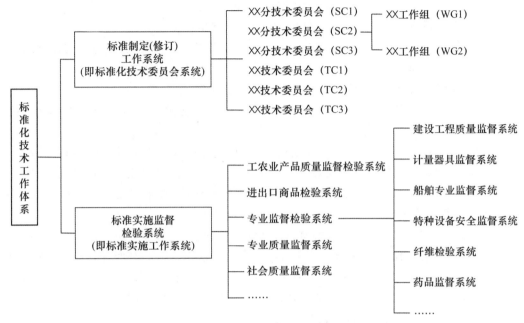

图8.3 标准化技术工作体系示意图

1. 标准制定(修订)工作系统

标准制定(修订)工作系统由技术委员会(technical committee,TC)、分技术委员会(sub-committee,SC)、工作组(working group,WG)三级机构组成。

2. 标准实施监督检验系统

标准实施监督检验系统在不同国家有不同的结构形式。我国标准实施监督检验系统可分为工农业产品质量监督检验系统、进出口商品检验系统、专业监督检验系统、专业质量监督系统、社会质量监督系统，等等。而专业监督检验系统又细分成建设工程质量监督系统、计量器具监督系统、船舶专业监督系统、特种设备安全监督系统、纤维检验系统、药品监督系统等更小的子系统。

我国实行标准实施的监督检验制度。强制性标准一经发布实施，就要接受政府和社会的监督，其中产品和工程质量监督检验是标准实施监督中的主要任务。我国的产品和工程质量监督检验系统主要由各级政府标准化行政部门的质量监督部门负责管理，并由工农业产品质量监督检验系统，进出口商品检验系统，建设工程质量监督系统，以及纤维、药品、计量器具、锅炉和压力容器等专业监督系统组成。它们互相配合，逐步形成一个较完备的、有权威的、有效率的全国质量监督检验体系。

二、专业标准化技术委员会的组建与组织结构

专业标准化技术委员会由本专业各利益相关方的代表组成。标准制定工作组是技术委员会中制定标准最基本的组织单元。

（一）技术委员会的组建

技术委员会由政府标准化行政主管部门组建和管理。技术委员会对自身内部事务拥

有一定的管理权,同时接受政府标准化行政主管部门的管理。技术委员会组建应当遵循市场需要、科学合理、公正公开、与国际接轨的原则。

全国专业标准化技术委员会的组建应当符合以下条件:
(1) 涉及的专业领域为国民经济和社会发展的重要领域或需要国家重点支持的行业;
(2) 专业领域和标准体系框架明确,有较多的国家标准制定(修订)任务;
(3) 业务范围清晰,与其他技术委员会原则上无业务交叉;
(4) 专业领域原则上应当与ISO、IEC及其认可的其他国际组织的技术委员会、分技术委员会对口。

技术委员会组建由国务院有关行业主管部门、具有行业管理职能的行业协会或企业集团公司主管司(局)直接向国家标准化管理委员会提出书面组建技术委员会的申请。申请内容包括:组建技术委员会的必要性、技术委员会名称、工作范围、国内外现状、与ISO的对应关系、拟开展的工作内容、拟组建技术委员会的初步方案等。

科研机构、大专院校、企业和个人也可直接向国家标准化管理委员会提出组建技术委员会的建议。建议内容包括:技术委员会名称、成立技术委员会的必要性、国内外现状、拟开展的工作内容等。国家标准化管理委员会委托有关部门对建议进行可行性研究和论证,并作出是否采纳建议的决定。被采纳的建议,由国家标准化管理委员会给予建议单位或个人书面回复,并委托有关部门提出筹建申请。

国家标准化管理委员会根据工作需要可直接指定有关单位提出组建新的技术委员会申请和承担技术委员会秘书处工作。

行业专业标准化技术委员会、地方专业标准化技术委员会的组建则应当根据其所对应的行政主管部门颁布的《专业标准化技术委员会管理办法》执行。

(二)技术委员会的组织结构

专业领域较宽的技术委员会可以组建分技术委员会。分技术委员会的组建参照技术委员会的组建执行。由国家标准化管理委员会直接管理的技术委员会可直接提出分技术委员会的筹建申请。

根据工作需要,技术委员会、分技术委员会可以组建承担某项具体标准起草任务的标准制定工作组,工作完成后工作组自动撤销。

1. 委员

技术委员会由委员组成,设主任委员和副主任委员。其委员应当具有广泛性和代表性,可以来自生产者、经营者、使用者、消费者、公共利益方等相关方。来自任意一方的委员人数不得超过委员总数的1/2。教育科研机构、有关行政主管部门、检测及认证机构、社会团体等可以作为公共利益方代表。技术委员会的委员应具有较高的理论水平和较丰富的实践经验,熟悉和热心标准化工作,能积极参加标准化活动,担任的人员需具有中级以上的专业技术职称。

委员应当积极参加技术委员会的活动,履行以下职责:
(1) 参加标准制定(修订)工作,提出标准立项、起草、技术审查等方面的意见和建议;
(2) 监督主任委员、副主任委员、秘书长、副秘书长及秘书处的工作;
(3) 监督技术委员会秘书处经费的使用;
(4) 参加国家标准化管理委员会及技术委员会组织的培训;

(5) 技术委员会章程规定的其他职责。

技术委员会一般设委员人数不少于 25 名,其中主任委员 1 名,副主任委员不超过 5 名,主任委员和副主任委员不得来自同一单位。同一人不得同时在 3 个以上技术委员会中担任委员。根据工作需要,技术委员会可以设顾问,顾问不超过 5 人。

2. 秘书处

技术委员会下设秘书处。秘书处设秘书长 1 名,副秘书长不超过 5 名。秘书长和副秘书长应当由委员兼任,不得来自同一单位。

秘书处在技术委员会主任委员和秘书长的领导下,负责处理技术委员会的日常工作,具体职责和工作制度由技术委员会章程和秘书处工作细则规定。

技术委员会秘书处可以由两个以上单位联合承担。秘书处工作由主要承担单位牵头负责。

三、专业标准化技术委员会的工作职责与程序

技术委员会中的任何组织单元和个人都应当遵守一定的组织程序行事,并承担相应的工作责任。

(一) 专业标准化技术委员会的工作职责

技术委员会是在一定专业领域内,从事标准的起草和技术审查等标准化工作的非法人技术组织,应当科学合理、公开公正、规范透明、独立自主地开展工作。其工作职责因其所属层级[①]不同而有所不同,如全国专业标准化技术委员会在其专业领域内承担以下工作职责:

(1) 提出本专业领域标准化工作的政策和措施建议;

(2) 编制本专业领域国家标准体系,根据社会各方的需求,提出本专业领域制度(修订)国家标准项目建议;

(3) 开展国家标准的起草、征求意见、技术审查、复审及国家标准外文版的组织翻译和审查工作;

(4) 开展本专业领域国家标准的宣贯和国家标准起草人员的培训工作;

(5) 受国务院标准化行政主管部门委托,承担归口国家标准的解释工作;

(6) 开展标准实施情况的评估、研究分析;

(7) 组织开展本领域国内外标准一致性比对分析,跟踪、研究相关领域国际标准化的发展趋势和工作动态;

(8) 管理下设分技术委员会;

(9) 承担本级标准化行政主管部门交办的其他工作。

技术委员会可以接受政府部门、社会团体、企事业单位委托,开展与本专业领域有关的标准化工作。分技术委员会的工作职责参照技术委员会的工作职责执行。

(二) 专业标准化技术委员会的工作程序

首先,技术委员会根据本级标准化行政主管部门和有关行政主管部门编制标准计划

---

① 专业标准化技术委员会可分为全国专业标准化技术委员会、行业专业标准化技术委员会、地方专业标准化技术委员会等。

的要求，提出本级标准制定、修订计划项目的建议。国家标准的计划建议，报技术委员会主管部门、国务院有关行政主管部门和国务院标准化行政主管部门，经协调后，列入国家标准制定、修订计划；行业标准的计划建议，则报行业标准归口部门和有关行政主管部门，经行业标准归口部门协调后列入行业标准制定、修订计划。

其次，工作组或标准主要负责起草单位在调查研究、试验验证的基础上，提出标准征求意见稿（包括附件），分送技术委员会委员以及有代表性的单位和个人征求意见。征求意见时间一般为两个月。

再次，工作组或标准主要负责起草单位对所提意见进行综合分析后，对标准进行修改，提出标准送审稿，报送秘书处。经技术委员会主任委员初审后，采取会议审查或者函审的方式，由秘书处提交全体委员进行审查，得到全体委员的四分之三以上同意，方为通过。会议审查时未出席会议，也未说明意见者，以及函审时未按规定时间投票者，按弃权计票。对有分歧意见的标准或条款，秘书处应当完整保存不同观点的论证材料。秘书处应当将审查标准的投票情况和不同观点的论证材料以书面材料记录在案，作为标准审查意见说明的附件。

最后，工作组或标准主要负责起草单位根据审查意见对标准草案进行修改，按要求提出标准草案报批稿及其附件，经秘书处复核，送主任委员或其委托的副主任委员审核后，按本级标准管理办法规定的报批程序办理。

分技术委员会负责的标准草案征求意见、技术审查和报批程序参照技术委员会的工作程序执行。分技术委员会审查通过的标准报批稿，还应当报技术委员会秘书处，由技术委员会秘书处按规定的程序办理。技术委员会对分技术委员会审查通过的标准报批稿，有权提出复议和修改意见。

标准信息窗

中国标准化研究机构体系

我国已经建立国家、行业、地方三级的标准化研究机构，其主要从事基础标准的开发、标准信息服务、部分行政委托管理和服务业务。

一、中国标准化研究院

中国标准化研究院是唯一的国家级标准化研究机构，隶属于国家市场监督管理总局，是开展基础性、通用性、综合性标准化科研和服务的社会公益类科研机构。中国标准化研究院围绕支撑国家经济社会高质量发展，重点开展标准化发展战略、基础理论、原理方法和标准体系研究；开展相关领域的标准制定（修订）和宣贯工作；承担相关领域的标准化科学实验研究、验证、测试评价、开发及其科研成果推广应用；承担相关领域的全国专业标准化技术委员会、分技术委员会秘书处工作；承担标准文献资源建设与社会化服务工作；支撑国家市场监督管理总局以及国家标准化管理委员会的相关管理职能，包括我国缺陷产品召回管理、国家标准评估、工业品质量安全监管、产品质量国家监督抽查等工作。

二、行业标准化研究院(所)

行业标准化研究院(所)是协助行业部、委、局开展标准化工作的机构,其主要职责是编制行业标准、协助编制国家标准以及提供标准信息服务。如隶属住房和城乡建设部的标准定额研究所、隶属自然资源部的国家海洋标准计量中心、隶属国务院国有资产监督管理委员会的冶金工业信息标准研究院、隶属工业和信息化部的中国电子技术标准化研究院,等等。

三、地方标准化研究院(所)

地方标准化研究院(所)的主要业务集中在标准信息服务以及商品条码和企事业代码的服务。除针对企业标准的制定提供服务和指导工作外,还承担一些地方标准的编制任务。规模相对较大的地方标准化研究院(所)有深圳市标准技术研究院、上海市质量和标准化研究院、山东省标准化研究院,等等。

第四节　国际标准组织

国际标准组织是在国际范围内制定协商一致的标准的组织。这些组织制定的标准对国际贸易和全球经济一体化的发展具有重要作用。国际标准组织的范围包括 ISO、IEC 和 ITU,以及由 ISO 认可的其他国际标准组织。在这些国际标准组织中,ISO、IEC 和 ITU 是最具权威和影响力的三大国际标准组织。

一、ISO

ISO 是世界上最大的标准制定组织,它是一个全球性的非政府组织,总部设在瑞士日内瓦。ISO 并不是该组织英文全称(International Organization for Standardization)的首字母缩写,而是来自希腊语 ISOS,意为"相等"。从"相等"到"标准",内涵上的联系使"ISO"成为组织的名称。ISO 不属于联合国机构,但与联合国的许多组织和专业机构保持着密切联系,是联合国的甲级咨询机构。

作为一个非政府组织,ISO 是连接公共部门和私人部门的桥梁,其成员类型包括政府机构、由政府部门授权的机构以及国家确立的根植于私人部门的行业协会。因此,ISO 的国际标准是面向商业、政府和社会的。其宗旨是在世界范围内促进标准化工作的开展,以利于国际物资交流和互助,并扩大科学、技术和经济方面的合作;其主要任务是制定国际标准,协调世界范围内的标准化工作,与其他国际性组织合作研究有关标准化问题。中国是 ISO 的正式团体成员,代表中国的组织为中国国家标准化管理委员会。

ISO 是一个由各国标准化机构组成的世界范围的联合会。根据该组织章程,每个国家只能有 1 个最具代表性的国家标准化团体作为其成员。ISO 成员分成三类,即团体成员、通信成员和注册成员。对标准化感兴趣而本国又没有团体成员的国家团体,可以按照理事会规定的程序,登记为无投票权的通信成员或注册成员。通信成员和注册成员只需交纳少量会费,就能作为观察员参加 ISO 会议并获取其感兴趣的信息。

(一) ISO 的组织结构

ISO 的管理运行体系主要由全体大会、理事会和中央秘书处等组成。ISO 的组织结构如图 8.4 所示。

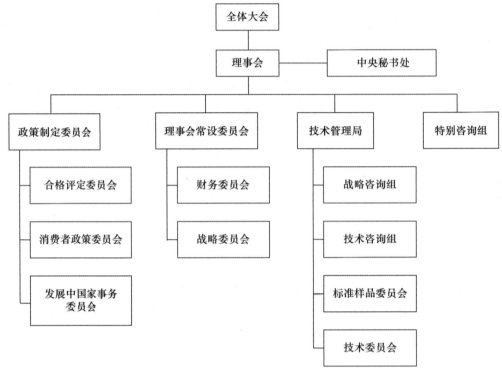

图 8.4　ISO 的组织结构

1. 全体大会

全体大会是 ISO 的最高权力机构,属非常设机构,每年 9 月召开一次全体大会。所有的 ISO 团体成员、通信成员、注册成员以及与 ISO 有联络关系的国际组织均派代表与会,但只有团体成员有表决权。大会的主要议程包括 ISO 年度报告中有关项目的行动、ISO 战略计划以及财政情况等。全体大会的工作会议只限于 ISO 成员方参加,而专题公共研讨会则是任何与会人员均可参加。

2. 理事会

理事会是 ISO 大会闭会期间的常设管理机构,负责 ISO 的日常运作,由 ISO 官员(主席、副主席、司库、秘书长)和 18 名当选的团体成员组成。理事会任命司库、秘书长、技术管理局的成员、政策制定委员会主席,还审查并决定 ISO 中央秘书处的财政预决算。ISO 理事会每年召开 3 次,分别在 1 月、5 月和 9 月。理事会下设政策制定委员会、理事会常设委员会、技术管理局和特别咨询组。

(1) 政策制定委员会。它由全体大会设立,向所有的团体成员和通信成员开放,直接向理事会汇报工作。政策制定委员会包括合格评定委员会、消费者政策委员会、发展中国家事务委员会。

合格评定委员会(Committee on Conformity Assessment,CASCO)成立于 1970 年,

由积极成员(P成员)、观察员(O成员)、A类联络成员,以及其他一些国际组织的代表组成。其主要任务包括:研究制定合格评定的方法;制定产品、加工和服务的测试、检验、认证指南和国际标准,以及机构认可指南和国际标准;促进合格评定体系的相互认可;促进国际标准的应用。

消费者政策委员会(Committee on Consumer Policy,COPOLCO)成立于1978年,主要由积极成员(P成员)、观察员(O成员)组成。其主要任务包括:研究消费者从标准化中取得收益的方法,帮助消费者积极参加国家和国际一级的标准化活动;为消费者提供信息服务和人员培训;代表消费者的利益与ISO的其他有关机构保持联系;开展研究活动。

发展中国家事务委员会(Committee on Developing Country Matters,DEVCO)成立于1961年。由积极成员(P成员)、观察员(O成员)组成。其主要任务包括:了解发展中国家在标准化及有关领域的需求,并提出满足这些要求的办法;为发展中国家相互交流标准化方面的知识经验提供一个便利的场所;与联合国、IEC和ISO的其他机构密切合作;就上述事务向全体大会提供咨询。

延伸课堂

P成员与O成员的区别

(2)理事会常设委员会。理事会常设委员会下设财务委员会和战略委员会。

财务委员会(CSC/FIN)成员由司库和理事会指定的6个现任理事会团体成员的代表组成。其主要任务包括:根据ISO章程和议事规则向司库提出建议;随时了解中央秘书处财务管理方面的问题,对其提供的服务进行评定;向秘书长和理事会提出建议;向理事会作财务报告。

战略委员会(CSC/STRAT)由6个现任理事会团体成员的代表和政策制定委员会主席组成。其主要任务包括:向理事会提出政策和战略建议;修改战略文件;每年至少向理事会报告1次工作。

(3)技术管理局。技术管理局(TMB)是负责ISO技术管理和协调的最高管理机构。其主要任务包括:就ISO全部技术工作的战略计划、协调、运作和管理问题向理事会报告;负责技术委员会机构的全面管理;审查ISO新工作领域的建议,批准成立或解散技术委员会,修改技术委员会工作的导则;代表ISO复审ISO/IEC技术工作导则,检查和协调所有的修改意见并批准有关的修订文本;根据技术工作已有的政策,协调相关行动;TMB的日常工作由ISO中央秘书处承担。TMB的专门机构有战略咨询组、技术咨询组、标准样品委员会、技术委员会。

战略咨询组由TMB建立,对特定领域提供战略监督和意见,并在新领域探寻标准化机会。

技术咨询组由TMB根据需要建立,就基本事项、部门和跨部门协调、统一规划和新工作需求进行建议。

标准样品委员会是一个特殊的委员会,它以实物标样的形式向客户提供参考标准,为检验和验证工作提供支持,其工作领域涉及物理和化学有关的各个行业。

技术委员会是承担 ISO 标准制定(修订)工作的技术机构,所有技术委员会都由 TMB 管理、设立并监督其工作。

(4) 特别咨询组。为了推动 ISO 的战略目标的实现,ISO 主席在经由理事会同意后可以成立特别咨询组。对国际标准化非常感兴趣的其他组织的执行官以个人身份加入该组织。特别咨询组的建议会被提交至理事会并由其作出相应措施。

3. 中央秘书处

中央秘书处(ISO/CS)全面负责 ISO 的日常行政事务,编辑出版 ISO 标准及各种出版物,代表 ISO 与其他国际组织联系。ISO/CS 由秘书长和成员组成,承担全体大会、理事会的秘书处工作。

(二) ISO 标准化技术组织

技术委员会(TC)及其下属的分技术委员会(SC)和工作组(WG)是制定标准的机构,是从事技术工作的主体,在 ISO 中占有重要的地位。TC 的设立是为了开展具体标准的制定(修订)工作。根据需要,TC 可下设 SC 和 WG。每个 SC 或 WG 均由 ISO 团体成员承担秘书处工作。

1. TC 的建立

TC 由理事会根据 TMB 的建议成立。在新的技术活动领域里成立 TC 需要由国家团体、TC 或 SC、政策制定委员会、技术管理局等组织提议,这个提议需要得到国家团体三分之二的多数票赞成,并至少有五个国家团体表示愿意积极参加才能成立新的 TC。TC 成立后,需要对其名称和范围尽快取得一致意见,并由秘书长提交 TMB 核定。

TC 的建立是为了研究特定领域的标准。一旦没有预期的工作项目,TC 的工作仅限于对已制定标准的修订,这一类 TC 就属于"暂停"(standby)的类型。在没有存在的必要时,TC 就会被撤销。

2. SC 的建立

SC 的建立由其所属的 TC 提出,提请 TMB 批准,并须有国家团体愿意承担秘书处的工作。同时,其所属的 TC 至少有五名成员表示愿意积极参加该 SC 的工作。SC 的名称及范围由其所属的 TC 确定,且限于其所属的 TC 的业务范围以内。

3. WG 的建立

WG 是 TC 或 SC 为完成专项任务而建立的,通过其所属的 TC 或 SC 指定的召集人向其所属的 TC 或 SC 汇报工作。任务一旦完成(通常是在征询意见阶段结束时),WG 随即解散,由项目负责人继续承担顾问工作,直到标准正式出版。

4. 项目委员会的建立

项目委员会(Program Committee,PC)由 TMB 建立。如果一项新工作项目建议(NP)没有被现有 TC 的范围覆盖,TMB 可以启动建立 PC 的程序。PC 仅仅负责制定一项标准(只有一个标准号),该标准可以分为几个部分。一旦标准出版,PC 随即撤销。

二、IEC

IEC 是非政府国际组织和联合国社会经济理事会的甲级咨询机构,是世界上成立最早的非政府国际电工、电子标准化机构之一,总部设在瑞士日内瓦。1947 年,IEC 作为一个电工部门并入 ISO,但在技术上、财务上仍保持其独立性。根据 1976 年 ISO 与 IEC 的新协议,二者都是法律上独立的组织,IEC 负责电工、电子领域的国际标准化工作,其他领域则由 ISO 负责。IEC 的宗旨是,促进电工、电子领域中标准化及有关问题的国际合作,增进相互了解。为实现这一目的,IEC 出版包括国际标准在内的各种出版物,并希望各成员方在其所属区域条件允许的情况下,使用这些国际标准。

IEC 的工作领域涵盖了电子、电力、微电子及其应用、通信、视听、机器人、信息技术、新型医疗器械和核仪表等电工技术的各个方面。我国于 1957 年 8 月成为 IEC 成员,目前以中国国家标准化管理委员会的名义参加 IEC 的工作。

IEC 是一个由各国标准化机构组成的世界范围的联合会。根据该组织章程,任何一个愿意参加 IEC 工作的国家均应成立本国的国家委员会,且一个国家只能有一个机构以国家委员会的名义成为 IEC 成员。IEC 成员分为三类,即正式成员、协作成员和预协作成员。

(1) 正式成员。它是指积极参加 IEC 活动,有投票权的成员。但要成为 IEC 正式成员,该国家委员会必须声明向本国所有有兴趣参加 IEC 活动的政府或非政府机构开放。

(2) 协作成员。它是指由于资源有限,只参加部分活动,没有投票权的成员。它们可以观察员的身份参加所有的 IEC 会议。

(3) 预协作成员。它是指尚未建立国家委员会,由 IEC 中央办公室或某邻国的 IEC 国家委员会帮助其建立国家委员会的成员。

(一) IEC 的组织结构

IEC 的管理运行体系主要由理事会、理事局、执行委员会等组成。其组织结构如图 8.5 所示。

1. 理事会

理事会是 IEC 的最高权力机构,是立法机构,是国家委员会的全体大会。其主要职责包括:制定 IEC 的政策、长期战略目标及财政目标;选举理事局、标准化管理局及合格评定局成员和主席;负责修订 IEC 章程及程序规则;负责要求理事局作出相关决议。理事会至少每年召开 1 次 IEC 全体大会。

2. 理事局

IEC 理事局(Council Bureau,CB)是主持 IEC 工作的最高决策机构,由 IEC 官员和 15 名由理事会选出的投票成员组成,主要负责提出并落实理事会制定的政策。通常情况下,CB 每年至少召开 2 次会议。

CB 负责为理事会会议批准日程和准备文件,接收并审议标准化管理局和合格评定局的报告。根据需求,可建立咨询机构,并负责指定这些咨询机构的主席及其成员。

理事局下设管理咨询委员会、标准化管理局、市场战略局和合格评定局。

(1) 管理咨询委员会(Management Advisory Committee,MAC)。MAC 主要承担 CB 的咨询工作,包括主席未来技术咨询委员会、营销委员会、销售咨询委员会和财务委

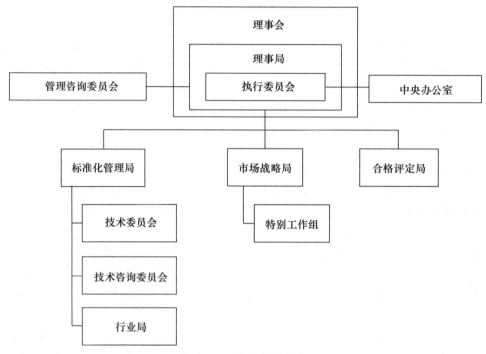

图 8.5　IEC 的组织结构

员会。

（2）标准化管理局（Standardization Management Board，SMB）。SMB 全面负责 IEC 的标准化技术管理工作，由 1 名主席、1 名 IEC 秘书长及由理事会选举的 15 名成员（可更换）组成。其主要职责包括：建立、解散 IEC/TC；界定 TC 的工作范围；确定标准制定（修订）时间；与其他国际组织进行联系；任命 TC 秘书处和 TC 主席；确保技术工作的重点是根据 IEC 理事会、技术咨询委员会和 TC 的决议设置。通常情况下，SMB 每年至少召开 3 次会议。SMB 是一个决策机构，它向 CB 和国家委员会汇报其作出的所有决定。SMB 下设 TC、技术咨询委员会和行业局。

TC 是承担 IEC 标准制定（修订）工作的技术机构，所有 TC 都由 SMB 设立、管理并接受其监督。

技术咨询委员会（Technical Advisory Council，TAC）包括电子电信咨询委员会、安全咨询委员会、电磁兼容咨询委员会、环境方面咨询委员会，其设立的目的是确保与其他组织机构的协调和在 IEC 标准中纳入相关要求。

行业局（ISB）由具有市场意识、能提供战略指南的高级官员组成，负责提出标准项目的重点建议并向 SMB 报告，以确保 IEC 标准的市场持续适用性。ISB 与一行业的所有 TC 共同努力，以保证工作步调一致。

（3）市场战略局（Market Strategy Board，MSB）。MSB 向 CB 汇报，确定 IEC 活动领域的主要技术趋势和市场需求；设立最大化初级市场投入的战略，建立技术和合格评定工作的重点，推动委员会对创新需求和变化市场的快速反应。它建立 MSB 成员领导的特别工作组，深入调查某些科目，或者制定专门的文件。MSB 包括主席、由行业任命的 15 名高层技术人员和 IEC 官员。MSB 每年至少召开 1 次会议。

(4) 合格评定局(Conformity Assessment Board，CAB)。CAB 负责全面管理 IEC 的合格评定工作。CAB 是一个决策机构，由 1 名主席、理事会选举产生的 12 名有投票权的成员(和替补成员)组成。CAB 要向 CB 汇报其所有相关决定，还负责评价和调整 IEC 的合格评定活动，包括批准预算、与其他国际组织就合格评定事项保持联系。CAB 每年至少召开 1 次会议。

3. 执行委员会

执行委员会(Executive Committee，ExCo)负责实施理事会和 CB 的决定，并支持中央办公室的运作，与 IEC 国家委员会保持联系，并为 CB 制定日程和起草文件。通常，ExCo 每年至少召开 4 次会议。

4. 中央办公室

中央办公室(Central Office，CO)是 IEC 的办事机构和活动中心，负责监督 IEC 章程、技术规则、技术工作导则及理事会和 CB 决议的贯彻实施；通过现代化的电子数据处理手段和通信设备，保证项目管理、工作文件的传递和标准最终文本的出版发行等各项工作的正常进行。IEC/CO 与 ISO 中央秘书处使用同一个技术工作导则，共同拥有 1 个信息中心，为各国及国际组织提供标准化信息服务。

(二) IEC 标准化技术组织

IEC 的技术工作主要是由各 TC 完成，与 ISO 的标准化技术组织包括 TC、SC 和 WG 不同，IEC 的标准化技术组织包括 TC、SC、WG、PT(项目组)和 MT(维护组)。

IEC 的 TC、SC、WG 的建立程序与 ISO 相同。一个在现有 TC 或 SC 工作范围内的新批准的 NP，会分配给一个 PT 或一个 WG，或者由新建立的 WG 来负责。IEC 鼓励在可能的情况下，优先建立任务导向的 PT，而不是结构导向的 WG。因此，IEC 倾向于将工作分配给 PT，每个 PT 负责一个任务，工作完成后 PT 即被解散。

1. PT 的建立

在批准 NP 的过程中，承担新工作项目的积极成员指派专家参加项目的制定。这些专家组成的 PT 由项目负责人领导。项目一旦完成，PT 就会解散。每个 PT 的工作方案中通常只有一个项目。多个 PT 可以隶属一个 WG，或者直接向所属的委员会汇报。

2. MT 的建立

每一个 TC 都要建立一个以上的 MT。MT 由 TC 的积极成员通过信件确定或在 TC(SC)会议期间指定的专家组成。MT 的成员可以是原标准的起草者或与原标准没有关系的成员。MT 的召集人由相关的 TC 或 SC 指定。每个 MT 有一个顺序编号，与 WG 的编号方式相同。

三、ITU

ITU 是主管信息通信技术事务的联合国机构，也是联合国机构中历史最长的一个国际组织，总部设在瑞士日内瓦。我国由工业和信息化部派常驻代表，此外还有来自电信、广播和信息技术部门的 500 多名个体成员。

ITU 的使命是使电信和信息网络得以增长和持续发展，并促进普遍接入，以便世界各国人民都能参与全球信息经济并从中受益。作为世界范围内联系各国政府和私人部门的纽带，ITU 不仅通过其下属的无线电通信、标准化和发展部门开展各种与电信有关的活动,而且是信息社会世界高峰会议的主办机构。

ITU 成员资格既向政府开放,也向民间组织开放,如公司、设备制造商、金融机构、研究机构等。各国政府可作为成员国加入 ITU,民间组织则可作为 ITU 下属各部门的成员加入 ITU,即作为部门成员加盟。

民营公司及其他机构可以根据其关注领域,选择加入 ITU 三个部门当中的一个或多个部门。无论通过出席大会、全权代表大会及技术会议,还是从事日常工作,成员都可以享受到独特的交流机会和环境,讨论问题并结成业务合作关系。ITU 的部门成员也开展标准制定工作,用以支持未来的电信系统和网络服务;也有权接触到或许对其商业计划制订极有价值的非公开的第一手资料。

(一) ITU 的组织结构

ITU 的管理运行体系主要由全权代表大会、理事会、中央秘书处等组成。ITU 的组织结构如图 8.6 所示。

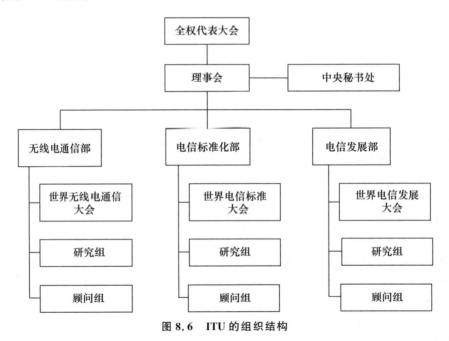

图 8.6 ITU 的组织结构

1. 全权代表大会

ITU 的最高权力机构是全权代表大会。其每四年召开一次会议,主要任务是制定 ITU 的总体政策,通过四年期的战略规划和财务规划,选举高层管理人员、理事国和无线电规则委员会委员。全权代表大会是 ITU 成员国决定本组织未来作用的关键性活动,并由此确定本组织在影响全球信息通信技术发展中的能力。ITU 部门成员、区域性电信组织和政府组织,以及联合国及其专门机构作为观察员出席大会。

在大会闭会期间,由 ITU 理事会行使大会赋予的职权,中央秘书处主持日常工作。

2. 理事会

理事会由大会选举产生,选举理事国最多占成员国总数的 25%,且理事会应注意其席位在世界五大洲的公平分配。理事会的作用是在两届全权代表大会之间审议广泛的电信政策问题,确保ITU的活动、政策和战略完全适应迅速变化的电信环境。理事会还就ITU的政策和战略规划编制报告。此外,理事会负责确保ITU日常工作的顺利运转,协调工作计划,批准预算并控制财务和支出。同时,理事会还采取一切措施推动《国际电信联盟组织法》《国际电信联盟公约》、全权代表大会的决定及ITU其他大会和会议的相关决定的落实。

(1) 无线电通信部。无线电通信部(ITU Radiocommunication Sector,ITU-R)是管理国际无线电频谱和卫星轨道资源的核心部门。《国际电信联盟组织法》规定,ITU有责任对频谱和频率指配,以及卫星轨道位置和其他参数进行分配和登记,以避免不同国家间的无线电电台出现有害干扰。因此,频率通知、协调和登记的规则程序是国际频谱管理体系的依据。ITU-R的主要任务还包括制定无线电通信系统标准,确保有效使用无线电频谱,并开展有关无线电通信系统发展的研究。

世界无线电通信大会(World Radio Communication Conference,WRC)每3—4年举行一次,负责审议并在必要时修改《无线电规则》和指导无线电频谱、对地静止卫星和非对地静止卫星轨道使用的国际条约。

(2) 电信标准化部。电信标准化部(ITU Telecommunication Standardization Sector,ITU-T)是ITU制定标准的主要部门。来自世界各地的行业、公共部门和研发实体的专家定期会面,共同制定错综复杂的技术规范,以确保各类通信系统可与多种网元实现交互操作。ITU-T的标准(又称建议书)是作为各项经济活动命脉的当代信息和通信网络的根基。

世界电信标准大会(World Telecommunication Standardization Assembly,WTSA)每四年召开一次,为ITU-T确定下一研究期的工作。

(3) 电信发展部。电信发展部(ITU Telecommunication Development Sector,ITU-D)成立的目的在于帮助普及以公平、可持续和大众支付得起的方式获取信息通信技术,并以此作为促进社会和经济发展的手段。

每四年召开一次的世界电信发展大会(World Telecommunication Development Conference,WTDC)确定切实可行的工作重点以帮助实现上述目标。ITU-D与政府和业界的伙伴通力合作,通过一系列配合国家计划的区域性举措、在全球层面开展的活动和多重目标项目,为发展信息技术网络和服务筹措必要的技术、人力和财务资源。

3. 中央秘书处

中央秘书处(General Secretariat,GS)是ITU的常设机构,主要职责是向ITU的成员提供准确、及时和有效的各种服务,协调ITU不同部门之间的行动,同时为各个部门的活动提供支持。

(二) ITU标准化技术组织

ITU的标准主要由ITU-T制定,ITU-R也会制定一些标准。这些标准由ITU-T和ITU-R下设的研究组(SG)制定,每个SG都负责电信的一个领域。除此之外,其他的一些国际组织、协会和公司等也可以派专家来参加标准化工作。SG又分成许多WG,WG可以再细分成专家组。

各个SG制定自己领域内的标准。其标准草案只要在SG会议上被通过,便可用函信的方式征求其他代表的意见,如果80%的回函是赞成的,则这项标准就视为通过,而且不再发行成套的建议书,只采用小册子的形式,及时出版新的或修改的建议书,从而大大缩短了标准的制定周期,提高了效率。

ITU-T 制定的标准之所以被称为"建议书",是因为它是非强制性的、自愿的协议。由于它保证了各国电信网的互联和运转,所以越来越广泛地为世界各国所采用。

1. ITU-T 的研究组

每四年一届的 WTSA 确定 ITU-T 各 SG 的课题,再由各个 SG 制定有关这些课题的标准。2008 年的 WTSA 对 SG 进行了精简。ITU-T 现共有 20 个 SG。

2. ITU-R 的研究组

WRC 每 3—4 年召开一次,根据已批准的工作计划决定需保留、终止或设立的 SG,并向各个 SG 分配需研究的课题。ITU-R 现共有 7 个 SG。

本章小结

中国的标准体制、标准化管理体系和机构以及相关技术组织都是依据《中国标准化法》《实施条例》,以及相关配套法规和规章建立起来的,并依法运行。我国标准化立法体系分为五个层次,即《中国标准化法》《实施条例》以及中央各部委规章、地方标准化法规和地方政府标准化规章。

我国标准化管理实行由政府统一管理与分工负责相结合的管理模式。国家市场监督管理总局对外保留国家标准化管理委员会牌子。以国家标准化管理委员会名义统一管理全国标准化工作。国务院有关行政主管部门分工管理本部门、本行业的标准化工作。省、自治区、直辖市人民政府标准化行政主管部门统一管理本行政区域的标准化工作。省、自治区、直辖市人民政府有关行政主管部门分工管理本行政区域内本部门、本行业的标准化工作。

标准化技术委员会是标准制定组织。标准化技术工作体系是标准化管理系统的基础,主要由标准制定(修订)工作系统(即标准化技术委员会系统)和标准实施监督检验系统组成。标准制定(修订)工作系统由 TC、SC、WG 三级机构组成;而标准实施监督检验系统在不同国家有不同的结构形式。各级技术委员会由相应的标准化行政主管部门组建和管理,其组建需要遵循一定的原则和具备一定的条件;其工作需要遵守一定的组织程序,并承担相应的工作责任。

ISO、IEC 和 ITU 是最具权威和影响力的三大国际标准组织。ISO 的管理运行体系主要由全体大会、理事会和中央秘书处等组成;其标准化技术组织包括 TC、SC 和 WG,它们是制定标准的机构。IEC 的管理运行体系主要由理事会、理事局、执行委员会等组成;其标准化技术组织包括 TC、SC、WG、PT 和 MT。ITU 的管理运行体系主要由全权代表大会、理事会、中央秘书处等组成;其标准化技术组织主要有 GS、WG 等。

复习与思考

一、名词解释

标准化技术工作体系、技术委员会、国际标准组织

二、单选题

1. 根据《中国标准化法》及《实施条例》的规定,保障人体健康,人身、财产安全的标准

是( )。

   A. 强制性标准　　B. 推荐性标准　　C. 团体标准　　D. 行业标准

2. 根据《中国标准化法》规定,在我国五级标准体系中,( )同时有强制性标准和推荐性标准。

   A. 国家标准　　B. 行业标准　　C. 地方标准　　D. 团体标准

   E. 企业标准

3. 中国是ISO的正式成员,代表中国的组织为( )。

   A. 国家质量监督局　　　　　　　　B. 国家市场监督管理总局
   C. 国家标准化管理委员会　　　　　D. 国家质量监督检验检疫局

4. 以下哪类成员是IEC的成员?( )

   A. 团体成员　　B. 通信成员　　C. 注册成员　　D. 协作成员

5. 根据ISO的相关规定,以下哪类成员有投票权?( )

   A. 团体成员　　B. 协作成员　　C. 通信成员　　D. 注册成员

6. ( )是指尚未建立国家委员会,由IEC中央办公室或某邻国的IEC国家委员会帮助其建立国家委员会的成员。

   A. 协作成员　　B. 预协作成员　　C. 通信成员　　D. 注册成员

7. ( )成员资格既向政府开放,也向民间组织开放。

   A. ISO　　B. IEC　　C. ITU　　D. TMB

8. ( )文件按适用范围不同确立了中国的五级标准——国家标准、行业标准、地方标准、团体标准和企业标准。

   A.《中国标准化法》
   B.《中华人民共和国标准化管理条例》
   C.《实施条例》
   D.《工农业产品和工程建设技术标准管理办法》

三、多选题

1. 根据《中国标准化法》及《实施条例》的规定,以下哪些标准属于推荐性标准?( )

   A. 药品标准　　　　　　　　B. 检验方法标准
   C. 通用试验方法标准　　　　D. 互换配合标准

2. 根据《中国标准化法》及《实施条例》的规定,以下哪些标准属于强制性标准?( )

   A. 检验方法标准　　　　　　B. 药品标准
   C. 通用试验方法标准　　　　D. 互换配合标准

3. 我国标准化立法体系分为五个层次,即《中国标准化法》《实施条例》( )。

   A. 中央各部委规章　　　　　B. 地方标准化法规
   C. 地方政府标准化规章　　　D. 企业规章

4. 目前,涉及产业和行业标准化管理的国务院行业主管部门主要有( )。

   A. 工业和信息化部　　　　　B. 生态环境部
   C. 住房和城乡建设部　　　　D. 国家卫生健康委员会

5. 以下哪类成员是 ISO 的成员？（　　）
   A. 团体成员　　　B. 正式成员　　　C. 通信成员　　　D. 注册成员
6. 下列哪些组织不属于 ISO 的标准化技术组织？（　　）
   A. SC（分技术委员会）　　　　　B. PT（项目组）
   C. MT（维护组）　　　　　　　　D. WG（工作组）

四、判断题

1. 根据《中国标准化法》及《实施条例》的规定，已有国家标准或者行业标准的，国家鼓励企业制定严于国家标准或者行业标准的企业标准，在企业内部适用。（　　）
2. 制定国家标准、行业标准要以技术委员会为制定标准的核心组织，而制定地方标准则不需要。（　　）
3. 企业生产执行国家标准、行业标准、地方标准或企业标准，应当在产品或其说明书、包装物上标注所执行标准的代号、编号、名称。（　　）
4. 根据工作需要，技术委员会、分技术委员会可以组建承担某项具体国家标准起草任务的标准制定工作组，工作完成后工作组保留以便能持续为该标准提供支持。（　　）
5. IEC 与 ISO 的标准化技术组织相同，都包括有 TC（技术委员会）、SC（分技术委员会）和 WG（工作组）。（　　）
6. 行业标准、地方标准、团体标准、企业标准的技术要求不得低于强制性国家标准的相关技术要求。（　　）

五、简答题

1. 简述标准制订（修订）工作系统的组成。
2. 组建技术委员会应当符合哪些条件？
3. 简述 ISO 的管理运行体系的构成。
4. ITU 的管理运行体系由哪些部门构成？

六、论述题

1. 《中国标准化法》规定了哪些主要内容？
2. 技术委员会的组织结构和决策程序是怎样的？

案例分析

3C 认证不能成为摆设

上海市市场监督管理局在 2019 年 9 月发布的市场检验和质量抽查结果显示，相当多的儿童安全座椅质量堪忧。在此次抽查的 58 批次儿童安全座椅中，有 14 批次不合格，不合格检出率约为 24%。抽查样品主要来自电商平台，包括唯品会、网易考拉（现考拉海购）、淘宝（含天猫）、京东等。在被抽样检查到的这几家电商平台中，京东商城的不合格检出率最高，约为 41.7%，远高于这次抽查的平均不合格检出率。本次抽查的 58 批次样品基本覆盖了各个年龄段的使用儿童，涵盖了市场上儿童座椅的全部类型。其中，共有 8 批次样品没有通过动态试验的检测。这次抽查中发现问题最严重的一批次产品是"众霸"儿童座椅，标称的生产企业为"永康市零点汽车用品有限公司"，标称的商标名称为"众霸"。

不仅如此,这个样品共被抽查3批次,3批次全部不合格。

儿童安全座椅是一种专为儿童设计的安装在汽车内的专用设施,能有效提高儿童乘坐汽车的安全性。在汽车碰撞或突然减速的情况下,它可以减少对儿童的冲击力,从而减轻对他们的伤害。这次的抽查结果显示,有两个主要性能指标均不合格,一是动态试验,二是燃烧特性。动态试验不合格,意味着一旦发生事故,儿童将与前排座椅发生碰撞,导致儿童生命安全受到威胁;燃烧特性不合格,则意味着车辆一旦发生火灾,会加速燃烧,导致救援时间缩短。

我们知道,国家对儿童安全座椅产品实施的是强制性3C认证。任何儿童安全座椅产品都需要通过静态试验、动态试验、燃烧试验、毒性试验,只有符合这4个方面标准要求的产品,才可以取得3C认证证书和3C认证标志。任何没有获得3C认证证书和未标注3C认证标志的机动车儿童安全座椅,是不可以出厂、销售、进口或者在其他经营活动中使用的。所以,儿童安全座椅国家强制性产品认证标准既是厂家生产的圭臬,也是用户选择的参照。

然而,值得警惕与反思的是,国家既然已经对儿童安全座椅生产设有限制,要求必须进行强制性3C认证,只有得到认证后方可进行生产和销售。奇怪的是,此次检测不合格的14批次样品,在最初的3C认证中都通过了测试,这至少说明生产、销售环节的质量把关形同虚设,让3C认证成为摆设。

资料来源:雷钟哲. 3C认证如何成为真正的"保护伞",《标准生活》,2019(10):52-57。

思考讨论题

1. 从标准化管理的角度,分析3C认证为什么会成为摆设。
2. 根据本案例的情况,结合你在现实生活中的体会,谈谈你对我国标准化管理体系的认识与看法。

第九章 标准的实施与监督

【学习要点及目标】

1. 了解标准化审查的对象、领域及其相关内容,不同类型标准的实施方法
2. 理解实施标准的意义、标准实施监督的价值、标准自我声明和监督制度
3. 熟悉标准实施的原则、标准实施的一般程序
4. 掌握标准实施的一般形式、标准实施的推广模式
5. 掌握标准实施监督、标准化审查的相关概念及术语

【关键概念】

标准实施、标准实施监督、"双随机、一公开"、标准化审查

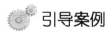引导案例

荣华鸡为什么干不过肯德基?

荣华鸡和肯德基都是名噪一时的快餐连锁企业,其中肯德基是美国著名的快餐企业,此企业于 1987 年进入中国建立了首家西餐厅,很快就以它鲜明的特色、优美且简洁的环境、周到的服务在中国站稳了脚跟,吸引了大批中国人前来就餐。但很快上海新亚集团为了宣传中华美食文化,立即创建了荣华鸡。凭借着更适合中国人的口味和更便宜的价格,荣华鸡受到了消费者的欢迎。荣华鸡刚成立两年就获得最高日营业额 11.9 万元的傲人成绩,并扬言:肯德基开到哪里,我就开到哪里。可是,随着时间的推移,荣华鸡逐渐落入下风,2000 年宣布撤出北京市,在与肯德基的大战中败下阵来。为什么?

因为现代文明赋予快餐的定义是工厂化、规模化、标准化、依托现代化管理的连锁体系。肯德基就是在这一定义下产生的,而包括荣华鸡在内的部分中式快餐,还远没有达到这些要求。因为中式快餐的厨师都是手工化操作,食品没办法根据标准进行批量化生产。由于无法标准化,食品的质量就难以得到保证!

肯德基在进货、制作、服务等所有环节中,每一个环节都有着严格的质量标准,并有着一套严格的规范保证这些标准得到工作人员一丝不苟地执行,包括配送系统的效率与质量,每种佐料搭配的精确(而不是大概)分量,切青菜与肉菜的先后顺序与刀刃粗细(而不是随心所欲),烹煮时间的分秒限定(而不是任意更改),清洁卫生的具体打扫流程与质量评价量化,甚至点菜、换菜、结账、送客、遇到不同问题的文明规范用语,每日各环节差错检讨与评估等上百道工序都有严格的规定。

反观上海新亚集团,尽管其拥有几百名国家级厨师。但这些名厨都是手工化操作,教徒弟没办法标准化。一个厨师如果昨天晚上多喝了一口酒,今天的饭菜口味可能不一样;

如果今天早晨多吃了一点咸菜,与昨天的饭菜口感又不一样。所以,厨师每天烧出来的饭菜口味是不一样的;教出来的徒弟也不一样。因而,食品就没办法根据标准进行批量化生产。此外,荣华鸡在进货、制作、服务等所有环节没有制定出完善的质量标准,也没有一丝不苟地执行。例如,当年荣华鸡的店员就曾当着顾客的面在柜台内用苍蝇拍拍打苍蝇,而盛着炒饭、鸡腿的柜台根本就不加遮盖。

在分析荣华鸡在与肯德基大战中败走麦城的原因时,有各种各样的说法。但在现代快餐业竞争中,部分中式快餐与西式快餐较量时落于下风的根本原因是什么?这个问题值得我们深思!

资料来源:作者根据相关资料整理而成。

思考
1. 试分析荣华鸡在与肯德基的竞争中失败的根本原因。
2. 在本案例中,你认为标准化能否为中式快餐带来经济效益?
3. 在本案例中,你认为标准制定与标准实施存在着怎样的关联性?

根据《中国标准化法》第一章第三条第一款规定:标准化工作的任务是制定标准、组织实施标准以及对标准的制定、实施进行监督。而标准实施和标准实施监督是标准化应用的两大主题,也是标准化工作的关键环节。标准实施与标准实施监督在市场经济环境中有着不可替代的重要作用,正向的标准实施与标准实施监督能带来经济效益、规范市场秩序;负向的标准实施与标准实施监督却会威胁消费者的生命健康安全、扰乱经济秩序。特别是一些企业的"中国一个标准、其他国家另一个标准"的"双重标准"现象,以及某些行业产品的"标准开倒车"事件,无不反映出标准实施与标准实施监督在我国市场经济中的严重缺失。

如何确保我国标准的高质量制定?如何真实有效地推动标准的实施?如何在标准实施中改进标准、促使标准与时俱进?如何加强标准实施监督以保证标准的高质量?这些标准应用中的问题值得我们深思、探究与解决。

第一节 标准实施的意义与原则

标准实施是标准化工作的一个十分重要的组成部分。没有标准的实施,标准的统一规定就不可能成为现实,标准化对象也就不能实现统一。制定标准与实施标准是构成标准化活动的两大基本环节,这两个环节互相依存、缺一不可。制定标准是实施标准的前提,没有标准的制定也就谈不上标准的实施。同样,标准制定的正确性、合理性也只有在标准付诸实施后才能得到验证;标准质量的好坏和水平的高低,也只有通过实施才能得到评价。

在整个标准化活动中,标准的实施是经常的、大量的,参加标准实施的人员之多、涉及面之广、持续时间之长都远远超过了标准的制定环节。所以,从这个意义上来说,标准实施是最主要的、最基本的标准化活动。

"做"是实现成果的唯一途径。标准实施就是标准化工作中的"做",它是指将标准规定的各项要求通过一系列具体措施贯彻到社会生产、技术创新和管理服务等实践活动中去。它是标准化工作的主要任务,是标准能够取得成效、实现其预定目标的关键。

一、标准实施的意义

标准实施主要有以下三点意义。

1. 标准只有在实施中被应用,才能发挥其作用与效益

在美国管理学者桑德斯看来,仅限于制定标准的标准化工作是毫无意义的,标准只有在社会中得到广泛接受,并予以实施才能取得效果;标准化的目的是获得最佳秩序和社会效益。如果标准制定出来后,仅仅停留在纸面上而不去实施,就不会自动转化为生产力,也无法产生任何作用。反之,任何一项标准只有得以认真实施,在实践中得到广泛应用,才能在人类生产活动和日常生活中发挥预期的作用,才能取得社会和经济效益。因为标准是在科学技术和实践经验综合成果的基础上产生的,标准中所规定的内容正是某一时期内经标准化形式固定下来的具有高价值的实用技术和先进成熟的经验。国际上一般认为,实施标准是投入少、见效快、利润大的最佳方式。

众多企业的实践证明,实施标准可减少30%—50%的物资消耗,使劳动生产率成倍地提高,从而有效地降低生产成本。

2. 标准的质量和水平,只有在实施过程中才能得到正确的评价

标准是人们生产实践经验的总结,是对人们客观事物规律性的认识,是以科学技术和实践经验的综合成果为基础的,而实践是检验标准科学性、合理性、适用性或标准质量和水平高低的唯一尺度。虽然在制定标准过程中,相关机构团体已做过许多调查研究和试验验证,也将各方面的情况和数据进行了汇总、分析和归纳,最后审核、批准发布,但这并不能保证标准是绝对科学合理的。因为可能受到某些因素的影响,所收集到的信息不一定都具有足够的代表性,也不够全面,特别是对国家标准而言更是如此。

国内外很多标准都是在实施后不断补充、完善和提高的,尤其是由试行转入正式实施的标准,经由实施过程不仅能对标准的实际水平作出鉴定,还能进一步发现标准撰写的质量问题,从而提供需要修订标准的具体内容,同时也能对标准与现有生产水平之间的匹配程度进行准确评判。

3. 只有通过实施标准,才能发现使用中存在的问题,提出改进的措施

任何一项标准,都不可能十全十美,需要不断更新和修改。标准更新、修改的动力来自实施标准的实践。因为只有经过实施标准,才能发现标准中所存在的问题,也才能收集到解决这些问题的经验和建议,从而为修订标准和补充、制定新标准做好准备,使每项标准不断提高和充实,使标准体系不断完善。

标准的制定—实施—修订—实施是一个阶梯式的发展过程,正是在这个不断实施、修订的阶梯式发展过程中,才能不断地把现代科学技术成果纳入标准,纠正标准中的不足之处,从而使标准更有效地指导社会和生产活动实践。

标准实施直接关系到标准的实际转化价值,为此在标准化工作中必须重视标准的实施,正确掌握标准实施的原则、程序和方法。

二、标准实施的原则

标准实施的原则可归纳为以下三方面。

（一）顾全大局

实施标准必然会涉及各方面的利益，有生产者的，也有消费者的；有个别单位的，也有社会整体的。在实施标准时，不管是哪个部门、哪个单位，都要坚持"局部利益服从整体利益"的原则。例如，企业在贯彻实施环境保护标准的时候，要花费一大笔的资金；而在标准贯彻实施后，企业一般得不到直接的经济效益，但是消费者却能因此受益，整个社会也能获得正外部性。类似这种情况，企业就应该从社会整体利益出发，积极贯彻标准。

（二）长远考虑

实施标准常常会面临眼前利益同长远利益的矛盾。比如，实施某项技术水平较高的产品标准，需要大刀阔斧地进行技术改造，显然需要进行资金投入，短期内还见不到效益；但实施新标准后，产品质量大大提高，由此企业能迅速打开销路，占领市场，长远来看能产生巨大的经济效益。这时，就应从长远考虑，积极实施新标准。

（三）区别对待

实施标准是一项复杂的系统工程，对于某些具体情况，应该在坚持原则统一的前提下，采取区别对待的方针。比如，允许企业对上级标准作出补充规定或以上级标准为基础制定企业内部标准。又比如，对标准中原材料或加工方法的规定，如果会限制企业对新材料、新工艺的采用，则允许企业在征得主管部门同意后作出适当的调整。

延伸课堂

综合标准化

第二节　标准实施的一般程序

由于各类标准有不同的对象和不同的内容，因此实施标准的步骤和方法也应有所不同。但是，从我国实施各类标准的经验来看，大致可分为计划、准备、实施、检查与监督及总结五个阶段。图 9.1 显示了标准实施的一般程序，除上述五个阶段外，标准实施的一般程序还包括修订与发布。

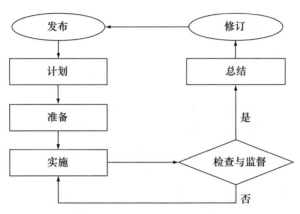

图 9.1 标准实施的一般程序

注:"是"表示能够按标准要求严格实施;"否"表示未能够按标准要求执行。

一、计划

在贯彻实施标准之前,应根据标准贯彻措施建议和本部门、本单位的实际情况,制订实施标准的工作计划或方案。其主要内容应包括贯彻标准的方式、内容、步骤、负责人员、起止时间、要达到的要求和目标等。

在制订工作计划时应注意以下几点:

(1) 除一些重大的基础标准(如机械制图标准、质量管理体系标准)和产品标准需要专门组织贯彻实施外,一般应尽可能结合或配合其他任务进行标准的贯彻工作。如结合新产品开发与改进老产品,结合生产许可证发放、质量监督与质量认证,结合企业的技术革新与技术改进等,把标准实施工作做活、做好。

(2) 对产品比较单一、按流水线作业安排生产的企业,可采用规定日期、一次铺开、全面贯彻的办法;对多品种产品交错生产或平行生产的企业,可采用先试点、分批分期逐步贯彻的方法。

(3) 对较复杂的项目,要明确各部分的内容要求、负责单位与参与单位,并尽可能落实到个人;同时规定起止时间、相关条件、监督检查办法等。

(4) 对标准贯彻后的经济效益进行预测分析,以便有计划地安排有关经费开支。

二、准备

准备工作是贯彻标准过程中很重要的一个环节,只有认真仔细地做好,才能保证标准的顺利实施。否则,就会忙于应付实施中出现的各种问题,甚至会导致标准的实施无法进行下去,处于停滞状态。准备工作应从以下四个方面来开展:

(1) 建立组织机构,明确专人负责。标准的贯彻实施常常涉及多个部门和各类人员,需要有一个专门机构来统一指挥、协调、处理实施中的各项工作;同时为了保证标准的顺利贯彻实施,要明确分工,责任到人,任务到人,各负其责。例如,在实施一项企业标准时,就需要成立一个由生产、技术、检验、计量、财务、采购、销售、行政等各部门人员参加的临时标准工作小组,全权负责和执行标准实施的启动、贯彻、监督、评估、协调等工作。

(2) 宣传讲解,提高认识。要顺利贯彻实施一个标准,就必须使相关人员熟悉标准、掌握标准,为此,必须通过各种途径来宣传标准,使相关人员了解标准的内容,知道实施标准的意义和作用,从而在生产、技术和管理等经济活动中树立起实施标准的意识。

(3) 做好技术准备工作。首先,要提供所需的标准,包括应实施的标准和与其相关的标准;其次,要提出新旧标准对照表及有关参考资料;最后,还要采购或研制实施标准必需的仪器设备,改进工艺、设计和制造工艺装备以及组织力量攻克技术难关等。

(4) 保证物资供应。实施标准需要一定的物质条件,如原材料的供应,某些零部件、元器件的定点协作以及检测仪器与设备的购置等,这些都必须一件件地落实,务必确保供应。

三、实施

实施就是把标准具体落实到生产、管理实践中,它是标准贯彻实施最主要的环节,也是整个贯彻实施标准工作中最常规且工作量最大的环节,它的完成质量直接关系到整个标准贯彻实施工作的成败,必须认真做好。由于本阶段的主要工作就是把标准规定的内容有步骤地在生产、流通、消费等领域中加以执行,为此在实施过程中需要关注以下三方面的问题:

(1) 结合标准的特点及实施的环境,选择合理的实施方法。标准实施的方法包括直接采用法、按需选用法、补充法、配套法、提高标准法、过渡法。每种方法有其适用的标准种类及实施环境,在标准实施中要根据具体情况合理采用,既可采用一种方法,也可多种方法配合使用。

(2) 以实施方案为蓝本,以实际效果为基准。在标准的实施过程中,必须尽可能地以"标准实施方案"中的工作进度安排为指导标准实施的操作指南。在具体实施中,既要严格按照计划进行,又要在实施过程中根据实际情况作相应调整。

(3) 标准的实施是一项细致的、有时间成本的持续性工作。为此,在具体贯彻实施时,要注重认真落实标准的各项细则,以毅力和耐心实现标准的高覆盖度,以最终达到实现预期甚至超越预期的社会和经济效益的目标。

四、检查与监督

标准付诸实施之后,究竟是否达到预期的目标,需要通过检查才能知道。检查涵盖实施阶段的全过程,即从产品方案的论证,到产品出厂的各个环节的标准实施情况,都应进行检查,其中包括对技术文件实行标准化审查和对贯彻标准的有关部门、有关环节的检查,如设计人员是否按新标准进行设计;图样和技术文件是否符合标准化要求等。

此外,国家和地方的标准化主管部门还可能对企业实施标准的情况进行监督,这种监督主要是通过技术引进和设备进口的标准化审查、新产品鉴定的标准化审查、产品质量监督、产品合格认证等形式来实现的。

五、总结

在标准实施工作告一段落时,应对标准实施情况从技术、方法、管理方面进行总结,一般要将文字记录转化成报告类正式文件,并对各种文件、资料进行归类、整理、立卷归档等。同时,还应该对标准贯彻中所发现的各种问题和意见进行整理、分析和归类,然后写出意见和建议反馈给标准制定部门,为标准的复审和修订提供信息。

值得注意的是,总结并不意味着标准贯彻的终止,它只表示完成了一次贯彻标准的"PDCA(计划—执行—检查—行动)循环",同时也表明下一次贯彻标准的"PDCA 循环"的开始。总之,在标准的有效期内,应通过标准的不断实施,使标准的贯彻越来越全面、深入,直到修订成新标准为止。

第三节 标准实施的方法

实施不同类型的标准,要根据不同对象的内容和特点,采用不同的方法,这是在实施标准时应该认真考虑和对待的问题。

一、标准实施的一般方法

标准实施的一般方法主要有以下六种。

(一)直接采用法

直接采用法,即对照标准的相关文件,直接引用标准中所规定的全部技术内容,完全依据文件贯彻实施。该方法的适用对象主要是重要的国家和行业基础标准、方法标准、安全标准、卫生标准、环境保护标准等,如 GB 3100-1993《国际单位制及其应用》、GB/T 3101-1993《有关量、单位和符号的一般原则》、GB/T 3102.1-1993《空间和时间的量和单位》、GB 2894 2008《安全标志及其使用导则》。对于这些标准,企业可在保持标准的名称、代号和内容不变的情况下,直接采用。

在直接采用上级标准时,企业通常的做法就是按照国家标准、行业标准的内容,在企业的设计文件、工艺文件和管理文件中直接引用这些标准,或者直接按照这些标准组织生产、检验和交货。

(二)按需选用法

对某些涉及面广而又没有必要全面实施的国家标准和行业标准,企业可根据实际需要,对其内容进行选用或压缩,将其编制成标准缩编手册(但仍保留原标准的名称和代号),作为企业标准供有关部门执行。采用此种方法实施的有零部件、原材料、结构要素、通用工具等标准。

在选用或压缩标准时,不得改变标准中品种规格的尺寸精度、机械性能、理化性能、通用技术要求、检验方法、标志、包装、运输、存储等实质性内容。条文编号应尽可能保持原标准的连续性,以便查证。

(三)补充法

当所实施的标准内容规定得比较抽象、不便于操作时,可在不违背标准的实质内容和原则精神的情况下,作一些必要的补充规定,以利于贯彻实施。如对通用技术条件中所规定的检测方法进行补充规定等。

(四)配套法

某些相关标准本应成套制定,成套贯彻实施,但因条件所限,成套标准中有一两种或若干种标准未能及时制定出来,此时企业可根据已有标准的内容,自行制定与其配套的标准，以适应全面实施此类标准的需要。

（五）提高标准法

为了提高产品质量，增强产品在市场上的竞争能力，企业在实施某项国家标准或行业标准时，可参照国内外先进水平来提高这些标准中的一些性能指标，或者自行制定出高于国家标准或行业标准水平的企业标准，并加以实施。

（六）过渡法

此法常常适用于推陈出新（多为基础标准的更替情况）。当新标准发布后，一般旧标准不能立即作废，因为它涉及老产品的标准实施，存在对其原设计图样和技术文件的更改，这就必须有一个吸收、消化、运用的过程，以解决新旧标准的过渡问题。根据企业多年实施标准的实践，有以下三种具体方法可以实现合理过渡。

（1）编制新旧标准对照表。这种方法主要是针对那些单件小批量生产的企业，或生产周期不长的产品，或将要淘汰的老产品。在编制标准对照表时，应将新旧标准的名称、编号、品种、规格、性能指标、试验方法、检验规则等项目一一进行列表对照，并按规定进行审批、编号、发布，作为指导设计、生产、供应、检验等的依据。

用这种方法实施标准，在较短的时间内，不必修改已归档的设计文件、工艺文件，就能使标准迅速准确地贯彻到生产中去。

（2）一次法（突变法）。它主要针对暂不生产的产品在再行投产前按新标准进行一次性整顿更改贯彻。这种方法的过渡比较彻底，可以完全达到现行标准的规定。

（3）渐变法（逐步法）。它是指对产品设计图样及技术文件有局部更改时，进行分步实施的方法，通过根据不同情况分别进行贯彻，实现新旧标准间的平稳有效过渡。如对装配图中的标准件，新标准号写在明细栏的"代号"栏中，旧标准写在"备注"栏中；对公差、螺纹等有关配合与精度的代号，按新标准选择使用；对通用性技术语言、技术要求，应完全执行新标准。

二、不同类型标准的实施方法

不同类别的标准具有不同的特点和要求，为此，在贯彻实施的时候应该有针对性地采用不同的实施方法，只有这样才能达到预期的效果。

（一）基础标准

这类标准的特点是涉及面广，常被其他标准、教材、手册、论文等引用，如名词术语标准、符号代号标准、机械制图标准等。贯彻实施这类标准，重点要抓"宣、编、改"三个环节。

（1）宣，就是要做好标准的宣传普及和教育工作，使有关人员都能了解、熟悉和掌握标准。

（2）编，就是要将新标准中有关内容和规定要求及时地编入有关教材和手册，纳入有关标准；必要时，还可编印一些形象化的挂图，帮助人们熟悉标准。

（3）改，就是要将有关的标准、教材、手册、图样和技术文件的相关内容，按新标准的内容有计划、有步骤地改过来。"改"是个比较复杂的工作，因为要把正在生产中的产品图样和技术文件都按新标准改过来，这有可能打乱正常生产秩序，影响正常生产。因此，要制订周密计划，组织各方面的力量，有条不紊地进行。如可利用老产品整顿图样及技术文件的时机进行修改，也可以抓住产品革新、改进的机会进行修改。注意处理好老产品维修和配件供应等问题,稳妥地进行过渡。对于即将淘汰的产品可暂不修改,等到产品更新换代时,在新产品设计中全面更改。

(二)有关互换配套的标准

这类标准的特点是相关性强。因此,贯彻实施时一定要注意成套、协调地进行,同时抓好相应的测试仪器、量具、检具的研制或购置工作。若没有事先安排好环规、塞规、量规及加工新螺纹所使用的刀具,新螺纹标准是不可能顺利实施的。此外,还要制定一些必要的配套标准或指导性文件。

(三)安全、卫生、环境保护标准

这类标准的特点是具有很强的法规性、强制性。所以,在贯彻实施这类标准的时候,要同相应的国家法律法规的实施、法治教育结合起来,才能取得良好的效果。由于实施这类标准是关系到人们的健康和安全的大事,尤其环境保护方面的标准还关系到子孙后代的生存,但对企业来说可能暂时不能增加经济效益,反而由于增加投资对设备或工艺进行改进而导致生产成本升高,为此这就需要企业从全局出发,从长远考虑,坚决贯彻实施,决不可因小失大。例如,电气产品出现漏电、食品卫生不符合要求、生产车间有害气体含量超过相应的规定或排放的污水不符合标准要求,都将会造成重大人身事故和环境污染,企业需要为此承担法律责任。所以,企业在实施这类标准时,必须严肃认真对待。

标准信息窗

《推荐性国家标准采信团体标准暂行规定》印发实施

2023年8月6日,国家标准化管理委员会印发《推荐性国家标准采信团体标准暂行规定》(以下简称《暂行规定》),并于印发之日起施行。《暂行规定》结合我国现有推荐性国家标准和团体标准特点,在推荐性国家标准工作机制基础上,畅通渠道、简化程序、缩短时间,规范国家标准采信团体标准程序。根据《暂行规定》的有关规定,一些具备可行性和必要性的先进适用团体标准转化为国家标准的渠道被打通,这将有效促进团体标准创新成果推广应用,增加推荐性国家标准供给,提升国家标准质量水平。

一、在采信条件方面

一是坚持需求导向和社会团体自愿原则。采信团体标准的推荐性国家标准与被采信团体标准技术内容原则一致;立足国家标准体系建设需求,针对国家标准体系中缺失的重要标准,在充分尊重社会团体意愿基础上,组织团体标准采信工作。

二是符合推荐性国家标准制定需求和范围,技术内容具有先进性、引领性。只有具有一定先进性的标准,才能够被采信。

三是符合团体标准化良好行为标准的社会团体。通过评价符合GB/T 20004.1-2016《团体标准化 第1部分:良好行为指南》、GB/T 20004.2-2018《团体标准化 第2部分:良好行为评价指南》等国家标准的社会团体,其制定的标准才具备被采信条件。

四是团体标准实施满 2 年,且实施效果良好。

二、在采信程序方面

《暂行规定》缩短了采信标准制定周期,简化了立项评估程序,可以省略起草阶段,缩短了征求意见时间,从计划下达到报批周期控制在 12 个月以内。

资料来源:作者根据相关资料整理而成。

三、标准实施的推广模式

标准实施的推广模式种类繁多、形式各异,其效果也各不相同,总体上可概括为以下几种类型。

(一) 政府导向型

政府导向型的主要特征是以政府推动为主,以项目实施方式进行标准化的推广普及和标准的实施示范。其主要做法包括以下几方面:

(1) 政府制定规划。政府部门根据国家政策、区域优势及市场环境,选择若干标准作为行业主导推广标准,在一定的范围内有目的地培育主导产品和技术,并推动相关的技术咨询和市场推广等配套工作。

(2) 广泛进行培训。包括针对标准化专业人员、技术人员和管理人员的不同内容、不同层次的培训。

(3) 建立标准化生产示范区(基地)。各级政府部门、标准化管理部门通过建立标准化生产示范区(基地),实现以点带面的示范效应,使区域内所有相关企业均能自觉按标准组织生产或提供服务。

(二) 市场导向型

市场导向型模式是使用最为广泛的标准实施推广模式。它是通过市场需求促进生产和服务标准化,使标准得到社会认可。其主要表现为产销双方根据生产实际和市场需求,签订产销合作协议。在产销合作协议中,产品质量、安全水平以及共同遵循的技术标准和双方的权利与义务得以明确。

实施市场导向型模式的基础是该项标准已得到行业和社会认可,当前主要适用于一般的国家标准或行业标准的实施推广。

(三) 企业导向型

企业导向型的主要特征是行业中领先的企业,利用资金和品牌优势,通过标准化手段,将企业的加工、贸易和服务行为同上下游产业链有机结合起来,通过合约的方式,形成生产、技术、品牌、资金相融的利益共同体。其具体做法包括以下四个方面:

(1) 打造品牌。品牌是推动标准实施的原动力和基本准则。

(2) 制定标准。主要是围绕品牌的创建和经营,根据市场需求和过程控制,制定完善的标准体系。

(3) 签约实施。领先企业根据品牌要求和生产发展的需要,按照制定的品牌质量保证标准,与上下游产业链的产品供应方签订生产合作协议,明确贯彻实施的标准和要求。

(4)按标收购。根据协议,领先企业依照标准要求统一收购签约的上游产业链产品。

企业导向型模式适用于商品化、产业化程度比较高的地区和行业,特别适合于集约化程度高的行业,如汽车行业的 QS 9001 质量体系标准的推广就是典型的企业导向型模式。

(四)行业自律型

行业自律型的主要特征是行业协会通过牵头制定统一标准,规范其协会成员的产品生产或服务提供行为,本着共同受益的原则,将市场做大、做强。行业自律型模式的主要做法包括以下几方面:

(1)在充分调研分析的基础上,制定技术标准或规范。

(2)加强培训和督导。对其协会成员按照所制定的技术标准或规范进行统一的培训,同时实施统一监督以确保其协会成员的产品生产或服务提供行为完全符合标准的要求。

(3)统一品牌和销售。协会可拥有自己的品牌和标志。协会成员可统一使用协会标志,行业协会通过各种手段确保市场和价格的稳定。

(五)市场准入型

市场准入型的主要特征是涉及安全、卫生、环境保护方面的标准必须强制执行。在标准实施的结果考核上,必须经过一定的程序证明符合标准要求,达到法律、法规规定的最低准入条件。该模式具有以下几方面特征:

(1)市场准入的要求是强制的,大多为国家法律法规在实施层面的技术规范、技术准则,在我国具体体现为强制性标准。

(2)强制性标准的实施是靠自律行为约束的。强制性标准一旦发布,所有的标准适用对象和范围,均应严格遵循,而且是自觉遵守,不需要任何推广手段。贯彻实施标准是一种责任和义务。

(3)国家相应的行政主管部门开展的例行监督检查是推动强制性标准实施的主要手段。

(4)处罚措施严厉,通常有相应的法律法规对处罚作出具体规定。

3C 认证就是典型的市场准入型模式。

(六)认证促进型

认证促进型的主要特征是认证机构按照相应的评定准则和程序,对标准的实施效果作出客观公正的评定,并颁发认证证书和(或)认证标志。

认证促进型模式是一种比较有效的、利用市场化手段促进标准实施推广的措施与办法,是世界各国普遍推崇的标准实施推广模式,特别是对一些推荐性标准,采用认证的方式,可极大地促进标准的实施与推广。

采用认证促进型模式必须具备两个基本条件:一是在市场上已有被行业普遍认可的标准;二是在国家层面上已经建立起完善的合格评定制度。合格评定是一种较为成熟和长效的标准推广模式,是标准推广的重要手段,也是当前国际贸易中的技术性贸易措施之一。

ISO 9001 认证、绿色产品认证就是典型的认证促进型模式。

第四节 标准实施监督

广义的标准实施监督是指监督部门对国家标准、行业标准、企业标准的贯彻执行情况进行监督和督导,主要表现在两个方面:一是对各种标准本身的贯彻情况进行监督;二是严格按照标准做好产品质量监督检验。狭义的标准实施监督是指国家监督部门对企业产品标准的监督与管理,其作用在于可以有效地避免企业为了提高合格率而降低检验标准的现象出现,因而是提高企业产品质量的有效途径。

一、标准实施监督的价值

标准实施监督的价值主要有以下几点。

1. 保证标准得到如实贯彻执行

即使有了先进、合理的产品和技术标准,如果它们不能在企业的生产过程中得到认真的贯彻和执行,那么标准仍然没有任何价值。标准所产生的经济效益与价值只有在如实地贯彻执行中才得以实现。而对标准的实施进行监督或检查是依据标准化法律、法规和规章,对企事业单位或个人实施标准的情况进行监督检查与处理,是保证标准如实贯彻执行的一个重要环节。

2. 促进企业加强管理

标准就是高质量的绿色通行证,建立标准的目的之一就是通过高效的管理确保产品质量达到市场要求。企业是标准化工作的重要参与者,同时扮演着标准的制定者与执行者的双重角色。正如"三流的企业头劳务、二流的企业买产品、一流的企业买技术、超一流的企业买标准""谁掌握了标准,谁就掌握了市场"是企业界盛传的观念,这里的标准往往具体化为企业的产品或服务,决定着企业产品或服务质量的高低。标准实施监督一方面促使企业制定真实的高标准,另一方面督促检查企业如实地贯彻实施高标准,从而促进企业加强管理。

3. 维护市场经济秩序

规则是秩序的护城河,而监督则是规则的测水器。监督无处不在,如考试有监督组,其设立的目的是保证考试纪律,防止作弊,从而维护考场规则;中国证监会与中国银保监会的设立就是为了监督证券、银行、保险等金融行业从业人员遵循金融行业规则,从而维护好金融市场的秩序。同样,只有对标准制定、标准实施等各方面标准化工作进行监督,才能保证标准按原则制定,才能保证标准"透明、如实、公正"地贯彻实施,才能打击企业的"双重标准"行为,从而维护市场经济秩序。

二、标准实施监督的部门

标准监督工作的执行效果与标准监督部门有很大关联。标准监督部门是标准实施监督的主体,是执行者,具有最高权威,它们的设立就是为了将标准监督进行程序化与规范化。

我国标准监督部门是国家行政部门,根据不同部门或单位分工的不同,又具体分为以下三类：

（1）政府标准化行政主管部门。该部门主要是对强制性标准（即重要产品标准、建设工程标准、基础标准、方法标准、安全标准、卫生标准、环境保护标准）的实施进行监督。根据《中国标准化法》的规定，县级以上人民政府标准化行政主管部门、有关行政主管部门依据法定职责，对标准的制定进行指导和监督，对标准的实施进行监督检查。

（2）行业主管部门。该部门侧重于对本行业所属企事业单位实施有关标准的情况进行监督。

（3）企事业单位。该部门则只是对本单位实施的各类标准进行检查，一般在生产制造企业都设有专门的职能部门。

三、标准实施监督的形式

标准实施监督必须建立严格的监督检验制度，并采取有效的政策和相应措施，以便更好地督促、指导、检查和处理标准实施的各种问题。标准实施监督一般有以下三种形式。

（一）国家监督

依据《中国标准化法》第四章中的有关规定：县级以上人民政府标准化行政主管部门、有关行政主管部门依据法定职责，对标准的制定进行指导和监督，对标准的实施进行监督检查。国务院有关行政主管部门在标准制定、实施过程中出现争议的，由国务院标准化行政主管部门组织协商；协商不成的，由国务院标准化协调机制解决。

国家监督可分微观监督和宏观监督两个层次。

1. 微观监督

国务院有关行政主管部门对相应的各省（自治区、直辖市）、市、县人民政府有关行政主管部门，以及国务院标准化行政主管部门对相应的各省、市、县人民政府标准化行政主管部门标准实施的监督属于微观监督，主要方式是现场检查及对结果的处理等。我国有两套系统适用于此方面的监督工作：一是国务院标准化行政主管部门到各省（自治区、直辖市）、市、县人民政府标准化行政主管部门自上而下构成的监督系统；二是国务院有关行政主管部门（包含直属机构）到各省（自治区、直辖市）、市、县人民政府有关行政主管部门自上而下构成的监督系统，它是一个由多个平行部门组成的监督系统。

2. 宏观监督

《中国标准化法》突出了国家标准化管理委员会的统筹协调职能。中国国家标准化管理委员会作为国务院标准化行政主管部门，担负着统一领导监督管理标准（特别是强制性标准）的重任。国务院有关行政主管部门和国务院标准化行政主管部门对标准（主要是强制性标准）实施的监督属于宏观监督，主要是研究和发布新的《中国标准化法》的配套行政法规、规章，比如制定《强制性标准监督管理办法》，发布强制性标准的监督体系建设发展规划；领导或协调两个系统的主管部门对实施标准（主要是强制性标准）情况进行监督检查。

（二）企业自我监督

企业对标准实施的自我监督是企业对标准贯彻执行的内部监督与检查。这种监督必须从产品设计开始，贯穿于从原材料获取到产品加工、装配、包装入库直至产品出厂的各环节,在各个生产阶段和工序之间都必须依据标准进行监督和检验。这种监督和检验是企业的生产工序之一,是把好产品质量的第一关,是国家监督和社会监督的基础。

(三) 社会监督

社会监督是一种社会性的群众监督,也可以说是"第二方"或用户的监督,由新闻媒介、社会团体和组织及产品经销者、消费者对标准实施的情况进行监督。一般是对出厂后的产品或者企业所从事的直接影响人民生活及社会公共利益的活动是否符合标准要求所进行的监督。例如,商业部门、物资部门、使用部门的监督和检验,以及广大消费者的反馈等。对于各种违反标准的现象,可以利用社会舆论、新闻报道、投诉、举报等多种形式进行公开揭露和批评。这种监督形式已经成为广大消费者保护自身合法权益的主要手段。目前,我国的社会监督主要有以下三种类型:

(1) 消费者监督。这是消费者采取向国家各级法定监督机构举报或投诉等方式来进行的监督方式,通过合法途径来解决标准的落实问题。

(2) 社会团体监督。这类监督的主体是以保护消费者权益为主要目的的社会组织。如我国的消费者权益保护协会就是这样的社会组织,它在反映消费者意见和要求、处理消费者所反映的重大标准实施问题和争端纠纷、维护消费者合法权益、遏制假冒伪劣商品等方面,发挥了重要的作用。

(3) 社会舆论监督。这类监督主要是指通过利用新闻媒体,如互联网、短视频、微信、电视、广播、报纸、杂志等对标准实施进行监督。由于社会舆论具有敏感性和轰动效应,这使得通过它们所反映出来的产品质量标准的问题以及争端纠纷能迅速引起社会的关注和反响,从而推动相关问题和纠纷得到比较圆满的解决。因此,舆论监督是一种有效的、独特的监督形式。

社会监督虽然不像国家监督那样具有法律的约束性,但它涉及面广,具有广泛的群众性,且监督的主体是每一位消费者,监督对象是市场上的每一件商品及各种服务和相应的生产经销单位。所以,社会监督是一种有效的监督形式,它是国家监督的必要补充。

国家监督、企业自我监督和社会监督共同构成了一个完整的标准实施监督体系,它们是相互补充、相辅相成的。国家监督是为了提高全社会的产品质量、保障消费者的权益,从国家和行业的角度进行的监督;企业自我监督是一切监督的基础,也是企业提高自身产品质量、加强产品市场竞争力的重要手段;社会监督是对国家监督的补充,它虽不具备法律特性,但具有广泛的群众基础。各种监督形式在监督标准如实贯彻实施、确保产品质量的目的上是完全一致的。

四、标准自我声明公开和监督制度

《中国标准化法》第二十七条规定:国家实行团体标准、企业标准自我声明公开和监督制度。这标志着国家从法律层面正式确立了企业标准自我声明公开和监督制度,也意味着企业标准从以前的备案制度发展为目前实施的自我声明公开制度,它从形式至内容上都实现了重大改革。

(一) 企业标准自我声明公开和监督制度

2018年,我国实行了企业标准自我声明公开和监督制度,它鼓励企业通过标准信息公共服务平台向社会进行自我声明公开。为了保证这一制度的顺利实施,市场监管总局推出了"双随机、一公开"的监管方式,对企业标准自我声明公开事项实施监管检查。

1. 企业标准自我声明公开和监督制度的内容

企业标准自我声明公开和监督制度包括五方面的具体内容:公开的内容、公开的方式、公开的时间、公开企业的权利义务和自我声明的监督。

(1) 公开的内容。

企业标准自我声明公开的内容包括企业的自我承诺、企业基本信息、标准信息、产品信息、时间和地点信息。

标准信息是指企业生产的产品和提供的服务所执行的国家标准、行业标准、地方标准和团体标准的标准名称和标准编号;如果企业生产的产品和提供的服务所执行的标准是本企业制定的企业标准,除了公开相应的标准名称和标准编号,还应当公开企业产品、服务的功能指标和产品的性能指标。公开标准指标的类别和内容由企业根据自身特点自主确定,包括产品主要技术指标和对应的检验试验方法。企业可选择公开企业产品和服务标准文本,而对于生产工艺、配方、流程等可能含有企业技术秘密和商业秘密的内容,企业可选择不公开。

(2) 公开的方式。

企业标准自我声明公开的方式主要有两种:一是通过标准信息公共服务平台向社会公开;二是采用其他方式向社会公开。

采用其他方式向社会公开主要指企业通过产品说明书、宣传资料、产品包装等形式对产品的功能、性能、执行标准、技术特点和质量水平等特性所做的承诺性明示。企业已在产品包装或者说明书上公开其执行的标准的,仍鼓励企业通过标准信息公共服务平台公开。

(3) 公开的时间。

企业一般应在其产品和服务进入市场公开销售之前,将产品和服务明示执行的标准信息公开。

(4) 公开企业的权利义务。

公开企业的权利和义务有三方面:一是企业有权依法自行确定公开标准信息的内容和形式,有权对公开标准信息进行修改、更新;二是企业应确保公开的企业产品标准信息真实、有效,符合国家有关法律法规、强制性标准及相关产业政策的要求,企业对公开标准信息的完整性、真实性、准确性、合法性负责,并对标准实施的后果承担责任;三是企业生产的产品和提供的服务应符合相应时段内声明公开的产品和服务标准的要求。

(5) 自我声明的监督。

企业标准自我声明的监督有两种方式:一是任何单位或者个人都可通过向标准化行政主管部门或有关行政主管部门举报、投诉企业相关违法行为来实现对企业标准自我声明的监督;二是县级以上人民政府标准化行政主管部门、有关行政主管部门则通过主动监督的方式来实现对企业标准自我声明的监督。企业标准"双随机、一公开"的随机抽查是主动监督的重要方法。

所谓"双随机、一公开",就是指在监管过程中随机抽取检查对象,随机选派执法检查人员,抽查情况及查处结果及时向社会公开。

企业标准"双随机、一公开"随机抽查主要关注四个方面的事项:标准技术要求是否低于强制性国家标准;标准内容是否做到技术上先进、经济上合理;标准编号、名称和编写是否符合规范;标准功能和性能指标是否公开。

2. 违反企业标准自我声明公开制度的法律责任

违反企业标准自我声明公开制度的行为主要有两种表现形式:一是企业未依法公开其执行标准;二是企业生产的产品或提供的服务不符合其公开标准的技术要求。

(1) 企业未依法公开其执行标准的法律责任。

企业未依法公开其执行的标准是指企业违反上述有关企业标准自我声明公开的内容、公开的方式、公开的时间以及公开的标准信息不符合完整性、真实性、准确性、合法性要求。若企业未依法公开其执行的标准,则县级以上人民政府标准化行政主管部门有权责令其改正,同时由负责查处的部门将违法行为和改正的情况通过标准信息公共服务平台向社会公示。

(2) 企业生产的产品或提供的服务不符合其公开标准的技术要求的法律责任。

企业生产的产品或提供的服务不符合其公开标准的技术要求包括两种情形:一是企业生产的产品或者提供的服务不符合强制性标准;二是企业生产的产品或者提供的服务符合强制性标准,但不符合其公开标准的技术要求。

第一,对生产、销售、进口产品或者提供服务不符合强制性标准的企业,将依照《中华人民共和国产品质量法》《中华人民共和国进出口商品检验法》《中华人民共和国消费者权益保护法》等法律、行政法规的规定进行查处,并根据具体情况依法承担相应的民事责任、行政责任、刑事责任。

第二,对生产的产品或者提供的服务符合强制性标准,但不符合其公开标准的技术要求的企业,将依法承担相应的民事责任,包括继续履行、采取补救措施、支付违约金或者赔偿损失等。

(二) 团体标准自我声明公开和监督制度

《中国标准化法》指出,国家实行团体标准自我声明公开和监督制度,鼓励团体标准通过标准信息公开服务平台向社会公开。2019年1月,国家标准化管理委员会、民政部印发的《团体标准管理规定》中,要求"社会团体应当自我声明公开其公开的团体标准符合法律法规和强制性标准的要求,符合国家有关产业政策,并对公开信息的合法性、真实性负责"。

团体标准自我声明公开主要是通过全国团体标准信息平台进行的。社会团体通过平台对制定的团体标准进行自我声明公开时,需要公开团体详细信息和团体标准信息。

(1) 团体详细信息。它包括团体名称、登记证号、发证机关、业务范围、法定代表人、通信地址等基本信息。

(2) 团体标准信息。它包括标准状态、标准编号、标准标题、国际标准分类号、国民经济行业分类号、起草人、起草单位、标准主要技术内容、标准发布公告等内容。

社会团体除了可以对团体信息和团体标准信息进行公开,还可以对开展团体标准化活动中各阶段的工作进行公开,如发布预研计划、立项计划、征求意见通知、审查会新闻、标准发布通知等,保证团体标准制定过程的公开、透明。

延伸课堂

全国团体标准信息平台

五、标准化审查

标准化审查主要是由标准化部门依据标准化法规与标准,对技术文件和技术图样等是否符合标准化法规和标准规定进行的评价性审查活动。它是对标准实施情况进行监督的最常用的有效方法之一。

标准化审查的对象和领域包括技术文件和图样,开发新产品/改进老产品以及管理体系文件。

(一)技术文件和图样的标准化审查

对技术文件和图样的标准化审查是企业标准化的主要工作之一,其目的就是要使这些技术文件和图样符合相应的国家、行业以及企业标准,确保这些技术文件和图样能够体现国家有关技术经济政策的要求并正确适用,以便于国内外技术交流和贸易。

1. 标准化审查的依据

(1)国家标准、行业标准、地方标准以及相关指导性技术文件等。

(2)企业标准化制度及标准化有关规定。

2. 标准化审查的对象

(1)产品图样、明细表、汇总表、图样目录及文件目录等。

(2)技术文件、工艺文件及工装图样。

3. 标准化审查的内容

(1)成套性审查。其目的是保证在设计、试验、制造、装配、验收、保管、使用和维护时,具有必需的图样和技术文件。

(2)继承性审查。该审查是为了保证所设计的产品能最大限度地采用标准件、通用件、借用件和外购件,同时尽量采用典型工艺、通用工艺和通用技术标准,以减少重复劳动,缩短设计、试制和生产周期。

(3)符合性审查。其目的是确保技术文件和图样能够达到"正确、统一、清晰"的要求。

(二)开发新产品/改进老产品的标准化审查

科学技术的进步促使企业产品更新换代,从而实现社会经济的进步。企业在开发新产品、改进老产品的过程中,必须提出产品标准化综合要求,并适时进行标准化审查。为此,《中国标准化法》第二十八条明确规定:企业研制新产品、改进产品,进行技术改造,应当符合本法规定的标准化要求。

通常，新产品开发过程可分为产品设计、产品试制和产品鉴定三大阶段。在每个阶段中都有大量的标准化工作内容，而标准化审查则是贯穿于产品研制全过程的一项基础性工作。

1. 产品设计标准化审查

（1）在初步设计阶段，主要审查技术任务书中所提出的产品基本参数和主要性能指标，是否符合相关的标准、要求和法规的规定。

（2）在工作图设计阶段，主要审查产品图样和技术文件的完整性与准确性，关于具体审查的内容与要求，各行业有不同的规定，但基本包括一般性审查、部件图与总装图审查、零部件图审查、技术文件审查、统一性审查、零部件及元器件标准化程度与材料标准的贯彻情况审查。

2. 产品试制标准化审查

产品试制标准化审查包括样机试制标准化审查和小批试制标准化审查这两方面的内容。样机试制标准化审查的内容依据产品的性质和复杂程度的不同而有所不同，但一般都必须对新产品的名称型号、设计图样和技术文件的完整性以及标准贯彻情况、产品标准化程度等方面进行审查。

小批试制标准化审查则是在样机试制标准化审查的基础上进行的，一般不再进行全面审查，而是审查新产品设计图样和技术文件的更改情况，重点放在工艺、工装方面的标准化审查。

3. 产品鉴定标准化审查

产品鉴定标准化审查包括样机试制鉴定和小批试制鉴定这两方面的标准化审查。在样机试制鉴定的标准化审查中，主要是审查其设计和试制质量水平，即以现行标准或技术条件、技术任务书、标准化综合要求为依据，通过运行和实测来审查设计结构的合理性、完善性以及各项性能的适用性和可靠性；有的产品还要审查其在安全、卫生、环境保护等特性方面是否能够全面达到标准要求。

小批试制鉴定的标准化审查则主要是对工艺、工装标准化情况进行审查和分析，目的在于确定企业是否具备按标准大批量正式生产的条件。

（三）管理体系文件的标准化审查

管理体系文件标准化审查的目的是审查这类文件与相应的管理体系标准的符合性，以及管理体系文件对企业的适宜性。如果不符合标准规定的要求，不符合企业的实际需要，或不适宜在企业执行，都是不可取的，应该认真整改。

管理体系文件标准化审查的依据是对应的管理体系标准，如 ISO 9001:2015《质量管理体系 要求》、ISO 14001:2015《环境管理体系 要求及使用指南》、ISO 45001:2018《职业健康安全管理体系 要求及使用指南》等。

值得注意的是，不少企业因为在建立和实施质量管理体系、环境管理体系、职业健康安全管理体系等管理体系标准时，未能全面、认真地对其进行标准化审查，导致被管理体系认证机构文件审查(实际上是认证机构对企业体系文件的标准化审查)不合格，退回整改，或者不能有效地在企业实施，从而无法产生应有的效果和作用。

本章小结

标准的实施是最主要的、最基本的标准化活动。实施标准的意义在于标准只有在实施中才能发挥其作用与效益；标准的质量和水平只有在实施过程中才能得到正确的评价；只有通过实施标准才能发现使用中存在的问题,提出改进的措施。为此,顾全大局、长远考虑和区别对待是贯彻实施标准时必须遵循的原则。

尽管各类标准有不同的对象和内容,但它们贯彻实施都需要经历计划、准备、实施、检查与监督、总结等基本阶段。实施不同类型的标准,要根据不同的特点,采用不同的做法,直接采用法、按需选用法、补充法、配套法、提高标准法、过渡法等是标准实施的一般形式；当然,针对诸如基础标准,有关互换配套的标准,安全、卫生、环境保护标准等,则需要采用特定的实施方法。标准的实施推广模式种类繁多、形式各异,常用的有政府导向型、市场导向型、企业导向型、行业自律型、市场准入型和认证促进型。

广义的标准实施监督是指监督部门对国家标准、行业标准、企业标准贯彻执行情况进行监督和督导。标准实施监督的价值在于：一是能保证标准得到如实贯彻执行；二是能促进企业加强管理；三是能维护市场经济秩序。我国标准监督部门具体分为政府标准化行政主管部门、行业主管部门和企事业单位。国家监督、企业自我监督和社会监督是标准实施监督常用的三种形式。国家实行团体标准、企业标准自我声明公开和监督制度,鼓励团体标准、企业标准通过标准信息公共服务平台向社会公开。标准化审查是最常用的对标准实施情况进行监督的有效方法之一。技术文件和图样、开发新产品/改进老产品,以及管理体系文件是企业标准化审查的三大主要对象和领域。

复习与思考

一、名词解释

标准实施、广义的标准实施监督、狭义的标准实施监督、"双随机、一公开"、标准化审查

二、单选题

1. 对照标准的相关文件,直接引用标准中所规定的全部技术内容,完全依文贯彻实施的方法,被称为（　　）。

   A. 按需选用法　　　B. 配套法　　　C. 提高标准法　　　D. 直接采用法

2. 在贯彻实施哪类标准时,需要重点抓好"宣、编、改"三个环节？（　　）

   A. 基础标准　　　B. 产品标准　　　C. 安全卫生标准　　　D. 环境保护标准

3. 以下哪种标准监督具备法律的约束力？（　　）

   A. 消费者和用户监督　　　　　　B. 社会舆论监督
   C. 国家监督　　　　　　　　　　D. 社会团体监督

4. 实施（　　）模式的基础是该项标准已得到行业和社会认可,当前主要适用于一般的国家标准或行业标准的实施推广。

   A. 市场准入型　　　B. 市场导向型　　　C. 政府导向型　　　D. 认证促进型

5. 当新标准发布后,旧标准还没有立即作废时,通常采用（　　）来解决新旧标准的过渡问题。

   A. 按需选用法　　　B. 配套法　　　C. 提高标准法　　　D. 过渡法

6. 对某些涉及面广而又没有必要全面实施的国家标准和行业标准,通常采用( )来解决企业的实际需要问题。

　　A. 按需选用法　　B. 配套法　　C. 提高标准法　　D. 过渡法

三、多选题

1. 下列标准应完全实施的有( )。

　　A. 重要的安全标准　　　　　　B. 重要的卫生标准
　　C. 企业内部标准　　　　　　　D. 重要的方法标准

2. 下列哪些是贯彻实施标准时必须遵守的原则?( )

　　A. 顾全大局　　B. 长远考虑　　C. 使用要求　　D. 区别对待

3. 当新标准发布后,一般旧标准不能立即作废,根据企业多年实施标准的实践,可采取哪些具体方式实现合理过渡?( )

　　A. 编制新旧标准对照表法　　　B. 一次法
　　C. 渐变法　　　　　　　　　　D. 补充法

4. 下列哪些是标准实施监督的价值?( )

　　A. 保证标准得到如实贯彻执行　B. 促进企业加强管理
　　C. 维护市场经济秩序　　　　　D. 提高标准的制定水平

5. 下列哪些形式属于标准实施监督的一般形式?( )

　　A. 企业自我监督　B. 行业监督　　C. 国家监督　　D. 舆论监督

6. 下列哪些标准监督形式属于国家监督?( )

　　A. 宏观监督　　B. 团体监督　　C. 微观监督　　D. 舆论监督

四、判断题

1. 市场准入型的主要特征是认证机构按照相应的评定准则和程序,对标准的实施效果作出客观公正的评定,并颁发认证证书和(或)认证标志。( )

2. 实施市场导向型模式的基础是:一在市场上已有被行业普遍认可的标准;二在国家层面上已经建立起完善的合格评定制度。( )

3. ISO 9001标准认证、3C认证就是典型的市场导向型模式。( )

4. 宏观监督是从国家角度进行的监督,具备法律特性;而微观监督是从部门利益出发进行的监督,不具备法律特性。( )

五、简答题

1. 简述标准实施的原则。
2. 简述标准实施的一般程序。
3. 标准实施的一般形式有哪些?
4. 标准实施的推广模式有哪些?

六、论述题

1. 如今"标准开倒车""双重标准"的现象直指标准监督形同虚设,你认为应如何加强标准监督,提高标准实施质量?
2. 标准监督的形式和方法有哪些?

案例分析

食天为民的标准化之路

食天为民是一家新式的餐饮连锁公司,以中餐的面食和蒸菜为主,消费档次为中档偏上,其地方风味特色很受欢迎,生意也不错,陆续开了多家连锁店。这类公司时常要注意的事情是,如果是哪道菜蒸得过火了,或是哪批包子的馅咸了,或是顾客多导致上菜慢了,弄不好顾客不满之下就另投别家,成为其他餐饮企业的食客。于是公司力求塑造一套标准化的操作程序,既要保持本公司餐品的风味特色稳定,又要通过服务赢取顾客的好感和满意度。

食天为民也向麦当劳、肯德基等国外餐饮连锁巨头们取过经,将店面装修得挺有氛围,也有详细的员工手册,力求将操作和服务标准化。不过这还不够,因为这一套其他企业也容易做到,食天为民决定在餐品的"鲜"字上下功夫,并且提高出餐速度。比如,如果顾客可以稍等一下,那么包子、饺子等可以现做;根据提前估算消费量做好的包子必须在三十分钟内卖出,否则不能再上餐桌;蒸菜必须在顾客下单后的半小时内做好;等等。

改造从后厨开始,食天为民引进了一些设备,使烹饪过程变得"数字化"。比如面粉发酵,多少面粉加多少发酵粉和水,多高温度以及发酵多长时间,都有一个比较准确的数字和配比。甚至包子和饺子的馅都能用机器调好料,人工要做的,就是按每斤馅包多少数量的包子和饺子,以及每斤配好的面粉包多少个包子和饺子这个标准,用一块面皮包上馅制成成品放在蒸屉里。而以前负责蒸包子的伙计,现在负责看管电蒸柜——把一屉屉的生包子端进蒸柜里,然后打开开关,静等若干分钟后就端上柜台,也不用再去看火候和时间,因为电蒸柜已经把温度和时间都设定好了。顾客点餐之后,也不用跑堂的服务员像往日一样叫号向后厨下指令,而是由点餐台直接将订单下达后厨,各道菜肴自动流向所负责烹饪的厨师。

现在,一切都变得比以前可控,员工们所做的事也变得比以前简单,以前要凭丰富的经验和感觉才能做出出色的食品,现在仅靠这套机器就能做出来,而且次品率极低。现在,经验丰富的厨师们也不再像以前那样有一两个伙计打下手,那种感觉让自己像个大师傅,但现在这种感觉没有了,大家守着一个机器去操作就行。对于这种变化,一批年纪大些的员工怎么都有些不适应;而年轻的伙计们对引进这些半自动化设备感到新奇,特别是他们可以不用给大师傅打下手、跑来跑去了,这让他们感到轻松多了。

不过,时间长了,年轻的伙计们也有些不适应了。过去是团队协作,前台一声令下,后厨马上就会热闹起来,或盛上套餐为顾客端去,或厨师们马上就开锅,此呼彼应之间,气氛其乐融融。现在,连大家围着桌子做包子和饺子的场面,也没以前那么火热了。那些设备更像是流水线,大家分布在这条流水线上,成为其中某个环节的一颗螺丝钉,每天守着机器设备。后厨的一些大师傅们之前的成就感现在也消失殆尽,因为他们感觉餐馆不再倚重他们的经验和技术。年轻人也觉得每天很无聊,操作越简单,工作越机械,热情也越来越低。一位"90后"员工在博客上感叹:"以前是自己'牵'着一条流水线运作,现在自己是一条流水线上的一个零部件;以前每天觉得在这里工作很有气氛,现在每天完成工作,总是想让自己能尽快逃离这里……"

资料来源:作者根据相关资料整理而成。

思考讨论题

1. 食天为民的标准化之路是否符合标准化的原理？是否真正达到了标准化的目的？为什么？

2. 食天为民实施标准化之后，虽然工作效率提高，但员工情绪反而变得低落，这是否说明组织实施标准化是有条件的？为什么？

第四篇

实 务 篇

夫生法者,君也;守法者,臣也;法于法者,民也。君臣上下贵贱皆从法,此谓为大治。
——《管子·任法》

天下之事,不难于立法,而难于法之必行;不难于听言,而难于言之必效。
——《张居正奏疏集》

管理就是把复杂的问题简单化,把混乱的事情规范化。
——杰克·韦尔奇(Jack Welch)

【学习章节】

第十章　　合格评定
第十一章　管理体系标准
第十二章　企业标准体系的设计

第十章 合格评定

【学习要点及目标】

1. 了解认证认可国际机制和国际互认活动、认可制度、认证人员注册制度的相关内涵
2. 理解合格评定的内涵,产品认证的基本条件、依据与程序
3. 熟悉合格评定的主要内容、两类典型的产品认证、管理体系认证的程序
4. 掌握产品认证的基本要素和模式,管理体系认证与产品认证的区别
5. 掌握合格评定中的关键概念

【关键概念】

合格评定、认证认可、相互承认、产品认证、管理体系认证、认证机构认可、检查机构认可、实验室认可

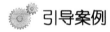
引导案例

有机产品认证中的管理体系问题

针对我国有机产品认证领域中出现的问题,国家认证认可监督管理委员会及各地质检部门均加大了对有机产品认证的行政执法监督检查力度。在监督检查过程中,执法人员经常发现有机产品认证存在一些不规范的现象与行为。其中之一就是有机产品获证企业提供的管理体系文件及证明材料五花八门、统一性差。

根据有机产品认证标准 GB/T 19630-2019《有机产品 生产、加工、标识与管理体系要求》中关于"管理体系"的相关规定,有机产品生产、加工、经营过程中必须建立和维护管理体系的通用规范和要求,但在对有机产品认证获证企业检查时,很少有企业拿出完全符合上述标准要求的体系文件。有些企业提供的是 HACCP 管理体系文件,有些企业提供的是 ISO 9001 质量管理体系文件,有些企业会在现有管理体系文件基础上增加一些地块图或简单的生产经营操作规程。在深入检查企业有机产品职责分工、田间管理、平行生产、农户管理、内部检查、加工记录(包括原料购买、加工过程、包装、标识、储藏、运输等记录)、有机产品标志使用等过程运行管理时,很少有企业能提供系统、有效、操作性强的管理文件或操作规程,相关的运行记录也显得零落无序,缺乏连续性、真实性。因此,这些企业的有机产品生产加工过程存在很大的失控风险。

资料来源:作者根据相关资料整理而成。

思考

1. 你认为产生这种现象的原因是什么？
2. 在产品认证中，认证机构担任着什么样的职责？它们在为企业认证的过程中应注意哪些问题？
3. 根据本案例，你认为企业为成功、合理获得认证应该做好哪些方面的准备工作？

合格评定是社会发展到一定阶段的产物，是标准化的一个重要环节。合格评定是适应贸易的需求而产生的，并对贸易的健康有序发展有重要影响。合格评定不仅能有力地推动标准的有效实施、提高生产效率和管理水平、促进贸易发展，而且有助于保护环境、保护消费者权益、促进公平竞争。严格规范的要求和程序有效地保证了合格评定活动的质量和效果，随着标准化活动的深入开展，合格评定在促进经济和社会可持续发展方面正发挥着极其重要的作用。

20 世纪 80 年代，我国开始对电子元器件等产品进行质量认证，随后开展了低压电器、水泥、玩具等产品质量认证，质量管理体系、环境管理体系、职业健康安全管理体系等管理体系认证以及实验室和检查机构认可等合格评定活动。2001 年 8 月以来，我国先后成立了统一管理全国质量认证工作的国家认证认可监督管理委员会及中国合格评定国家认可委员会。2003 年，《中华人民共和国产品质量认证管理条例》修订为《中华人民共和国认证认可条例》，由此将我国各项合格评定工作纳入统一的法治轨道，合格评定工作呈现出蓬勃发展的态势。

第一节　合格评定概述

合格评定活动在一定意义上可视为证明符合技术法规和标准及合同要求的活动。因而它也被视为标准化活动中"化"的具体体现，既是贯彻标准的一个有力手段，也是国际贸易中的技术性贸易措施之一。

一、合格评定的产生

人类社会中各种事物都经历着从不规范到规范的发展过程，商品经济的发展尤其具有代表性。在商品经济发展初期，当商品在市场上交易时，顾客需要确认供应方的商品能否满足某种或某几种需要。供应方（第一方）为了推销其产品，通常采用"产品合格声明"的方式来获取顾客（第二方）的信任。这种方式在当时产品简单、不需要专门的检测手段就可以直观判别优劣的情况下是可行的。但随着科学技术的发展，产品品种日益增多，产品结构和性能日趋复杂，仅凭顾客的知识和经验很难判断产品是否符合要求，加之供应方的"产品合格声明"并不总是可信的，因此，这种证明方式的信誉和作用就逐渐下降。这就使人们意识到由第一方进行的自我评价和由第二方进行的验收评价具有许多缺陷，应由不受供需双方经济利益所支配的独立的第三方，利用公正、科学的方法对市场上流通的商品，特别是涉及人身安全与健康的商品进行评价、监督，以正确指导消费者的购买行为，保障消费者的基本权益。合格评定就是在这个背景下发展起来的。

1903年,英国工程标准委员会(现英国标准学会)第一次使用"风筝"标志来明示钢轨产品的质量合格情况,这被认为是世界上最早的、规范的产品认证制度。1979年,英国发布了 BS 5750 质量保证模式标准,开始推行质量管理体系认证制度。由此,以产品认证和体系认证为主要形式的合格评定制度应运而生。

随着市场经济的发展,各类商品和服务的交换所需要的评价活动,除了认证,还有检测、检查、注册、检验、鉴定、认可等多种形式,涉及一系列相关的法律法规、标准、技术规范,乃至国际标准、条约和协议等,如何用一个简单的术语来概括,并科学地反映各种评价活动的内涵则成了一个亟待解决的问题。ISO 和 IEC 经过多年讨论,于 1985 年决定采用"合格评定"(conformity assessment)一词来统一、规范描述这一活动,同时将原 ISO 的认证委员会更名为"合格评定委员会",至此这一名词术语在全世界范围内得到了统一。

二、合格评定的基本概念

(一)合格评定

根据 GB/T 27000-2023《合格评定 词汇和通用原则》的定义,合格评定是指规定要求是否得到满足的证实。

合格评定的专业领域包括检测、检查和认证,以及对合格评定机构的认可活动。合格评定的对象主要有:产品、过程、服务、体系、装置、项目、数据、设计、材料、声明、人员、机构或组织,或其中的任意组合。

合格评定是符合性评价。其在一定意义上可视为证明符合技术性法律法规、标准和合同约定的活动。需要特别要说明的是,尽管"合格评定"一词为大多数国家所接受,但长期以来大多数国家一直用"认证"和"认可"来概括这类评价活动,因此合格评定活动也被俗称为"认证认可"活动。

(二)认证与认可

认证与认可是合格评定的两项基本活动。认证有效性控制是认可活动的主要目的之一;认可是认证发展到一定阶段的产物,是对第三方合格评定机构的实施能力予以确认。

1. 认证

根据 GB/T 27000-2023 的定义,认证是与合格评定对象相关的第三方证明,认可除外。而根据《中华人民共和国认证认可条例》的定义,认证是指由认证机构证明产品、服务、管理体系符合相关技术规范、相关技术规范的强制性要求或者标准的合格评定活动。

认证对象主要是有关产品、过程、体系或人员。这些对象既包括硬件的实物产品,也包括软件产品,过程(如工艺性作业,焊接、热处理工艺等),服务(如饭店、商业、保险业、银行和通信业等),以及人员资格的确认。

按照认证对象的不同,认证可分为产品认证、管理体系认证、服务认证。表 10.1 为认证的主要类型及基本特征。

表 10.1　认证的主要类型及基本特征

	产品认证	管理体系认证	服务认证
对象	特定的产品	组织自身管理体系	特定的服务
认证条件	产品质量要通过评定,确认符合指定的标准要求	符合法律法规、管理体系标准和规范、组织自身管理文件	依据一定的规则证明服务符合相关服务标准要求
证明方式	产品认证证书和认证标志(认证标志可直接用在获准认证的产品上)	认证证书和认证标志(认证证书和认证标志可用于宣传,但不能直接用在获准认证组织的产品上)	服务质量认证(如:物流服务认证、服务安全认证、校园安全认证、养老服务认证、保健服务认证、商品售后服务认证、汽车维修服务认证、体育服务认证)

2. 认可

根据 GB/T 27000-2023 的定义,认可是正式表明合格评定机构具备实施特定合格评定活动的能力、公正性和一致性运作的第三方证明。而根据《中华人民共和国认证认可条例》的定义,认可是指由认可机构对认证机构、检查机构、实验室以及从事评审、审核等认证活动人员的能力和执业资格,予以承认的合格评定活动。

(1) 合格评定机构。它是指从事合格评定活动的机构。合格评定机构不包括认可机构。认可机构是实施认可的权威机构,其权威性可源自政府、公共权威机构、合同、市场接受或方案所有者。

国家认证认可监督管理委员会是中国唯一的认可机构,根据《中华人民共和国认证认可条例》规定,批准成立并授权的国家认可机构,统一负责认证机构、检验机构、实验室等合格评定机构的认可工作。

(2) 公正性和一致性。公正性是指合格评定活动结果的客观性,这里的客观性可理解为免受偏见的影响或免受利益冲突的影响。一致性是指在规定的或特定的范围内,两个或多个合格评定结果无显著差异。

按认可的对象不同,认可可分为管理体系认证机构的认可、产品认证机构的认可、实验室的认可。

3. 认证与认可的关系

在合格评定中,认证是认可的主要基础,没有认证,认可也就失去了存在的意义。我们可从主体、对象、目的、内容、效力、活动性质和原则等方面,对认证和认可活动的关系进行比较(见表 10.2)。

表 10.2　认证与认可的关系

项目	认证	认可
主体	具有认证资格的第三方机构,可以是官方的或民间的	权威机构,其权限通常来自政府
对象	产品、服务、过程、管理体系或人员	从事特定合格评定活动的机构
目的	为认证对象提供符合性的书面证明,使公众确信其符合规定要求	对认可对象从事特定活动的能力予以承认

(续表)

项目	认证	认可
内容	依据特定的标准对特定事项的符合性进行审核与评定,以确认其符合规定要求	依据特定的准则对认可对象从事特定活动的能力进行检查和评定,以确认其具备所要求的能力
效力	认证机构作出的第三方的"书面保证",具有客观性、公正性、可信性	政府或其授权部门作出的"第三方证明",具有权威性
活动性质	认可和认证既可以是强制的,也可以是自愿的	
原则	认证、认可活动都应遵循"客观独立、公开公正、诚实信用"的原则	

从表 10.2 中可以看到:认证适用于除合格评定机构自身外的所有合格评定对象,认可适用于合格评定机构。

（三）相互承认（互认）

相互承认也称互认,是指认证或认可机构之间通过签署相互承认协议,彼此承认认证或认可的结果。

相互承认属于国家间对相互的合格评定结果的承认问题。它涉及两个方面的相互承认:一方面是认可结果的相互承认;另一方面是认证结果的相互承认。

1. 认可结果的相互承认

认可结果的相互承认通常情况下是由国际或区域性认可组织或联盟,如国际认可论坛（International Accreditation Forum, IAF）、国际实验室认可合作组织（International Laboratory Accreditation Cooperation, ILAC）、亚太认可合作组织（Asia Pacific Accreditation Cooperation, APAC）等的各成员通过协商,按照国际准则和惯例,就对相关机构的认可依据、认可过程等相互协调,形成一致,并通过相互见证的方式,对认可过程实施一致性进行确认,从而实现认可结果的相互承认。

2. 认证结果的相互承认

国与国之间能否实现认证结果的相互承认,实际上涉及政治、经济和技术三方面的因素,在政治环境和经济政策允许的前提下,技术因素起着决定性作用。从技术角度来看,认证结果的相互承认是建立在认证依据、认证过程、认证人员和实验室检测（仅适用于产品认证结果的相互承认）的相互协调的基础上,因此要求:

（1）认证所依据的标准和（或）技术规范相一致；

（2）认证的实施程序、实施细则相一致；

（3）实施认证的审核员的能力相一致,可行时,其资质可以相互承认；

（4）经认可的实验室的能力相互承认（仅适用于产品认证结果的相互承认）,包括采用的检验方法一致、实验室管理满足相应的国际准则、计量仪器的量值可以溯源（或传递）等。

三、合格评定国际机制和国际互认活动

1. 合格评定国际机制

合格评定国际机制是指 ISO 和 IEC 等国际组织为了维护国际合格评定秩序、促进共同发展、规范国际合格评定行为而建立的一系列有约束力的制度安排和活动规则,它包括合格评定的原则、规范、规则、程序和组织制度。

合格评定国际机制建立和运作的实践逐步形成了合格评定活动的国际理念：

（1）相互依存和合作的理念。在各国合格评定制度和机构相互依存以及全球性合格评定问题普遍存在的情况下，通过合格评定国际机制进行合作，从而使合作各方分享利益和成果，以求得双赢、多赢局面的实现。

（2）法理和规则意识。主张由国际组织及其成员共同制定原则、规则、标准和导则，用以规范认证认可的国际关系，处理国际事务，协调利益分配。在国际合格评定界，特别强调各国家和地区的合格评定行为以及国际关系要受共同认同的一系列规章、准则、程序的约束，如合格评定的国际多边协议，并倡导机制规范下的共同行动和共同责任。

（3）强调理智思维和行动。合格评定国际机制调整下的各成员的行为应与国际机制所确定的行为规范相协调，国家合格评定制度也要与国际机制并存互补，共同发挥作用，理智地处理好两者之间的关系，兼顾各成员的现实利益和国际机制的未来发展。

2. 国际合格评定标准及导则

ISO 和 IEC 均设有专门负责合格评定工作的管理机构：合格评定委员会（ISO/CASCO）负责组织制定和修订合格评定国际标准、导则；合格评定局（IEC/CAB）是 IEC 在合格评定领域的决策机构，负责制度建设、方针制定、体系模式的建立等工作。

3. 合格评定国际机制下的国际互认活动

合格评定国际互认活动是指以双边或多边相互承认或接受合格评定结果为目标所开展的有关国际活动。按照合格评定国际标准和导则建立合格评定制度，并遵循 WTO 所确定的原则进行合格评定结果的相互承认，是开展国际互认活动的重要前提。合格评定结果的国际互认建立在各国或各地区政府间相互信任和对合格评定机构能力充分信任的基础之上。

国际互认活动可以在国家、区域和国际三个层次上进行，即在两国的政府或合格评定机构之间、区域和国际合格评定组织的各成员之间，通过签订双边或多边国际互认协议加以规定和实施。它也可以在任何一类合格评定活动，如在检测、检查、认证、认可等强制性或自愿性合格评定活动中展开。

标准信息窗

《标准创新型企业梯度培育管理办法（试行）》

2023 年 5 月，国家市场监管总局印发《标准创新型企业梯度培育管理办法（试行）》（以下简称《管理办法》）。《管理办法》是为贯彻落实"建立标准创新型企业制度和标准融资增信制度，鼓励企业构建技术、专利、标准联动创新体系"（来自《国家标准化发展纲要》），所制定的实施意见。其目的在于激发企业在标准、技术、服务及管理互动发展方面的创新活力。《管理办法》共分 5 章 23 条，以及 3 个附件。

为构建标准创新型企业梯度培育体系、实现企业渐进式培育,《管理办法》将标准创新型企业分为标准创新型企业(初级)、标准创新型企业(中级)、标准创新型企业(高级)三个递进式层级。按照不同梯度分别采取"自我声明＋公示"和"自愿申请＋认定"的管理方式。重点衡量企业在建设、应用、融合、效益层面的标准创新能力,更多体现"质"的要求而非"量"的要求,突出了企业创新技术转化为标准、执行先进标准、实现国际标准突破乃至引领产业国际化等特点。

考虑到梯度培育的递进性,对三个层级企业的评价认定指标采用"4＋3＋2"的方式:

(1)标准创新型企业(初级):标准化管理全面性、标准技术领先性、标准应用先进性、标准整体效益性4类评价指标。

(2)标准创新型企业(中级):在初级认定指标基础上,增设"标准国际突破性、标准融合创新性、特色化"3类指标,其中"特色化"由省级市场监督管理部门根据各省实际情况确定。

(3)标准创新型企业(高级):在中级认定指标基础上,再增加"标准引领产业数字化、标准引领产业国际化"2类指标,同时删除"特色化"指标。

针对与产业规模关联性较大的指标,对大型企业和中小微企业进行了区分,设置了不同的指标要求。

资料来源:作者根据《标准创新型企业梯度培育管理办法(试行)》整理而成。

第二节　合格评定制度的主要内容

一、合格评定的三项功能

合格评定由选取、确定、复核与证明三项功能组成。其主要包括取样、检测、检查、审核、同行评审、复核、证明、声明、认证、认可、批准等。

根据国家标准 GB/T 27000-2023 idt ISO/IEC 17000:2020《合格评定　词汇和通用原则》,可以对这些内容作出以下解释:

取样(sampling):按照程序提供合格评定对象的样品的活动。

检测(testing):按照程序确定合格评定对象的一个或多个特性的活动。检测主要适用于材料、产品或过程。

检查(inspection):审查产品设计、产品、过程或安装并确定其与特定要求的符合性,或根据专业判断确定其与通用要求的符合性的活动。对过程的检查可以包括对人员、设施、技术和方法的检查。检查有时也称检验。

审核(audit):获取记录、事实陈述或其他相关信息并对其进行客观评定,以确定规定要求的满足程度的系统的、独立的和形成文件的过程。审核适用于管理体系,评审则适合于合格评定机构。

同行评审(peer assessment):协议集团(一项安排所基于的协议的全部签约机构)中

其他机构或协议集团候选机构的代表依据规定要求对某机构的评审。

复核(review)：针对合格评定对象满足要求的情况，对选取和确定活动及其结果的适宜性、充分性和有效性进行的验证。复核有时也称审查。

证明(attestation)：根据复核后作出的决定而出具的说明，以证实规定要求已得到满足。"符合性说明"的结论性说明是对规定要求已得到满足的保证，该保证本身并不足以提供合同方面或其他法律方面的担保。

声明(declaration)：第一方证明。

认证(certification)：与产品、过程、体系或人员有关的第三方证明。管理体系认证有时也被称为注册。认证适用于除合格评定机构(从事合格评定服务的机构)自身外的所有合格评定对象，认可适用于合格评定机构。

认可(accreditation)：正式表明合格评定机构具备实施特定合格评定工作的能力的第三方证明。

批准(approval)：根据明示目的或条件销售或使用产品(过程)的许可。

二、合格评定的程序

根据 WTO/TBT 给出的合格评定程序的定义和对其内容的注释，可将合格评定程序分成检验、认证、认可和注册批准四个层次。

1. 检验

检验包括取样、检测、检查等。它直接检查相应的特性或其实现过程与技术法规、标准要求的符合性，属于直接确定是否满足技术法规或标准有关要求的合格评定程序。

2. 认证

认证包括审核、复核和证明等，具体表现形式是产品认证、体系认证和服务认证。产品认证又包括安全认证和合格认证等，体系认证包括质量管理体系认证、环境管理体系认证、职业健康安全管理体系认证等，服务认证包括物流服务认证、保健服务认证、商品售后服务认证、体育服务认证等。

3. 认可

认可具体表现形式有认证机构认可、实验室认可等。WTO 鼓励各成员通过相互认可协议来减少多重测试和认证，以便利国际贸易。

4. 注册批准

注册批准程序更多的是政府贸易管制的手段，体现了国家的权力、政策和意志。

三、合格评定的实施主体与对象

1. 合格评定活动的实施主体

根据是否与交易利益相关，合格评定活动的实施主体可划分为第一方、第二方和第三方。第一方通常是指产品、过程或服务的供应方；第二方是指产品、过程或服务的采购方或获取方；第三方是指独立于第一方和第二方的一方，即与第一方和第二方均没有直接隶属关系和经济利益关系的一方。

根据国家标准 GB/T 27000-2023 的定义：第一方合格评定活动是指由提供合格评定对象，或其自身是合格评定对象的人员或组织进行的合格评定活动；第二方合格评定活动是指由对合格评定对象具有使用方利益的人员或组织进行的合格评定活动；第三方合格评定活动是指由独立于提供合格评定对象的提供方且对该对象没有使用方利益的人员或组织进行的合格评定活动。

从上述定义中可以看出，第一方、第二方和第三方合格评定的差别在于实施合格评定的主体分别是提供合格评定对象的个人或组织、与合格评定对象的使用利益相关的人员或组织，以及独立于第一方和第二方利益之外的人员或组织。

2. 合格评定的对象

合格评定的对象不仅包括产品、过程、服务、管理体系和人员等，也包括从事合格评定的机构。

其中，产品不仅包括硬件产品，也包括软件、流程性材料和服务；过程则包括设计过程、生产过程等；服务不仅包括餐饮、旅游、金融、教育等，也包括行政管理服务；管理体系不仅包括质量管理体系、环境管理体系、职业健康安全管理体系等传统的管理体系，随着ISO标准和国际准则的陆续出台，诸如公共安全管理体系等也将逐步纳入合格评定的范围；人员不仅包括审核员、检查员等，也可包括诸如节能评估师等专业人员，值得注意的是，依照国际认证认可惯例，合格评定人员的资质评定与注册属于认证范畴；从事合格评定的机构包括产品认证机构、体系认证机构、检查机构、实验室以及培训机构等。

> **标准信息窗**
>
> ### 国家质量基础设施
>
> 国家质量基础设施（national quality infrastructure，NQI）是指一个国家建立和执行标准、计量、认证认可、检验检测等所需的质量体制框架统称，既包括法规体系、管理体系等"软件"设施，也包括检验检测仪器设备、实验室等"硬件"设施，具有技术、生产、贸易三重属性，同时还具有系统性、技术性、制度性、基础性、国际性等多重性质。它包括计量、标准、认证认可和检验检测四大要素，其中计量是NQI的基础，标准是NQI的依据，认证认可和检验检测（合称为合格评定）是NQI提升计量溯源水平和推动标准实施的手段。四大要素之间相互支撑、相互作用，构成一个完整的技术链条，并通过企业综合作用于产业整个价值链，四者相互依存，密不可分（见图10.1）。

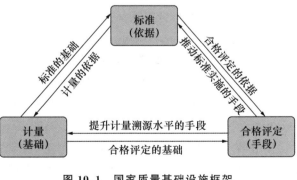

图10.1 国家质量基础设施框架

第三节 产品认证

产品认证和管理体系认证是合格评定中的两大重要认证活动。产品认证是市场经济发展到一定阶段的产物。随着市场经济规模的不断扩大和经济一体化,为提升产品信誉和市场竞争力,减少重复检验和消除技术性贸易壁垒,维护生产者、经销者和消费者各方权益,第三方产品认证应运而生。

一、产品认证的概念与基本要素

(一)产品认证的概念

产品认证指第三方认证机构提供产品符合规定标准或技术要求的书面保证所依据的程序。

从现实的实践情况来看,产品认证还包含以下几方面的内涵:

(1)认证的依据是标准或技术规范。判断被认证的对象是否合格的依据是其性能指标是否在相关标准或技术规范所规定的范围内。

(2)取得认证合格资格的证明方式是书面保证,即合格证书或合格标志。

(3)产品认证是第三方从事的活动。所谓"第三方"是指与生产者(第一方)和消费者(第二方)都没有任何直接隶属关系和经济利益关系的机构。

(4)认证的方法包括对产品的抽样检验和对企业管理体系的审核、评定。

(二)产品认证的分类

1. 按认证的法律性质划分

(1)强制性认证。它是指通过国家法律、法规或规章规定执行的认证。凡实行强制性认证的产品必须经过认证,否则不准生产、销售和进口。实行强制性认证的产品,主要是指涉及安全、卫生、环境保护方面的产品。

(2)自愿性认证。它是指生产企业根据自身的实际情况,自愿申请认证或取消认证。自愿性认证的产品是指除与人体健康和人身安全、财产安全有关产品外的产品。根据我国有关规定,实施自愿认证的产品应实行合格认证。

2. 按认证性质划分

(1)安全认证。它指以安全标准为依据进行的产品认证,或者只对产品标准中安全项目进行认证,属于法规性认证。对关系国计民生的重大产品,以及有关人身安全、人体健康的产品,必须实行安全认证。此外,实行安全认证的产品,必须符合《中国标准化法》中有关强制性标准的要求。

(2)合格认证。它指由第三方认证机构证实,某一经鉴定的产品符合特定标准或其他技术规范的活动,属于自愿性认证。凡实行合格认证的产品,必须符合《中国标准化法》规定的国家标准或行业标准的要求。

3. 按认证范围划分

（1）国际认证。它指以 ISO 和 IEC 通过的标准为依据，以其合格评定机构认证原则为指导的认证。国际认证对消除国际贸易壁垒、促进国际贸易的发展具有明显的作用。

（2）区域性认证。它指由若干个国家和地区，根据自愿的原则自行组织起来，按照共同认定的标准，以及一定的规范而进行的认证。一般来说只要，经过本区域性组织成员的认证管理机构认证的产品，其他成员的认证机构就予以承认。最典型的区域性认证是欧盟的区域认证。

（3）国家认证。它指一国范围内的产品认证，它是以国家标准为依据的。

（三）产品认证的基本要素

产品认证的基本要素主要包括型式试验、质量管理体系检查、监督检验和监督检查四个要素。前两个要素是取得认证资格必须具备的基本条件，后两个要素则是认证后的监督措施。

1. 型式试验

型式试验是为证明产品是否能够满足产品技术标准的全部要求所进行的检验。检验用样品可由生产厂家送样，由独立的检验机构依据标准进行检验，所出具的检验结果只对所送样品负责。型式试验是整个产品认证制度的基础。

2. 质量管理体系检查

质量管理体系检查是指对产品的生产企业的质量保证能力进行检查和评定。其目的是证实企业是否具备持续、稳定地生产符合标准要求的产品的能力。质量管理体系包括组织机构、责任制度、各项管理办法、工作程序等。产品认证活动是要证明产品性能是否符合标准或技术规范的要求，而要证明产品性能持续符合标准的要求，对生产企业的质量管理体系进行检查和评定就是一种经济且简单的方法。

3. 监督检验

监督检验是对获准认证后的产品进行监督的措施，它是指从生产企业的最终产品中或从市场上抽取样品，由认可的独立检验机构进行检验。如果检验结果证明符合标准的要求，则允许继续使用认证标志；如果不符合，则需根据具体情况采取必要的措施，防止在不符合标准的产品上使用认证标志。监督检验的周期一般为每年 2—4 次。

4. 监督检查

监督检查是指对取得产品认证资格的生产企业的质量管理体系进行定期的复查，这是保证认证产品的性能持续符合标准要求的又一项监督措施。有效的质量管理体系是企业具有生产符合标准要求产品的能力的前提。监督检查主要是为了证明企业坚持执行已建立的质量管理体系，从而确保产品性能的稳定。监督检查的内容要比首次的质量管理体系检查简单一些，重点是查看首次检查中发现的不符合项是否已经得到有效改正，质量管理体系的修改是否能确保达到质量要求，并通过查阅有关的记录证实质量管理体系持续正常运行的情况。

二、产品认证的基本内容

(一) 产品认证的模式

ISO 对世界各国和地区所采用的产品认证模式进行分析,总结出了产品认证的八种模式。

1. 型式试验

型式试验是按规定的试验(或检验)方法由认可的独立检验机构对产品的样品进行试验(或检验),以证明样品是否符合指定的标准或技术规范的全部要求。

2. 型式试验+认证后监督(市场抽样检验)

它是带有监督形式的型式试验,即在普通型式试验的基础上进行认证后的监督,其监督方法是按规定从市场上的商品中或从批发商、零售商的仓库中随机抽样进行检验,以证明产品性能持续符合标准或技术规范的要求。

3. 型式试验+认证后监督(工厂抽样检验)

它是带有监督形式的型式试验。这种认证模式与第二种模式类似,只是监督的方式有所不同,它不是从市场上或批发商、零售商处抽样,而是从生产工厂中随机抽取样品进行检验,以证明产品性能持续符合标准或技术规范的要求。

4. 型式试验+认证后监督(市场和工厂抽样检验)

它是带有监督形式的型式试验,是对第二种和第三种认证模式的综合。监督所用的样品,既要从市场上或从批发商、零售商处随机抽样,又要从生产工厂中随机抽样。很显然其认证的有效性强于第二种和第三种认证模式。

5. 型式试验+工厂质量管理体系评定+认证后监督(质量管理体系复查+市场和工厂抽样检验)

这种认证模式的显著特点是在批准认证资格条件中增加了对产品生产工厂的质量管理体系的检查、评定,在批准认证后的监督措施中增加了对生产企业的质量管理体系的复查,同时还要进行市场和工厂抽样检验。

6. 工厂质量管理体系评定

这种认证制度是对生产工厂按特定的技术标准制造产品的质量管理体系进行检查、评定;或者是对服务业为保证服务质量所需的质量管理体系进行检查、评定。这种质量管理体系评定也被称为质量管理体系认证。

7. 批检

批检是指根据规定的抽样方案,对一批产品进行抽样检验,并据此作出该批产品是否符合标准或技术规范的判断。

8. 百分之百检验

百分之百检验是指每一件产品在出厂前,都要依据标准或技术规范经认可的独立检验机构进行检验。

八种产品认证模式的对比如表 10.3 所示。

表 10.3　八种产品认证模式的对比

认证模式	型式试验	工厂质量管理体系评定	工厂抽检	市场抽检	质量管理体系复查
第一种	√				
第二种	√		√		
第三种	√			√	
第四种	√		√	√	
第五种	√	√	√	√	√
第六种		√			√
第七种	批检				
第八种	百分之百检验				

（二）实施产品认证的三个机构

认证机构、检验机构和检查机构是实施产品认证必须具备的三个机构，它们各司其职，缺一不可。

1. 认证机构

认证机构是一个可以充分信任的第三方认证机构。它是依据政府的法律文件建立的，具有合法性、公正性和权威性，并能履行以下职责：

（1）制定产品认证管理条例、实施细则等法规性文件，并组织贯彻执行；

（2）发布认证标志，并监督认证标志的正确使用；

（3）对检验机构进行监督，使其公正地执行产品检验任务；

（4）对检查机构进行监督，使其公正地检查、评定企业的质量保证能力；

（5）举办注册检查员学习班，使他们能掌握相关标准及其技术规范，与之相关的专业基础知识，以及检查、评定的办法；

（6）接受企业提出的认证申请，安排产品检验和企业质量保证能力的检查、评定；

（7）审查产品检验报告和企业质量保证能力检查报告，批准产品认证，颁发认证证书；

（8）公布批准认证的产品及其生产厂家的名单。

2. 检验机构

检验机构是独立的产品检验机构。它的任务是：根据认证机构的委托，对申请认证的产品的样品按指定的标准进行检验，表明其是否符合规定标准的要求，并向认证机构提交产品检验报告。

3. 检查机构

检查机构是执行企业质量保证能力检查的机构。其任务是：根据认证机构的委托，指派注册员，按认证机构规定的要求，对申请企业的质量保证能力进行检查、评定，作出是否可以接受的评价，并向认证机构提交检查报告。在现实中，认证机构和检查机构往往是合二为一的，即认证机构也能从事检查机构的工作内容。

（三）产品认证的表示方法

产品认证有两种表示方法，即认证证书和认证标志。凡按第五种认证模式认证合格的产品,除由认证机构颁发认证证书外,还应准许其在产品上或产品包装上使用认证标志。

1. 认证证书

认证证书是由认证机构颁发给企业的一种证明文件,证明某项产品或服务符合特定标准或技术规范。认证证书的内容至少应包括:证书编号;认证依据的法规文件和编号;企业名称;产品名称、型号、规格或等级;采用标准的名称和编号;有效期;认证机构名称、印章;颁发日期。

2. 认证标志

认证标志是由认证机构设计并发布的一种专用标志,用以证明某项产品或服务符合特定标准或技术规范。经认证机构批准,认证标志可以使用在认证产品、产品铭牌、包装物、产品使用说明书或出厂合格证上。

认证标志可分为合格标志和安全标志两种,分别使用在获准合格认证和安全认证的产品上。产品上带有认证标志,不仅可以把准确可靠的质量信息传递给用户和消费者,对企业而言,还能起到质量信誉证的作用。产品上有认证标志的生产企业要接受认证机构的监督复查,确保出厂的认证产品持续稳定符合标准要求。

图10.2为部分国家的合格认证标志(示例),图10.3为部分国家的安全认证标志(示例)。

中国机构认证标志

中国机构管理体系认证标志

中国机构产品合格认证标志

日本产品合格认证标志

法国国家标准标志

韩国工业标准标志

图10.2 部分国家的合格认证标志(示例)

中国强制性产品认证标志

日本电器产品安全认证标志

瑞典电器安全标志

意大利电器安全标志

图10.3 部分国家的安全认证标志(示例)

三、产品认证的基本条件、依据与程序

(一) 产品认证的基本条件

产品认证的基本条件是符合规定的标准和技术规范的要求。所谓"符合"就是企业生产的产品符合交易双方共同承认并遵循的标准和其他技术规范。为了证明产品是否能够满足产品技术标准的全部要求,认证机构要委托独立的检验机构,依据标准要求对抽取的样品进行检测,予以证明。作为从事经济活动基本手段的标准或其他技术规范,一是可作为衡量企业生产合格产品的技术要求,二是可作为衡量企业的质量保证能力应符合规定的要求。为了确保产品性能符合用户或标准的要求,任何一个企业都必须根据企业的特点建立质量管理体系,使影响产品性能的要素得到控制、减少、消除,特别是预防产品性能缺陷的产生。企业只有根据实际情况,建立起符合要求的质量管理体系,并通过认证机构对产品生产企业的质量管理体系的检查和评定,才能证明该企业具备持续生产符合标准产品的能力。

(二) 产品认证的依据

1. 法律、法规和规章

除了《中华人民共和国标准化法》《中华人民共和国产品质量法》《中华人民共和国进出口商品检验法》等法律和《中华人民共和国认证认可条例》等法规,产品认证依据还有《强制性产品认证管理规定》《强制性产品认证代理申办机构管理办法》《有机产品认证管理办法》《认证证书和认证标志管理办法》《关于建立农产品认证认可工作体系实施意见》《饲料产品认证管理办法》等。

2. 产品认证方面的规范性文件

产品认证方面的规范性文件主要包含三个层面的文件:一是国家认证认可监督管理委员会发布的有关产品认证方面的文件,如《强制性产品认证标志管理办法》《认证认可申诉、投诉处理办法》等;二是中国合格评定国家认可委员会文件,如《产品认证机构通用要求》等;三是各产品认证机构发布的文件,如中国质量认证中心(CQC)发布的产品认证实施程序、产品认证标志管理办法、产品认证更改的类型和程序、自愿性产品认证收费作业指导书等。

3. 产品认证标准及相关技术要求

每类产品认证都有其对应的认证用产品标准,如 CNCA-C08-01:2014《强制性产品认证实施规则 音视频设备》中明确规定 GB 4943.1《音视频、信息技术和通信技术设备 第1部分:安全要求》为音视频设备的产品认证标准。

一般来说,认证用产品标准均为处于先进技术水平的国家标准或行业标准,必要时可由产品认证部门附加一些技术要求。

(三) 产品认证的程序

我国产品认证采取第五种模式,即"型式试验+工厂质量管理体系评定+认证后监督(质量管理体系复查+市场和工厂抽样检验)"。其认证程序一般可分为企业提出申请、型式试验和工厂检查、审查和颁发证书、认证后监督四个阶段。图 10.4 为产品认证的一般程序。

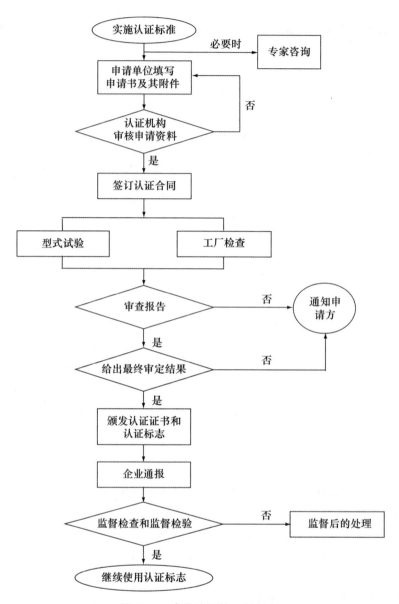

图 10.4 产品认证的一般程序

1. 企业提出申请

企业向认证机构提出书面申请。如有必要,企业也可以寻找相关的咨询机构或专家对产品认证方面的相关问题进行咨询。此阶段所涉及的内容主要有以下几方面:

(1) 申请单位填写申请书及其附件。附件的内容是向认证机构提供关于申请认证产品的企业的质量保证能力情况,最好能提供一份质量手册的副本。如果有困难,则可以按质量手册所要求的内容提供各项单行文件。对质量手册中属于企业机密的内容可不向认证机构提供,但须向认证机构说明,并允许在工厂检查时查阅、证实。

(2) 认证机构审核申请资料。审核的重点包括申请书中各项内容是否填写齐全、正确,所申请认证的产品是否属于实行认证的产品范围,生产所使用的标准是否为认证机构确认采用的标准,申请认证产品的企业是否为一个实体的生产企业等。

审核后,若符合规定,决定接受申请,则发出"接受申请通知书"。若不符合规定,则有两种情况:一种是在可能情况下进行修改,修改后能符合要求的,则可发出"接受申请通知书";另一种是确实不能接受申请的,则发出"不接受申请通知书",并说明不能接受的理由。

(3) 签订认证合同。若申请单位接到"接受申请通知书",则需要与认证机构签订认证合同,同时交纳认证费用。

2. 型式试验和工厂检查

型式试验和工厂检查是整个产品认证的核心工作,两者可同步进行,也可以先后展开。

(1) 型式试验,即产品检验。由认证机构通知承担检验任务的检验机构对产品进行检验,一般由认证机构下达"产品检验委托书"给委托的检验机构。检验机构在接到委托书后,立即按计划、要求和指定的标准,对产品的样品进行型式试验。在试验全部结束后,写出检验报告,并经授权的负责人签字后报送认证机构。检验报告对整个被检验样品是否符合指定标准的规定应有一个明确的结论。

(2) 工厂检查,即工厂质量管理体系评定或工厂质量保证能力审查。由认证机构所指派的检查机构(通常是由认证机构自己选派注册员构成检查组)承担,其目的是检查、评定申请认证产品的企业的质量保证能力是否满足认证机构规定的要求,以证实该生产企业是否具备持续稳定地生产符合标准要求的产品的能力。产品质量认证中的质量保证能力检查可以根据申请认证产品的具体情况,选择不同的质量管理体系标准作为工厂检查的依据。

工厂检查分四个步骤进行:① 任命检查组,审定检查员的资格。② 文件审查。其重点是对附件(如质量手册或质量保证能力说明书)等文件的审查。③ 现场检查评定。其重点是核实质量手册或有关控制质量的文件的执行情况,评定质量体系的有效性,检验其是否满足质量保证标准的要求。这一评定工作一般要经历会见(首次会议)、参观、检查、评定和总结(末次会议)等程序。④ 编写检查报告,作出审查结论。

3. 审查和颁发证书

此阶段包含三方面的具体工作:

(1) 认证机构对检验机构所提交的型式试验报告(即"产品检验报告")和检查机构所提交的工厂检查报告(即"企业质量保证能力检查报告")进行全面系统的审查;将审查中发现的问题及时通知申请方。

(2) 针对型式试验报告、工厂检查报告给出最终审定结果,以确定该申请企业是否通过产品认证。如果审定的结论是不符合规定的条件,则不能批准,此时认证机构应书面通知申请方并说明理由。如果生产企业能在短期(一般不超过六个月)内采取改正措施,经认证机构进行必要的复查,证明其确实达到了规定的条件,仍可予以批准。否则,将撤销申请,申请方以后可重新申请。

(3) 对通过最终审定的申请企业颁发认证证书和认证标志。

4. 认证后监督

对获准认证产品的监督管理由企业通报、监督检查、监督检验和监督后的处理四个部分组成。

(1) 企业通报。申请认证的产品获准认证以后,若其生产企业的质量管理体系发生较大变化,则应及时通报认证机构。认证机构视具体情况可派检查员进行部分或全部的监督检查。这里所说的较大变化包括:设计改变;制造工艺有较大改变(改变工艺流程、调整工艺路线、改变关键工序的加工方法等);有关控制质量的管理办法、工作程序和措施有重大修改;质量管理或质量检验机构的地位、职能发生变化,等等。

(2) 监督检查。它是对获准认证产品的生产企业的质量保证能力的维持情况进行监督性的现场检查,以评定该生产企业是否坚持贯彻执行已经建立起来的质量管理体系,并有所改进。

监督检查的程序与初次的质量保证能力检查相似,由认证机构委托检查机构来进行。与初次的质量保证能力检查相比,两者的主要区别在于监督检查的内容有很大精简,监督检查的重点包括:初次检查时发现的缺陷是否已经得到切实改正;质量管理体系与初次检查相比有何改变,以及这些改变对产品质量有何影响;检查质量管理体系中的关键项目坚持执行的情况。

监督检查的方法除采用初次检查使用的方法外,还包括查阅有关的质量记录,如质量管理体系审核报告,质量管理体系复审报告,质量文件的修改、审批记录等。通过查阅这些质量记录,可评定质量管理体系和产品质量的维持情况。监督检查的周期一般为每半年一次。当生产企业的质量管理体系发生较大变化时,可根据具体情况随时进行。

(3) 监督检验。其目的是鉴定获准认证的产品是否持续符合规定标准的要求。监督检验的程序和内容与初次的产品检验相似,所不同的是监督检验一般不做型式试验,而是把重点放在那些与制造质量有关的项目上,至于那些取决于设计质量的项目,在不改变设计的情况下一般可以不做检验。

(4) 监督后的处理。为了维护获准认证产品和认证机构的信誉,对监督检查和监督检验中发现的问题,必须严肃处理。具体处理办法有以下四种:一是限期改正;二是暂停使用认证标志;三是产品暂停出厂;四是撤销认证。

四、两类典型的产品认证

尽管可以从不同的角度对产品认证进行分类,但现实中按认证的法律性质划分的自愿性产品认证和强制性产品认证则是两类典型的产品认证形式。

(一) 自愿性产品认证

自愿性产品认证是由申请方本着自愿原则,向发布认证制度的认证机构提出申请,由认证机构依据相关的标准或技术要求,按照相关的程序和实施规则,对拟认证的产品及其供应方进行符合性确定,并作出是否批准的决定的过程。

产品认证最早是从自愿性产品认证发展起来的。自愿性产品认证始于20世纪30年代并随后有较快的发展,到50年代,几乎所有工业发达国家都建立了自愿性产品认证制度,并且逐渐从最开始的产品质量认证,发展到安全认证、节水认证、环保认证、人机工效认证等人类生产、生活的各个方面。

1. 国外典型的自愿性产品认证

(1) 英国"风筝"认证。英国是自愿性产品认证制度的发起者。1903年,英国制造商开始在符合尺寸标准的钢轨上使用世界上第一个产品认证标志——"风筝"标志(见图 10.5),其宗旨是向顾客证明产品质量符合相关要求。"风筝"标志是英国最具权威的产品和服务认证标志,也是世界上著名的产品质量认证标志。"风筝"标志是英国标准学会的注册商标,使用该标志必须获得英国标准学会的许可。

该标志的认证范围主要包括给排水设备、建筑及构件材料、建筑和构件设备、门窗、电器和气体、消防安全、医疗和科学仪器设备、家用设备、休闲和体育用品、照明设备、托儿所及儿童用品、个人保护设备、塑料产品、运输设备十四大类产品。

图 10.5 英国"风筝"认证标志

其认证流程主要有认证申请、产品试验、工厂检查、发放证书、获证后监督五个阶段。其中,获证后监督主要是指技术顾问定期对工厂进行走访,一般每年两次,目的是检查产品是否持续符合认证用标准要求。

(2) 美国"能源之星"认证。美国"能源之星"认证是美国环境保护署于 1992 年发起的一项政府计划,属于自愿性的节能产品认证制度。自愿参与该项认证计划的厂商可以在符合认证要求的产品上加贴该标志(见图 10.6),从而达到推广高效节能产品、降低能源消耗、保护环境的目的。

"能源之星"的认证范围从最初的计算机和显示器发展到家用电器、办公设备、照明产品等五十多类产品。同时它还针对建筑物和工业过程开发了能效评价技术要求并开展了相关的认证项目。如今,美国"能源之星"认证已经成为最具全球影响力的自愿性产品认证项目之一。

图 10.6 美国"能源之星"认证标志

申请"能源之星"认证时,申请方需向美国环境保护署提交相关的申请文件和相应的产品能效检测报告,并签署有关协议。美国环境保护署组织专家进行综合评定后,对符合要求的,允许其在认证合格的产品上使用其标志。需要说明的是,"能源之星"认证项目的资金由政府全额拨款,企业不需要承担认证费用,仅需承担产品检测费用。

(3) 德国"蓝天使"认证。德国"蓝天使"认证起源于 1978 年,是由联邦政府内政部长和各州环境保护部部长共同发起的认证制度,也是最早的与环境相关的认证制度,其宗旨在于鼓励有利于保护环境的产品与消费,减少环境污染。

德国"蓝天使"环境标志标准已有近百项,涵盖的产品包括电器、建材、日用消费品、可再生产品、新能源等。该标志通常授予那些与同类产品相比更具有环境优越性的产品,此类产品比例一般控制在市场总量的 5%—30%。

"蓝天使"认证的流程为:首先向德国质量保证及认证研究院(以下简称"研究院")提出

图10.7 德国"蓝天使"认证标志

"蓝天使"标志认证申请,研究院对所递交的申请进行核查,经联邦环境机构评估后,符合认证要求的,研究院批准申请并授予"蓝天使"认证标志(见图10.7)。

2. 中国的自愿性产品认证

总体上来说,我国的自愿性产品认证主要有国家统一推行的自愿性产品认证制度和认证机构自主开发的自愿性产品认证制度两种。

(1)国家统一推行的自愿性产品认证制度(简称"国推自愿认证")。国推自愿认证是指由国家认证认可监督管理部门制定相应的认证制度,由具有资质的指定认证机构按照统一的认证标准、实施规则和认证程序开展实施的自愿性产品认证项目。其基本原则是四个"统一",即统一标准、统一程序、统一标志、统一管理。

目前,我国国推自愿认证范围包括饲料产品、有机产品、节能环保型汽车、良好农业规范四类认证项目。这四类认证项目主要以推荐性国家标准为依据开展认证。例如,良好农业规范是一套针对农产品生产(包括作物种植和动物饲养等)的操作标准,关注农产品种植、养殖、采收、清洗包装、贮藏和运输过程中有害物质和有害生物的控制及其保障能力,保障农产品质量安全,同时关注生态环境、动物福利、职业健康和安全等方面的保障能力。良好农业规范认证以GB/T 20014《良好农业规范》为依据,其认证过程包括申请、受理、文件评审、现场检查、认证决定以及认证后管理等活动。

(2)认证机构自主开发的自愿性产品认证制度(简称"机构自愿认证")。机构自愿认证是指由认证机构依据自身的资源优势,结合市场需求自主研发的自愿性产品认证制度。随着我国市场经济体制的日益完善,对自愿性产品认证制度的需求越来越大,在国推自愿认证制度发挥作用有限的情况下,机构自愿认证制度的作用就更加被重视。自愿性产品认证制度的开发包括认证用标准或技术要求(包括检测方法)的制定、认证模式的建立、认证实施指南的编制等。

目前,我国从事自愿性产品认证的认证机构有许多家,其中方圆标志认证和ELI全球照明产品认证是在国内、国际具有一定影响力的。它们的认证标志分别如图10.8和图10.9所示。

图10.8 方圆认证标志

图10.9 ELI全球照明产品认证标志

（二）强制性产品认证

为保障人身健康与安全、保护自然环境、实现可持续发展等，对产品的质地、纯度、规格、尺寸、用途、包装、价值、设计说明等作出技术性规定，并要求实施强制性的合格评定程序，从而形成了强制性产品认证制度。强制性标准和技术法规是强制性产品认证的主要依据，通常涉及人身健康与安全、节能环保等方面的指标要求。强制性产品认证制度一经颁布实施，所有列入目录的产品必须经过认证后才能生产和销售。

强制性产品认证制度在推动国家各种技术法规和标准的贯彻、规范市场经济秩序、打击假冒伪劣行为、提高产品的质量管理水平和保护消费者权益等方面，具有其他制度不可替代的作用和优势，现已被世界大多数国家广泛采用。政府利用强制性产品认证制度作为产品市场准入的手段，已成为国际通行的做法。

1. 国际典型的强制性产品认证

强制性产品认证制度起源于西方发达国家，其中有代表性的强制性产品认证制度有欧盟 CE 认证和美国 UL 认证。

（1）欧盟 CE 认证。CE 是法语"Conformité Européene"的缩写，寓意是"符合欧盟要求"。CE 标志被视为制造商打开并进入欧洲市场的"护照"。凡是贴有 CE 标志的产品就可以在欧盟各成员国内销售，从而实现产品在欧盟成员国范围内的自由流通。

CE 认证是按照欧盟《技术协调与标准化新方法》指令要求而推出的强制性产品认证制度，主要对产品安全性能进行认证。认证产品范围主要包括电气类产品、机械类产品、玩具类产品、无线电和电信终端设备、冷藏冷冻设备、人身保护设备、简单压力容器、热水锅炉、压力设备、民用爆炸物、游乐船、建筑产品、体外诊断医疗器械、植入式医疗器械、医疗电器设备、升降设备、燃气设备、非自动衡器、爆炸环境中使用的设备和保护系统。

CE 认证的模式可细分为八种基本模式，即内部生产控制、EC 型式试验[①]、符合型式要求、生产质量保证、产品质量保证、产品验证、单元验证及全面质量保证。这些不同的模式结合在一起可形成一个完整的程序。欧盟《技术协调与标准化新方法》指令中都规定了适用的合格评定程序的范围和内容。欧盟 CE 认证标志如图 10.9 所示。

图 10.9　欧盟 CE 认证标志

（2）美国 UL 认证。UL（Underwriters Laboratories Inc.）是美国最有权威的也是世界上从事安全试验和认证的较大的民间机构，始建于 1894 年。经过百余年的发展，UL 已成为世界知名的检验认证机构。目前，UL 在全球有 64 个实验室和认证机构，为全球 7 万多家制造商提供认证服务，先后制定并发布了 800 多项标准，其中 75% 被美国国家标准学会采用。

---

① EC 型式试验（European conformity type-examination）是经批准的检验机构用以确定并证明有关的产品型号符合指令相关条款的程序。

图 10.11　美国 UL 认证标志

美国 UL 认证标志(见图 10.11)是北美地区公认的安全认证标志,贴有 UL 标志的产品就等于获得了安全质量信誉卡,它已成为有关产品(特别是机电产品)进入北美市场的一个特别通行证。实际上,通过法律法规采标,UL 认证已经间接成为强制性产品安全认证。

UL 认证采用的认证模式是"样品型式试验＋跟踪检查＋市场抽查"。UL 认证的跟踪检查服务(follow-up service)指工厂检查,样品做完型式试验后的过程都是跟踪检查服务。其认证产品主要包括食品、电子电器、建材、电力设备、灯具、电线电缆等。

2. 中国强制性产品认证

中国强制性产品认证,又称 CCC(China Compulsory Certification)认证(简称 3C 认证),是我国政府为保护广大消费者的人身健康与安全、环境及国家安全,依照法律法规实施的一种产品评价制度。它要求产品必须符合国家标准和技术法规。3C 认证是对在中国市场销售的产品实行的一种强制性认证制度,无论国内生产还是国外进口,凡列入"3C"目录且在国内销售的产品均须获得 3C 认证,特殊用途的产品(符合免于 3C 认证条件的产品)除外。3C 认证是由国家认可的认证机构实施的产品认证。

3C 认证制度由国家认证认可监督管理委员会于 2001 年 12 月 3 日对外发布。其建立遵循"四个统一"的基本原则,即统一目录、统一标准、技术法规和合格评定程序,统一标志,统一收费标准,并且最早构建起以《强制性产品认证管理规定》为规章,包含《强制性产品认证标志管理办法》《第一批实施强制性产品认证的产品目录》《关于实施强制性产品认证制度有关问题的通知》《强制性产品认证实施规则》[①]《强制性产品认证检测机构指定管理办法》[②]等规范性文件的强制性产品认证制度的文件体系。

3C 认证通过制定强制性产品认证的产品目录和实施强制性产品认证程序,对列入目录的产品实施强制性检测和审核。凡列入强制性产品认证目录的产品,如果没有获得指定机构的认证证书,或者没有按规定加贴认证标志,则一律不得进口、出厂销售和在经营服务市场使用。

3C 认证模式依据产品的性能,对人体健康、环境国家安全等方面可能产生的危害程度以及产品的生命周期特性等综合因素,按照科学、便利等原则予以确定。通常可由设计鉴定、型式试验、制造现场抽取样品检测或者检查、市场抽样检测或者检查、企业质量保证体系审核、获得认证后的监督检查中的一种或多种组合而成,具体产品的认证模式在特定产品强制性认证实施规则中予以明确。

3C 认证标志及类别说明如图 10.12 所示。在认证标志的右边印制认证种类标注,证明产品获得的认证种类,认证种类标注由代表认证种类的英文单词的缩写字母组成。国家认证认可监督管理委员会根据认证工作的需要制定和发布有关认证种类标注。

---

① 现已细化为多个规则。
② 现已取消。

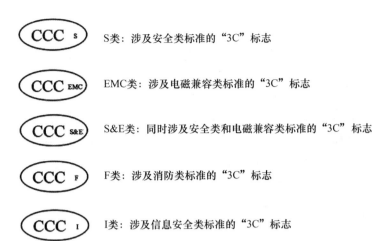

图 10.12　3C 认证标志及类别说明

> **标准信息窗**
>
> ### 《强制性产品认证目录描述与界定表(2023 年修订)》发布
>
> 　　国家市场监管总局根据强制性产品认证目录调整和认证依据相关标准调整等情况，修订形成《强制性产品认证目录描述与界定表(2023 年修订)》，共 16 大类 96 种产品。16 大类分别是：电线电缆(3 种)、电路开关及保护或连接用电器装置(5 种)、低压电器(2 种)、小功率电动机(1 种)、电动工具(3 种)、电焊机(4 种)、家用和类似用途设备(19 种)、电子产品及安全附件(13 种)、照明电器(2 种)、车辆及安全附件(13 种)、农机产品(2 种)、消防产品(3 种)、建材产品(3 种)、儿童用品(3 种)、防爆电气(17 种)、家用燃气器具(3 种)。
>
> 　　1. 对于电气电子产品，除电信终端设备、电焊机、防爆电气外，适用范围仅限于可直接或间接连接到大于 36V(直流或交流有效值)供电电源的产品。
>
> 　　2. 对于电气电子产品，除车载移动用户终端、防爆电气或特别说明外，专为汽车及摩托车、火车、船舶、飞机设计、制造和使用的，具有专门设计和安装结构的产品不在 3C 认证范围内。
>
> 　　3. 再制造产品不在 3C 认证范围内。
>
> 　　4. 具有两种或两种以上强制性产品认证目录内功能和用途的多功能产品，以产品的主要功能和主要使用目的进行归类。多功能产品应符合主要功能产品的适用标准及认证实施规则要求，同时兼顾其他功能产品对应的适用标准及认证实施规则要求。
>
> 　　5. 适用产品界定应当结合"对产品种类的描述"和"对产品适用范围的描述或列举"及"说明"等内容，并以此判定产品是否属于认证范围。
>
> 　　6. 产品列举不一定包括所有可能存在的产品名称，未列举的产品可根据具体情况参照相应描述界定。
>
> 资料来源：根据相关资料整理而成。

第四节 管理体系认证

作为合格评定中的两种重要认证活动之一的管理体系认证,它与产品认证的差异体现为两点:一是管理体系认证一般为国家级认证,但可以通过签订区域或国际互认协议,为区域或国际互认协议签约方所认可;二是管理体系认证一般为自愿性认证,必要时,有些组织的体系认证可通过国际公约或法律、法规成为强制性认证,如海运的安全管理体系认证、核电站的安全管理体系认证等。

一、基本概述

管理体系认证是由认证机构依据公开发布的管理体系标准,遵照相应认证程序要求,对产品供应方的管理体系进行科学公正的评价,由认证机构颁发管理体系认证证书,并实施监督的活动。

1. 管理体系认证的对象和范围

依据认证的管理对象,管理体系认证可分为质量管理体系(QMS)认证、环境管理体系(EMS)认证、职业健康安全管理体系(OH&SMS)认证、食品安全管理体系认证等。同时还有针对具体行业的管理体系认证制度,如 ISO 13485《医疗器械 质量管理体系 用于法规的要求》等管理体系认证等。

由于管理体系认证的对象和范围依所需要认证的管理体系不同而各有不同。目前,ISO 已经制定发布了十几个行业类型的公共管理与服务体系标准,如 ISO 9001:2015《质量管理体系 要求》、ISO 14001:2015《环境管理体系 要求及使用指南》、ISO 45001:2018《职业健康安全管理体系 要求及使用指南》等。

2. 管理体系认证的依据

与产品认证的依据类似,管理体系认证的依据是等同采用国际标准的国家标准、相关的法律法规及顾客的要求(由合同、标书、协议及供应承诺等形式体现)。不同行业类型的管理体系标准的认证由于所依据的管理体系标准不同,其所依据的具体内容也就不同。表 10.4 给出了我国目前三大主流管理体系认证依据的具体内容对比情况。

表 10.4 管理体系认证依据

依据	QMS 认证	EMS 认证	OH&SMS 认证
标准	GB/T 19001/ISO 9001,GB/T 18305/ISO/TS 16349 等(可合理删减第 7 章要素)	GB/T 24001/ISO 14001	GB/T 45001/ISO 45001
法规	产品质量法 标准化法 计量法 认证领域应执行的相关法律、法规和规章	环境保护法 大气污染防治法 水污染防治法 固体废物污染防治法 环境噪声防治法 海洋环境保护法等	安全生产法 职业病防治法 道路交通安全法 矿山安全法 消防法 劳动法等

(续表)

依据	QMS 认证	EMS 认证	OH&SMS 认证
技术法规		环境质量标准及"三废"排放标准	安全技术法规和安全标准
顾客要求	合同、标书、协议、供方承诺及 QMS 文件	EMS 文件	OH&SMS 文件

二、管理体系认证的程序

管理体系的认证程序一般如图 10.13 所示。其认证大致可分为提出申请、体系审核、审批发证和监督管理四个阶段。

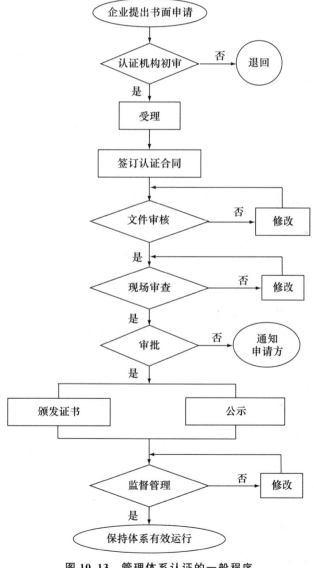

图 10.13 管理体系认证的一般程序

(一)提出申请

1. 企业提出书面申请

只要申请方具备下列条件,均可自愿地向某一国认可的体系认证机构提出认证申请:

(1)具有法律地位文件,如营业执照等;

(2)已依据管理体系标准建立了文件化的管理体系,并经过规定期限(3—6个月)的有效运行;

(3)其他体系认证需要的相关资料,如管理手册。

2. 认证机构初审

认证机构在收到申请书后,60天内必须进行初审,以决定是否受理。若不能受理,应及时告知申请方具体原因;若接受申请,则应与申请方签订认证合同。

(二)体系审核

认证机构在与申请方签订认证合同后,应指派审核组长及审核员组成审核小组,制订审核方案,开展对申请方管理体系的审核。体系审核包括文件审核和现场审核两方面的工作。

1. 文件审核

文件审核是开展审核工作的第一步,它由审核组长负责对申请方提交的文件进行系统性审核,以确定是否与认证合同规定的体系标准要求相符。若有不符之处,则应退回申请方修改,直到符合要求为止。

2. 现场审核

审核小组在做好审核准备工作之后,按照制订的审核方案(或计划),对申请方进行现场审核。现场审核一般是在文件审核符合要求的基础上展开的。

现场初次审核应对申请方体系覆盖的所有部门/单位依据相关体系审核标准(如质量管理体系依据GB/T 19011-2018)规定的方法,逐一进行认真的抽样审核,并在审核后编制审核报告。必要时,还要对申请方的不合格项进行整改,跟踪审核或确认。

(三)审批发证

认证机构的技术委员会在收到审核小组的审核报告之后,认真进行审查,以决定是否批准申请方的认证要求。如果批准,则应向申请方颁发体系认证证书,并在相关报刊上公示;如果不批准,则向申请方发出通知书,说明其未被批准的原因及理由。

(四)监督管理

获得体系认证证书的组织应在证书有效期限(一般为三年)内,继续保持及改善体系的运行,同时,依据认证合同接受体系认证机构的监督复审。如果组织的体系要素发生重大变更,如相关重要管理法规、体制,主要管理者或产品等发生重大变更,则应及时修改体系文件,并报体系认证机构备案,同时接受必要审查(非计划性的)。体系认证证书有效期期满时,组织应提前决定是否重新提出认证申请。

三、管理体系认证与产品认证的区别

从管理体系认证的发展来看,管理体系认证源于产品认证,但从实质上来看,它又有别于产品认证。管理体系认证与产品认证的区别主要体现在以下几方面。

1. 认证对象不同

管理体系认证的对象是企业的管理体系,涉及质量、环境、职业健康安全、能源、供应链等,而产品认证的对象是组织所生产的产品或提供的服务。

2. 依据标准不同

管理体系认证的依据是通用的管理体系标准,如质量管理体系认证、环境管理体系认证、职业健康安全管理体系认证等,通常情况下,管理体系标准可适用于不同类型、不同规模的组织,具有较强的通用性;而产品认证则不同,不仅不同产品的产品认证依据不同的标准,同一产品的不同认证项目所依据的标准通常也不同。此外,相同产品在不同国家的产品标准也可能存在不同程度的差异,特别是缺乏国际标准的产品,差异可能更大。

3. 获准认证的证明方式及其使用场合不同

管理体系获准认证后,由认证机构给予注册并颁发管理体系认证证书,同时以管理体系认证单位名录的形式公布。获准认证的单位可在宣传品、展览会和产品推销活动中使用管理体系认证证书,但是不能将管理体系认证证书使用在产品及其包装上。产品认证一般都要求在经过认证的产品的本体或包装上使用认证标志,以明示产品符合相应的产品性能标准或技术规范要求。

第五节 认可制度

产品认证和管理体系认证已经成为判定产品供应方是否具有满足顾客要求的能力的重要因素之一。在国际市场得到这种认证对于从事自由贸易活动是至关重要的,然而产品认证和管理体系认证的质量取决于认证机构和实验室的资源、能力及其工作的有效性。因此,继产品认证、管理体系认证之后,认证机构、实验室和检查机构的认可制度日益受到重视,并日趋完善。

认可是对认证机构、实验室和检查机构满足所规定要求能力的一种证实。这种证实大大增强了政府、监管者、公众、用户和消费者对认证机构的信任,以及对经过认可的机构所评定的产品、过程、体系、人员的信任。这种证实在市场,特别是国际贸易以及政府监管中起到了相当重要的作用。

一、认证机构认可

认证机构认可是指认可机构依据正式发布的认可准则,按照规定的程序对认证机构从事管理体系认证、产品认证和服务认证的能力实施评定,证明其具备在特定领域实施认证能力的活动。

(一) 认证机构认可概述

1. 认证机构认可的依据

认证机构认可的依据主要是管理体系认证机构和认证机构认可准则。认可准则包括两部分内容,即"质量管理体系认证机构认可的基本要求"和国际认可论坛(International Accreditation Forum,IAF)的实施指南。

2. 认证机构认可的范围

(1) 管理体系认证机构认可的业务范围是由所采用的管理体系标准所适用的行业决

定的,如质量管理体系认证机构认可的业务范围通过39大类予以界定。

(2) 产品认证机构认可的业务范围是通过评审以下三方面的技术能力来界定的:一是认证机构相应产品领域的专业管理能力;二是认证机构相应产品领域的实验室检测能力;三是认证机构相应产品领域的检查人员的技术能力。

获准认证机构认可资格的,由认可机构颁发"体系/产品认证机构国家认可证书",准许使用"体系/产品认证机构国家认可标志"。

(二) 中国认证机构认可制度

从1978年改革开放到2001年,中国致力于按照国际标准建立合格评定体系。2001年以来,中国则致力于建立既与国际接轨,又富有中国特色、科学高效的认证认可体系。为此,中国政府成立了中国国家认证认可监督管理委员会(CNCA),由CNCA对全国认证认可工作实行统一管理、监督和综合协调,建立了全国统一的认可机构。

1. 认可机构

中国合格评定国家认可委员会(CNAS)是CNCA依法授权设立的国家认可机构,负责对从事各类管理体系和产品认证的机构进行认证能力的资格认可。

2. 认可程序

CNAS对申请方的认证工作质量管理体系评审所遵循的准则是ISO、IEC、国际认可论坛、亚太认可合作组织的相关标准、导则、指南和其他规范性文件所规定的要求。具体准则由CNAS发布。

认证机构认可的一般程序如图10.14所示。

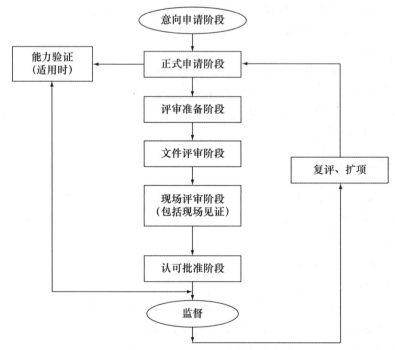

图10.14 认证机构认可的一般程序

二、实验室认可

实验室认可是正式表明检测和校准实验室具备实施特定检测和校准工作能力的第三方证明。

（一）实验室认可概述

1. 实验室认可的基本概念

实验室认可是由权威机构对检测/校准实验室及其人员有能力进行特定类型的检测/校准作出正式承认的程序。主要依据为 ISO/IEC 17025《检测/校准实验室能力的通用要求》，主要流程包括申请、评审、批准。

所谓权威机构，是指具有法律或行政授权的职责和权力的政府或民间机构。这种承认意味着权威机构承认检测/校准实验室开展的特定检测/校准项目，并非实验室的所有业务活动。

国际上实验室认可采用的四项原则是自愿申请、非歧视性、专家评审和国家认可。自愿申请原则是指实验室是否申请认可，是根据需求自主决定的，即认可机构不会强制任何一个实验室申请认可。

2. 实验室认可的基本要求

实验室认可是由主任评审员（主要负责对质量管理体系的审核）和技术评审员（主要负责对技术能力的评审）对实验室内所有影响其出具检测/校准数据的准确性与可靠性的因素（包括质量管理体系方面的要素或过程以及技术能力方面的要素）进行全面的评审。评审准则是检测/校准实验室能力的通用要求（即 ISO/IEC 17025）及其在特殊领域的应用说明。

（二）中国实验室认可制度和认可体系

在我国，CNAS 统一负责实验室认可工作。

1. 认可条件

根据我国有关法律法规和国际规范，认可是自愿的，CNAS 仅对申请方申请的认可范围、依据的认可准则等要求，实施评审并作出认可决定。但申请方必须满足下列条件方可获得认可：

(1) 具有明确的法律地位，具备承担法律责任的能力；

(2) 符合 CNAS 颁布的认可准则；

(3) 遵守 CNAS 认可规则、认可政策的有关规定，履行相关义务。

2. 认可流程

我国实验室认可的一般程序如图 10.15 所示。

(1) 初次认可。它包括意向申请、正式申请、评审准备、文件评审、现场评审、认可批准等阶段。

(2) 监督评审。其目的是证实已获认可的机构在认可有效期间持续地符合认可要求，并保证在认可规则和认可准则修订后，及时将有关要求纳入管理体系。所有已获认可的机构均须接受 CNAS 的定期和不定期监督评审。

(3) 复评、扩项。已获认可的机构应在认可有效期（5 年）到期前 6 个月向 CNAS 提出复评审申请。CNAS 会在认可有效期到期前，根据申请组织复评审情况，以决定是否延续认可至下一个有效期。

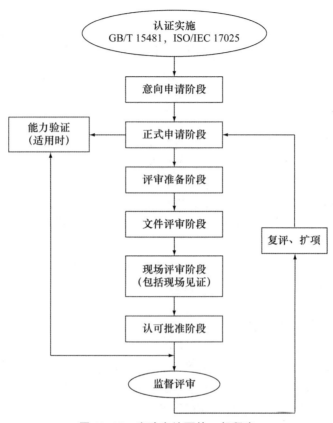

图 10.15　实验室认可的一般程序

复评、扩项的其他要求和程序与初次认可一致,是针对全部认可范围和全部认可要求的评审。

三、检查机构认可

检查机构认可是正式表明检查机构具备实施特定检查工作能力的第三方证明。

检查机构认可的依据是 ISO/IEC 17020《合格评定 各类检查机构运行要求》。检查机构认可过程与实验室认可过程一致,检查机构获得认可批准后,也可在认可范围内使用认可标志。

检查机构认可的领域包括商品检验、特种设备、建设工程、货物运输、工厂检查、信息安全和健康检查。

标准信息窗

CE 认证模式

加贴 CE 标志的产品意味着其符合欧盟统一的法律要求,无论产品的制造商位于何处,都可以在欧盟市场内自由流通。

CE合格评定的内容包括对产品投放市场前进行复合性评估、证明产品已经满足所有立法要求。合格评定的方法通常包括测试、检验和认证。合格评定的模式分为A、B、C、D、E、F、G、H等大类。

模式A：内部生产控制
模式B：EC型式试验
模式C：符合型式要求
模式D：生产质量保证
模式E：产品质量保证
模式F：产品验证
模式G：单元验证
模式H：全面质量保证。

欧盟是中国第一出口目的地区，面对庞大且运作规则统一的欧洲市场，中国企业只要通过CE认证使产品在欧盟的一个成员国内流通，就可以顺利进入其他成员国市场。

资料来源：作者根据相关资料整理而成。

第六节　认证人员注册制度

认证人员注册是国际上通行的对认证评审与审核、认证培训和认证咨询人员的能力评价考核方式。

认证人员是指认证通过合法手续聘用的各类专（兼）职工作人员，如从事认证实施规则/认证方案制订、合同评审、审核方案管理、实施审核/评审/检查、作出认证决定、对认证人员进行能力评价、建立培训制度和实施日常管理等工作的人员。其中除中国认证认可协会对审核员、评审员[①]、检查员从事认证工作的资格条件有明确的规定外，对于其他认证工作人员，可由认证机构根据其所承担的任务和认证机构对认证业务范围特点的分析与风险评估，确定其聘用人员的管理能力和/或专业能力资格准则，并进行评价、聘用、培训和监督。

一、中国认证人员国家注册制度

我国审核员国家注册制度是根据国际标准、参照各国通行做法，结合我国国情建立的。目前，我国已经开展有对管理体系审核员、产品认证检查员、认证培训教员和认证咨询师等从事认证及认证培训、咨询活动的人员进行执业资格注册。

（一）法律依据

2003年，我国发布实施了《中华人民共和国认证认可条例》；2004年，国家质量监督检验检疫总局（现国家市场监督管理总局）发布《认证及认证培训、咨询人员管理办法》，规定国家对管理体系审核员、产品认证检查员、认证培训教员和认证咨询师等从事认证及认证培训、咨询活动的人员实施统一的执业资格注册制度，以及对认证及认证培训、咨询活动

---

① 从事管理体系审核和产品审核的人员被称为"审核员"，从事实验室认可评审的人员被称为"评审员"。

人员的执业行为实行统一的监督管理。

国家认证认可监督管理委员会负责对从事认证及认证培训、咨询活动人员执业资格注册的批准工作,同时对认证及认证培训、咨询活动人员的执业行为实施监督管理。2005年成立的中国认证认可协会负责认证人员的注册管理。

(二)审核员注册程序

审核员注册程序一般包括培训、笔试、提交注册申请、资格审查、注册实习审核员、注册审核员、注册高级审核员等步骤,具体如图10.16所示。

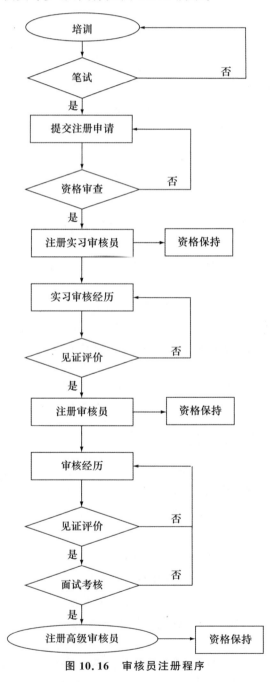

图10.16 审核员注册程序

二、中国认证人员注册管理制度的实施

中国认证人员注册管理制度主要包括培训、考核和注册三个方面。

1. 培训

中国认证认可协会组织制定了审核员培训大纲，专业培训机构根据大纲编写培训教材，并组织实施培训工作。不同类型审核员的培训大纲及教材、培训时间各不相同。

2. 考核

我国对审核员和评审员的考核工作始于1993年年初。考核工作是采用全国统一考核形式，一般每年1—2次，对象是全国各界符合规定条件的人员，考核报名和组织工作由中国认证认可协会统一管理。考核分为笔试和面试两个部分。

笔试侧重于考察认证基本知识，包括国家有关认证的法规、规章，审核或评审的有关基本知识，有关国际导则和标准的理解程度，其目的是检验考生是否具有从事审核或评审的理论知识。考试形式为统一出卷，闭卷考试。

面试侧重于考察审核技巧和判断能力，其目的是检验考生是否具有现场审核能力，是否能正确处理审核过程中发现的各种问题。面试又分为小笔试和口试两种形式。其中小笔试主要考查考生对相关管理体系标准（如ISO 9000）的应用能力。面试形式为统一出题，考生抽题，由国家指定的国家注册主任审核员或主任评审员担任"考官"。考试程序规定，只有通过笔试者，才有资格进入面试。

3. 注册

在我国认证人员注册的条件和程序中，对注册人员主要有学历、资历和审核经历方面的要求。审核经历的要求根据注册级别不同而有所不同。另外对注册范围也有要求，我国规定审核员注册范围一般不超过两个领域（具体领域划分是参照英国IQA/RBA的注册范围规定）。

中国认证认可协会根据相关标准的规定，结合我国的国情，针对不同认证人员所应具备的能力要求，分别制定了相关认证人员注册的技术规范。

本章小结

合格评定是指直接或间接确定产品是否符合规定要求的任何活动。这类活动也可被称为"认证认可"。认证与认可是合格评定的两项基本活动。而相互承认则是认证或认可机构之间通过签署相互承认协议，彼此承认认证或认可的结果。为同经济全球化和国际经济一体化相呼应，出现了合格评定的国际机制和国际互认。

合格评定制度主要包括认证制度与认可制度。"认可"包括对认证机构、实验室和检查机构的认可；"认证"包括产品认证、管理体系认证和服务认证等。合格评定由选取、确定、复核与证明三项功能（要素）有序组成，其主要包括取样、检测、检查、审核、同行评审、复核、证明、声明、认证、认可、批准等。合格评定程序分成检验、认证、认可和注册批准四个层次。

产品认证指第三方认证机构提供产品符合规定标准或技术要求的书面保证所依据的程序。产品的型式试验、质量管理体系检查、监督检验和监督检查是产品认证的四个基本要素。它们的各种组合形成了产品质量认证的八种模式。认证机构、检验机构和检查机

构是实施产品认证制度必须具备的三个机构,它们各司其职,缺一不可。认证证书和认证标志是对产品认证结果的承认。实施产品认证必须具备一定的基本条件,并遵循相应的程序。自愿性产品认证和强制性产品认证则是两类典型的产品认证形式,各有其所适用的范围,前者依据的是约定的技术规范,后者依据的是法规。

作为合格评定中的两种重要认证活动之一的管理体系认证,与产品认证的不同之处在于:一是管理体系认证一般为国家级认证;二是管理体系认证一般为自愿性认证。管理体系认证有其特定的认证依据和程序。

认可是对认证机构、实验室和检查机构满足所规定要求能力的一种证实。认证机构认可是主要是对其所从事管理体系认证、产品认证和服务认证的能力实施评定;实验室认可是正式表明检测/校准实验室具备实施特定检测/校准工作能力的第三方证明;检查机构认可是正式表明检查机构具备实施特定检查工作能力的第三方证明。它们各自有其所适用的依据、范围和程序。认证人员国家注册制度是确保合格评定有效实施的基石。认证人员注册制度是由特定的机构,依据相关法律法规和相关管理办法,遵循一定的程序对各类认证人员开展的注册与管理。

复习与思考

一、名词解释

合格评定、认证、认可、相互承认、产品认证、管理体系认证、认证机构认可、实验室认可、检查机构认可

二、单选题

1. 尽管合格评定一词为多数国家所接受,但长期以来大多数国家一直将合格评定活动称为(　　)活动。
    A. 认证认可　　　B. 产品认证　　　C. 相互承认　　　D. 国际认证

2. (　　)是指认证或认可机构之间通过签署相互承认协议,彼此承认认证或认可的结果。
    A. 认证　　　　　B. 注册　　　　　C. 互认　　　　　D. 认可

3. 合格认证是指由第三方认证机构证实,某一经鉴定的产品符合特定标准或其他技术规范的活动,属于(　　)。
    A. 安全性认证　　B. 强制性认证　　C. 自愿性认证　　D. 法规性认证

4. 3C认证通过制定强制性产品认证的产品目录和实施强制性产品认证程序,对(　　)的产品实施强制性的检测和审核。
    A. 涉及安全　　　B. 列入目录　　　C. 涉及环境　　　D. 涉及健康

5. 管理体系认证是对供方是否具有某方面管理能力且能够满足顾客要求的评价活动,它一般为(　　)。
    A. 安全性认证　　B. 强制性认证　　C. 法规性认证　　D. 自愿性认证

6. 下列哪类产品认证不属于自愿性认证?(　　)
    A. 美国"能源之星"认证　　　　　B. 英国"风筝"认证
    C. 德国"蓝天使"认证　　　　　　D. 美国UL认证

7. 认证机构、检验机构和检查机构是实施产品认证制度必须具备的三个机构,它们

各司其职,缺一不可。但在现实中,(　　)往往是合二为一地开展评定工作。

　　A. 认证机构、检验机构　　　　　　B. 认证机构、检查机构
　　C. 认证机构、实验室　　　　　　　D. 检验机构、检查机构

8. 实施产品认证制度必须具备有三个机构,它们各司其职,缺一不可。以下哪个机构不属于实施产品认证制度必须具备的机构?(　　)

　　A. 认证机构　　B. 检查机构　　C. 检验机构　　D. 培训机构

三、多选题

1. 国际互认活动可以在(　　)等层次上进行,通过签订双边或多边国际互认协议加以规定和实施。

　　A. 国家　　　　B. 区域　　　　C. 国际　　　　D. 地区

2. 根据WTO/TBT协定给出的合格评定程序的定义和对其内容的注释,可将合格评定程序分成(　　)和注册批准四个层次。

　　A. 检验　　　　B. 认证　　　　C. 认可　　　　D. 承认

3. 产品质量认证按照法律性质可划分为(　　)。

　　A. 自愿性认证　　B. 安全认证　　C. 强制性认证　　D. 合格认证
　　E. 国际认证

4. 实施产品认证制度必须具备(　　)等机构,才能实现完整的认证。

　　A. 检查机构　　B. 测试机构　　C. 检验机构　　D. 认证机构

5. 国推自愿认证是指由国家认证认可监督管理部门制定相应的认证制度,由具有资质的指定认证机构按照"统一的认证标准、实施规则和认证程序"开展实施的自愿性产品认证项目。其基本原则是四"统一",即统一标准、(　　)。

　　A. 统一发证　　B. 统一程序　　C. 统一标志　　D. 统一管理

6. 管理体系获准认证后,其所获得的管理体系认证证书可用在(　　)上。

　　A. 宣传品　　B. 展览会　　C. 产品推销活动　　D. 产品

四、判断题

1. 认证是与产品、过程、体系、服务、人员或机构有关的第三方证明。(　　)

2. 认可的对象是产品、过程、服务、体系或人员。(　　)

3. 相互承认属于国家间对相互的合格评定结果的承认问题。(　　)

4. 合格评定的对象不仅包括产品、过程、服务、管理体系和人员等,也包括从事合格评定服务的机构。(　　)

5. 当企业通过ISO 9001质量管理体系认证后,企业可以将ISO 9001质量管理体系认证证书在其所生产的产品及其产品包装上使用,以证明其通过ISO 9001质量管理体系认证。(　　)

6. 凡按第五种认证模式认证合格的产品,除由认证机构颁发认证证书外,还准许其在产品上或产品包装上使用认证标志。(　　)

7. 产品认证的基本条件是符合规定的标准和技术规范的要求。(　　)

8. 产品认证是依据通用性的产品标准进行认证的,而管理体系认证则根据不同类型、不同规模组织情况,选用不同的认证标准。(　　)

五、简答题

1. 管理体系认证与产品认证的区别有哪些?
2. 产品认证的基本要素包括哪些?
3. 简述管理体系认证的基本程序和要求。
4. 产品质量认证的模式有哪些?

六、论述题

1. 为什么合格评定是贯彻标准的一个有力手段?
2. 如何理解合格评定活动是国际贸易中的技术性贸易措施之一?
3. 根据经济和国际贸易的发展趋势,分析我国认证认可的发展方向和趋势。

案例分析

区域质量认证助推基层工段质量管理水平提升

徐工集团徐州重型机械有限公司(以下简称"徐工重型")是国内最大的从事汽车起重机、全地面起重机、特种起重机研发、生产、销售的专业化企业之一。为解决基层工段质量管理中存在的各种问题,徐工重型以工段为单元,探索形成了独具特色的区域质量认证工作模式。

一、基于工段现状搭建区域质量认证模型

徐工重型结合团体标准 T/CAQ 10102-2016《组织质量管理体系成熟度评价》,建立起以工段为单元的"可复制、可持续、系统化"的区域质量认证标准。区域质量认证由星级认证与动态管控两部分组成,通过循环认证实现基层质量管理的持续提升。

星级认证围绕人、机、料、法、环、测六方面规范管理要求,形成58项认证标准,按认证标准对所有工段质量管理水平进行评定,并依据结果将工段划分为1—5星级,确定工段质量管理水平。星级认证遵循PDCA原则,工段完成现阶段的问题整改后,可申请更高星级的认证,争取更高荣誉与奖励,实现持续提升。

动态管控是区域质量认证的另一重要组成部分,是对星级认证结果的持续管控。按照17项动态管控评价标准,徐工重型每月对所有工段进行月度积分评价,每季度对工段积分进行汇总评比,对排名前20%的优秀工段进行奖励;对未达标工段进行相应考核,实现工段质量管理运行情况的动态管控。"月度积分+季度评比"动态管控促进了管理提升。

二、区域质量认证在工段质量管理中的实施

根据区域质量认证标准,徐工重型组建区域质量认证专业团队,以公司质量副总为组长,各相关部门负责人为组员,整合各部门优质资源,全力推进区域质量认证工作。为保证认证模式有效运行,围绕5M1E六要素①,公司制定了详细的、可操作的认证标准。

(1)按区域质量认证标准,公司级质量目标分解成分厂级、工段级,而工段质量目标则要分解到具体工位及人员,最终将公司级质量目标转化为员工可执行的具体要求,确保

---

① 指人(man)、机器(machine)、物料(material)、方法(method)、测量(measure)、环境(environment)。

公司级质量目标实现。质量目标的完成是建立在严格遵守"三按"(按标准、按工艺、按图纸)基础之上的,区域质量认证对三级检查进行监控(即公司级及分厂级工艺纪律检查、工段长日常巡查),对生产过程各环节工艺技术标准的执行情况严格管控,确保产品制造过程稳定可控。

(2) 推行技能矩阵管理,促进人员技能提升。区域质量认证标准要求工段建立人员技能矩阵图,对员工技能水平以量化结果呈现,实现人员技能与岗位的匹配。通过应知应会质量知识培训及考试,并融入企业质量文化教育,强化人员质量意识,打造人人重视质量的学习型工段。

(3) 采取设备"体检"制,运行故障早识别。工装设备的管理主体在一线工段,区域质量认证标准中明确了工装设备维护保养管理、操作培训、生产加工能力评估等相关要求。工装设备管理主要体现在预防管理,以事前的"体检",代替事后维修,这正契合 GJB 9001C—2017《质量管理体系 要求》中基于风险的思维。

(4) 以"标识"明身份,物料放置各得其所。区域质量认证标准对工段使用物料有全面的管理要求,对来料接收、现场物料管理、物料信息管理、不合格品管理、物料问题改进等都有着明确的评价要求。

(5) 深化环境精益管理,创造优质生产条件。在环境管理方面,除确保操作环境满足产品的特殊要求(环境、湿度、噪声、照明、清洁度等)外,还要做好现场 5S 管理①、优化生产布局等工作。

(6) 过程测量一丝不苟,产品质量精益求精。工段计量器具管理相对来说比较固定,而区域质量认证标准从四方面进行要求:台账管理、检定计划、测量方法规范和检测能力评估。

三、区域质量认证在工段质量管理中的效果

区域质量认证不仅让工段清楚自身质量管理水平,也明确了工段在公司层面横向对比中所处的位置,从而促使工段之间形成比学赶超的良性竞争,引导员工"第一次就把事情做对",最终实现工段自我管理,自主提升质量管理水平,将"零缺陷"的质量管理理念真正落到实处。

自 2020 年以来,各分厂下道工序反馈率下降 47%,市场超早期单台报修数下降 31%,徐工重型的 61 个工段实现 100% 达到三星级及以上水平,其中四星级占比 8.9%。各工段质量管理水平持续提升,实现了从依靠制度约束的制度文化,向员工自觉执行、自主提升的质量文化的转变。为进一步提升产品制造全过程的质量保证能力,徐工重型将区域质量认证模式向供应商推广,对供应商的质量管控从实物质量向体系质量转变。

资料来源:周陆军,耿侠,蔡富全.徐工重型:区域质量认证助推基层工段质量管理水平提升,《质量与认证》,2021(03):86—87。

思考讨论题

1. 徐工重型的区域质量认证属于哪种类型的认证?为什么?
2. 结合案例分析,你认为徐工重型的区域质量认证有哪些方面值得借鉴学习?
3. 根据已学知识,结合本案例,谈谈你对合格评定制度的认识与想法。

---

① 指整理(seiri)、整顿(seiton)、清扫(seiso)、清洁(seiketsu)和素养(shitsuke)。

第十一章　管理体系标准

【学习要点及目标】

1. 了解管理体系标准及质量管理体系、环境管理体系和职业健康安全管理体系标准的发展情况
2. 理解质量管理标准体系、环境管理标准体系和职业健康安全管理标准体系的构成
3. 熟悉管理体系标准高阶结构的基本构架
4. 掌握 ISO 9001、ISO 14001、ISO 45001 的核心内容

【关键概念】

体系、管理体系、环境行为评价、生命周期

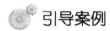引导案例

管理就是做"标准"

有一位在业界颇有名气的国际酒店 CEO，一直想搜罗国内具有潜质的中餐馆到他旗下。一次，他慕名来到一家在当地已经很有名气的餐馆，连着两天在那家餐馆就餐，而且每次都是点同样的三个菜：炒青菜、烧鱼、番茄榨菜肉丝汤。他饶有兴趣地约见了那个饭店的老板，带着十分钦佩的口吻说："我已在贵店待了两天，让我惊讶的是，在不同的时间里三次端出来的同一道菜，味道、式样几乎都是一样的，这说明厨师的工艺十分讲究，操作标准很到位……"那位 CEO 很老到，看的就是标准；而那位老板也极内行，做的也就是标准。

西方科学管理鼻祖泰勒的成名就始于标准化的研究；福特汽车第一条自动生产流水线源自各部位的标准化；风行全球的 ISO 质量管理体系，其本质就是由标准展开的；盛行的 ERP 无非是信息、程序标准化的集成；PC 作为产业在全球经济领域迅速崛起，靠的就是以标准化激活整个产业链，无怪乎有"一流企业做标准"之说。所以说，不管现代管理如何演化，概念如何翻新，其根本内核依然是做好标准。

资料来源：作者根据相关资料整理而成。

思考

1. 为什么说"管理就是做'标准'"？
2. 如何看待 ISO/IEC 持续发布的各类管理体系标准？它们对改善企业的管理将会产生怎么样的影响？

体系(system)是一个科学术语,泛指一定范围内或同类的事物按照一定的秩序和内部联系组合而成的整体。影响这个体系的因素除人性的自然发展外,还有人类社会对自身认识的发展。而管理体系则是企业组织制度和企业管理制度的总称,根据 ISO 9000 标准的定义,管理体系(management system)是确立方针和目标并实现这些目标的相互关联或相互作用的一组要素。一个组织的管理体系可以包括若干不同的管理体系,如质量管理体系、财务管理体系或合规管理体系。

第一节　管理体系标准总览

一个组织的管理必须具有系统性,其内部各个管理系统之间必须是联动的,就像一台机器一样,只有各零部件有机结合,才能保证机器的高速、高效运转。在现代组织管理中,战略目标管理、规范化质量管理、信息安全管理、人力资源管理、市场营销管理、资本运营管理这六个系统是必须建立和健全的。其中,战略目标管理系统就是企业的大脑,规范化质量管理是企业的两条腿。

但是战略的正确并不能保证公司的成功,成功的公司一定是在战略方向和执行力两个方面都做到位的。事实上,因在战略上完全踏空而失败的公司并不多,更多的公司是在几乎同样的战略方向下展开竞争而逐渐拉开了距离。智商的高低、经验的多寡以及资源的多少等因素并非企业管理和商业经营能否走向成功的决定性因素,而只有管理者拥有足够的责任感去解决问题、寻求必要的结果,才是破解一切商业发展障碍的主要动力。正是基于这方面的原因,ISO 从 1979 年开始,陆续颁布了十几项"单个"管理体系标准,以此为全球所有组织/企业更加快捷地建立起符合组织/企业自身特性的管理体系提供支持。

一、管理体系标准的发布情况

国际管理体系标准是世界公认的通用管理标准。全球经济一体化的趋势促进了国际管理体系标准的发展,国际管理体系标准也受到了管理界的高度重视,尤其备受世界 500 强企业的推崇。

自 1987 年以来,ISO 发布了一系列管理体系标准,其中,最为人们所熟悉的是 ISO 9000 族质量管理体系标准。ISO 9001 标准的广泛应用提升了组织的质量管理水平,同时也推动了环境、食品安全等诸多管理体系标准的陆续发布与推广。由于 ISO 的一流管理体系标准是依托市场来实现标准的繁荣和发展的,因而管理体系的认证不仅在发达国家中受到了重视,也得到了发展中国家的广泛认可,并且在发展中国家取得了良好的增值效果;此外,管理体系标准的贯彻和认证过程不仅是为了满足利益相关方的需求,还是一种履行社会责任的实践,进而得到政府部门的大力推动和社会的广泛认可。

由于一个组织的管理体系可以包括若干不同的管理体系,如质量管理体系、环境管理体系、职业健康安全管理体系、财务管理体系等,为此,ISO 针对这些不同的管理体系,先后发布了一系列的"单个"管理体系的标准:

1987 年,第一个国际管理体系标准——ISO 9000《质量管理体系》系列标准发布。

1996 年,ISO 14000《环境管理体系》系列标准发布。

2000 年,ISO/IEC 27000《信息安全管理体系》族标准发布。具体包括:ISO 27001《信

息技术 安全技术 信息安全管理体系 要求》、ISO 27002《信息技术 安全技术 信息安全管理 规范》等28项标准。我国以等同采用方式发布了GB/T 22080《信息技术 安全技术 信息安全管理体系 要求》。

2003年,ISO 13485《医疗器械 质量管理体系 用于法规的要求》发布。我国以等同采用方式将其转化为GB/T 42061《医疗器械 质量管理体系 用于法规的要求》。

2004年,ISO 10001-10003《消费者保护管理体系标准》系列标准发布。具体包括:ISO 10001《质量管理 顾客满意 实施准则指南》、ISO 10002《质量管理 顾客满意 组织处理投诉指南》、ISO 10003《质量管理 顾客满意 外部解决顾客争议指南》,以及ISO 10004《质量管理 顾客满意 监视和测量指南》等。我国以等同采用方式发布了GB/T 19010《质量管理 顾客满意 组织行为规范指南》、GB/T 19012《质量管理 顾客满意 组织处理投诉指南》、GB/T 19013《质量管理 顾客满意 组织外部争议解决指南》。

2005年,ISO 22000《食品安全管理体系 适用于食品链中各类组织的要求》发布。我国以等同采用方式将其转化为GB/T 22000《食品安全管理体系 食品链中各类组织的要求》。

2005年,ISO/IEC 20000《信息技术服务管理体系标准》系列标准发布。具体包括:ISO/IEC 20000-1《信息技术 服务管理 第1部分:服务管理体系要求》、ISO/IEC 20000-2《信息技术 服务管理 第2部分:服务管理体系实施指南》、ISO/IEC 20000-3《ISO/IEC 20000-1范围定义和适用性指南》、ISO/IEC 20000-4《过程参考模型》、ISO/IEC TR 20000-5《ISO/IEC 2000-1实施规划示例》、ISO/IEC TS 15504-8《信息技术服务管理 过程评估模型》、ISO/IEC 27013《信息技术 安全技术 ISO/IEC 27001与ISO/IEC 20000-1整合实施指南》等。我国以等同采用方式将ISO/IEC 20000-1转化为GB/T 24405.1《信息技术 服务管理 第1部分:规范》,将ISO/IEC 20000-2转化为GB/T 24405.2《信息技术 服务管理 第2部分:实践规则》。

2007年,ISO 28000《供应链安全管理体系》系列标准发布。它们是ISO针对供应链安全管理所发布的管理体系系列标准,它包括ISO 28000《供应链安全管理体系 规范》、ISO 28001《供应链安全管理系统—执行供应链安全、评估和计划的最佳规程—要求和指南》、ISO 28002《供应链安全管理体系 供应链恢复能力的开发 使用要求及指南》、ISO 28003《供应链安全管理体系 对提供供应链安全管理体系审核和认证机构的要求》、ISO 28004《供应链安全管理体系 ISO 28000实施指南》等。2022年3月,ISO 28000:2007《供应链安全管理体系 规范》被调整为ISO 28000:2022《安全与韧性 安全管理体系 要求》。我国以等同采用方式分别将它们转化为GB/T 40753《供应链安全管理体系 ISO 28000实施指南》、GB/T 38701《供应链安全管理体系 对供应链安全管理体系审核认证机构的要求》、GB/T 38702《供应链安全管理体系 实施供应链安全、评估和计划的最佳实践 要求和指南》。

2009年,ISO 31000《风险管理体系》系列标准发布。具体包括:ISO 31000《风险管理 原则与指南》和ISO/IEC 31010《风险管理 风险评估技术》等。我国以等同采用方式发布了GB/T 24353《风险管理 原则与实施指南》、GB/T 27921《风险管理 风险评估技术》等。

2011年,ISO 50001《能源管理体系 使用指南要求》发布。我国以等同采用方式将其转化为GB/T 23331《能源管理体系 要求》和GB/T 29456《能源管理体系 实施指南》。

2012年,ISO 22301《公共安全 业务连续性管理体系 要求》发布。我国以等同采用方式将其转化为 GB/T 30146《公共安全 业务连续性管理体系 要求》。

2012 年,ISO 20121《大型活动可持续性管理体系 要求及使用指南》发布。我国以等同采用方式将其转化为 GB/T 31598《大型活动可持续性管理体系 要求及使用指南》。

2014 年,ISO 55000《资产管理体系》族标准发布。它是 ISO 发布的第一个专门针对资产管理的管理体系系列标准,包括 ISO 55000《资产管理—概述、原则和术语》、ISO 55001《资产管理—管理体系—要求》、ISO 55002《资产管理—管理体系-ISO 55001 应用指南》等。

2014 年,ISO 19600《合规管理体系 指南》发布。它是首部国际合规管理体系的重要规范,于 2014 年 12 月 15 日发布实施。我国在 2017 年 12 月以等同采用方式发布了 GB/T 35770《合规管理体系 指南》。2021 年 4 月 13 日,ISO 发布了 ISO 37301《合规管理体系 要求及使用指南》用于代替 ISO 19600《合规管理体系 指南》,我国以等同采用方式将其转换为 GB/T 35770《合规管理体系 要求及使用指南》。

2017 年,ISO 44001《协作业务关系管理体系 要求和框架》发布。我国以等同采用方式将其转化为 GB/T 40144《协作业务关系管理体系 要求和框架》。

2018 年,ISO 45001《职业健康安全管理体系 要求及使用指南》发布。我国以等同采用方式将其转化为 GB/T 45001《职业健康安全管理体系 要求及使用指南》。

我国在管理体系标准建设方面已经取得了长足的发展,不仅能做到有效地跟踪国际管理体系标准的发展趋势,并及时地将有利于我国社会经济发展的国际管理体系标准等同转化为国家标准,而且能按照管理体系国际标准的编制原则和思路,创新性地自主研制出信息化和工业化融合管理体系(GB/T 23001《信息化和工业化融合管理体系 要求》)、社会责任管理体系(GB/T 39604《社会责任管理体系 要求及使用指南》)、企业诚信管理体系(GB/T 31950《企业诚信管理体系 要求》)等国家标准。截止到 2024 年 6 月底,国家发布的现行有效的管理体系国家标准达到 137 项,涉及社会学、服务、公司(企业)的组织和管理、行政、运输,环保、保健和安全,能源和热传导工程,信息技术,办公机械,造船和海上构筑物,食品技术,农业等 13 个分类。

二、管理体系标准的异同与特点

(一)管理体系标准的异同

目前,ISO 所发布的管理体系标准在以下几方面存在着共性:

(1) 各"单个"管理体系标准都是自愿采用的管理标准,适用于任何类型与规模的组织;

(2) 各"单个"管理体系标准基本上都是遵循相同的管理原理,通过实施完善的系统标准,在组织内建立并保持一个完善而有效的文件化管理体系;

(3) 各"单个"管理体系标准都是通过管理体系的建立、运行和改进,对组织的相关活动、过程及其要素进行控制和优化,达到预期的目标;

(4) 各"单个"管理体系标准在结构和要素等方面有相近之处;

(5) 各"单个"管理体系标准都是符合性标准;

(6) 大部分"单个"管理体系均需要在第三方认证机构审核下进行。

国际管理标准体系也存在着以下不同之处:

(1) 各"单个"管理体系标准的目的、对象和适用范围互不相同;

(2) 各"单个"管理体系标准的审核准则和解决问题的侧重点不同；

(3) 各"单个"管理体系标准的要素的内容不完全相同，有的要素差别较大。

(二) 管理体系标准的特点

ISO 所发布的各类管理体系标准呈现出以下特点。

1. 强调组织所处的环境

在《"ISO/IEC 导则 第 1 部分(第 12 版,2021 年)"的 ISO 补充合并本》附录 SL 所给出的 ISO 管理体系标准通用高阶结构(high level structure,HLS)中，"组织环境"被列为第四条。

组织环境是对组织建立和实现目标的方法有影响的内部和外部因素的组合。一个组织的管理体系的设计、建立与有效运行受组织的环境及其变化，以及与该环境有关的风险和机遇、相关方的期望、组织的各种变更(包括所提供的产品或服务，所采用的过程、技术和方法)等内外部因素的影响。

每个组织都有其独特的内外部生存环境，组织只有认清所处的环境、明晰自身的定位，才能抓住环境变化带来的机遇，并经受住与组织环境有关的风险考验。因此，组织应监视和评审这些内外部影响因素的信息。为此，组织的最高管理者应审时度势，站在全局角度高度审视问题：既要关注技术、竞争、文化、社会、经济和自然环境等外部因素，又要关注组织的发展理念、价值观、文化、知识和绩效等内部因素。最高管理者要明确组织的愿景、战略、中长期目标，确保与国家政策、法律法规的要求相一致，确立共同的信念和价值观，营造适合组织自身发展的企业文化。

2. 强调领导作用是管理体系成功实施的关键

在《"ISO/IEC 导则 第 1 部分(第 12 版,2021 年)"的 ISO 补充合并本》附录 SL 所给出的 ISO 管理体系标准通用高阶结构中，"领导作用"被列为第五条。

管理体系的成功实施取决于最高管理者领导下的组织各层次和职能的承诺。一方面，如果没有领导者的参与和积极支持，那么组织的各项管理体系将成为空谈或流于形式；另一方面，领导者对于管理的认识、理解、观念、态度及其言行，决定了组织能否形成良好的企业管理文化。

新的管理体系标准明确了最高管理者在管理体系有效性、方针、目标、战略、信息沟通、预期结果、高层指挥、分配职责和权限以及促进持续改进等方面应承担的角色和发挥的作用。为了建立有效的管理体系并证实领导作用和承诺，最高管理者应建立管理方针和管理目标，并与组织的战略方向和所处的环境一致；为管理体系运行提供人力、财力和物力资源；明确各级人员的职责和权限。此外，最高管理者还应在组织内强化过程方法和基于风险的思维；鼓励、指导和支持员工对管理体系运行的有效性做出贡献。

总之，管理体系标准强调领导及其作用是所有管理体系成功实施的关键，更加强调了最高管理者应当亲自参与或进行指导，对管理体系的有效性负责，以确保管理体系实现预期目标。

3. 采用基于风险的思维

采用基于风险的思维是 ISO 管理体系标准的新的共同特点。风险具有不确定性，采用基于风险的思维是实现管理体系有效性的前提，因而管理体系要求将基于风险的思维应用于策划和实施管理体系的全过程。基于风险的思维使组织能够确定可能导致其过程和管理体系偏离策划结果的重要因素，以便实施控制，最大限度地降低不利影响以及利用出现的机遇。

需要注意的是,尽管目前所有的管理体系标准都要求管理者采用基于风险的思维,但并不要求进行正式的风险管理或文件化的风险管理过程。

4. 对成文信息的要求更加灵活

成文信息(即文件化信息)是 ISO 管理体系标准的基本术语和核心定义之一。在以 ISO 管理体系标准通用高阶结构为框架的新管理体系标准中,对管理体系文件化信息的要求更加灵活,淡化了对文件形式硬性、僵化和格式化的具体要求,强调更加灵活多样地理解和处理文件化信息,避免管理体系被"文件体系"代替等流于形式的通病。它取消了以往标准中对编制管理体系手册的规定性要求,以及对文件控制、记录控制、不合格品控制、内部审核、纠正措施等形成程序文件的强制性要求,这种自由度主要是为了确保有效的过程控制,将关注点聚焦在管理体系的有效实施和绩效,而非复杂的文件化信息控制系统。

文件化信息是指组织需要控制并保持的信息及其载体。文件化信息的多少、详细程度取决于组织的规模、活动、过程、产品和服务类型。为此,一个组织应结合过程复杂程度和相互作用以及人员能力来确定文件化信息的程度、数量和形式,以证实其对过程的有效策划、运行控制和有效性的持续改进。

因此,新管理体系标准更加强调对过程的管理,更重视过程而非记录。这点在国家标准 GB/T 19001-2016、GB/T 24001-2016、GB/T 45001-2020 中有明显的体现。

5. 强调内外部信息交流,并重视相关方的需求和期望

信息交流是一个双向的过程,建立良好的信息交流机制有利于组织寻找改进管理体系的机会。信息交流包括内部信息交流和外部信息交流。新管理体系标准要求组织重视内外部信息交流,重视相关方的需求和期望,包括建立所需要的信息交流渠道,确保信息一致、可信,针对组织控制下工作的人员建立信息交流机制,提出改进管理体系的建议等。国家标准 GB/T 19001-2016、GB/T 24001-2016、GB/T 45001-2020 就体现出这方面的要求,同时还对信息交流提出透明化、适当性、真实性、事实性、准确性与可信性等一系列更为具体的要求。

标准信息窗

中国标准化的改革历程

中国标准化改革经历了三个发展阶段:

1979 年,《中华人民共和国标准化管理条例》发布,确立了国家标准、部(专业)标准和企业标准三级体系,标准一经批准发布就是技术法规。

1989 年,《中华人民共和国标准化法》正式实施,工业产品、工程建设和环境保护被列为重点领域。该法规确立了国家标准、行业标准、地方标准和企业标准四级体系,将标准分为强制性和推荐性两类。

2015 年,国务院发布《深化标准化工作改革方案》,确立了政府标准和市场标准。强制性标准只设国家标准一级,鼓励市场标准,即团体标准与企业标准。

2017年,《中华人民共和国标准化法》修订完成。修订版明确了市场在标准化资源配置中起决定性作用,以及更好地发挥政府作用;建立了政府主导制定标准和市场自主制定标准协同发展和协调配套的五层级新型标准体系——国家标准、行业标准、地方标准、团体标准和企业标准五级体系,仅国家标准分为强制性和推荐性两类,其他层级的标准仅有推荐性标准。

资料来源:作者根据相关资料整理。

第二节　管理体系标准的高阶结构

高阶结构是对 ISO 管理体系标准的架构要求(Annex SL),未来所有 ISO 技术委员会制定的管理体系标准必须依照架构要求的指示,它适用于所有管理体系标准,包括所有 ISO 标准、公众可获取的规范和技术规范等。架构要求为未来所有新版与修订版的 ISO 管理体系标准提供了统一的架构,要求所有 ISO 管理体系标准具有相同的基本术语与核心定义,以及相同的核心标准条款架构与编码,使体系间的整合更有效率。架构要求能够有效地协调各类管理体系标准的架构、内容、专有名词与定义,帮助标准制定者灵活地整合他们具体的技术议题与需求。

一、管理体系标准高阶结构的理论基础

不同领域的管理体系标准虽然管理的对象有所不同,但其管理的原理和基本要求是相同的。如果一个组织同时使用几个不同领域的管理体系标准,不同标准之间可能就会存在诸多重复。ISO 管理体系标准通用高阶结构的推出就是为了减少这种重复,提高管理体系的运行效率。

(一)高阶结构的作用

由于管理体系标准高阶结构具有相同的基本术语和核心定义、相同的标准核心条款、相同的条款核心文本。因此,高阶结构可起到以下五方面的作用:

(1)提高相关方之间的沟通效率。一个组织如果通过一种方式证实其满足某个高阶结构的管理体系要求,那么该组织的供方、顾客、投资方等相关方就会对其管理体系的框架有一个共同的理解,基本可以实现对其管理体系理解的一致性。当然,这种对高阶结构理解的一致性高低并不代表组织的管理体系绩效水平的高低。

(2)帮助组织实现其预期目标。组织可将高阶结构中的管理思维和核心条款积极地应用于特定的管理体系,这不但可提升组织的管理绩效,还可帮助组织追求持续成功。

(3)提高管理体系运行的兼容性。一个组织按照高阶结构建立、实施、保持和改进一个或多个管理体系时,不只要与组织本身的业务相融合,更重要的是减少多个管理体系之间的重复,这使得管理体系的运行更加简洁和便利,同时也为合格评定提供了便利。

(4)鼓励管理体系标准的创新。虽然高阶结构规定了核心内容,但特定管理体系标准可以在规定核心框架的基础上增加内容。

(5) 鼓励全球贸易自由。由于管理体系标准高阶结构本身并不涉及具体产品种类、检测方法、质量指标等技术性内容，因而无论组织的规模大小，不同国家、不同地区、不同文化的地域都可以使用，这有利于降低技术性贸易壁垒。

(二) 高阶结构的核心内容

1. 相同的标准框架和条款标题

高阶结构具有相同的标准框架和条款标题。特定的管理体系标准在相同的标准条款标题下，可以在特定管理体系标准中增加二级、三级、四级条款。

2. 相同的基本术语和核心定义

在各管理体系标准中，基本术语和核心定义是通用的。如果基本术语和核心定义与特定的管理体系标准中的术语和定义名称相同但内涵不同，则需要在特定管理体系中加以说明。

3. 相同的条款核心文本

高阶结构给出了相同的条款核心文本的格式，在此基础上，可依据特定管理体系标准增加相应的要求。

(三) 高阶结构的管理思维

高阶结构可帮助组织实现其预期目标，并追求持续成功。为此，它包含了管理体系的典型管理思维，这些思维贯穿于标准的始终，包括战略思维、风险思维、过程思维、系统思维。

(四) 核心条款文本描述方式

高阶结构的核心条款部分都是针对"组织"提出的，在核心条款中，其中常用词语的表述形式如下：

(1) "应"表示要求，即对组织的要求。
(2) "宜"表示建议，即对组织的建议。
(3) "可"表示允许，即对组织的允许。
(4) "能"表示可能性或能够，即组织可能或能够产生的结果。
(5) "考虑"表示认真思考，即组织应思考的内容，但不一定要采纳。
(6) 核心条款中把"成文信息"表述为"保持形成文件的信息"或"保留形成文件的信息"。"保持形成文件的信息"，即要求组织形成文件；"保留形成文件的信息"，即要求组织形成记录并保存。

二、管理体系标准高阶结构的基本构架

作为为今后所有管理体系标准提供统一基本构架的高阶结构，它具体包含以下十个条款：

第一条：范围(scope)

范围界定了管理体系的预期结果。这些结果具有行业性，且应与组织环境相一致。

第二条：规范性引用文件(normative references)

规范性引用文件提供与该标准相关的参考标准或出版物详情。

第三条：术语和定义（terms and definitions）

本条除了通用的相关术语及定义标准，还详细说明了适用于特定标准的术语和定义。

第四条：组织环境（context of the organization）

它包括四个子条款：

- 理解组织及其环境
- 理解相关方的需求和期望
- 确定XXX管理体系范围
- XXX管理体系

作为管理体系的基石，第四条明确了为什么组织会发展到这个阶段。为此，组织需要识别出能够影响其预期目标的内外部环境以及所有利益相关方及其要求。如外部环境包括直接顾客、最终用户、供应商、零售商、分销商、监管者等。内部环境要考虑员工知识程度和素质方面因素，例如，对不识字的工人，要提供的形成文件的信息力求简洁、便利，不宜过度复杂、烦琐。便于通过实地培训，掌握要领、技能和要求。还需要文件化组织的范围，并设定管理体系的边界，所有这些都应与业务目标相一致。

第五条：领导作用（leadership）

它包括三个子条款：

- 领导作用和承诺
- 方针
- 组织角色、职责和权限

新的高阶结构重点强调了领导力的作用，而不仅仅是旧版标准中所规定的管理。这就要求现有的高层管理者对组织的管理体系高度负责，并积极参与。高层管理者需要将管理体系的要求整合到组织机构的核心业务流程中，以确保管理体系实现其预期目标并对所需资源进行分配。高层管理者还需强调管理体系的重要性并提高员工的意识和参与度。

注意，领导作用可用下列方法得到证明：通过激励并授权有关人员为管理体系的有效性做出贡献。我们经常看到有些组织的高层管理者对管理体系并不关心，中层得不到支持并会受到"夹板气"，这样的体系是难以持续的。因此，只有组织的核心层共同参与和推进才有利于管理体系的持续发展。

第六条：策划（planning）

它包括两个子条款：

- 针对风险和机会所采取的措施
- XXX目标及方针对实现XXX目标所进行的策划

它突出了基于风险的思维。一旦组织确立了第四条中提及的风险和机会（通过环境来识别），组织就应制订计划，以应对这些风险和机会。

策划阶段关注的是做什么、由谁做、如何且何时化解风险。这一积极主动的做法取代了预防性措施，后续纠正措施的需求也将减少。此外，还需要特别关注管理体系目标。这些目标应是可衡量、可监督和可交流的，且与管理体系政策相一致，并做到及时更新。

策划是制定组织愿景、使命、方针、目标以及战略计划和达到预期成果的路线图和时限的决策过程，属于环境管理体系动力层面的核心要素。

第七条:支持(support)

它包括五个子条款:
- 资源
- 能力
- 意识
- 沟通
- 文件化信息

在确定组织环境、责任及计划之后,组织必须关注为实现其目标所需提供的支持。这包括资源、有针对性的内外部沟通以及可替换先前术语的文件化信息,如文件、记录。

第八条:运行(operation)

它包括一个子条款:
- 运营规划与控制

管理体系的大多数要求都包含在本条款之中。第七条针对内部和外部流程,而整体流程管理包括控制这些流程所用的适当标准以及管理计划内外变化的方法。

第九条:绩效评价(performance evaluation)

它包括三个子条款:
- 监视、测量、分析和评价
- 内部审核
- 管理评审

本条款要求组织确定所监视、测量、分析和评价的对象、方式以及时间。内部审核也是此流程的一部分,用于确保管理体系符合组织及标准的要求,并得以成功实施和维持。最后一步是管理评审,关注的是管理体系是否适用、充分和有效。

第十条:改进(improvement)

它包括两个子条款:
- 不符合项与纠正措施
- 持续改进

本条款重点关注不符合项和纠正措施的管理,以及持续改进策略。在这个不断变化的商业环境中,事情并不总是按照计划进行。为此,组织需要通过数据分析的结果和组织的变化,改进环境指标和方案,以优先次序实施改进措施。

综上所述,管理体系标准将由组织及其人文、资源和利益相关方的背景层、核心层、动力层和骨架层等四个层次,形成管理体系适宜性和有效性的基础。

背景层——组织环境(第四条);

核心层——领导作用(第五条);

动力层——策划(第六条);

骨架层——支持(第七条)、运行(第八条)、绩效评价(第九条)和改进(第十条)。

通用于所有流程及管理体系的PDCA循环与高阶结构条文章节的对应关系如图11.1所示。

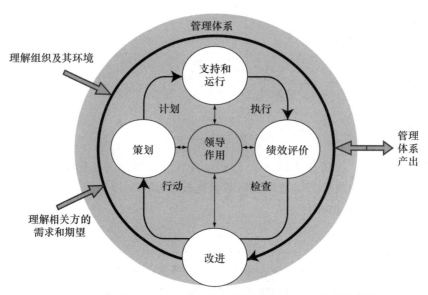

图 11.1　管理体系 PDCA 循环与高阶结构条文章节的对应关系

第三节　质量管理体系标准

ISO/TC176（质量管理和质量保证技术委员会）成立于 1979 年，专门负责制定质量管理和质量保证方面的国际标准。1987 年，TC176 颁布了 87 版 ISO 9000 系列标准，该系列标准的颁布开世界质量管理之先河，对世界的质量管理工作产生了深远影响。由 TC176 编制的所有国际标准统称为 ISO 9000 系列标准。

一、质量管理体系标准的发展变化

为了满足相关方的期望，ISO 对质量管理体系国际标准进行定期评估和更改。87 版 ISO 9000 系列标准自颁布以来，迄今共经历了四次修订。

1. ISO 9000 系列标准的颁布

1987 年，TC176 颁布了 87 版 ISO 9000 系列标准，其中包括 ISO 8402:1986《质量 术语》、ISO 9000:1987《质量管理和质量保证标准选用指南》、ISO 9001:1987《质量体系 设计、开发、生产、安装和服务的质量保证模式》、ISO 9002:1987《质量体系 生产、安装和服务的质量保证模式》、ISO 9003:1987《质量体系 最终检验和试验的质量保证模式》和 ISO 9004:1987《质量管理和质量体系 要素指南》。

针对 87 版 ISO 9000 系列标准，1988 年，我国等效采用了该系列标准，并制定出 GB/T 10300.1～10300.5-88《质量管理和质量保证》国家系列标准；1992 年，我国以等同采用该系列标准的方式，发布了 GB/T 19000《质量管理和质量保证》国家系列标准，以替代 GB/T 10300.1～10 300.5《质量管理和质量保证》国家系列标准。

2. 第一次修订

随着 87 版 ISO 9000 系列标准应用的不断深入，该系列标准的一些缺陷逐渐暴露出来。为此，TC176 组织有关专家对 87 版 ISO 9000 系列标准进行了全面的修改和扩充，并于 1994 年发布了 94 版 ISO 9000 族[①]标准。

此次修订针对 87 版 ISO 9000 系列标准的技术内容,在总体结构和思路不变的前提下,仅作局部修改,并陆续充实扩展了许多标准。同时,引入一些新的概念,如过程、过程网络、质量改进等,为下一步修订做准备。其修订的结果是由 87 版 ISO 9000 系列标准变为 94 版 ISO 9000 族标准。

94 版 ISO 9000 族标准主要由以下五部分构成:

(1) 质量术语标准:ISO 8402《质量管理和质量保证术语》。

(2) 质量保证模式标准:ISO 9001《质量体系 设计、开发、生产、安装和服务的质量保证模式》、ISO 9002《质量体系 生产、安装和服务的质量保证模式》和 ISO 9003《质量体系 最终检验和试验的质量保证模式》。

(3) 质量保证要求标准(指南):主要有 ISO 9000.1《质量管理和质量保证标准 第 1 部分:选用和使用指南》、ISO 9000.2《质量管理和质量保证标准 第 2 部分:ISO 9001、ISO 9002 和 ISO 9003 通用实施指南》、ISO 9000.3《质量管理和质量保证标准 第 3 部分:ISO 9001 在软件开发、供应和维护中的使用指南》和 ISO 9000.4《质量管理和质量保证标准 第 4 部分:可信性大纲管理指南》。

(4) 质量体系要素标准。质量体系要素标准即质量管理指南,主要有 ISO 9004.1《质量管理和质量体系要素 第 1 部分:指南》、ISO 9004.2《质量管理和质量体系要素 第 2 部分:服务指南》、ISO 9004.3《质量管理和质量体系要素 第 3 部分:流程性材料指南》、ISO 9004.4《质量管理和质量体系要素 第 4 部分:质量改进指南》、ISO/DIS 9004.5《质量管理和质量体系要素 第 5 部分:质量计划指南》、ISO/CD 9004.6《质量管理和质量体系要素 第 6 部分:项目管理的质量管理指南》、ISO/DIS 9004.7《质量管理和质量体系要素 第 7 部分:技术状态管理指南》和 ISO/WD 9004.8《质量管理和质量体系要素 第 8 部分:质量管理原理及其应用指南》等八个标准。

(5) 质量技术标准(指南)。主要有 ISO 10011.1《质量体系审核指南 第 1 部分:审核》、ISO 10011.2《质量体系审核指南 第 2 部分:质量体系审核员的评定准则》、ISO 10011.3《质量体系审核指南 第 3 部分:审核工作的管理》、ISO 10012.1《测量设备的质量保证要求 第 1 部分:测量设备的计量确认体系》、ISO/DIS 10012.2《测量设备的质量保证要求 第 2 部分:测量过程控制》、ISO/DIS 10013《质量手册编写指南》、ISO/CD 10014《全面质量管理经济效益指南》和 ISO/CD 10015《教育与培训指南》、ISO/WD 10016《检验与试验记录》等。

同期,全国质量管理和质量保证标准化技术委员会(TC151)对 ISO 的 94 版国际标准进行了跟踪研究并等同转化为 GB/T 19000 族国家标准。

3. 第二次修订

94 版 ISO 9000 族标准在经过六年的应用后,一些问题逐渐暴露出来,比如标准的结构过于复杂,过分注重制造业等。因此,在经过大量的修订工作后,TC176 又在 2000 年 12 月 15 日发布了 2000 版 ISO 9000 族标准。2000 版标准针对 94 版标准存在的不足,进行了全面的改进,无论是内容结构、基本思想、还是具体要求都以全新的面貌显现,其中最为突出的变化是将 94 版的 20 个要素结构,调整为"管理职责、资源管理、产品实现、测量

[①] 1994 年,系列标准被改称为族标准。

分析和改进"的四大过程模块结构,从而使 ISO 9000 族标准的适用范围更广、逻辑性更强、相关性更好。

随着 ISO 9001 国际标准的修订,TC151 也同步完成了将 GB/T 19001 由"20 个要素结构"调整为"四大过程模块结构"的等同转化工作。

4. 第三次修订

ISO 经过广泛的调查,认为 2000 版标准适应组织当前质量管理要求。故此次修订不引入新的要求,只是增强对 ISO 9001:2000 标准一些要求的澄清和明晰,并增强与 ISO 14001:2004 标准的兼容性。其修订结果是 ISO 9001:2008 标准。

随着 ISO 9001 国际标准的修订,TC151 也同步完成了 GB/T 19001-2000 的改版工作。

5. 第四次修订

2012 年,ISO 开始启动下一代质量管理标准新框架的研究工作。通过应用 ISO 导则,增强其同其他 ISO 管理体系标准的兼容性和符合性,以推进其在组织内实施第一方、第二方和第三方的合格评定活动;利用简单化的语言和描述形式,便于加深理解并统一对各项要求的阐述。此次修订采用与其他管理体系标准相同的新的高阶结构,增加了风险的重要性及其他要求。其修订结果是 ISO 9001:2015 标准。

随着 ISO 9001 国际标准的修订,TC151 也同期或后续对国际标准等同转化,制定发布了 GB/T 19001-2016《质量管理体系 要求》、GB/T 19000-2016《质量管理体系 基础和术语》、GB/T 19002-2018《质量管理体系 GB/T 19001-2016 应用指南》、GB/T 19004-2020《质量管理 组织的质量 实现持续成功指南》。

二、质量管理标准体系的构成

质量管理标准体系主要由质量管理的核心标准、技术规范、支持性标准、技术报告、合格评定标准和小册子组成,如表 11.1 所示。

表 11.1 质量管理标准体系

	国际标准代号和名称	对应国家标准代号
核心标准	ISO 9000:2015《质量管理体系 基础和术语》	GB/T 19000
	ISO 9001:2015《质量管理体系 要求》	GB/T 19001
	ISO 9004:2018《质量管理 组织质量 实现持续成功指南》	GB/T 19004
	ISO 19011:2018《管理体系审核指南》	GB/T 19011
技术规范	ISO/TS 9002:2016《质量管理体系 ISO 9001:2015 应用指南》	GB/T 19002
支持性标准	ISO 10001:2018《质量管理 顾客满意 组织行为规范指南》	GB/T 19010
	ISO 10002:2018《质量管理 顾客满意 组织投诉处理指南》	GB/T 19012
	ISO 10003:2018《质量管理 顾客满意 组织外部争议解决指南》	GB/T 19013
	ISO 10004:2018《质量管理 顾客满意 监视和测量指南》	GB/Z 27907
	ISO 10005:2018《质量管理 质量计划指南》	GB/T 19015
	ISO 10006:2017《质量管理 项目质量管理指南》	GB/T 19016
	ISO 10007:2017《质量管理 技术状态管理指南》	GB/T 19017
	ISO 10008:2013《质量管理 顾客满意 企业—消费者电子商务交易指南》	GB/T 19018

(续表)

	国际标准代号和名称	对应国家标准代号
支持性标准	ISO 10012:2003《测量管理体系 测量过程和测量设备的要求》	GB/T 19022
	ISO 10014:2006《质量管理 实现财务和经济效益的指南》	GB/T 19024
	ISO 10015:1999《质量管理 培训指南》	GB/T 19025
	ISO 10018:2012《质量管理 人员参与和能力指南》	GB/T 19028
	ISO 10019:2005《质量管理体系咨询师的选择及其服务的使用指南》	GB/T 19029
技术报告	ISO/IWA 4:2005《质量管理体系 地方政府应用 ISO 9001:2000 应用指南》	
	ISO/TR 10017:2003 ISO 9001:2000《统计技术指南》	GB/T 19027
	ISO/TR 10013:2001《质量管理体系文件指南》	GB/T 19023
合格评定标准	ISO/IEC 17021-3:2021《合格评定—管理体系审核认证机构要求 第3部分:质量管理体系审核与认证能力要求》	GB/T 27021.3
小册子	《质量管理原则》	
	《选择和使用指南》	
	《小型组织实施指南》	

三、质量管理体系标准的主要内容

(一) 七项质量管理原则

(1) 以顾客为关注焦点。质量管理的主要关注点是满足顾客要求和努力超出顾客期望。只要组织获取并维持顾客和其他组织所依赖的关联方的信心,就可以获得持续成功。理解顾客和其他相关方当下与未来的需求,有助于组织获得持续成功。

(2) 领导作用。每个层级的领导者应统一工作方向,并创造条件使全员参与实现组织的质量目标。这样一来,组织就能整合其战略、方针、过程和资源以实现其目标。

(3) 全员参与。整个组织内各层级员工具备胜任力、得到授权及有参与感,对于增强组织创造和传递价值的能力是必要的。为高效地管理组织,各层级的所有员工都应参与质量管理且得到尊重。

(4) 过程方法。当所有活动都能被员工了解并得到管理,且因相互作用构成过程,这些因过程相互关联而构成的系统功能,就可更高效地实现一致的和可预见的结果。质量管理体系由相互关联的过程组成。了解该系统结果的生产方式能使组织优化其体系及其绩效。

(5) 持续改进。成功的组织需要专注于持续改进。改进对组织保持现有的绩效水平是必要的,它是对内外部条件发生变化作出的反应,且可以为组织创造出新的机会。

(6) 基于证据的决策。基于对数据和信息的分析和评估,可能会产生更理想的决策。做决策是个复杂的过程,经常会遇到一些不确定因素,以及多种类型、多源输入的解释。关键是了解原因和结果的关系,以及潜在的非预期的后果。事实上,证据的存在会使决策更客观、可信。

(7) 关系管理。为获得持续成功,组织应管理其与利益相关方的关系。利益相关方会影响组织绩效。当组织能妥善管理并优化其与相关方的关系,以尽可能有效地发挥其在组织绩效方面的作用时它更可能获得持续成功。其中,与供方和合作伙伴网络的关系管理尤其重要。

(二) ISO 9001:2015 标准的核心内容

ISO 9001:2015《质量管理体系 要求》从更为宽泛的视角,对质量管理体系提出了要求,表 11.2 列出了其主要内容。

表 11.2 质量管理体系的主要内容

要求	二级要求	三级要求	要求	二级要求	三级要求
4 组织环境	4.1 理解组织及其环境		8 运行	8.3 产品和服务的设计和开发	8.3.2 设计和开发的策划
	4.2 理解相关方的需求和期望				8.3.3 设计和开发的输入
	4.3 确定质量管理体系范围				8.3.4 设计和开发的控制
	4.4 质量管理体系及其过程				8.3.5 设计和开发的输出
5 领导作用	5.1 领导作用和承诺	5.1.2 以顾客为关注焦点			8.3.6 设计和开发的更改
	5.2 质量方针	5.2.1 制定质量方针		8.4 外部提供的过程、产品和服务的控制	8.4.2 控制类型和程度
		5.2.2 沟通质量方针			8.4.3 提供给外部供方的信息
	5.3 组织的岗位、职责和权限			8.5 生产和服务提供	8.5.1 生产和服务提供的控制
6 策划	6.1 应对风险和机遇的措施				8.5.2 标识和可追溯性
	6.2 质量目标及其实现的策划				8.5.3 顾客或外部供方的财产
	6.3 变更的策划				8.5.4 防护
7 支持	7.1 资源	7.1.2 人员			8.5.5 交付后活动
		7.1.3 基础设施			8.5.6 更改控制
		7.1.4 过程运行环境		8.6 产品和服务的放行	
		7.1.5 监视和测量资源		8.7 不合格输出的控制	
		7.1.6 组织的知识	9 绩效评价	9.1 监视、测量、分析和评价	9.1.2 顾客满意
	7.2 能力				9.1.3 分析和评价
	7.3 意识			9.2 内部审核	
	7.4 沟通			9.3 管理评审	9.3.2 管理评审输入
	7.5 成文信息	7.5.2 创建和更新			9.3.3 管理评审输出
		7.5.3 成文信息的控制	10 改进	10.2 不合格和纠正措施	
8 运行	8.1 运行的策划和控制			10.3 持续改进	
	8.2 产品和服务要求	8.2.1 顾客沟通			
		8.2.2 产品和服务要求的确定			
		8.2.3 产品和服务要求的评审			
		8.2.4 产品和服务要求的变更			

(三)质量管理体系要求的运行模式

质量管理体系采用"计划—执行—检查—行动"的PDCA运行模式(见图11.2),它展示了组织环境、领导作用、策划、支持、运行、绩效评价、改进与PDCA的关联。

计划(plan):根据顾客要求和组织方针,为运营结果建立体系目标和过程,以及所需的资源;

执行(do):实施所策划的(安排);

检查(check):根据方针、目标和要求,对过程、产品和服务进行监视和测量(适用时),并报告结果;

行动(act):必要时,采取措施,以改进过程绩效。

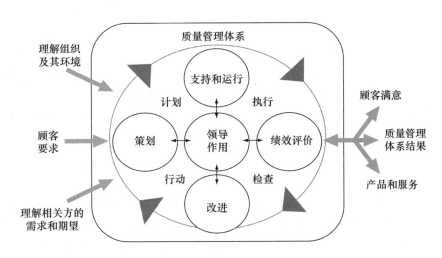

图11.2 质量管理体系的PDCA运行模式

第四节 环境管理体系标准

ISO 14000系列标准是ISO环境管理标准化技术委员会(TC207)从1993年开始制定的一系列"环境管理国际标准"的总称,它同以往各国制定的环境排放标准和产品的技术标准不同,是一个国际性、系列化的环境管理标准。它包括了环境管理体系、环境审核、环境标志、生命周期评估等国际环境管理领域内的许多焦点问题,旨在指导和规范各类组织的环境行为。

一、环境管理体系标准的产生、变化

1991年7月,ISO成立环境战略咨询组,为开展环境管理标准的制定做前期准备。

1993年6月,TC207成立,正式开展环境管理系列标准的制定工作,以规划企业和社会团体等所有组织的活动、产品和服务的环境行为,支持全球的环境保护工作。

1996年10月1日起,TC207先后颁布了5个属于环境管理体系和环境审核方面的标准,分别是ISO 14001《环境管理体系 规范及使用指南》、ISO 14004《环境管理体系 原

则、体系和支撑技术通用指南》、ISO 14010《环境审核 通用原则》、ISO 14011《环境审核 环境管理体系审核》和 ISO 14012《环境审核 审核员的资格要求》。对已经颁布的这五个国际标准,我国以等同采用的方式同步转化为国家标准,分别是 GB/T 24001-1996 idt ISO 14001《环境管理体系 规范及使用指南》、GB/T 24004-1996 idt ISO 14004《环境管理体系 原则、体系和支持技术指南》、GB/T 24010-1996 idt ISO 14010《环境审核 通用原则》、GB/T 24011-1996 idt ISO 14011《环境审核 审核程序 环境管理体系审核》和 GB/T 24012-1996 idt ISO 14012《环境审核 环境审核员资格要求》。

2004 年 11 月 15 日,ISO 对 96 版 ISO 14001 标准进行修订,并颁布了新标准 ISO 14001:2004《环境管理体系 要求及使用指南》。我国等同采用该国际标准,于 2005 年 5 月 10 日发布了 GB/T 24001-2004 idt ISO 14001:2004《环境管理体系 要求及使用指南》,以及配套标准 GB/T 19011-2003 idt ISO 19011:2002《质量和(或)环境管理体系审核指南》。

2015 年 9 月 15 日,ISO 对 2004 版 ISO 14001 标准进行修订,并颁布了新标准 ISO 14001:2015《环境管理体系 要求及使用指南》;2016 年发布了经第二次修订及更名的 ISO 14004:2016《环境管理体系 通用实施指南》。2016 年及 2017 年,我国将此两项国际标准等同转化为国家标准并予以发布,即 GB/T 24001-2016《环境管理体系 要求及使用指南》和 GB/T 24004-2017《环境管理体系 通用实施指南》。

二、环境管理标准体系的构成

ISO 14000 系列标准是一个庞大的标准体系,它由环境管理体系(EMS)、环境审核(EA)、环境标志(EL)、环境行为评价(EPE)、生命周期评估(LCA)、术语和定义(T&D)、产品标准中的环境因素(EAPS)7 个系列组成。为此,ISO 给 14000 系列标准共预留了 100 个标准号,如表 11.3 所示。截止到 2021 年年底,ISO 共发布相关国际标准 35 项、技术报告 7 项、技术规范 4 项、指南 1 项。

表 11.3 ISO 14000 系列标准号分配规则

编号	系列	标准号
SC1	环境管理体系	14001—14009
SC2	环境审核	14010—14019
SC3	环境标志	14020—14029
SC4	环境行为评价	14030—14039
SC5	生命周期评估	14040—14049
SC6	术语和定义	14050—14059
WG1	产品标准中的环境因素	14060
	备用	14061—14100

(一)环境管理标准体系的类型

对于 ISO 14000 系列标准的结构类型,可按标准的性质和功能来划分。

1. 按标准的性质划分

按标准性质,ISO 14000 系列标准可分为三大类:

(1) 基础标准子系统。包括环境管理的术语和定义,如 ISO 14050《环境管理 术语》。

(2) 基本标准子系统。包括环境管理体系、规范、原理、导则。主体有 ISO 14001《环境管理体系 要求及使用指南》、ISO 14004《环境管理体系 通用实施指南》。

(3) 支持技术子系统。它们是环境审核、环境标志、环境行为评价和生命周期评估等方面的标准。例如,ISO 14020《环境标志和声明 通用原则》和 ISO 14031《环境管理 环境绩效评价 指南》。

2. 按标准的功能划分

按标准功能,ISO 14000 系列标准可分为两大类:

(1) 评价组织,即环境管理体系、环境行为评价、环境审核;

(2) 评价产品,即生命周期评估、环境标志、产品标准中的环境因素。

(二) 环境管理标准体系的核心标准

1. ISO 14001《环境管理体系 要求及使用指南》

该标准由要求和指南两部分构成。"要求"规定了环境管理体系必须达到的要求;"指南"部分是对规范作出解释,以"附录"形式列入,即附录 A 和附录 B。其特点有:

(1) 适用于任何类型与规模的组织,以及各种地理、文化和社会环境;

(2) 可用于环境管理体系审核和认证;

(3) 未提出环境绩效的绝对要求,因此,两个从事类似活动的具有不同环境绩效的组织都是符合本标准要求的;

(4) 着眼于持续改进;

(5) 为实现环境方针,组织需考虑采用最佳可行的技术,同时充分考虑采用该技术的成本效益。

我国对应的标准是 GB/T 24001《环境管理体系 要求及使用指南》。

2. ISO 14004《环境管理体系 通用实施指南》

它属于指南性标准。用于企业内部环境管理,不能用于环境管理体系审核和认证。

我国对应的标准是 GB/T 24004《环境管理体系 通用实施指南》。

3. ISO 19011《管理体系审核指南》

ISO 19011:2002《质量和(或)环境管理体系审核指南》是跨越 ISO 9000 族标准和 ISO 14000 系列标准的第一个标准。为适应多种管理体系认证发展的需要,帮助全球需要进行审核活动的组织,ISO 于 2002 年 10 月首次发布了 ISO 19011:2002《质量和(或)环境管理体系审核指南》,2011 年发布了第二版标准,即 ISO 19011:2011《管理体系审核指南》。为了顺应管理体系数量的增长和 ISO 9001、ISO 14001 修订等重要管理体系标准带来的新变化,2018 年 7 月,ISO 发布了第三版标准,即 ISO 19011:2018《管理体系审核指南》。

ISO 19011 的主要内容包括审核原则、审核方案管理和管理体系审核实施,以及评价参与审核过程的人员能力的指南。这些活动涉及审核方案管理人员、审核员和审核小组。它适用于需要策划和实施管理体系内部审核、外部审核或需要管理审核方案的所有组织，主要侧重于内部审核（第一方审核）和由组织对其外部供方和其他外部相关方所进行的审核（第二方审核），也可用于第三方认证以外的外部审核。

我国对应的标准是 GB/T 19011-2021《管理体系审核指南》。

三、环境管理体系标准的主要内容

ISO 14001:2015 采纳了 ISO 的管理体系标准的高阶结构，在其条款中包括了评价一致性的要求，并清晰地明确了环境管理体系的结果，具体包括环境绩效的提升、遵守符合性义务、完成环境目标。同时，在环境管理体系"文件和记录"方面，相对弱化了 ISO 14001:2004 中强制性的较为形式化的文件和记录的要求，标准更加灵活务实和注重绩效结果，但对运用标准的组织提出了更高的要求。只有对标准理解到位，组织才能在建立环境管理体系时很好地满足成文信息相关条款的要求。此外，该标准对评价体系的审核员也提出了更高的要求，审核员要务实灵活而不能僵化地评价环境管理体系，特别是成文信息方面满足要求的状况。

（一）2015 版 ISO 14001 标准的主要内容

ISO 14001:2015《环境管理体系 要求及使用指南》本着更加灵活务实和注重绩效结果的宗旨，从更为宽泛的视角对环境管理体系提出了要求。表 11.4 列出了其主要内容。

表 11.4 环境管理体系的主要内容

要求	二级要求	三级要求	要求	二级要求	三级要求
4 组织环境	4.1 理解组织及其环境		7 支持	7.1 资源	
	4.2 理解相关方的需求和期望			7.2 能力	
	4.3 确定环境管理体系范围			7.3 意识	
				7.4 沟通	7.4.2 内部沟通
					7.4.3 外部沟通
	4.4 环境管理体系			7.5 成文信息	7.5.2 创建和更新
5 领导作用	5.1 领导作用和承诺				7.5.3 成文的控制
	5.2 环境方针		8 运行	8.1 运行的策划和控制	
	5.3 组织的岗位、职责和权限			8.2 应急准备和响应	
6 策划	6.1 应对风险和机遇的措施	6.1.2 环境因素	9 绩效评价	9.1 监视、测量、分析和评价	9.1.2 合规性评价
		6.1.3 合规义务		9.2 内部审核	9.2.2 内部审核方案
		6.1.4 策划的措施		9.3 管理评审	
	6.2 环境目标及其实现的策划	6.2.1 环境目标	10 改进	10.2 不合格和纠正措施	
		6.2.2 实现环境目标的措施的策划		10.3 持续改进	

（二）环境管理体系标准的运行模式

ISO 14001:2015 根据附录 SL 结构和 ISO 14001 PDCA 模式的特点编制了新颖的"以过程为基础的环境管理体系模式"，如图 11.3 所示。

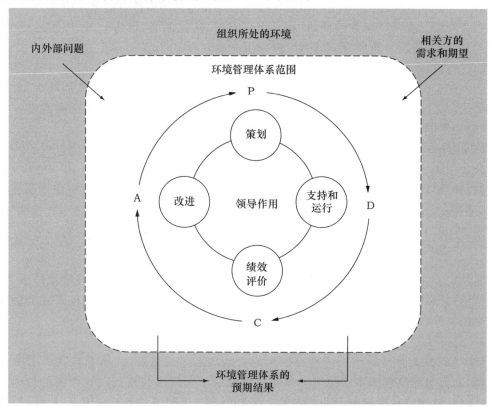

图 11.3　以过程为基础的环境管理体系模式

（三）环境管理体系标准的关键性支持技术

（1）为了规范组织的环境行为，环境管理体系标准要求组织自己通过制定环境方针、目标和环境规划，并以自我声明的方式向社会承诺，从而建立自我约束机制。

（2）为了确保机制的科学、完善和行之有效，环境管理体系标准采用了与质量管理体系标准相同的管理体系建立方式，即管理体系标准的高阶结构的基本构架，旨在通过管理体系的建立和运行，保障环境方针、目标的实施。

（3）为了促进组织建立环境管理体系的自觉性，环境管理体系标准推行环境标志制度。通过标志图形、说明标签等形式向市场说明有标志产品与无标志产品的环境行为的差别，向消费者推荐有利于保护人类环境的产品，同时提高消费者的环境意识，形成强大的市场压力，达到影响企业的环境决策、改善组织的环境行为的目的。

环境管理体系标准提出的标志，共有三种类型：Ⅰ型为生态标志；Ⅱ型为自我声明的信息标志，是将企业的环境方针（政策）等信息以环境标签等方式向社会公开，即所谓的"自我声明"；Ⅲ型为产品质量标志，是以数值指标的形式表达企业所生产的产品的环境质量。

（4）为了实施环境标志制度，尤其是第三方认证标志（即生态标志），必须实施一套环境体系的审核认证制度，通过审核以确认环境管理体系符合 ISO 14001 的要求或其声明，符合有关法律法规。

（5）为了从根本上解决资源合理配置和环境污染等问题，环境管理体系标准要求实施产品生命周期评定制度，这是一项除环境标志之外的又一项特有的重要措施。

生命周期是指从市场营销调研、产品设计开发、加工制造、销售分发、使用运行、报废处理到再利用的过程，也称"生命圈"。进行生命周期评定时，要对这个过程的每一个环节（阶段）进行资源消耗和环境影响分析。一个好的产品设计应该具备的特征包括：生产制造过程中的资源消耗少，对环境污染小；流通与使用过程中的能源和资源消耗少，对环境不污染或污染小；产品报废时不产生大量无法自然降解的垃圾，能回收利用的成分比重大；产品的性能能较好地满足用户的要求。

（6）环境行为评价。它是在环境管理体系标准建立和运行过程中，对组织的环境行为和环境影响，通过连续取得的数据进行评估的一种系统管理手段。它用"环境行为指数"表达评价结果，这些结果可能是现场的环境特性或具体的排放指标，也可能是组织的某个等级的活动，还可能是产品生命周期的综合环境影响。由于环境行为评价是连续的、动态的过程，所以，不仅可对某一时点的环境行为进行评价，而且能对发展趋势进行评估。

（四）ISO 14001 与 ISO 14004 的比较

虽然 ISO 14001《环境管理体系 要求及使用指南》与 ISO 14004《环境管理体系 通用实施指南》都以环境管理体系为对象，但两者在基本原则（基本要求）的具体表述上仍存在着一定的差异，主要体现在以下两个方面。

1. 使用目的方面

ISO 14001 是用于对组织所拥有的环境管理体系进行认证/注册和自我声明的规范标准，因而其对环境管理体系的规定和表述更侧重于从审核认证或自我声明的角度对环境管理体系的建立和实施提出基本要求。而 ISO 14004 则是一个不拟用于对环境管理体系进行认证/注册和自我声明的标准，它是一个组织因自身环境管理的需要而自愿选用的支持工具，为组织的环境管理体系的建立、运行及改善提供了具体而广泛的指导。

2. 具体内容方面

ISO 14001 主要是为组织在建立和运行环境管理体系过程中所必需的要素结构进行规定，但它既没有对建立和实施体系的过程、途径提出具体要求，也没有对组织确定体系要素所应采取的方法和手段进行专门规定。而 ISO 14004 则对建立、实施和改善环境管理体系的过程中应注意的问题和可采取的途径方法提供了参考建议。

尽管两个标准存在着使用目的和具体内容上的差异，但它们的环境管理体系框架是一致的。

延伸课堂

ISO 14000、EMAS 和 BS 7750 的异同

第五节　职业健康安全管理体系标准

职业健康安全管理体系（OHSMS）[①]是20世纪80年代后期在国际上兴起的现代安全生产管理模式，它与ISO 9000、ISO 14000等管理体系标准一并被称为"后工业化时代的管理方法"。职业健康安全管理体系产生的主要原因是企业自身发展的要求。企业规模的扩大和生产集约化程度的提高对企业的质量管理和经营模式提出了更高的要求。企业必须采用现代化的管理模式，使包括安全生产管理在内的所有生产经营活动科学化、规范化和法制化。

一、职业健康安全管理体系标准的发展变化

最早的职业健康安全管理体系标准是由英国标准协会、挪威船级社等13个组织于1999年左右联合推出的国际性标准，包括OHSAS 18001:1999《职业健康安全管理体系 规范》和OHSAS 18002:2000《职业健康安全管理体系 OHSAS 18001实施指南》。在ISO尚未制定相关标准的情况下，它们起到了准国际标准的作用。其中OHSAS 18001《职业健康安全管理体系 规范》是认证性标准，它是组织（企业）建立职业健康安全管理体系的基础，也是企业进行内审和认证机构实施认证审核的主要依据。

在经过多年的推广应用之后，2005年OHSAS工作小组开始着手修改OHSAS 18001:1999《职业健康安全管理体系 规范》，并于2007年7月1日正式发布了OHSAS 18001:2007《职业健康安全管理体系 要求》。同时，也启动了对OHSAS 18002:2000《职业健康安全管理体系 OHSAS 18001实施指南》的修订工作，并于2008年发布了OHSAS 18002:2008《职业健康安全管理体系 OHSAS 18001:2007实施指南》。

随着经济社会的发展和国际社会对职业健康安全管理体系的广泛重视与认可，ISO正式成立了职业健康安全管理技术委员会（TC283），并于2018年3月12日正式发布了ISO 45001:2018《职业健康安全管理体系 要求及使用指南》，代替OHSAS 18001和OHSAS 18002，用于职业健康安全管理体系的审核认证。

我国于2001—2002年参照OHSAS 18001:1999和OHSAS 18002:2000，制定了国家标准GB/T 28001-2001《职业健康安全管理体系 规范》和GB/T 28002-2002《职业健康安全管理体系 指南》两项国家标准。同年12月20日，国家经贸委[②]也推出了《职业安全健康管理体系 审核规范》并在中国开展职业健康安全管理体系认证制度。随着OHSAS 18000系列的两大标准分别在2007年、2008年陆续修订发布，国家标准化管理委员会于2011年12月30日，以等同采用OHSAS 18001:2007《职业健康安全管理体系 要求》新版标准（英文版）方式，发布了新版GB/T 28001-2011《职业健康安全管理体系 要求》，以及同样以等同采用OHSAS 18002:2008《职业健康安全管理体系 OHSAS 18001:2007实施指南》的方式，发布了新版GB/T 28002-2011《职业健康安全管理体系 实施指南》。2018年，TC283正式发布ISO 45001:2018后，我国等同转化为GB/T 45001-2020《职业健康安全管理体系 要求及使用指南》，用于代替GB/T 28001-2011和GB/T 28002-2011，并于2020年3月6日正式发布实施。

[①]　职业健康安全所依据的标准为OHSAS，建成的体系称为OHSMS。
[②]　现已并入商务部。

二、职业健康安全管理标准体系的构成

职业健康安全管理标准体系包括职业健康安全管理的核心标准、合格评定标准等,如表 11.5 所示。

表 11.5 职业健康安全管理标准体系

	国际标准代号和名称	对应国家标准代号
核心标准	ISO 45001:2018《职业健康安全管理体系 要求及使用指南》	GB/T 45001
合格评定标准	ISO/IEC TS 17021-10:2018《合格评定 管理体系审核认证机构的要求 第10部分:职业健康安全管理体系审核与认证的能力要求》	GB/T 27021.10

三、职业健康安全管理体系标准的主要内容

(一)2018 版 ISO 45001 标准的主要内容

ISO 45001:2018《职业健康安全管理体系 要求及使用指南》本着更加灵活务实和注重绩效结果的宗旨,从更为宽泛的视角对职业健康安全管理体系提出了要求。表 11.6 列出了其主要内容。

表 11.6 职业健康安全管理体系标准的主要内容

要求	二级要求	三级要求	要求	二级要求	三级要求
4 组织环境	4.1 理解组织及其环境		7 支持	7.1 资源	
	4.2 理解工作人员及其他相关方的需求和期望			7.2 能力	
				7.3 意识	
				7.4 沟通	7.4.2 内部沟通
					7.4.3 外部沟通
	4.3 确定职业健康安全管理体系范围			7.5 成文信息	7.5.2 创建和更新
					7.5.3 文件信息的控制
	4.4 职业健康安全管理体系		8 运行	8.1 运行的策划和控制	8.1.2 消除危险源和降低职业健康安全风险
5 领导作用	5.1 领导作用和承诺				
	5.2 职业健康安全方针				8.1.3 变更管理
	5.3 组织的岗位、职责和权限				8.1.4 采购
				8.2 应急准备和响应	
	5.4 工作人员的协商和参与		9 绩效评价	9.1 监视、测量、分析和评价	9.1.2 合规性评价
6 策划	6.1 应对风险和机遇的措施	6.1.2 危险源识别及风险和机遇的评价		9.2 内部审核	9.2.2 内部审核方案
				9.3 管理评审	
		6.1.3 法律法规要求和其他要求的确定	10 改进	10.2 事件、不符合和纠正措施	
		6.1.4 策划的措施		10.3 持续改进	
	6.2 职业健康安全目标及其实现的策划	6.2.1 职业健康安全目标			
		6.2.2 实现职业健康安全目标的策划			

（二）职业健康安全管理体系标准的运行模式

ISO 45001:2018 所采用的职业健康安全管理体系方法是一种先进的、基于 PDCA 概念的方法。PDCA 是一个迭代过程，可被企业用于实现持续改进，可应用于管理体系及其每个单独的要素。该标准的技术框架与 PDCA 之间的关系如图 11.4 所示。

计划（P）：确定和评价职业健康安全风险、职业健康安全机遇以及其他风险和其他机遇，制定职业健康安全目标并建立所需的过程，以实现与组织职业健康安全方针相一致的结果。

执行（D）：实施所策划的过程。

检查（C）：依据职业健康安全方针和目标，对活动和过程进行监视和测量，并报告结果。

行动（A）：采取措施持续改进职业健康安全绩效，以实现预期结果。

职业健康安全管理体系通过周而复始地进行 PDCA 循环活动，使体系始终保持持续改进的能力，并通过对体系的不断修正和完善，使体系功能不断加强，最终达到预防和控制工伤事故、职业病及其他损失的目的。

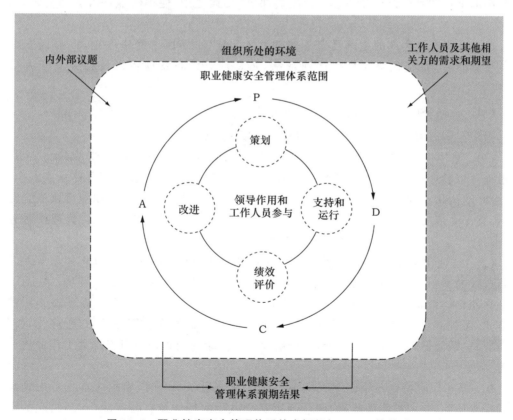

图 11.4 职业健康安全管理体系技术框架与 PDCA 的关系

（三）职业健康安全管理体系标准的特点

（1）ISO 45001 为职业健康安全管理提供认证标准，它适用于任何规模、类型和活动的组织。

该标准包含了组织可用于实施职业健康安全管理体系和开展符合性评价的要求。希望证实符合该标准的组织可通过以下方式来实现：① 开展自我评价和声明；② 寻求组织的相关方（如顾客）对其符合性进行确认；③ 寻求组织的外部机构对自我声明的确认；④ 寻求外部组织对其职业健康安全管理体系进行认证或注册。

该标准能够全部或部分地用于系统改进职业健康安全管理。然而，只有当该标准的所有要求均被包含在了组织的职业健康安全管理体系中并全部得到满足，有关符合该标准的声明才能被认可。

（2）强化危险源辨识和风险评价的要求。它主要包括危险源辨识过程中必须考虑的内容应更加详细和具体，并更加合理和完善；风险评价要求从风险和机遇两方面阐述，更加全面和系统，易于理解和应用。

（3）加强变更管理、采购和外包控制等运行控制管理。标准进一步完善了运行控制要素，分为"运行的策划和控制""应急准备和响应"两部分；在"运行的策划和控制"部分增加了变更管理、采购等要求，使得运行控制要求更加细化和具体。

（4）关注职业健康安全绩效、及其监视和测量。该标准将以往标准中的"合规性评价""内部审核""管理评审"统一纳入"绩效评价"要素之中，使得绩效评价更加清晰，易于理解。

（5）强调安全生产的主体责任。通过将"职责"和"问责"严格区别，以强调安全生产的主体责任，特别强调安全生产问责制，尤其是对最高管理者以及相关责任人员的问责。

（四）实施 ISO 45001 需特别注意的问题

组织在实施 ISO 45001 时，需要特别注意以下三个方面。

（1）"结构化要素"和"系统化思维"。这是所有管理体系标准所采用的共性技术，也是准确认识和理解管理体系标准的出发点和技术基础。但是，在我国管理体系实践中，片面强调"结构化要素"而忽视"系统化思维"的现象却较为普遍。尤其是职业健康安全管理领域，其深受传统安全生产管理观念和习惯的影响，难以接受国际先进的管理技术和方法，偏好于"运动式""突击式"的安全大检查。

（2）"法治化基础"和"程序化管理"。法治的成功与否是决定所有管理体系实践能否取得成效的基础，这既包括组织外部的法治环境，也包括组织内部的法治环境。法治的缺乏往往使得体系流于形式，或无法发挥应有作用。程序化管理是管理体系普遍采用的管理方式，可提高工作的规范性、协调性和效率。在职业健康安全管理领域，程序化管理尤为重要，它既能保障职业健康安全，又能确保职业健康安全管理与组织日常工作的协调和兼容。

（3）基于风险特性与结合组织实际。在实施 ISO 45001 时，组织应首先考虑到其当前和未来所面临（或可能面临）的职业健康安全风险的特性及自身实际（包括组织的性质和规模等）。唯有如此，组织才能有针对性地建立起符合自身实际需要的职业健康安全管理体系，并确保体系能切实有效地预防并控制组织的职业健康安全风险。

> ### 标准信息窗
>
> #### 《国家标准化发展纲要》中的"五""六""七"
>
> **五个专项行动**：新型基础设施标准化专项行动、乡村振兴标准化行动、城市标准化行动、社会治理标准化行动、养老和家政服务标准化专项行动。
>
> **六个方面措施**：激发市场主体标准化活力、改进和加强标准化统筹协调、加强标准全生命周期管理、强化标准实施应用、提升标准国际化水平、优化标准化发展环境。
>
> **七项工程**：高端装备制造标准化强基工程、新产业标准化领航工程、标准化助力重点产业稳链工程、碳达峰碳中和标准化提升工程、公共安全标准化筑底工程、基本公共服务标准体系建设工程、标准国际化跃升工程。
>
> 资料来源：作者根据《国家标准化发展纲要》和相关讲座资料整理而成。

本章小结

国际管理体系标准是世界公认的通用管理标准。自1987年ISO首次颁布ISO 9000系列标准以来，已经陆续发布了ISO 14000《环境管理体系标准》、ISO/IEC 27000《信息安全管理体系标准》、ISO 22000《食品安全管理体系标准》、ISO 28000《供应链安全管理体系标准》、ISO 31000《风险管理体系标准》、ISO 50001《能源管理体系标准》等十几个管理体系的标准。它们之间既有共性，也各有不同。

高阶结构是对ISO管理体系标准的架构要求，它为今后所有管理体系标准提供了统一的基本构架。其核心内容由组织环境（第四条）、领导作用（第五条）、策划（第六条）、支持（第七条）、运行（第八条）、绩效评价（第九条）和改进（第十条）七个条款构成。

ISO 9000系列标准是ISO发布的第一个管理体系标准。自1987年发布来，已经历了四次重大修订。质量管理标准体系主要由质量管理的核心标准、支持性标准、技术规范、技术报告、合格评定标准等部分组成。七项质量管理原则、采用高阶结构、采用"计划—执行—检查—行动"的PDCA运行模式是新版质量管理体系的主要特征。

ISO 14000系列标准是一个庞大的标准系统，它由环境管理体系、环境审核、环境标志、环境行为评价、生命周期评估、术语和定义、产品标准中的环境因素7个系列组成。ISO 14001、ISO 14004和ISO 19011是ISO 14000系列标准的核心标准。ISO 14001是用于对组织所拥有的环境管理体系进行认证/注册和自我声明的规范标准；而ISO 14004则是一个自愿选用的支持工具。

职业健康安全管理体系已经由早期的一个非ISO发布的具有国际标准性质的标准演进为现今的ISO 45001。它现由职业健康安全管理的核心标准和合格评定标准构成，采用的是高阶结构和PDCA运行模式。职业健康安全管理体系标准有其独特的特点和需要注意的方面。

复习与思考

一、名词解释

体系、管理体系、生命周期、环境行为评价

二、单选题

1. ISO 颁布的第一个管理体系标准是（　　）。
   A. ISO 9000 系列　　　　　　　　B. ISO 14000 系列
   C. OHSAS 18001 系列　　　　　　D. ISO/IEC 27000 系列

2. 下列哪个管理体系标准不属于 ISO 颁布的管理体系标准？（　　）
   A. ISO 9000 系列　　　　　　　　B. ISO 14000 系列
   C. OHSAS 18001 系列　　　　　　D. ISO/IEC 27000 系列

3. OHSAS 18001 现在已经被（　　）所取代，用于职业健康安全管理体系的审核认证。
   A. ISO 22301　　B. ISO 50001　　C. ISO 45001　　D. ISO 44001

4. GB/T 24001-2016《环境管理体系 要求及使用指南》是等同采用（　　）标准所制定的国家标准。
   A. ISO 90001　　B. ISO 14001　　C. ISO 45001　　D. ISO 50001

5. 作为为今后所有管理体系标准提供统一基本构架的高阶结构由十个指定条款构成。其中哪个条款是属于核心层的？（　　）
   A. 领导作用　　B. 策划　　C. 组织环境　　D. 改进

6. 质量管理标准体系主要由质量管理的核心标准、支持性标准、技术规范、技术报告、合格评定标准等部分组成。以下哪个标准不属于质量管理标准体系的核心标准？（　　）
   A. ISO/TS 9002　　B. ISO 9001　　C. ISO 9004　　D. ISO 19011

三、多选题

1. 下列哪些标准属于 ISO 颁布的质量管理体系方面的标准？（　　）
   A. ISO 13485　　B. ISO 22000　　C. ISO 9001　　D. ISO 10001

2. 下列哪些标准属于 ISO 颁布的安全管理体系方面的标准？（　　）
   A. ISO 22301　　　　　　　　　　B. ISO 22000
   C. ISO/IEC 27001　　　　　　　　D. ISO 28000

3. 下列哪些标准已经不属于 ISO 颁布的现行质量管理体系中的标准？（　　）
   A. ISO 9001　　B. ISO 9002　　C. ISO 9003　　D. ISO 9004

4. 下列哪些标准是用于外部审核认证的标准？（　　）
   A. ISO 14001　　B. ISO 14004　　C. ISO 4518001　　D. GB/T 24001

5. 职业健康安全管理标准体系包括下列哪些标准？（　　）
   A. ISO 45001　　　　　　　　　　B. ISO/IEC 17021-3
   C. ISO/IEC TS 17021-10　　　　　D. ISO 22000

6. 下列哪些标准是 ISO 14000 系列标准中的核心标准？（　　）
   A. ISO 14001　　B. ISO 14004　　C. ISO 19011　　D. ISO 9004

四、判断题

1. ISO 已经颁布的各"单个"管理体系标准都是自愿采用的管理标准,适用于任何类型与规模的组织。(   )
2. ISO 已经颁布的各"单个"管理体系标准,根据不同的管理对象,遵循着不同的管理原理。(   )
3. 高阶结构是对 ISO 管理体系标准的架构要求,适用于所有管理体系标准。(   )
4. ISO 14004《环境管理体系 原则、体系和支持技术通用指南》属于指南性标准,既可用于企业内部环境管理,也能用于环境管理体系审核和认证。(   )

五、简答题

1. ISO 目前所发布的国际管理体系标准有哪些异同?
2. ISO 9000 族标准的核心标准包含哪些?
3. ISO 14000 系列标准的核心标准有哪些?
4. 简述 ISO 14001 与 ISO 14004 的异同。
5. 简述管理体系标准高阶结构的基本构架。
6. 简述七项质量管理原则。

六、论述题

1. 你认为综合管理体系标准的出台将会对现行已有的"单个"管理体系标准产生怎样的影响?
2. 面对 ISO 出台的十几个管理体系的标准,如果你是企业领导者,你将如何应对?
3. 对企业进行调研,对目标企业在贯彻实施 ISO 9001、ISO 14001 和 ISO 45001 方面进行深入分析,并提出建议。

案例分析

中建五局第三建设有限公司"三色书"管理标准体系的构建

中建五局第三建设有限公司(以下简称"三公司")是中国建筑集团有限公司的三级子公司。公司成立于 20 世纪 70 年代的四川省渡口市,80 年代初由川入湘并经历市场化改革洗礼。2005 年公司正式实施国有独资企业董事会领导体制改革,并设立董事会、监事会、总经理层。以此为契机,公司领导层通过在内部逐步实施标准化管理,建立起了较为完善的管理标准体系。

"三色书"管理标准体系的初步形成

2005 年,三公司实施国有独资企业董事会领导体制改革,实现以董事会控制的总经理负责制。新的领导层审时度势,果断决策,确定"管理规范"为年度工作主题,拉开了三公司标准化管理的序幕。2005 年,三公司在规范原有管理制度、根据现状修订管理办法的基础上,汇编形成公司的员工手册。2006 年,三公司进一步汇编修订 102 项管理办法,形成涉及员工、营销、财务、商务、工程、技术、党群、行政工作的 8 本管理手册。2007 年上半年,三公司进一步建设形成红(总纲:管理手册)、蓝(主体:管理分册)、黄(补充:实施细则)"三色书"①管理标准体系(见图11.5),实现了管理标准体系与贯标认证体系的无缝链接。

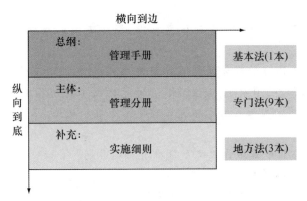

图 11.5　三公司"三色书"管理标准体系

"三色书"管理标准体系的全面拓展

三公司以"三色书"管理标准体系为基础,向企业外在形象、机构设置、管理流程、管理成果和干部培养五个方面拓展,形成了具有公司特色的全面管理标准体系(见图 11.6)。

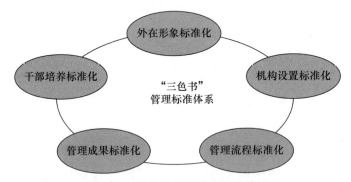

图 11.6　三公司全面管理标准体系

(1) 外在形象标准化:三公司制定了《企业形象手册》,对办公场所、施工现场和机器设备等从外观、布局进行了严格的规定,向外界展示标准统一的视觉形象。同时,三公司统一印发"三色书",规范工作表单、示范文本和标准图集,使其相互补充与相互支持,以推进公司对项目的内控管理和工程现场管理。

(2) 机构设置标准化:三公司对总部、区域公司和项目部的机构设置进行了系统的梳理,并统一规范了各级机构的设置。

(3) 管理流程标准化:"三色书"中涉及员工、营销、财务、商务、工程、技术、党群和行政工作的 8 本管理手册,覆盖了企业的各个管理环节,实现了管理流程的标准化。

(4) 管理成果标准化:每一本管理手册均统一规定过程中需要填报和使用的各类表单,从而实现管理成果的标准化。

(5) 干部培养标准化:三公司在机构设置标准化的基础上实施全面接班人计划,以双

---

① 受单色印刷影响,红、蓝、黄三色在图 11.5 中不可见。

百人才工程建设建立干部储备,在"三色书"的基础上加强内部人员的培养,最终实现了干部培养的标准化。

"三色书"管理标准体系深化的六大步骤

三公司的"三色书"管理标准体系涵盖了公司管理的众多子系统,对公司本身来说无疑是一次重大的管理变革。为了保证变革的顺利实施,三公司在实践中总结摸索出了推动"三色书"管理标准体系深化的六大步骤(见图11.7)。

图 11.7 推动"三色书"管理标准体系深化的步骤

(1)建体系:任何管理体系若脱离现实建立,都将失去运行的基础。公司在原有管理成果的基础上进行梳理修订,初步建立起适合企业现状的标准化管理体系。

(2)抓培训:为保证"三色书"管理标准体系的实施,三公司在体系推行过程中狠抓培训。每一本"三色书"都包含公司统一制作的幻灯片培训教材,明确培训重点是每个领导的重要工作之一,并根据管理流程制作各类失败案例进行深入的剖析。

(3)严执行:全公司上下各级都必须严格按照"三色书"管理标准体系中各类管理办法的规定授权范围和职责范围办事,并依据规定流程进行决策。领导首先带头落实,任何决策都要以书面形式,而不能以口头形式传达,真正做到"执法必严"。

(4)作总结:为了验证"三色书"管理标准体系运转的有效性,三公司每年除了年度总结,还进行两次项目总结。每一次总结都作为年度工作的重点进行狠抓。

(5)重考核:在总结的基础上进行相应的考核激励,实现抓两头、促中间。

(6)促提高:总结的结果用于考核的同时,还要运用到管理提升当中。三公司通过纵向与标准化水平相比较,横向与优秀水平相比较,以找到差距,从而促进标准化体系与内部管理的全面提升。

资料来源:作者根据相关资料整理而成。

思考讨论题

1. 结合案例分析,你认为三公司的"三色书"管理标准体系对于其他组织有什么可借鉴的地方?

2. 根据已学知识,结合本案例,请谈谈企业实施标准化管理应该具备哪些条件。

第十二章　企业标准体系的设计

【学习要点及目标】

1. 了解企业标准体系构建的基本理念、程序
2. 理解企业标准化的框架、企业标准体系的评价与改进
3. 熟悉企业标准体系的总体构成
4. 掌握功能模式企业标准体系、属性模式企业标准体系的设计，以及服务业组织标准体系的结构与内容

【关键概念】

企业标准化、管理标准化、技术标准化、企业标准体系、企业标准体系结构图、产品实现/服务提供标准体系、基础保障标准体系、岗位标准体系、技术标准体系、管理标准体系、工作标准体系、服务通用基础标准体系、服务提供标准体系、服务保障标准体系

 引导案例

乐山市政务服务标准体系的构建

2015年5月，"乐山市政务服务标准化试点"项目正式获批为第二批国家级社会管理和公共服务综合标准化试点项目。为此，乐山市成立了由市委常委、常务副市长担任组长、各相关职能部门为成员的政务服务标准化试点项目工作领导小组，统筹政务服务标准化建设全过程。在构建政务服务标准化体系的过程中，乐山市以 GB/T 32170《政务服务中心标准化工作指南》系列标准为基础，以行政审批、公共便民服务为标准化建设工作的主线，在服务机构建设、"一窗受理"改革、政务大厅管理、监督与评价、多元化服务等方面进行了积极尝试，从而建立起一整套覆盖服务全过程的政务服务标准体系的"乐山模式"。

一、"四级"服务机构的规范建设

乐山市围绕实现"依法、公开、便民、高效"的政务服务目标，全面构建了以市中心为龙头、11个县级政务服务中心为基础、218个乡（镇、街道）便民服务中心为纽带、2 248个村（社区）级便民服务代办点为网底的"四级"政务服务体系；并从规划设计、机构布局、建筑设施、服务设施、窗口设施、标志标识、应急管理与物业服务等方面进行了全市统一，特别明确了村（社区）级便民服务代办点建设要求，为政务服务事项向基层延伸奠定了坚实基础。

二、"一窗受理"改革的创新服务

"一窗受理"是以减少办事手续、办事环节、办事时限为核心,以提高行政审批效率为目标,对行政审批实施流程再造,将过去由入驻市政务服务中心的市级行政审批部门窗口负责的收件、出件工作改为由市政务服务中心设置的"一窗受理"窗口负责,市级行政审批部门只负责审批、制证的行政审批新模式。审批事项依标准全面公开,审批流程按标准统一管理,每一件行政审批的受理、承办、审核、批准、办结等环节都有标准支撑,并利用现代电子信息技术全程监控,实现审批全过程公开透明、可追溯,确保审批服务的准确性、审批行为的规范性,把审批权力关进"标准"制度的笼子。

三、政务服务大厅的统一管理

通过标准化的方式引领和保障政务服务管理创新。首先,对政务服务大厅机构设立、内部管理和对外服务进行规范统一,将大厅各个窗口服务的规范运行、文明礼仪、提供服务方式等以标准形式推广。其次,对政务服务大厅功能布局、硬件设施、标识标牌等进行形象统一,开展"标准化现场管理"建设,营造整洁有序的工作环境。最后,在便民设施上,配置导询服务台、咨询员、自助体验区和自助网络服务等,为各类服务对象提供细致、贴心的服务,树立政府对外服务窗口的良好形象。

四、监督与评价的客观公正

建立由第三方测评、门户网站测评、窗口评价器测评、服务热线测评的"四位一体"群众满意度测评机制,并用标准加以固化,以确保能客观真实地反映办事群众、社会各界对政务服务工作的满意度情况。

五、多元化服务的系统构建

不断完善"乐山市电子政务大厅(网上办事)"网络平台,逐步增加网上办事事项,让群众少上门、"零上门",把"网上办事大厅"做成群众真正能办成事的线上服务窗口。针对群众关心的热点难点问题,创办"市民办事讲堂",为群众提供面对面的线下服务。通过多渠道咨询服务,千方百计"教会群众办事",不断提升群众办事申请材料"一次性合格率",真正让群众少跑路。

六、政务服务标准体系的全覆盖

政务服务标准体系以指导层文件为统领,下辖通用基础标准、服务提供标准、管理标准、岗位工作标准4大支柱体系、12个子体系(见图12.1)。体系中共包括通用基础标准28项、服务提供标准576项、管理标准34项、岗位工作标准21项,共计标准659项。其中,采用国家标准19项、地方标准8项。

政务服务标准体系的构建,从定性、定量、定向三个维度,为乐山市打造政务服务升级版,建设服务型政府、责任型政府、法治型政府、效能型政府、廉洁型政府的"五型政府"提供支持。

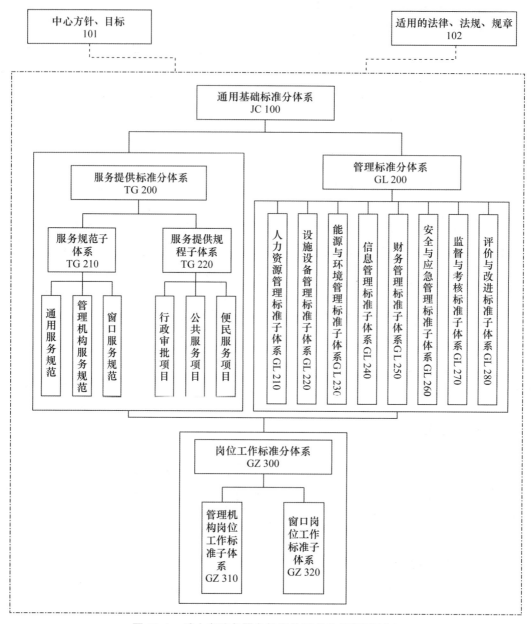

图 12.1　乐山市政务服务标准体系总体框架(部分)

资料来源:作者根据相关资料整理而成。

思考

1. 通过了解乐山市政务服务标准体系构建的实践,你认为企业标准化的框架应该如何搭建?

2. 根据本案例,你认为企业标准体系应该如何设计才能适应企业需要?

3. 根据本案例,你认为企业标准体系设计成功的关键是什么?

随着企业生产规模的扩大、科学技术的运用,企业分工越来越细,协作范围越来越广。要建立以技术标准为主体,包括管理标准和工作标准的企业标准体系,首先应明确建立该体系的主要目的,即对生产、经营和管理的技术要求、管理要求和岗位操作要求的精分化、定量化、标准化,以掌握和检查企业的可持续发展性。

第一节　企业标准化的框架

企业运用系统管理的原理和方法将相互关联、相互作用的标准化要素加以识别,制定生产、经营、管理全过程需要实施的标准,建立标准体系。这一过程有助于企业提高实现目标的有效性和效率。为此,围绕企业目标,建立起以技术标准体系为主体,管理标准体系和工作标准体系相配套的企业标准体系是企业标准化设计的核心内容。

一、企业标准化概述

企业标准化(enterprise standardization)是为在企业的生产、经营、管理范围内获得最佳秩序,对实际的或潜在的问题制定共同的和重复使用的规则的活动。它是整个标准化工作的基础,也是标准化活动的出发点和归宿。在企业的各项管理活动中,如技术管理、生产管理、设备管理、经营管理、质量管理、计量管理、信息管理中都有标准化的内容。因而,企业标准化工作在企业的各项工作中处于基础地位。

(一)企业标准化工作的主要内容

企业标准化工作的实质就是围绕着实现企业生产经营的目标,以提高经济效益为中心,以企业生产、技术、经营活动的全过程及其要素为主要内容,通过制定标准和贯彻实施标准,使企业全部生产技术、经营管理活动规范化、程序化、科学化和文明化的过程。它要求在企业标准化委员会的统一领导下,由企业标准化机构,专职人员、兼职人员,以及企业所有部门和全体人员共同参加开展的标准化活动。企业标准化工作主要包括企业标准化工作策划、企业标准体系构建、企业标准制定(修订)、标准实施与检查、参与标准化活动、评价与改进、标准化创新、机构人员和信息管理。

据此,可以看出企业标准化工作具有以下特征:

(1)技术性。这主要表现在企业的生产技术活动都与标准化有着密切的关系。标准是企业日常生产必须遵循的主要技术依据,是进行技术协作、技术交流的基础。作为指导企业生产的各类技术标准,既体现了企业的标准化水平,又是反映企业技术水平的一个重要指标。

(2)经济性。企业标准化活动的最终结果反映于经济效益,而通过标准化来谋求合理生产和经营,提高企业的经济效益,正是企业标准化的根本目的。

(3)管理性。建立高效、合理的管理和工作标准是实现企业生产经营目标的重要保证,也是企业标准化工作的重要内容之一。

(4)全员性。标准化是建立在广泛的群众性基础之上的,只有依靠企业全体人员的共同努力,把贯彻执行标准作为每个人员的自觉行动,才能使企业标准化的作用和效果得到真正的发挥。

（二）企业标准化的对象与分类

1. 企业标准化的对象

在企业中有许多现象（流程），如产品设计、工艺文件的编制、原材料的投入、工人的操作、产品的质量检验等，这些现象（流程）会重复发生，它们都是企业标准化的对象。但总体来说可以把企业标准化的对象归纳为三大类：物，主要指产品、材料、设备和工具等有形物质；事，主要指事物的处理方法、工作程序和规章制度等；人，这里指经济人。

具体来说，企业标准化的对象有以下几方面：
（1）需要统一理解和共同使用的基本术语、符号、代号等；
（2）具有通用性并重复出现的产品组成部分；
（3）保证产品质量、寿命和正常使用的物/事/人；
（4）典型方法、程序和统一规则；
（5）明确工作责任、提高工作质量和作业要求的物/事/人；
（6）改善生产组织和经营管理的物/事/人；
（7）节约能源、材料和提高经济效益的物/事/人。

2. 企业标准化的分类

企业标准化的对象可归纳为物、事、人三大类。由于"物"的标准化涉及"物"的内在特性问题，即需要对"物"的物理特性、化学特性有较为深入的认识与了解，由此会涉及技术方面的内容，因而，针对"物"的标准化又可称为技术标准化。而"事"与"人"的标准化所涉及的仅仅是管理方面的内容，因而，针对"事"与"人"的标准化被归纳为管理标准化。

（三）企业标准化的任务

企业标准化是一项综合性工作，它与企业的生产技术、经营管理等多项工作有着密切的联系。其基本任务是结合企业的各项工作，特别是质量管理与经济核算，通过制定标准与贯彻标准，使企业的生产、技术和经营管理活动合理化、规范化，以达到提高质量、效率和降低成本的目的。

具体来说，企业标准化的任务包括：
（1）贯彻执行国家有关标准化的方针政策；
（2）制定和修订企业标准；
（3）贯彻执行有关国家标准、行业标准和地方标准；
（4）承担上级标准的制定和修订工作。

概括起来，企业标准化的任务就是制定、修订和实施标准及监督标准的实施过程。

（四）企业标准制定（修订）

1. 企业标准范围

企业标准是企业组织生产、经营活动的依据。它是对企业范围内需要协调、统一的技术要求、管理要求和工作要求所制定的标准。其具体涉及以下几方面标准：一是没有相应适用的国家标准、行业标准、地方标准、团体标准时制定的产品/服务标准；二是为满足相关需求制定的产品实现或服务提供标准；三是为支持产品实现或服务提供制定的基础保障标准；四是为保障标准的实施而制定的岗位标准以及满足生产、经营、管理需要的其他标准。

2. 企业标准制定（修订）程序

企业标准制定（修订）程序一般分为立项、起草草案、征求意见、审查、批准、复审和废止七个阶段。

（1）立项。对需要制定（修订）的标准进行立项，制订计划、配备资源。

（2）起草草案。对收集的资料进行整理、分析，必要时进行试验、验证，然后起草标准草案。

（3）征求意见。将标准草案发企业内有关部门（必要时发企业外有关单位，如用户、检验机构等）征求意见，对反馈的意见逐一分析，决定取舍后形成标准送审稿。

（4）审查。审查内容至少应包括：① 符合有关法律法规、强制性标准要求；② 符合或达到预定的目标和要求；③ 可操作、可验证；④ 与本企业相关标准的协调情况；⑤ 符合本企业规定的标准编写格式。标准送审稿的审查可采取会议或函件形式进行。

（5）批准。审查后根据审查意见进行修改，编写标准报批稿，准备报批需呈交的相关文件资料，报企业法定代表人或授权人批准、发布。

（6）复审。企业标准应定期复审，复审周期一般不超过三年；当外部或企业内部运行条件发生变化时，应及时对标准进行复审。复审的结论包括继续有效、修订、废止三种。

（7）废止。对废止的企业标准应及时收回，不再执行。

二、管理标准化

企业管理是企业为了实现生产经营目标，按客观规律的要求，对企业的生产经营活动进行计划、组织、指挥、协调和控制的过程。而企业管理标准化则主要是以企业生产技术及经营管理等方面在技术上需要协调统一的事项和涉及推行科学管理方法的事项为对象，组织制定与实施管理标准和工作标准的活动；它是对管理标准和工作标准基本内涵的解读，是对管理标准和工作标准具体如何实施与应用的诠释。它属于企业标准化的一个有机组成部分。

（一）管理标准

所谓的管理标准（administrative standard）是指对企业标准化领域中需要协调统一的管理事项所制定的标准。它主要是针对企业中的"事"所制定的标准。与管理一样，管理标准也具有二重属性。其自然属性，就是要求在制定和实施管理标准的活动中，应当充分反映生产发展的自然规律和各种技术要求；而其社会属性，则是要求在制定管理标准过程中要充分反映不同社会的生产关系和客观经济规律的要求，要符合不同社会制度的经济利益。

1. 管理标准的类型

管理标准不仅数量众多，而且不同的管理标准具有不同的管理内容和特点。根据不同的目的和用途，管理标准可以划分为不同的类型。如按标准发生作用的管理领域可分为管理基础标准、经营管理标准、技术管理标准、生产组织管理标准、行政管理标准及工作标准；按标准本身的属性可分为管理基础标准、管理程序标准、管理业务标准。但总体归纳起来，管理标准可统分为规定性、规章性、规程性和规范性四种基本类型。

第一，规定性管理标准。它是根据管理作业的内容所作出的需要共同遵守的一些规定，通常以基础标准为主。如管理作业中经常使用的术语、符号、代号，企业中员工和管理人员业务的考核标准等。

第二，规章性管理标准。它是组织生产活动所必需的一系列带有法规性的规章制度。其内容非常广泛，包括从考勤制度开始，到岗位责任制，再到包括设计、工艺、采购、销售、财务等涉及企业所有领域的管理工作。

第三，规程性管理标准。对于多次重复进行的一些管理作业，将其作业程序、技术要求等内容制定成规程性标准，能促使这类管理作业采用最新的技术和最佳的方案，以保证管理作业的效率和质量达到规定的水平。如生产会议规程、产品定型规程、产品成本核算规程等。

第四，规范性管理标准。它是对一些内容比较广泛、工作量较大的工程作业的工作内容、组织方式作出的详细规定。它比规程性管理标准的内容更广泛，其综合性的特点尤为突出，并发挥着指导工程设计，促使工程设计工作能以最新的技术、最佳的方案、最快的途径和最高的质量进行的作用。如产品的设计规范，规定了产品的设计工作程序、产品结构的确定、材料和零部件的选择原则、计算公式的应用、试验验证方法等。

延伸课堂

管理标准的分类

2. 管理标准的内容

由于不同的管理标准隶属于不同的管理系统，是针对不同的管理工作和为了满足不同的管理要求而制定的，因此，每个管理标准都有其特定的内容。但是，一项综合性管理标准的内容一般由以下四个要素构成：

（1）管理业务。即管理活动中重复出现的业务，如计划编制、物资采购、人力资源调配等。不同种类的管理标准具有不同的管理业务内容；即使属于同一种类的管理标准，由于管理层次不同，其管理业务内容也有所不同。一般来说，越是上层的管理标准，其业务内容越具有概括性，而且多属于决策性和组织性的内容；越是下层的管理标准，其管理业务内容越具体，且多属于执行性的内容。下层管理标准的业务内容可视为上层管理标准业务内容的具体化。

（2）管理程序。即从事某项管理工作应该先干什么、后干什么的具体行动步骤。其作用是把某项管理工作在空间上的分布和时间上的次序加以明确和固定。它可以用文字表述，也可以利用绘制流程图来说明。

（3）管理方法。即完成管理任务、行使管理职能所运用的方法。管理的具体方法有很多，作为管理标准组成要素的方法主要是指管理的一般方法。根据方法的内容，可分为行政方法、经济方法、法律方法、数学方法和思想教育方法等，它们各有特点。不同的管理标准应根据其不同的特点，选择适当的方法或者将某几种管理方法结合起来使用，这样才能有效地实现管理目标。

（4）管理成果的评价与考核。对管理成果的评价与考核应尽量使考核指标定量化，具有可度量性，只有这样才能使标准的管理从制定到实施形成一个闭环。

管理标准就是由以上四个相互联系、相互制约的要素组成的有机整体。这四个要素功能各异：管理业务主要解决管什么的问题；管理程序主要解决管理的步骤和谁来管的问题；管理方法则解决怎么管的问题；而管理成果的评价与考核则检查管理标准贯彻落实的效果如何。一项综合性管理标准只有包括这四个要素，才能充分发挥该项标准在管理中的作用。

（二）工作标准

所谓的工作标准（duty standard）是指对企业标准化领域中需要协调统一的工作事项所制定的标准。而"工作事项"主要指在执行相应管理标准和技术标准时，与工作岗位的职责、岗位人员基本技能、工作内容、要求与方法、检查与考核等有关的重复性事物和概念。

从本质上来说，制定工作标准是为了实现整个工作过程的协调以及提高工作效率。这里所说的"工作"，不仅包括生产过程中的各项活动，也包括为生产过程服务、对生产过程进行管理的其他各项活动。其范围也不局限于企业，还包括非企业型组织（如政府机关）的工作。因此，就其属性来说，工作标准是管理标准的一种类型，它是同管理业务标准相辅相成的。管理业务标准是针对某一部门或某一管理环节的，它协调和统一整个部门的管理活动。而工作标准则对每个具体的工作（或操作）岗位作出规定，从而形成一个完整的管理网络。工作标准和管理业务标准在执行时相互渗透、互为补充。

1. 工作标准的种类

管理业务标准是针对某一管理部门或管理环节制定的，而工作标准则是针对某一具体岗位上的工作者制定的有关工作质量的标准。由于工作标准是按岗位制定的，而具体的岗位，可以说数不胜数，如各种专业工作岗位、各类管理工作岗位。因此，工作标准可依据岗位的性质分为两大类：

（1）作业标准。它是针对生产岗位或操作岗位所制定的标准。按不同的生产岗位或操作岗位可制定出许多具体的作业标准。

（2）岗位工作标准。它主要是对非生产（操作）岗位制定的工作标准。这类标准大多是针对各种固定的管理岗位或某种管理职务而制定的。

2. 工作标准的内容

按岗位制定的工作标准一般包括以下几方面的内容。

（1）岗位目标。企业管理是以管理目标为核心形成的多层次管理体系。在确定每个岗位目标时，一定要从整个企业的总体目标出发，综合考虑该工作岗位在目标系统中所处的地位、所起的作用及整个系统对它的要求。就整个企业而言，确定岗位目标的过程，实际上是企业目标的系统分解过程。

（2）工作程序和工作方法。任何一个工作岗位上的工作，只要具有重复的特征，就可以通过总结经验或试验，优选出较为理想的工作程序和工作方法，以达到提高效率、减少差错、提高工作熟练度的目的。工业工程是优化与确定工作程序和工作方法的理想工具之一。

（3）业务分工与业务联系方式。现代企业以分工为特征，岗位是劳动分工的必然产物。分工不明确就可能出现员工工作拖拉、相互推诿责任的现象，但任何岗位都不能孤立地发挥作用，而要依赖其他岗位的协作配合。而且这种分工、相互联系和协作配合的关系理得越顺，企业的系统效应就越好。

（4）职责和权限。每个岗位都应有与其承担的职能相对应的职责和权限。这一点在工作标准中应予以明确，否则会造成有职无权及责、权、利三者脱节，从而削弱管理效能。同时在工作标准中还要明确相关联的岗位如何分工、如何协调配合，以及岗位必须具备的客观条件等。

（5）质量要求与定额。对岗位的工作必须规定明确的质量要求，还应包括数量和时间方面的要求，只有这样才有利于对各个工作岗位的工作情况进行考核、评比，以达到提高效率、减少差错的目的。

（6）岗位人员的基本技能要求。岗位的任务是要靠员工完成的。员工的素质能否达到岗位的工作要求，对能否完成岗位任务起着决定性的作用。因而不同等级水平的岗位要与之相对应等级水平的操作者才能胜任，这样才能保质保量地完成岗位任务。

（7）检查和考核办法。在工作标准中，有时还要规定对各项要求的执行情况进行检查和考核的办法。考核的办法一般有打分法（如100分制）和模糊评价法（如分一级、二级、三级等）。这两种办法各有所长：打分法较精细，但工作量大，执行起来不太容易；而模糊评价法则方便易行，但不够精细。

三、技术标准化

标准化是有目的、有组织的活动过程。在这个过程中，除了管理标准化，技术标准化也是不可缺少的部分。在企业的生产经营中，技术标准化是企业标准化的主体，是企业组织生产、经营和管理的技术依据。因此，技术标准化是围绕标准化领域中需要协调统一的技术事项而开展的一系列组织制定、贯彻和实施技术标准的活动。而技术标准(technical standard)则是对标准化领域中需要协调统一的技术事项所制定的标准。

在标准化应用领域中，技术标准化是主体活动，其应用十分常见、广泛和具体。

（一）技术标准的领域

一般来说，技术标准的领域是很难界定的，凡是需要同时适用标准加以规范的技术事项均可以制定成为技术标准，现实生活中这类事项不仅数量繁多，而且与日俱增。通常有如下几个重点领域。

1. 基础标准

这类标准种类繁多，主要包括名词、术语、图形、符号、编码、代号（码）、量和单位、优先数、螺纹、齿轮、标准长度、标准直径、标准电压、标准电流、字符集和信息码、程序设计语言、系统接口等。这类技术标准的特点是随着科技进步的步伐加快，标准需要更新。尤其重大基础标准的更新常常会引起大范围的技术改进和知识更新，可谓牵一发而动全身，其难度之大可想而知。

2. 产品标准

产品标准包括各种工业生产、农业生产及信息产业和服务业提供的终端产品的标准；

此外,为生产这些终端产品使用的原料、材料、辅助材料、工具、器具、配件、元器件、标准零部件、模块等也大都是以产品的形式被独立制造和销售的,这是广义的产品,是技术标准的又一个重要领域。

这类标准化对象有的对国民经济建设的关系重大,如重大关键技术装备、精密仪器设备、重要交通工具、基础材料、关键零部件、标准模块等;有的对国防建设有重要意义;还有相当大的一部分与居民生活密切相关。因此,产品标准化的对象不仅数量众多、种类繁杂,而且难度很大。

3. 方法标准

方法标准是以制定出具体方法为特征的一类标准。通常是以试验、检验、分析、抽样、统计、计算、测定、作业等活动的方法为对象制定的标准。它是为了提高工作效率、保证工作结果必要的准确一致性,对上述活动中的最佳方法所作出的统一规定。

方法标准同样是数量庞大、种类繁多的技术标准。它的存在方式一般可分为两种情况:一种是作为产品标准的组成部分。通常是在制定产品标准时与产品的技术要求同时拟定,而且要针对技术要求中所规定的质量特性设定与其对应的试验(检测)方法。这类标准属于产品标准。另一种是单独的方法标准。它是针对同一类事物特性的评判给出的统一方法,如城市环境噪声测定法。由于这类标准解决了性质相似的一类问题,因而才会有一致的结果,以及稳定性和可比性。目前无论是国际标准还是国家标准,这类标准的绝对数和相对数都在增加。

4. 安全、卫生、环保、能源标准

就标准的内容和属性来说,安全、卫生、环保、能源标准本不是同一类标准,它们中的每一类都已经自成体系而且规模庞大。只是由于特殊性、重要性,这几类标准被列入工作重点,形成一个标准化特殊重点领域。

(1) 以保护人和物的安全为目的所制定的安全标准,大体涉及职业安全、特种设备安全、电气安全和消费品安全四个方面。内容包括安全色、安全标志、安全性能要求及试验方法等。

(2) 为保护人的健康,对食品、医药及其他方面的卫生要求所制定的卫生标准,大体涉及环境卫生、食品卫生、职业卫生、放射性卫生防护和学校卫生等。

(3) 为保护生态环境,对大气、水、土壤、噪声、振动等环境质量、污染源、检测方法及其他事项所制定的环保标准,大体涉及环境基础、环境质量、污染物排放、环境保护仪器设备、环境标准样品等。

(4) 为合理开发和有效利用能源,以能源为对象所制定的能源标准,大体涉及能源的开发、生产、加工、转换、输送、分配、储存、使用和消耗,以及其中涉及的材料、设备、工艺、环境、安全等。

(二) 技术标准的内容

技术领域的标准化活动开展较早,已经深入人类社会生活的各个方面,如产品、方法、概念等。然而,由于技术标准应用领域广泛而又繁杂,其内容要求也就无法统一。本小节仅对产品标准、方法标准的内容构成进行简要介绍。

1. 产品标准

产品标准是对产品结构、性能、规格、质量特性和检验方法所作出的技术规定,它可以规定一个产品或同一系列产品应满足的要求,以确定其对用途的适应性。产品可以是软件、硬件、流程性材料或服务。产品标准是一定时期和一定范围内具有约束力的产品技术准则,也是产品生产、检验、验收、使用、维护和洽谈贸易合作的技术依据。

产品标准的具体内容包括以下五方面:
(1) 产品标准的适用范围;
(2) 产品的品种、规格和结构形式;
(3) 产品的主要性能,如物理性能、化学性能、电磁性能、稳定性、质量等级等;
(4) 产品的试验、检验方法和验收规则;
(5) 产品的包装、贮存和运输方面的要求。

2. 方法标准

方法标准是对各项技术活动的方法所作出的具体规定。方法标准包括的范围很广,如试验方法、检验方法、验收方法、分析方法、抽样方法、计算方法、操作规程,以及某些设计规范、施工规范等。它实质上是对成品、半成品、原材料、辅助材料等的质量进行感官检验、理化检验、抽样检验,以及对生产过程控制指标进行分析检验、检测或验收而制定的具体方法。

方法标准的具体内容包括以下五方面:
(1) 该方法的适用范围;
(2) 该方法的原理、步骤、做法;
(3) 使用的设备、仪器、材料;
(4) 与相关工作的协作关系;
(5) 结果的计算、分析、评定。

第二节 企业标准体系的设计——理念、结构与程序

企业标准体系专注于为实现企业战略提供标准化管理的系统方法和管理平台。因此,企业标准体系是企业战略性决策的结果,其构建的是企业顶层设计的内容。而各类管理体系文件是企业标准体系的一部分,对于各管理体系的通用要求,可采用整合、兼容和拓展的方式,将相应标准修订后纳入标准体系;对于各管理体系的特定要求,可直接将原管理体系的文件纳入企业标准体系。

国家标准 GB/T 13017-2018《企业标准体系表编制指南》和 GB/T 15496-2017《企业标准体系 要求》对企业标准体系的定义是:企业内的标准按其内在联系形成的科学的有机整体。

一、企业标准体系构建的理念与要求

(一) 企业标准体系构建的基本理念

企业标准体系的构建必须以企业战略为导向,根据企业发展战略及相关方需求与期望,遵循"PDCA"模式,实现系统管理和持续改进。在企业标准体系中,各标准之间是相互关联、协调作用的关系。为此,在构建企业标准体系时需遵循以下基本理念。

(1) 需求导向。以企业战略需求为导向,充分考虑企业内外部环境因素与相关方的

需求与期望,以实现企业发展战略为根本目标。

(2) 创新设计。根据企业实际进行创新设计,构建系统、协调、适应企业发展战略和经营管理需要的企业标准体系。

(3) 系统管理。运用系统管理的原理和方法,识别企业生产、经营、管理全过程中相互关联、相互作用的标准化要素,建立企业标准体系,并与企业经营管理系统充分融合、相互协调、发挥系统效应,提高企业实现目标的有效性。

(4) 持续改进。采用"PDCA"的循环管理模式,实现企业标准体系持续改进。

(二) 企业标准体系构建的基本要求

企业标准体系构建的基本要求有以下几点。

(1) 企业标准体系应遵循"PDCA"模式构建、运行、评价与改进。

(2) 企业应以本企业战略为导向,分析需求、策划企业标准体系。根据分析结果形成企业标准体系构建规划。

(3) 企业标准体系应目标明确,体系内所有标准应完整、协调,满足相关方需求。

(4) 企业标准体系应层次清晰、结构合理,体系内所有标准边界清楚,衔接顺畅,构成有机整体。

(5) 企业标准体系应适宜、有效,企业可根据需求和内外部环境变化调整企业标准体系。

(6) 企业宜将其他管理体系的标准纳入企业标准体系。

(7) 企业应定期开展企业标准体系评价工作,确保体系持续有效。

(8) 企业应利用标准化的方针目标评审和体系评价所产生的结果,持续改进和完善企业标准体系。

二、企业标准体系的基本结构

国家标准 GB/T 15496-2017《企业标准体系 要求》对企业标准体系结构图的定义是:表达企业标准体系总体框架中标准的功能定位,以及与其他标准的相互关系的图。企业标准体系结构图是描述企业标准体系结构关系的逻辑框图,包括内外部相关环境以及内部各子体系的相互支持、相互配合的逻辑关系。

企业通过对相关方的需求和期望及企业标准化现状进行分析,形成企业标准体系构建规划、方针、目标,识别企业适用的法律法规和指导标准的要求,构建企业标准体系,如图 12.2 所示。企业依据实际情况,可选择采用相应的功能结构、属性结构或序列结构来构建企业标准体系。

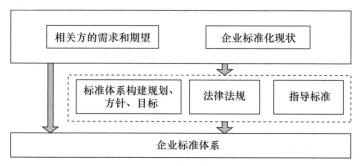

图 12.2 企业标准体系的构建

1. 功能结构

企业标准体系功能结构由产品实现/服务提供标准体系、基础保障标准体系和岗位标准体系三个子体系组成,如图12.3所示。

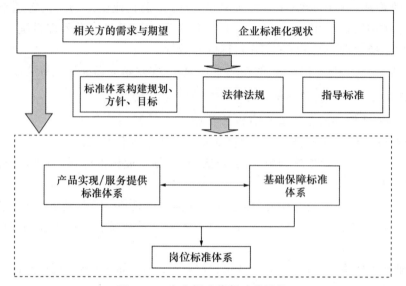

图 12.3　企业标准体系功能结构

产品实现/服务提供标准体系和基础保障标准体系构成企业标准体系的两个主体分支,共同服务于企业的业绩;岗位标准体系是产品实现/服务提供标准体系和基础保障标准体系在岗位上落地的标准集合,依据产品实现/服务提供标准体系和基础保障标准体系制定,落实产品实现/服务提供标准体系和基础保障标准体系的要求。

2. 属性结构

企业标准体系属性结构由技术标准体系、管理标准体系和工作标准体系三个子体系组成,如图12.4所示。

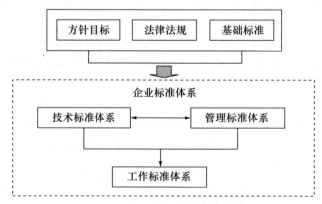

图 12.4　企业标准体系属性结构

在企业标准体系属性结构中,技术标准体系和管理标准体系之间存在着相互制约的作用。工作标准体系同时实施技术标准体系和管理标准体系中的相应规定,是技术标准体系和管理标准体系共同指导和制约下的下层标准。

3. 序列结构

企业标准体系序列结构通常是指围绕产品、服务、过程生命周期各阶段的具体技术要求，或空间序列等编制出的标准体系结构图。企业根据实际情况，可以按企业、产品、服务、过程或项目等的工作序列构造标准体系结构图。序列结构一般用于局部标准体系的构建。图12.5所展示的是工业产品序列结构，它是以产品的原材料、设计、试验、生产制造、产品或半成品、销售、报废处理等环节为序列，制定不同阶段的标准。

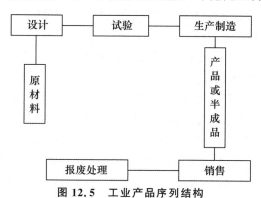

图12.5　工业产品序列结构

((●)) 标准信息窗

从大米包装的执行标准区分品种

目前，我国大米市场的品种繁多，如何有效辨别各种名优大米？最简单的方法就是通过大米包装上的执行标准来区分。

执行标准 GB/T 1354，通常为普通大米。

执行标准 GB/T 19266，为五常大米。该大米质地坚硬，颜色不是特别白。

执行标准 GB/T 20040，为方正大米。该大米中所含的硒元素非常高，具有较高的营养价值。

执行标准 GB/T 18824，为盘锦大米。该大米口感好，可以与五常大米相媲美，营养价值低一些。

执行标准 GB/T 22438，为原阳大米。

三、企业标准体系构建的基本程序

企业标准体系的构建是一项系统性工程，需要企业内各部门的能力协作，并遵循一定的程序进行。

1. 明确分工、落实人员

构建企业标准体系涉及的范围广、专业性强，是一项复杂、繁重且费时的工作，仅靠一个部门、一两个人是做不好的。它需要企业各个部门（尤其是技术、生产、经营、管理等职能部门)的积极参与。

企业标准体系包括技术标准体系、管理标准体系和工作标准体系,归口管理部门也有所不同。一般应先确定企业标准化工作的管理职能部门,以及三大标准体系的归口管理职能部门。每一个部门都要指定标准化工作的负责人,落实具体工作人员,即标准化专(兼)职人员。

由企业标准化工作的归口管理部门拟订企业标准体系编制计划,明确分工,分头联系有关部门的标准化分管负责人和专(兼)职标准化人员,开展标准的收集、整理工作。

2. 收集、整理标准和相关文件

着手编制标准体系前,应依靠各个部门收集信息资料,对各个部门在工作中贯彻执行的标准和规范性文件进行分类汇总。

对在用的国际标准、国家标准、行业标准、地方标准和团体标准,应通过各种途径或手段,如上网查询或对照有关标准目录,确认是否为现行的有效版本。

企业标准则需要确定是否在三年内审的有效期内,特别需要关注的是有关产品认证、管理体系认证方面标准的最新动向。若已有新的替代标准目录,则应提交清单汇总到标准化职能部门,及时收集新的标准文本,并组织有关部门研究执行最新版本标准的可能性。

3. 编制企业标准体系文件清单

在调查分析的基础上,各个部门应提出已在实施的标准、准备补充制定或修订的标准,以及打算收集标准的清单,汇总给标准化有关管理职能部门。这是编制企业标准体系的关键一步。

标准体系并不是一个表,而是由一组图表、文件和标准所组成的一套文件体系。因此,企业标准体系最终至少应包括下列文件:

(1) 企业标准体系结构图,包括产品实现/服务提供标准体系结构图、基础保障标准体系结构图、岗位标准体系结构图;或者是技术标准体系结构图、管理标准体系结构图、工作标准体系结构图;

(2) 标准明细表,包括技术标准明细表、管理标准明细表、工作标准明细表;

(3) 标准统计表(汇总表);

(4) 标准体系编制说明;

(5) 企业目前执行的国际标准、国家标准、行业标准、地方标准、团体标准,以及企业自行制定的各类标准、规范的文本。

4. 企业标准体系文件的编制

首先,在清理、收集和分析标准的基础上,可以先分别由各个标准化归口管理部门编制出技术标准体系、管理标准体系和工作标准体系(或产品实现/服务提供标准体系、基础保障标准体系、岗位标准体系)的结构图,把企业标准体系的框架搭起来,把所涉及的标准子体系和下属标准的子体系关系确定好。

其次,按照结构图子体系的体系代码(即隶属编号)顺序,用明细表的格式在每个子体系里面依次填写个性标准的有关信息。明细表编制完成后,再根据明细表的内容编制出标准统计表。由标准化管理职能部门协调,形成统一的标准体系。

最后,按要求撰写标准体系的编制说明。

表 12.1、表 12.2、表 12.3 是某企业的技术标准体系、管理标准体系和工作标准体系明细表。

表 12.1　某企业技术标准体系明细表

序号	企业标准编号	标准名称	引用标准编号
1		产品几何技术规范(GPS)线性尺寸公差 ISO 代号体系　第 1 部分:公差、偏差和配合的基础	GB/T 1800.1-2020
2		产品几何技术规范(GPS)线性尺寸公差 ISO 代号体系　第 2 部分:标准公差带代号和孔、轴的极限偏差表	GB/T 1800.2-2020
3		产品几何技术规范(GPS)尺寸公差　第 1 部分:线性尺寸	GB/T 38762.1-2020
4		机械制图　机构运动简图用图形符号	GB/T 4460-2013
5		产品几何技术规范(GPS)几何公差　形状、方向、位置和跳动公差标注	GB/T 1182-2018
6		空间和时间的量和单位	GB/T 3102.1-1993
7	Q/HTD J01.1-2022	设计和开发的控制程序	
8	Q/HTD J02.1-2022	通用型 PVC 电缆料	
9	Q/HTD J03.1-2022	原辅材料采购规范	
10	Q/HTD J04.1-2021	生产提供的控制程序	
11	Q/HTD J04.2-2021	工艺流程	
12	Q/HTD J04.3-2022	PVC 生产线工艺规程	

表 12.2　某企业管理标准体系明细表

序号	企业标准编号	标准名称	引用标准编号
1		标准化工作导则　第 1 部分:标准化文件的结构和起草规则	GB/T 1.1-2020
2		标准化工作导则　第 2 部分:以 ISO/IEC 标准化文件为基础的标准化文件起草规则	GB/T 1.2-2020
3		标准化工作指南　第 3 部分:引用文件	GB/T 20000.3-2014
4		标准编写规则	GB/T 20001
5		标准体系表编制原则和要求	GB/T 13016
6		企业标准体系表编制指南	GB/T 13017
7		企业标准体系要求	GB/T 15496-2017
8		企业标准体系技术标准体系	GB/T 15497-2017
9		企业标准体系管理标准和工作标准体系	GB/T 15498-2017
10	Q/HTD G01.1-2022	会议管理制度	
11	Q/HTD G01.2-2022	中高层管理人员绩效考核方案	
12	Q/HTD G02.1-2022	生产计划管理办法	
13	Q/HTD G02.2-2022	质量管理制度	
14	Q/HTD G03.1-2022	设备管理制度	
15	Q/HTD G04.1-2022	计量检测数据管理程序	
16	Q/HTD G05.1-2023	顾客满意度监测程序	

表 12.3 某企业工作标准体系明细表

序号	企业标准编号	标准名称	引用标准编号
1	Q/HTD Z01.1-2021	总经理岗位工作标准	
2	Q/HTD Z01.3-2021	总工程师岗位工作标准	
3	Q/HTD Z02.1-2021	管理人员通用岗位工作标准	
4	Q/HTD Z02.2-2021	技术部门主管岗位工作标准	
5	Q/HTD Z02.10-2021	采购员岗位工作标准	
6	Q/HTD Z02.11-2021	仓库管理员岗位工作标准	
7	Q/HTD Z02.15-2021	专兼职标准化员岗位工作标准	
8	Q/HTD Z03.1-2021	操作人员通用作业标准	
9	Q/HTD Z03.2-2022	挤塑工作业标准	
10	Q/HTD Z03.3-2022	配料工作业标准	
11	Q/HTD Z03.4-2022	磨浆工作业标准	
12	Q/HTD Z03.5-2022	机修工作业标准	
13	Q/HTD Z03.9-2022	清洁工作业标准	

第三节　功能模式企业标准体系的设计

企业可根据自己选择的标准分类方法,构建企业标准体系,无论采用哪一种标准分类方法,所形成的标准体系都是科学、有机的整体,覆盖企业经营管理全部领域,满足目标性、完整性、适宜性和有效性的要求。功能模式企业标准体系是依据标准化对象划分的准则,将企业标准分为产品实现/服务提供标准、基础保障标准和岗位标准三大类来构建的企业标准体系,其设计目标就是使产品实现/服务提供标准、基础保障标准和岗位标准实现"三标一体",并确保"三标"同步运行。

一、功能模式企业标准体系结构图

功能模式企业标准体系由产品实现/服务提供标准体系、基础保障标准体系和岗位标准体系三个子体系组成。

(一) 设置原则

功能模式企业标准体系结构设置的原则为:

(1) 企业构建标准体系前应识别相关方的需求和期望,以及企业标准化现状,需要分析企业标准体系构建规划、方针、目标,遵守法律法规,参考相关的上级标准。

(2) 围绕过程和结果(产品/服务),直接建立产品实现/服务提供标准体系和基础保障标准体系,再建立落实岗位标准体系,完成搭建企业标准体系的全要素。

(二) 结构关系

功能模式企业标准体系结构如图 12.6 所示。三类子标准体系之间存在着相互配合、相互支持的关系:

(1) 产品实现/服务提供标准体系、基础保障标准体系是对企业标准体系的具体化和支撑。产品实现/服务提供标准体系是为满足用户需求,规范产品实现/服务提供全过程而建立的体系;基础保障标准体系是为保障企业生产、经营、管理等各项工作的有序开展,以管理对象为组成要素建立的体系;岗位标准体系是为实现基础保障标准体系和产品实现/服务提供标准体系有效落地,以岗位作业为组成要素建立的体系。在具体构建中,岗位标准体系也可按照企业的实际管理机构,即以管理部门和企业的基层单位为基础,列出主要的岗位标准方框。

(2) 功能模式企业标准体系结构所展示的企业标准体系是针对产品实现/服务提供标准体系、基础保障标准体系和岗位标准体系三类"子体系"的二层次标准结构体系,再下一层次的标准体系则应由企业根据实际需求分别列出其他专业标准或专项标准。需要注意的是,企业应根据实际对结构图中所列出的二级标准进行分析,进行相应的裁剪或组合。

(3) 功能模式企业标准体系结构适用于各种大型、中型、小型、微型企业。尚未全面建立、实施信息化的企业可以此为基础,逐步改进完善企业标准体系,推动其向更高阶段发展。

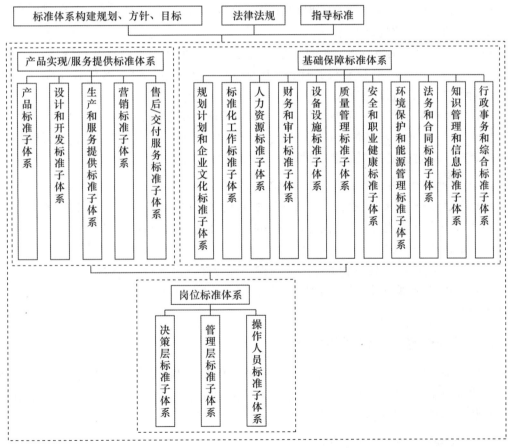

图 12.6 功能模式企业标准体系结构

二、产品实现/服务提供标准体系的设计

国家标准 GB/T 15496-2017《企业标准体系 要求》对产品实现标准体系的定义是：企业为满足顾客需求所执行的，规范产品实现全过程的标准按其内在联系形成的科学的有机整体。实践中，通常将服务提供标准体系并入产品实现标准体系。

（一）产品实现/服务提供标准体系的构成

产品实现/服务提供标准体系应按 GB/T 15497-2017 的要求构建，一般包括产品标准子体系、设计和开发标准子体系、生产和服务提供标准子体系、营销标准子体系、售后/交付服务标准子体系。

（1）产品标准子体系是企业生产和使用到的所有产品标准的集合。这些产品标准是企业根据市场和顾客的需求，结合自身的技术和资源优势，对产品结构、规格、质量特性和检验/验证方法等做出的技术规定，并对产品进行的科学分类。产品标准子体系中所收集、制定的产品标准可以是国家标准、行业标准、地方标准、团体标准；还可以是与顾客约定执行的技术要求或其他标准，甚至是国际标准、国外先进标准或国外企业的标准。

（2）设计和开发标准子体系一般包含产品决策标准、产品设计标准、产品试制标准、产品定型标准、设计改进标准等。

（3）生产和服务提供标准子体系一般包含生产和服务计划提供标准，采购标准，工艺和服务提供标准，监视、测量和检验标准，不合格控制标准，标识标准，包装标准，贮存标准，运输标准，产品交付标准等。

（4）营销标准子体系一般包含营销策划标准和产品销售标准等。

（5）售后/交付服务标准子体系一般包含维保服务标准、三包标准、售后/交付技术支持标准、售后/交付信息控制标准、产品召回和回收再利用标准等。

（二）产品实现/服务提供标准体系设计的要求

（1）产品实现/服务提供标准体系是开放、动态的有机系统。企业可根据产品/服务类型和过程对产品实现/服务提供标准体系及其子体系进行设计，包括删减、增补或整合标准体系的内容等。

（2）产品实现/服务提供标准体系应确保其充分性、适宜性和有效性。

（3）产品实现/服务提供标准体系应与 GB/T 15496 和 GB/T 15498 的规定相互协调。

三、基础保障标准体系的设计

国家标准 GB/T 15496-2017《企业标准体系 要求》对基础保障标准体系的定义是：企业为保障企业生产、经营、管理有序开展所执行的，以提高全要素生产率为目标的标准按其内在联系形成的科学的有机整体。

（一）基础保障标准体系的构成

基础保障标准体系应按 GB/T 15498-2017《企业 标准体系 基础保障》的要求构建，一般包括规划计划和企业文化标准、标准化工作标准、人力资源标准、财务和审计标准、设备设施标准、质量管理标准、安全和职业健康管理标准、环境保护和能源管理标准、法务和

合同标准、知识管理和信息标准、行政事务和综合标准等子体系。

（1）规划计划和企业文化标准子体系一般包含规划计划、品牌、企业文化等方面的相关事项所制定的标准。

（2）标准化工作标准子体系一般包含标准化工作组织与管理、标准化工作评价等方面的相关事项所制定的标准。这些标准规定企业标准化工作的目标、内容、程序、要求、检查和改进方法等。

（3）人力资源标准子体系一般包含劳动组织、劳动关系、绩效、薪酬福利保障、培训和人才开发等方面的相关事项所制定的标准。这些标准应根据企业发展、生产规模、劳动形式、生产环境、人员情况等进行编制。

（4）财务和审计标准子体系一般包含预算决算、核算、成本管理、资金管理、资产管理、投资融资、税务管理和审计管理等方面的相关事项所制定的标准。这些标准应按国家法律法规和地方、行业要求，并结合企业的实际运营模式进行制定，以对企业的财务和审计活动进行有效规范。

（5）设备设施标准子体系一般包含设备设施设计和选购、储运、安装调试和交付、使用保养和维护、改造停用和废弃、工艺装备、基础设施、监视和测量等方面的相关事项所制定的标准。

（6）质量管理标准子体系一般包含质量控制、精细化管理、精益化管理等方面的相关事项所制定的标准。这些标准的制定能确保对产品实现过程的质量定位、组织与管理、推进及其测量、评价与改进的规范。

（7）安全和职业健康管理标准子体系一般包含安全、应急、职业健康等方面的相关事项所制定的标准。安全管理标准应包括安全警示标志和报警信号，危险和有害因素分类分级，安全设备的设计、制造、安装、使用、检测、改造和报废标准；应急准备和相应要求及其紧急情况下的处置标准，应包括识别、预案、通报、演练、措施等内容；职业健康标准应涵盖企业在生产、经营和管理活动的各环节中有关保障人身健康、动植物生命与健康等的事项。

（8）环境保护和能源管理标准子体系一般包含环境、废弃物排放、能源等方面的相关事项所制定的标准。

（9）法务和合同标准子体系一般包含法务管理、合同管理等方面的相关事项所制定的标准。

（10）知识管理和信息标准子体系一般包含知识产权管理、信息、文件与记录、档案等方面的相关事项所制定的标准。

（11）行政事务和综合标准子体系一般包含行政事务、技术资源、风险和内控管理等方面的相关事项所制定的标准。

（二）基础保障标准体系设计的要求

（1）基础保障标准体系应以保障企业产品实现有序为前提进行设计，以生产、经营和管理活动中的保障事项为要素。

（2）基础保障标准体系内的标准应在相关法规及其组织环境、企业战略、方针目标和企业标准化管理文件的指导下形成，以企业生产、经营和管理等活动为依据。

（3）纳入基础保障标准体系的标准应相互协调，标准内容应符合企业生产、经营和管理活动实际。

(4) 不同类型的企业可根据生产、经营和管理活动的特点,对基础保障标准体系中的要素进行适当选择、调整、减裁与补充,选择、调整、减裁与补充应确保体系的适宜性、充分性和有效性,且不影响企业的产品实现。

(5) 构成基础保障标准体系的标准应包括企业适用的国家标准、行业标准、地方标准、团体标准和企业标准。

(6) 基础保障标准体系的构建,应充分考虑和满足企业质量管理、安全和职业健康管理、环境和能源管理以及信用管理的要求,为企业建立和实施相关管理体系奠定基础。

(7) 基础保障标准体系应与 GB/T 15496 和 GB/T 15498 的规定相互协调。

四、岗位标准体系的设计

国家标准 GB/T 15496-2017《企业标准体系 要求》对岗位标准体系的定义是:企业为实现基础保障标准体系和产品实现标准体系有效落地所执行的,以岗位标准为组成要素标准按其内在联系形成的科学的有机整体。

(一) 岗位标准体系的构成

岗位标准体系一般包括决策层标准、管理层标准和操作人员标准这三个子体系。

(1) 决策层标准子体系是企业决策层中所有岗位标准的集合。这些标准是企业根据企业决策层岗位的设置,对不同决策岗位的基本任务、职责、权力、工作内容、要求、考核等所做出的规定。

(2) 管理层标准子体系是企业管理层中所有岗位标准的集合。这些标准是企业根据企业管理层岗位的设置,对不同管理岗位的基本任务、职责、权力、工作内容、要求、考核等所做出的规定。

(3) 操作人员标准子体系是企业中所有操作人员岗位标准的集合。这些标准是企业根据企业操作岗位的设置,对不同操作岗位的基本任务、职责权限、工作范围、作业流程、作业规范、周期工作事项、条件触发的工作事项等所做出的规定。

(二) 岗位标准体系设计的要求

(1) 岗位标准体系应完整、齐全,每个岗位都应有岗位标准。

(2) 岗位标准应由岗位业务领导部门或岗位所在部门编制。

(3) 岗位标准应以基础保障标准和产品实现/服务提供标准为依据。当基础保障标准体系和产品实现/服务提供标准体系中的标准能够满足岗位作业要求时,基础保障标准体系和产品实现/服务提供标准体系可直接作为岗位标准使用。

(4) 岗位标准一般以作业指导书、操作规范、员工手册等形式体现,可以是书面文本、图表、多媒体,也可以是计算机工作指令。

第四节 属性模式企业标准体系的设计

标准化作为一种科学管理体系,如果仅有技术标准而没有与之匹配的管理标准和工作标准,那么技术标准的实施就缺乏强有力的支撑和基础,纵然它能采取行政命令的手段进行标准贯彻,但管理上的疏漏和员工的职责不清最终可能导致员工工作无头绪、考核无依据、好坏无区别。因此,属性模式标准体系是依据标准属性划分的准则,将企业标准分为技术标准、管理标准和工作标准三大类来构建的企业标准体系,其设计目标就是使技术标准、管理标准和工作标准实现"三标一体",并确保"三标"同步运行。

一、属性模式企业标准体系结构

属性模式企业标准体系是由技术标准体系、管理标准体系和工作标准体系三个子体系组成。它是一个在企业方针目标和相关法律、法规、规章指导下,以技术标准体系为主体,管理标准和工作标准体系相配套,包括企业标准化工作管理要求在内的有机整体。图12.7是属性模式企业标准体系结构。

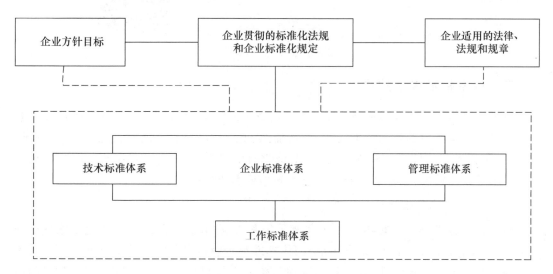

图 12.7 属性模式企业标准体系结构

注:图中上方虚线表示上排方框中的内容对企业标准体系的指导关系;虚线方框则表示完整的企业标准体系;实线表示相关关系。

(1) 技术标准体系(technical standard system)是指企业范围内的技术标准按其内在联系形成的科学的有机整体,它是企业标准体系的组成部分。它是企业标准体系的主体,是企业组织生产、研发、经营和管理的技术依据。它以与质量有关的技术标准为主,包括能源、安全、职业健康、环境、信息等技术标准。企业技术标准体系的基本构成要素是根据企业的产品类型、生产特点、消费者需求等具体情况所作出的合理选择。

(2) 管理标准体系(administrative standard system)是指企业标准体系中的管理标准按其内在联系形成的科学的有机整体。它涉及企业管理制度的方方面面,其中包括组织管理、行政后勤保障管理、人力资源管理、生产管理、技术研发管理、设备管理、质量管理、财务管理等,是企业管理运行较为完备的制度体系,它为企业步入良性的发展轨道奠定了坚实的基础。

(3) 工作标准体系(duty standard system)是指企业标准体系中的工作标准按其内在联系形成的科学的有机整体。工作标准的对象是人所从事的工作。任何一个企业的生产活动,都是利用一定的"资源"(包括机器设备、能源、信息、工作环境等),通过"人"的劳动

(包括脑力劳动和体力劳动)把"原材料"加工成产品的活动。通过分析和研究,将一项活动按重复的工作程序和作业方法加以标准化,即形成了该项活动的工作标准。一项工作标准可以有效地约束同一项活动的所有人员遵照执行,从而提高其工作效率与工作质量。如果将企业中的所有工作标准按其内在联系形成科学的有机整体,就可以使整个企业处于最佳状态,实现较高的生产效率和经济效益。

延伸课堂

日本的标准体系

二、技术标准体系的设计

技术标准体系是企业标准体系的主体,是企业组织生产、研发、经营和管理的技术依据。它以与质量有关的技术标准为主,包括能源、安全、职业健康、环境、信息等技术标准。因此,企业技术标准体系的建立,必须根据企业的生产组织形式、产品类型、生产特点、消费者需求等具体情况,选择适合企业特色的各项要素或标准。

(一)技术标准体系设计的原则

构成技术标准体系的标准包括企业所采用和贯彻的国际标准、国外先进国家或企业的标准、国家标准、行业标准、地方标准、团体标准和企业自身制定的技术标准。所有技术标准均应在标准化法律法规、各种相关法规和企业方针目标及《企业标准化管理办法》的指导下形成。

(二)技术标准体系的结构形式

企业技术标准体系的结构形式通常分为序列结构和层次结构。企业选择哪种结构形式往往依生产类型决定。

1. 序列结构

当企业只生产单一类型的产品时,企业技术标准体系可用序列结构表示(见图12.8)。技术标准体系序列结构一般以产品(软件、硬件、流程性材料、服务)为中心,由与产品质量有关的技术标准按质量形成过程为序排列组成,同时考虑能源、安全、职业健康、环境、信息等技术标准。

2. 层次结构

企业生产两个及以上类型的产品时,可用层次结构表示,如图12.9所示。

(1)技术标准体系层次结构的第一层是技术基础标准,其覆盖面是企业的产品标准、产品实现过程中所有综合性的技术基础标准,是指导企业产品标准和产品实现过程中技术标准制定的基础。

(2)第二层产品实现过程中的技术标准是以产品质量形成过程为顺序的技术标准和

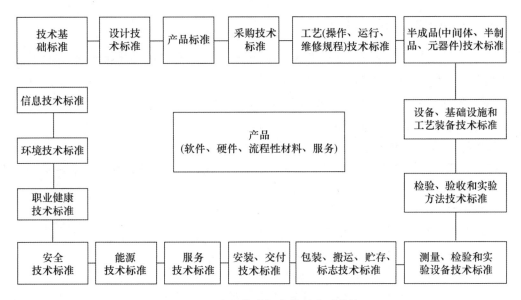

图 12.8　企业技术标准体系序列结构

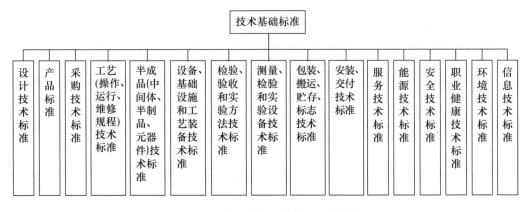

图 12.9　企业技术标准体系层次结构

能源、安全、职业健康、环境、信息等技术标准。

（三）技术标准体系的基本要素

企业技术标准体系的基本要素通常包括：技术基础标准，设计技术标准，产品标准，采购技术标准，工艺（操作、运行、维修规程）技术标准，半成品（中间体、半制品、元器件）技术标准，设备、基础设施和工艺装备技术标准，检验、验收和实验方法技术标准，测量、检验和实验设备技术标准，包装、搬运、贮存、标志技术标准，安装、交付技术标准，服务技术标准，能源技术标准，安全技术标准，职业健康技术标准，环境技术标准，信息技术标准共 17 个要素。

这些标准要素是构建企业技术标准体系的基本要素，属于通用性要素。不同类型的企业可根据产品类型和生产特点，适当修改。但修改不能影响企业提供产品与适用法律法规责任的要求及企业技术标准体系的系统性和有效性。

三、管理标准体系的设计

企业为与企业生产、经营、管理有关的重复性的管理活动制定管理标准,并将其按内在联系组成体系,就构成了企业的管理标准体系。

（一）管理标准体系的编制原则及基本要求

1. 管理标准体系的编制原则

管理标准体系的编制原则主要包括以下几方面：

（1）管理标准体系应符合国家有关法律、法规及强制性的国家标准、行业标准和地方标准的要求；

（2）管理标准体系应能保证技术标准体系的实施；

（3）构成管理标准体系的标准之间应相互协调一致；

（4）管理标准体系应与企业的其他管理体系相互协调一致；

（5）企业对管理标准体系应定期复审,并确定其有效性；

（6）因评价或确认需要,构成管理标准体系的标准可为评价或确认提供所需要的文件,并组合成新的体系文件。

2. 管理标准体系的构建要求

构建企业管理标准体系的基本要求主要包括以下三个方面：

（1）管理标准体系应在企业标准体系表的框架下制定,管理标准体系表应符合 GB/T 13017《企业标准体系表编制指南》中的相关规定要求；

（2）管理标准体系应贯彻国家、行业的管理基础标准；

（3）企业应充分吸收和运用国内外先进的管理理论和经验,结合实际,将其应用在管理标准体系的建立和实施中。

（二）管理标准体系的构成

管理标准体系的层次结构如图12.10所示,其所包含的管理内容类别基本上涵盖了一般企业的主要管理活动。

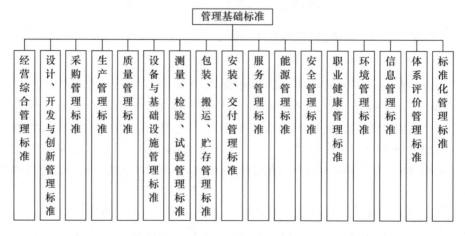

图12.10 管理标准体系的层次结构

（1）管理标准体系既可以是一个独立的体系，也可以是多个体系的组合，还可分成若干个相互联系、相互作用的子体系。但它必须包括企业所执行的国家标准、行业标准、地方标准和本企业制定的管理标准。

（2）企业管理标准体系的基本要素通常包括：管理基础标准，经营综合管理标准，设计、开发与创新管理标准，采购管理标准，生产管理标准，质量管理标准，设备与基础设施管理标准，测量、检验、试验管理标准，包装、搬运、贮存管理标准，安装、交付管理标准，服务管理标准，能源管理标准，安全管理标准，职业健康管理标准，环境管理标准，信息管理标准，体系评价管理标准，标准化管理标准共18个要素。

（3）图12.10所显示的企业管理标准体系构成具有普遍适用性。但在用于具体企业的管理标准体系构建时，需要根据具体企业的组织形式、产品类型、生产特点、管理方式等实际情况，对管理标准体系的18个要素进行适当的修改。

（4）当管理标准体系是由多个体系、多层结构组合而来时，应避免重复和矛盾。要确保上一层次的管理标准与下一层次标准体系的标准相互协调，以及同一层次的技术标准与管理标准的相互协调。

四、工作标准体系的设计

工作标准是按岗位制定的。企业里的岗位分工越细，工作标准的划分也将越细，只有这样才能通过标准对各工作岗位的要求作出明确的规定，而由此所形成的工作标准体系也就更加复杂。

（一）工作标准体系的编制原则及基本要求

1. 工作标准体系的编制原则

工作标准体系的编制原则主要包括以下几方面：

（1）工作标准体系应符合国家有关法律、法规及强制性的国家标准、行业标准和地方标准的要求；

（2）工作标准体系应确保技术标准体系和管理标准体系的实现；

（3）构成工作标准体系的标准之间应相互协调一致；

（4）工作标准体系应与企业的其他管理体系相互协调一致；

（5）企业对工作标准体系应定期复审，并确定其有效性。

2. 工作标准体系的基本要求

构建工作标准体系的基本要求主要包括以下两个方面：

（1）企业对与生产、经营和管理有关的工作岗位应建立工作标准，并形成体系，以保证技术标准和管理标准的实施；

（2）工作标准体系应在企业标准体系的框架下制定，并与技术标准和管理标准协调一致。

（二）工作标准体系的构成

图12.11是工作标准体系的通用结构。构成工作标准体系的工作标准可根据行业不同而选择不同内容，一般包括岗位工作标准或岗位责任制等。

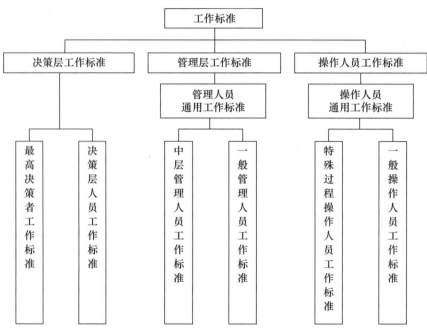

图 12.11 工作标准体系的通用结构

第五节 服务业组织标准体系的结构与内容

由于服务业组织生产的是服务产品,而服务产品具有非实物性、不可贮存性、生产与消费同时性等特征。因此,服务业组织在开展标准化工作的过程中,需要考虑如何根据自身发展的实际需求,构建符合其特性的企业标准体系。

一、服务业组织标准体系的总体结构

根据 GB/T 24421.1-2023《服务业组织标准化工作指南 第 1 部分:总则》的定义,服务业组织是指为实现服务活动目标,由职责、权限和相互关系构成服务功能的组织。

(一)基本概念

国家标准 GB/T 24421.2-2023《服务业组织标准化工作指南 第 2 部分:标准体系构建》对服务业组织标准体系的四个子标准体系给出了明确的定义。

1. 服务通用基础标准体系

在服务业组织内被普遍使用,具有广泛指导意义的标准按其内在联系形成的科学的有机整体。

2. 服务提供标准体系

服务业组织为满足顾客需要,规范供方与顾客之间直接或间接接触活动过程的标准按其内在联系形成的科学的有机整体。

3. 服务保障标准体系

服务业组织为保障服务和管理有序开展,以支撑服务有效提供为目标的标准按其内

在联系形成的科学的有机整体。

4. 岗位标准体系

服务业组织为实现服务保障标准体系和服务提供标准体系有效落地,以岗位作业为组成要素的标准按其内在联系形成的科学的有机整体。

◇ **标准小故事**

"金无足赤"——黄金饰品金含量的那些事

中国的黄金开采和冶炼最早的文字记录出现在东汉时期,黄金的冶炼提纯技术经历了鼓风炉、坩埚炉熔炼以及混汞术和灰吹法等阶段。从出土的文物来看,早在春秋战国时期,金币的金含量多数超过 90%;到了西汉时期,五铢金钱的金含量达到了 95%,饼金的金含量更是高达 99%。近年来,随着社会的发展和技术的进步,黄金饰品的金含量也在逐年刷新纪录,正所谓"金无足赤",金含量为 100% 的黄金饰品并不存在。黄金饰品的金含量越接近 100%,表明黄金饰品中除金以外的其他杂质元素的含量越低,黄金饰品的金含量越高。

根据国家标准 GB 11887-2012《首饰 贵金属纯度的规定及命名方法》及其第 1 号修改单中的规定,金含量大于 990‰ 的黄金首饰产品统称为足金首饰。目前市场上足金首饰的金含量主要包括以下几种:足金(金含量≥990‰);足金(金含量≥999‰);足金(金含量≥999.9‰);足金(金含量≥999.99‰)。金含量大于(等于)999.99‰ 的黄金饰品是目前市场中金含量"最高"的黄金首饰产品。

资料来源:作者根据相关资料整理而成。

（二）总体结构

服务业组织标准体系包括服务通用基础标准体系、服务提供标准体系、服务保障标准体系、岗位标准体系四个子体系。服务业组织标准体系总体结构如图 12.12 所示,其中对于指导标准,服务业组织不直接实施,但该类标准对服务业组织标准体系有指导作用,可将其全部或部分转化为服务业组织标准体系中的标准。

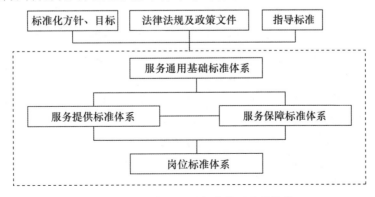

图 12.12 服务业组织标准体系总体结构

二、服务通用基础标准体系的结构与内容

服务通用基础标准体系应按 GB/T 15497 的要求构建,一般包括标准化工作标准、术语与缩略语标准、符号与标志标准、数值数据及量和单位标准、测量标准等子体系。图 12.13 是服务通用基础标准体系结构。服务通用基础标准体系中的标准是其他标准制定和实施的基础,不受服务业组织的行业类型、运行模式、技术水平等因素的限制。

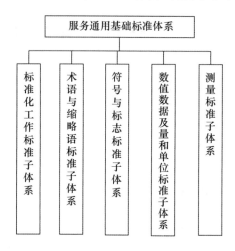

图 12.13　服务通用基础标准体系结构

1. 标准化工作标准子体系

标准化工作标准是服务业组织为开展标准化活动,实现标准化管理而收集、制定的标准。其内容一般包括:标准化工作的组织与开展、标准化工作主要任务明确、标准体系构建、标准实施及评价、标准制定(修订)、复审及结果的处置管理、标准化信息管理、标准化综合效益评价等。

2. 术语与缩略语标准子体系

术语标准是界定服务业组织内部使用的概念的指称及其定义的标准;缩略语标准是指将服务业组织内部常用的较长词句缩短省略成较短的词语,并制定成对照关系的标准。缩略语标准一般分为中文缩略语标准和英文缩略语标准。

3. 符号与标志标准子体系

符号与标志标准是以特定的文字、字母和(或)图形为主要内容并附有关说明的标准。其内容一般包括安全、公共信息、服务信息等相关符号与标志等。

4. 数值数据及量和单位标准子体系

数值数据及量和单位标准是服务业组织运行和管理活动所涉及的适用于本组织的数值数据及量和单位相关的标准。其内容一般包括:服务业组织对各种数值和数据的判定与表示,服务业组织运行和管理活动中采用的相关国家标准中的量和单位,服务业组织对量和单位的选用及确定要求等。

5. 测量标准子体系

测量标准是服务业组织运行和管理活动中使用的测量方法和测量设备相关的标准。

其内容一般包括:通过公式计算的测量要求(如标准覆盖率、标准实施率等目标及技术指标的测量方法)通过测量工具测量的相关要求(如测量方法、测量设备检定及校准、测量量值的计量基准和标准、测量控制的监测点和范围)等。

三、服务提供标准体系的结构与内容

服务提供标准体系应按 GB/T 15497 的要求构建,一般包括服务实现标准、运行管理标准、服务评价与改进标准等子体系。图 12.14 是服务提供标准体系结构。

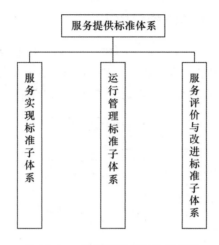

图 12.14　服务提供标准体系结构

1. 服务实现标准子体系

服务实现标准是服务业组织以服务为核心,涵盖服务计划、服务执行、服务交付全过程的标准。其内容一般包括:

(1) 服务业组织为满足顾客需求,根据服务项目的环节、类别等属性而规定的特性要求;

(2) 服务实现过程中,提供服务的方法和手段、服务流程和环节划分的方法和要求,以及服务的沟通与确认要求;

(3) 服务实现过程中,识别、分析对服务质量有重大影响的关键过程,并加以控制的要求。

服务业组织在设计和构建服务实现标准子体系时,宜根据自身服务管理的特点做适当的调整。服务实现标准子体系的构建可使用服务流程法、服务要素法、服务对象法、服务项目法等方法进行。

2. 运行管理标准子体系

运行管理标准是服务业组织为保证服务质量,对服务运行过程中的规划、设计、实施和控制进行管理而收集、制定的标准。其内容一般包括:

(1) 落实国家法律法规和标准要求宜采取的管理措施;

(2) 营销的组织与管理要求,客户关系管理要求;

(3) 服务资源调剂与组织的一般要求;

(4) 服务人员的有序组织和配备要求;

(5) 工作现场各类信息沟通要求和反馈渠道要求。

3. 服务评价与改进标准子体系

服务评价与改进标准是服务业组织对服务的有效性、适宜性和顾客满意度进行评价，并对达不到预期效果的服务进行改进而收集、制定的标准。其内容一般包括：

（1）评价的基本条件、原则和依据；
（2）评价的组织机构和人员；
（3）评价的程序和方法；
（4）评价内容和要求。

四、服务保障标准体系的结构与内容

服务保障标准体系应按 GB/T 15497 的要求构建，一般包括环境与能源标准、安全与应急标准、职业健康标准、信息标准、财务与审计标准、设施设备及用品标准、人力资源标准、法务与合同标准等子体系。图 12.15 是服务保障标准体系结构。

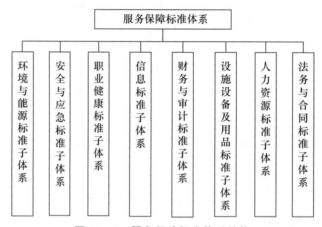

图 12.15　服务保障标准体系结构

1. 环境与能源标准子体系

环境标准是围绕环境条件、环境管理和环境保护等收集、制定的标准，其内容一般包括温度、湿度、光线、空气质量、噪声等管理要求以及服务业组织场所日常环境卫生管理要求。

能源标准是围绕用能和节能管理等收集、制定的标准，其内容一般包括煤、电、油、气体燃料、热力、水等能源管理和节约要求。

2. 安全与应急标准子体系

安全与应急标准是以保护生命和财产安全为目的而收集、制定的标准，其内容一般包括安全管理标准、风险管理标准、应急管理标准等。

3. 职业健康标准子体系

职业健康标准是以消除和减少服务提供过程中产生的职业安全风险，针对职工从事职业活动中的健康损害、安全危险及其有害因素而收集、制定的标准，其内容一般包括劳动保护、职业危害预防和纠正措施等。

4. 信息标准子体系

信息标准是为信息化、文件与记录、档案、知识等管理而收集、制定的标准，其内容一

般包括信息化管理标准、文件与记录管理标准、档案管理标准、知识管理标准等。

5. 财务与审计标准子体系

财务标准是按法律法规和标准的要求,对财务活动中的成本核算和收支等方面进行管理而收集、制定的标准,其内容一般包括筹资、投资管理标准,营运资金管理标准,利润分配管理标准,财务决策管理标准等。

审计标准是服务业组织以相关审计政策规定为依据,开展审计工作而收集、制定的标准,其内容一般包括审计机构工作规则,服务业组织内部财务审计、管理审计的程序和方法,经营风险识别、控制、规定,内部控制体系的监督检查、缺陷管理及内控评价的规定。

6. 设施设备及用品标准子体系

设施设备及用品标准是为服务业组织服务及运行所必须配置的设施设备及用品而收集、制定的标准,其内容一般包括设施设备及用品的选购、储运、安装调试、使用与维护保养、停用改造与报废等。

7. 人力资源标准子体系

人力资源标准是服务业组织为开展人力资源规划、人才招聘与配置、人才培训和开发、员工绩效考核管理、薪酬服务管理、劳动关系管理而收集、制定的标准,其内容一般包括组织机构及岗位设置、变更及管理,人员聘用,绩效考核,薪酬福利管理,人员培养与开发,劳动关系管理等。

8. 法务与合同标准子体系

法务标准是服务业组织为法律风险防控、法律工作体系构建等事项而收集、制定的标准,其内容一般包括证照管理、合规经营管理、法制宣传教育管理等。

合同标准是服务业组织为合同达成一致并组织实施而收集、制定的标准,其内容一般包括合同的授权、谈判、起草、审核、评估、签订、履行、预警、纠纷处置、管控、归档等。

五、岗位标准体系的结构与内容

岗位标准体系应按 GB/T 15497 的要求构建,一般按照岗位层级分为决策层岗位标准、管理层岗位标准、操作人员岗位标准等子体系。图 12.16 是岗位标准体系结构。

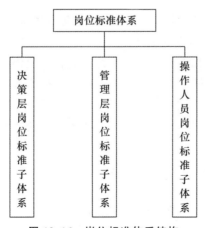

图 12.16 岗位标准体系结构

1. 决策层岗位标准子体系

决策层岗位标准是服务业组织为确定组织的愿景、使命、战略、方针、目标、标准体系等全局性、方向性、决策性工作而收集、制定的标准,其内容一般包括决策层岗位宜具备的组织管理和专业知识、技能和素质,决策层岗位职责,领导权、决策权、考核权、处置权、奖惩权、任免权、审批权等权限,管理内容和要求,检查与考核评价。

2. 管理层岗位标准子体系

管理层岗位标准是服务业组织为贯彻落实决策层决策,提高组织效率,保障日常计划、组织、指挥、控制、协调工作而收集、制定的标准,其内容一般包括管理层岗位宜具备的业务管理和专业知识、技能和素质,管理层岗位职责,管理权、建议权、考核权、评价权、处置权、奖惩权等权限,管理内容和要求,检查与考核评价。

3. 操作人员岗位标准子体系

操作人员岗位标准是服务业组织在决策层的领导及管理层的组织管理下,通过各种技术手段,落实具体执行和操作工作而收集、制定的标准,其内容一般包括操作人员岗位宜具备的专业知识、技能和素质,操作人员岗位职责,建议权、使用权等权限,工作内容、程序和要求,检查与考核评价。

操作人员岗位标准可以是书面文本、图表、多媒体,也可以是计算机工作指令。

第六节 企业标准体系的评价与改进

建立和实施标准体系后,对标准体系进行评价和改进是企业标准化工作中一项不可或缺的重要活动,这对企业不断完善标准体系、进一步提高科学管理水平和市场竞争力有重要意义。此外,企业标准体系评价的结论可作为企业持续改进的重要依据,还可像质量管理体系、环境管理体系和职业健康安全管理体系等认证一样,作为对社会明示和承诺的证据。

一、评价的目的与基本条件

(一)评价的目的

开展企业标准体系评价的根本目的就是对建立标准体系的企业进行标准体系符合性与有效性的评判,从而为持续改进企业标准体系提供指导。具体目的可归纳为以下五个方面。

(1)对企业标准化工作能否与企业的方针目标相适应作出评价。

(2)对企业所建立和实施标准体系所涉及的各项标准及相关联的各种标准化工作是否达到规定目标的适宜性、充分性和有效性作出评价。

(3)对企业建立和实施的标准体系及相关联的标准化工作是否满足企业预定要求作出评价。

(4)对企业贯彻实施国家有关标准化的法律、法规、规章和强制性标准的情况作出评价。

(5)通过评价企业标准化工作,找出存在的不足,并为企业提供改进的机会。

(二)评价的基本条件

企业开展标准体系评价,应具备以下三个基本条件。

(1) 企业已经建立起满足企业生产、经营和管理要求的标准体系,并在标准体系文件批准发布后,有效实施三个月以上。

(2) 企业应设有专职或兼职的标准化管理机构和人员,以及明确的标准化职能;同时成立由最高管理者代表领导的标准体系自我评价小组,并制订较完整的评价计划。

(3) 企业全体员工应经过标准化专业知识培训,熟悉企业方针、目标和本部门、本岗位的职责、权限。

二、评价的原则和依据

(一) 评价的原则

无论是企业自我评价还是社会确认,对企业标准体系进行评价都应遵循以下原则:

(1) 客观公正。它要求评价以事实为基础,包括记录、陈述和客观事实,不得加入任何个人的猜想和推测成分。

(2) 科学严谨。它要求评价不能脱离标准,对评价的项目、内容及要求应严格按照标准的要求进行。

(3) 全面准确。它要求在评价时应排除任何干扰,全面依据标准及相关文件内容逐项展开。

(4) 注重实效。它要求在评价时应注重企业所建立和实施的标准体系为企业带来的实际成果。

(二) 评价的依据

对企业标准体系开展评价的依据主要包括以下三个方面的内容:

(1) 国家有关的方针、政策,《中国标准化法》以及相关法律、法规、规章和强制性标准等。其中,国家有关的方针、政策包括保障国家安全,保证人体健康、人身财产安全,保护动植物的安全,节约能源,保护环境,防止欺诈及采用国际标准等;相关法律、法规、规章包括《中国标准化法》《实施条例》《企业标准化管理办法》及各地方有关标准化方面的规章。

(2) 企业标准体系系列国家标准及其引用的规范性文件,主要包括 GB/T 13016-2018《标准体系构建原则和要求》、GB/T 13017-2018《企业标准体系表编制指南》、GB/T 15496-2017《企业标准体系 要求》、GB/T 15497-2017《企业标准体系 产品实现》、GB/T 15498-2017《企业标准体系 基础保障》、GB/T 19273-2017《企业标准化工作 评价与改进》、GB/T 35778-2017《企业标准化工作 指南》等。

(3) 国家标准化管理委员会颁布的有关企业标准体系符合性评价(评分)标准等。

三、评价工作的实施

(一) 评价的前期准备工作

在正式、全面开展企业标准体系评价之前,企业需要完成以下几方面的前期准备工作。

1. 确立评价范围

根据不同的评价目的,评价的范围可以是企业标准化工作的全部内容,也可是部分内容。对此,必须在开展评价之前确定评价范围。范围确定后,评价工作所涉及的场所和人员也就相应地确定了。

2. 选择评价方法

评价方法有全部评价和部分评价两种，在开展评价之前可选择采用其中一种。

(1) 全部评价。即对企业标准化工作及企业标准体系建立和实施的各个过程、各个方面进行系统、全面、独立的评价。

(2) 部分评价。即对企业标准化工作及企业标准体系建立和实施的某一局部过程、某个部门(岗位)或某个子体系进行评价。

3. 制订评价工作计划及编制检查表

评价工作计划应包括以下四方面的内容。

(1) 评价的目的和范围。

(2) 评价组织成员的情况。

(3) 评价工作的时间安排。

(4) 实施评价工作的具体方法和程序。

由于在评价过程中，检查表将会起到使评审员保持明确的评价目标，确保评价工作的系统性、完整性和评价的正规化，以及具有可作为评价记录的存档与可追溯性等方面的功能；因此，在评价之前，必须认真编制检查表。

(二) 确定评价的内容

评价的内容主要集中在以下四方面。

(1) 标准化意识：员工标准化基础知识掌握程度、参与标准化培训等活动情况。

(2) 标准掌握情况：员工对本岗位有关标准的掌握程度。

(3) 标准实施情况：工艺流程、关键环节、现场管理、设备设施、产品、半成品、原材料检验验证等与标准内容有关的符合性及执行标准情况。

(4) 标准体系：覆盖企业生产、经营、管理全过程，包括标准体系整体运行状况及动态维护情况。

(三) 开展评价活动

评价活动主要包含以下几方面的内容。

1. 通过查阅文件资料收集证据

(1) 查看企业的正式文件或会议记录，了解企业标准化机构的设置情况。

(2) 查阅企业的标准化管理标准(或制度)规划、计划以及企业标准体系表，评价其内容是否全面，是否得到全面实施。

(3) 查阅其他对评价工作有参考价值的文件、资料、记录，从而为全面评价企业标准化工作提供证据。

2. 通过现场考察收集证据

根据企业标准体系表，现场查看标准化资料是否齐全；根据技术标准通报、公告、目录，抽查企业收藏的部分标准，了解更改、废止情况，并了解企业有关人员是否掌握标准更改、代替的信息，以及相关的图样和技术文件是否作了相应的改动，从而对企业的标准化信息资料的管理水平作出评价。

按产品生产过程和产品标准规定的出厂检验项目，现场抽查企业的检测仪器设备、计量器具是否齐备、完好以及是否在检定周期之内,同时还要抽查能源、环保、卫生等各类技术标准实施的检测手段的齐全、完好情况,从而在检测手段方面对企业贯彻标准的能力作出评价。

3. 评价组内部会议

评价组内部会议内容包括:交流当天的评价情况;整理评价结果;完成当天的不符合报告;评价组组长总结当天的工作;必要时,对下一审核日的工作及人员进行调整。

评价组内部总结会议在现场评价结束的末次会议前召开。

4. 确定不符合项

不符合项的确定必须严格遵守依据评价证据的原则。凡依据不足的,不能判为不符合项;有意见分歧的不符合项,可通过协商和重新评价来确定。

不符合项的形成原因有三点,即文件规定不符合标准,现状不符合文件规定,效果不符合规定要求。

不符合的性质分为两种,即严重不符合和一般不符合。严重不符合通常是指标准体系系统性失效或有重大缺陷。判断标准有:企业制定的标准体系与国家标准严重不符;造成系统性失效的不符合;造成区域性失效的不符合;违反国家法律、法规或强制性标准要求的不符合。

一般不符合的判断标准有:不是明显不符合标准要求的不符合;直接影响产品质量的不符合;操作人员没有严格按照标准执行等因素影响到产品质量。

5. 首/末次会议

评价开始时,由评价组召开首次会议,会议要求企业最高管理者或管理者代表、与标准化职能相关的各级管理者和相关人员参加。会议由评价组组长主持,会议主要内容为宣布本次评价的具体方案。

评价结束后,由评价组召开末次会议,会议要求企业主要领导和各个部门负责人参加。会议由评价组组长主持,会议内容包括:重申本次评价的目的、范围和依据准则;简要介绍评价过程;宣读不符合报告;宣读评价结论;对纠正措施的实施及完成期限的要求;最高管理者讲话。

标准信息窗

选择汽油是不是标号越高越好?

汽油标号是标定燃油抗爆震能力系数,与汽油的清洁度无关。汽油标号越高,油的燃烧速度越慢,出现燃烧爆震的概率越低,发动机需要较高的压缩比。

低标号汽油燃烧速度快,点火时间要滞后;高标号燃油燃烧速度慢,点火时间要提前。

除说明书外,主机厂会在油箱盖内侧标注推荐使用的燃油标号。主机厂推荐的燃油标号完全可以满足发动机的使用要求。

资料来源:作者根据相关资料整理而成。

本章小结

企业标准化工作是为在企业的生产、经营、管理范围内获得最佳秩序，对实际的或潜在的问题制定共同的和重复使用的规则的活动。技术性、经济性、管理性和全员性是企业标准化的典型特征。物、事、人是企业标准化的对象。针对"物"的标准化被称为技术标准化，而针对"事"与"人"的标准化则被归纳为管理标准化。

企业标准体系是企业内的标准按其内在联系形成的科学的有机整体。在构建企业标准体系时需遵循需求导向、创新设计、系统管理和持续改进的理念。企业标准体系的基本结构有功能结构、属性结构、序列结构等；而明确分工、落实人员、收集、整理标准和相关文件，编制企业标准体系文件清单，企业标准体系文件的编制则是编制企业标准体系的具体程序。

功能模式企业标准体系是依据标准化对象划分的准则，将企业标准分为产品实现/服务提供标准、基础保障标准和岗位标准三大类所构建的企业标准体系。属性模式企业标准体系是依据标准属性划分的准则，将企业标准分为技术标准、管理标准和工作标准三大类所构建的企业标准体系。服务业组织因其生产的是服务产品，所以其标准体系一般包括服务通用基础标准体系、服务提供标准体系、服务保障标准体系、岗位标准体系四个子体系。

企业在建立和实施标准体系后，需要对其标准体系的有效性进行评价。在评价实施前，需要有明确的评价的目的与基本条件，并遵循一定的评价原则和依据，评价工作包括三方面的具体内容：一是评价的前期准备工作；二是确定评价活动的内容；三是开展评价活动。

复习与思考

一、名词解释

企业标准化、管理标准化、技术标准化、企业标准体系、企业标准体系结构图、产品实现/服务提供标准体系、基础保障标准体系、岗位标准体系、技术标准体系、管理标准体系、工作标准体系、服务通用基础标准体系、服务提供标准体系、服务保障标准体系

二、单选题

1. 针对（　　）的标准化被称为技术标准化。
   A. 物　　　　　　B. 事　　　　　　C. 人　　　　　　D. 财

2. （　　）是针对生产岗位或操作岗位所制定的标准。
   A. 岗位工作标准　B. 作业标准　　　C. 业务标准　　　D. 生产标准

3. 当企业只生产单一类型的产品时，企业技术标准体系可用（　　）表示。
   A. 时间结构　　　B. 门类结构　　　C. 层次结构　　　D. 序列结构

4. 针对各种固定的管理岗位或某种管理职务而制定的标准，通常被称为（　　）。
   A. 岗位工作标准　B. 作业标准　　　C. 业务标准　　　D. 生产标准

5. 当企业生产两个以上类型的产品时，其技术标准体系可采用（　　）表示。
   A. 时间结构　　　B. 门类结构　　　C. 层次结构　　　D. 序列结构

6. 标准体系的序列结构一般用于（　　）的构建。
   A. 产品标准体系　B. 管理标准体系　C. 局部标准体系　D. 岗位标准体系

7. 功能模式企业标准体系是由产品实现/服务提供标准体系、基础保障标准体系和（　　）体系三个子体系组成。

　　A. 岗位工作标准　　B. 作业标准　　C. 工作标准　　D. 岗位标准

8. 服务业组织标准体系是由服务通用基础标准体系、服务提供标准体系、服务保障标准体系、（　　）体系四个子体系构成。

　　A. 岗位工作标准　　B. 作业标准　　C. 工作标准　　D. 岗位标准

三、多选题

1. 以下哪些是企业标准化工作所具有的特征？（　　）

　　A. 技术性　　B. 经济性　　C. 管理性　　D. 全员性

2. 管理标准与管理一样，也具有二重属性，它们是（　　）。

　　A. 经济属性　　B. 社会属性　　C. 技术属性　　D. 自然属性

3. 针对（　　）的标准化被称为管理标准化。

　　A. 物　　B. 事　　C. 人　　D. 财

4. 企业标准体系的构建必须以企业战略为导向，并遵循（　　）的基本理念。

　　A. 需求导向　　B. 创新设计　　C. 系统管理　　D. 持续改进

5. 功能模式企业标准体系是由（　　）标准体系、（　　）标准体系和（　　）标准体系三个子体系组成。

　　A. 产品实现/服务提供　　B. 基础保障

　　C. 工作　　D. 岗位

6. 属性模式企业标准体系是由（　　）标准体系、（　　）标准体系和（　　）标准体系三个子体系组成。

　　A. 产品　　B. 技术　　C. 工作　　D. 管理

7. 岗位标准体系一般包括（　　）岗位标准、（　　）岗位标准和（　　）岗位标准三个子体系。

　　A. 决策层　　B. 运营层　　C. 管理层　　D. 操作层

8. 以下哪些项目属于标准体系评价中不符合项的形成原因？（　　）

　　A. 文件规定不符合标准　　B. 现状不符合文件规定

　　C. 效果不符合规定要求　　D. 表格设计不符合实用

9. 严重不符合通常是指标准体系系统性失效或缺陷，判断标准有：企业制定的标准体系与国家标准严重不符；（　　）。

　　A. 造成系统性失效的不符合

　　B. 造成区域性失效的不符合

　　C. 直接影响产品质量的不符合

　　D. 违反国家法律、法规或强制性标准要求的不符合

10. 服务业组织标准体系是由服务通用基础标准体系、（　　）体系、（　　）体系、（　　）体系四个子体系构成。

　　A. 岗位工作标准　　B. 服务保障标准　　C. 服务提供标准　　D. 岗位标准

四、判断题

1. 作业标准主要是对非操作岗位制定的工作标准。这类标准大多是针对各种固定

的管理岗位或某种管理职务而制定的。（　　）

2. 根据国家标准的要求,企业技术标准体系的基本要素有17个,因此任何企业在建立企业技术标准体系时,都必须要有这17个基本要素。（　　）

3. 根据国家标准的要求,企业管理标准体系的基本要素有18个,因此任何企业在建立企业管理标准体系时,都必须要有这18个基本要素。（　　）

4. 企业标准体系应该是以技术标准体系为主体,管理标准和工作标准体系相配套,包括企业标准化工作管理要求在内的有机整体。（　　）

5. 围绕管理过程的结果,直接建立"基础保障标准体系"和"产品实现/服务提供标准体系",再建立落实这两个体系的"岗位标准体系",完成实现企业标准体系的全要素。（　　）

6. 在企业属性结构的标准体系中,"技术标准体系"和"管理标准体系"之间存在着交互制约的作用。（　　）

五、简答题

1. 企业标准化工作的主要内容有哪些？
2. 管理标准的内容至少应该包含哪些？
3. 工作标准的内容至少应该包含哪些？
4. 企业标准体系构建的基本程序包括哪些步骤？
5. 企业标准体系构建的基本要求包含哪些？
6. 企业标准体系的基本结构有哪些？
7. 功能模式企业标准体系结构图设置的主要依据是什么？
8. 属性模式企业标准体系的基本结构有哪些？
9. 服务业组织标准体系的基本结构有哪些？

六、论述题

1. 企业标准化对中国经济增长的影响是什么？
2. 开展企业调研,对目标企业的标准体系建设与实施进行深入分析并提出建议。
3. 谈谈你对《国家标准化发展纲要》所提出的"加快构建高质量发展的标准体系"的理解与认识。

案例分析

B水电厂企业标准体系的构建

B水电厂是金沙江下游河段规划的最末一个梯级电站,左、右岸各装4台单机容量80万千瓦的水轮发电机组,主要负责水电站的运行维修管理、实物资产管理和生产成本控制等。为实现"创建国际一流水电厂"的管理目标,该水电厂开启了以企业标准体系建设为载体,促进管理的标准化、精细化,形成企业核心竞争力,助推企业逐步实现一流水电厂的战略。

总体思路

B水电厂标准体系建设按照GB/T 15496《企业标准体系　要求》、GB/T 15497《企业标准体系　产品实现》、GB/T 15498《企业标准体系　基础保障》,以及GB/T 19001《质量管理体系　要求》、GB/T 24001《环境管理体系　要求及使用指南》和GB/T 45001《职业健康

安全管理体系 要求及使用指南》等标准的要求，并结合本企业实际而建立。总体思路是：引进先进的国际标准和现代企业精益管理理念，根据B水电站的管理特点，在标准要求的框架下，推行过程控制的理念，优化水电管理环节和过程，从而形成符合B水电厂的标准体系，并落实到班组标准化管理之中。

体系构架

B水电厂企业标准体系以技术标准体系为核心，以管理标准体系为依托，通过工作标准体系，将管理要求和技术规范贯彻落实到岗、责任到人，实现企业管理的科学性、先进性、规范性和高效性。体系文件按照标准体系构建规范要求，根据电站设备设施及管理特点而编写，体系文件结构采用分层结构：第一层为管理手册；第二层为程序文件；第三层为技术文件，由管理标准、工作标准和技术标准组成。

第一层文件：管理手册。它规定了范围及为其所编制的程序文件，详细表述了质量/环境/职业健康安全管理体系的内容。它既是B水电厂质量/环境/职业健康安全管理体系的法规性文件，也是指导B水电厂建立并实施与国际接轨的质量/环境/职业健康安全管理体系的纲领和行动准则。

第二层文件：程序文件。它是对实现具体过程的方法、途径和职责所进行的规定，覆盖了向家坝水电厂的整个生产管理体系。

第三层文件：技术文件。包括技术规程、规范、导则、指南、标准、图纸、作业指导书等，以及管理文件（包括各种管理标准、工作标准等）。

技术标准体系

B水电厂将企业技术标准横向划分为技术规程和作业指导书两大类，并依据专业纵向划分为九类。技术规程用于规定检修周期及项目，检修质量标准，以及试验项目、一般工艺要求，验收项目和日常维护（包含日常维护项目、定期巡检项目和常见故障处理）；作业指导书用于规定作业准备（人力资源、工器具、材料等），危险源辨识与安全技术措施（危险源、环境因素和安全技术措施），作业内容及检修工艺过程和记录。B水电厂共计编制技术规程118部、作业指导书199部。

管理标准体系

B水电厂管理标准体系分为管理基础标准、资源管理标准、采购与成本管理标准、测量分析及改进管理标准、信息管理标准、职业健康安全与环境管理标准、设备管理标准等七大类，并各自形成详细适用范围的清单。

工作标准体系

工作标准体系则按照各层级、各岗位对应的要求和工作标准等统一编制，分为决策层、管理层和操作层三大类，其下再按具体岗位等级细分。各层级工作标准中均包含各岗位的岗位概述、职责权限、岗位任职资格、工作内容与要求、检查与考核、主要工作关系、工作监督等内容。

资料来源：作者根据相关资料整理而成。

思考讨论题

1. 结合案例，你认为B水电厂的标准体系具有哪些特色？
2. 根据已学知识，结合本案例，请谈谈你对企业标准体系设计的认识与想法。

附录　标准化管理主要网络资源一览

1. 标准查询
国家标准全文公开系统：http://openstd.samr.gov.cn/bzgk/gb/index
全国标准信息公共服务平台：http://std.samr.gov.cn/
工业和信息化标准信息服务平台：https://std.miit.gov.cn/#/zqyjProjectList
全国团体标准信息平台：https://www.ttbz.org.cn/
企业标准信息公共服务平台：https://www.qybz.org.cn/

2. 行政、学术机构
国家市场监督管理总局：http://www.samr.gov.cn/
国家标准化管理委员会：http://www.sac.gov.cn/
国家认证认可监督管理委员会：http://www.cnca.gov.cn/
中国合格评定国家认可委员会：http://www.cnas.org.cn/
中国标准化研究院：http://www.cnis.ac.cn/pcindex/
中国标准化协会：http://www.china-cas.org/
中国认证认可协会：http://www.ccaa.org.cn/
ISO（国际标准化组织）：http://www.iso.org/
IEC（国际电工委员会）：http://www.iec.ch/
ITU（国际电信联盟）：http://www.itu.int/zh/Pages/default.aspx

3. 行业标准平台
中国工程建设标准网：http://www.cecs.org.cn/
国家建筑标准设计网：http://www.chinabuilding.com.cn/
食品标准：http://down.foodmate.net/standard

4. 综合性标准平台
标准网：http://www.standardcn.com/
中国标准服务网：http://www.cssn.net.cn/
中国CCC认证技术服务中心：http://www.ccc-cn.org/
中国质量认证中心：http://www.cqc.com.cn/
学兔兔（原标准分享网）：http://www.bzfxw.com/
国际标准化长三角协作平台：http://bzwx.cnsis.org.cn/csjxzpt/gaikuang/ptjj.jsp

参 考 文 献

国家标准化管理委员会,2009. 国际标准化教程[M]. 北京:中国标准出版社.
洪生伟,2018. 标准化管理(第七版)[M]. 北京:中国质检出版社、中国标准出版社.
胡海波,2013. 标准化管理[M]. 上海:复旦大学出版社.
科赫捷夫,1965. 机器制造业标准化的技术经济原则[M]. 北京:中国工业出版社.
李春田,2022. 标准化概论(第七版)[M]. 北京:中国人民大学出版社.
麦绿波,2018. 标准化学——标准化的科学理论[M]. 北京:科学出版社.
麦绿波,2019. 标准学——标准的科学理论[M]. 北京:科学出版社.
桑德斯,1974. 标准化的目的与原理[M]. 北京:科学技术文献出版社.
沈同,邢造宇,张丽虹,2010. 标准化理论与实践[M]. 北京:中国计量出版社.
松浦四郎,1981. 工业标准化原理[M]. 北京:技术标准出版社.
唐苏亚,2009. 标准化良好行为企业创建指南:企业标准体系的建立与实施[M]. 广州:广东经济出版社. 王敏华,2010. 标准化教程(第2版)[M]. 北京:中国计量出版社.
王忠敏,2011. 标准化基础知识实用教程[M]. 北京:中国标准出版社.
魏尔曼,1980. 标准化是一门新学科[M]. 北京:科学技术文献出版社.

教辅申请说明

北京大学出版社本着"教材优先、学术为本"的出版宗旨，竭诚为广大高等院校师生服务。为更有针对性地提供服务，请您按照以下步骤通过**微信**提交教辅申请，我们会在 1~2 个工作日内将配套教辅资料发送到您的邮箱。

◎扫描下方二维码，或直接微信搜索公众号"北京大学经管书苑"，进行关注；

◎点击菜单栏"在线申请"—"教辅申请"，出现如右下界面：

◎将表格上的信息填写准确、完整后，点击提交；

◎信息核对无误后，教辅资源会及时发送给您；
如果填写有问题，工作人员会同您联系。

温馨提示：如果您不使用微信，则可以通过以下联系方式（任选其一），将您的姓名、院校、邮箱及教材使用信息反馈给我们，工作人员会同您进一步联系。

联系方式：

北京大学出版社经济与管理图书事业部
通信地址：北京市海淀区成府路 205 号，100871
电子邮箱：em@pup.cn
电　　话：010-62767312 /62757146
微　　信：北京大学经管书苑（pupembook）
网　　址：www.pup.cn